고객이 보이는
구글 애널리틱스

2판

문준영 지음

고객이 보이는 구글 애널리틱스 (2판)

입문부터 최신 고급 기법까지 실무에 필요한 웹 로그 분석 완벽 설명 & 실습 가이드

1판 1쇄 발행 2018년 06월 15일
2판 5쇄 발행 2022년 10월 28일

지은이 문준영 / **펴낸이** 김태헌
펴낸곳 한빛미디어(주) / **주소** 서울시 서대문구 연희로2길 62 한빛미디어(주) IT출판2부
전화 02-325-5544 / **팩스** 02-336-7124
등록 1999년 6월 24일 제25100-2017-000058호 / **ISBN** 979-11-6224-272-8 93000

총괄 송경석 / **책임편집** 홍성신 / **기획** 이미연 / **진행** 김수민
디자인 표지 · 내지 김연정 / **교정 · 전산편집** 이미연
영업 김형진, 김진불, 조유미 / **마케팅** 박상용, 한종진, 이행은, 고광일, 성화정 / **제작** 박성우, 김정우

이 책에 대한 의견이나 오탈자 및 잘못된 내용에 대한 수정 정보는 한빛미디어(주)의 홈페이지나 아래 이메일로
알려주십시오. 잘못된 책은 구입하신 서점에서 교환해드립니다. 책값은 뒤표지에 표시되어 있습니다.

한빛미디어 홈페이지 www.hanbit.co.kr / 이메일 ask@hanbit.co.kr

지금 하지 않으면 할 수 없는 일이 있습니다.
책으로 펴내고 싶은 아이디어나 원고를 메일(**writer@hanbit.co.kr**)로 보내주세요.
한빛미디어(주)는 여러분의 소중한 경험과 지식을 기다리고 있습니다.

실습 사이트
완벽 제공

입문부터 최신 고급 기법까지
실전에 필요한 웹 로그 분석
완벽 설명 & 실습 가이드

고객이 보이는
구글 애널리틱스

2판

문준영 지음

한빛미디어
Hanbit Media, Inc.

지은이 소개

문준영 mjy.peter@gmail.com

프론트엔드 개발을 진행하는 동안 틈틈이 익힌 구글 애널리틱스 관련된 작은 지식으로 출판사를 차리고 싶어 잘 다니고 있던 회사를 뛰쳐나온 개발자. 금방 후회하고 다시 개발자 생활을 하고 있다. 개발을 업으로 삼는 동안 이것저것 관련 정보를 모으고 정리하다 보니 어느새 페이스북 페이지 '그날그날 디자인', '그날그날 프로그래밍', '그날그날 스타트업'을 운영하게 되었다. 몇 권의 저서가 더 생길지는 모르겠지만 당분간 저서는 이 책 하나뿐이다.

지은이의 말

'기저귀와 맥주' 이야기를 아시나요? 기저귀 진열대 가까이에 맥주 진열대를 위치시켰더니 기저귀와 맥주의 매출이 동반 증가했다는 데이터 분석 업계의 농담 반 진담 반 같은 이야기입니다. 꽤 매력적인 이야기 아닌가요? 데이터를 분석할 줄 알면 자신만의 기저귀와 맥주를 발견할 수 있다니 말입니다.

많은 사람이 홈페이지 데이터 분석 방법을 묻습니다. R이나 파이썬을 쓰면 데이터 분석을 쉽게 할 수 있다던데 어떻게 하는지 말입니다. 이 질문에 무엇을 분석할 생각이냐고 되물으면 대부분 서비스 사용자 수나 특정 상품을 조회한 사용자 수를 알고 싶다고 대답합니다. 저는 이때 구글 애널리틱스에 접속합니다. 클릭 몇 번으로 원하는 데이터를 찾는 방법을 직접 선보이며 이렇게 말합니다.

> "R이나 파이썬을 사용할 수준의 데이터 분석이 필요한 건 아닌 것 같은데 우선 구글 애널리틱스를 사용해보는 건 어때요? 이거 진짜 쉬운데, 제가 알려드릴게요."

이 책에는 제가 구글 애널리틱스를 어떻게, 어떤 순서로 공부했는지, 그리고 실제 서비스에 어떤 식으로 활용했는지가 담겨 있습니다. 저와 함께 구글 애널리틱스의 기본적인 사용 방법을 익히고 실습 페이지로 동작 방식을 살펴보고 실제 서비스에 적용하다 보면, 제가 왜 구글 애널리틱스를 사용해보자고 한 것인지 이해할 수 있을 것입니다.

'기저귀와 맥주' 이야기로 시작한 이 책도 벌써 2판입니다. 1판에서 기본적인 구글 애널리틱스의 사용법을 제 나름대로 쉽게 풀어냈다고 생각합니다. 이번 2판에서는 나만의 기저귀와 맥주를 발견할 수 있도록 '향상된 전자상거래 분석'에 대한 내용을 채워 넣었습니다. 또한 기획자-개발자, 마케터-개발자와의 협업에 도움이 되는 내용도 담았습니다.

이 책의 목적은 독자 여러분이 데이터 분석을 쉬운 방식으로도 할 수 있다는 점을 깨닫고 활용하게 하는 것입니다. 여러분이 이 책의 학습을 마친 뒤 자신이 운영, 관리하는 서비스를 스스로 분석하고 개선, 발전해나간다면 저로서는 큰 영광일 것입니다.

자, 그럼 이제부터 본격적으로 구글 애널리틱스 학습을 시작해보겠습니다.

_문준영

이 책에 대하여

이 책은 구글 애널리틱스 전반을 따라 배우는 방법으로 구성했습니다. 각 예제에서는 화면의 어느 부분을 클릭하고 무엇을 입력하라고 설명했습니다. 직접 따라 하며 익히는 학습 방법으로, 사용자의 구글 애널리틱스 활용도와 관계없이 누구나 구글 애널리틱스를 배울 수 있습니다.

각 장은 보고서를 조작하고 용어를 설명하는 것으로 시작합니다. 독자는 보고서를 조작하며 구글 애널리틱스라는 게 정말 쉽다고 느끼다가도 용어 설명에 들어가면 '역시 나는 무리야, 데이터 분석은 어려워'라고 생각할 수 있습니다. 그렇다고 학습을 중단할 필요는 없습니다. 난이도가 높아진다는 생각이 들면 잠시 머리를 식힌 후 해당 부분을 다시 한번 읽어보고 이해가 되지 않더라도 예제들을 진행해보시기 바랍니다. '이런 느낌으로 사용하는 용어구나!'라는 감각이 들면 자연스럽게 이해할 수 있는 시기가 찾아올 것입니다.

⚙ 개정 내용 소개

개정판에는 구글 애널리틱스 최신 업데이트 내용을 반영하고, 4부 '전자상거래 추적하기', 5부 '구글 마케팅 플랫폼 활용하기'를 추가했습니다.

⚙ 대상 독자

이 책의 대상 독자는 구글 애널리틱스를 처음 배우는 사람입니다. 기획자, 디자이너, 개발자, CEO 등 구글 애널리틱스를 배우고 싶다면 누구나 이 책을 통해 구글 애널리틱스를 배울 수 있습니다.

⚙ 실습 사이트

이 책에서는 구글 애널리틱스의 원활한 학습을 위해 실습 사이트를 제공합니다. 책에서 실습 페이지를 언급할 때는 독자 여러분도 실습 페이지에 접속해 사용자의 동작을 어떻게 수집하고 분석하는지 따라 하며 구글 애널리틱스를 학습하시기 바랍니다.

　　　https://www.turtlebooks.co.kr/ga

구글 애널리틱스는 지금 이 순간에도 조금씩 발전하고 있습니다. 이에 따라 책의 그림과 구글 애널리틱스의 모습이 조금씩 다를 수 있습니다. 실습 사이트는 이러한 상황을 줄이기 위해 구글 애널리틱스 업데이트 사항을 안내하고 있습니다. 책의 그림이나 내용이 구글 애널리틱스와 다른 것 같다면 언제든지 실습 사이트를 방문하시기 바랍니다.

⚙ 실습 데이터

이 책에서는 구글 애널리틱스의 원활한 학습을 위해 구글에서 운영하는 쇼핑몰인 구글 머천다이즈 스토어의 데이터를 사용합니다. 이 데이터로 사용자가 가장 많은 시간대는 언제인지, 특정 행동을 수행한 사용자는 누구인지 등 여러 실습을 진행합니다. 또한 어떤 방식으로 데이터 분석을 서비스 운영과 관리에 접목하는지를 배우게 됩니다.

구글 머천다이즈 스토어 https://shop.googlemerchandisestore.com

유의할 점이 있습니다. 구글 머천다이즈 스토어는 구글에서 운영하는 홈페이지입니다. 1판을 집필할 당시와는 달리, 구글 머천다이즈 스토어의 개인 정보 관련 정책이 변경되었습니다. 이에 따라 15장과 18장의 실습이 불가능하게 되었습니다. 그럼에도 15장과 18장을 제외하지 않고 남겨두었습니다. 구글 머천다이즈 스토어에서만 실습할 수 없을 뿐 실제 자신이 운영, 관리할 홈페이지에서는 사용할 수 있기 때문입니다.

⚙ 실습 환경

이 책은 다음과 같은 실습 환경에서 작성했습니다. 원활한 학습을 위해서는 독자 또한 다음과 같은 환경에서 실습하길 권합니다.

- 크롬 브라우저 : 이 책의 모든 예제와 화면 캡처는 크롬 브라우저에서 진행되었습니다. 만일 구글 크롬 브라우저를 사용하지 않는다면 다음 구글 크롬 홈페이지에 접속해 설치하길 권합니다.
  - 구글 크롬 https://www.google.co.kr/chrome/index.html
- 광고 차단 플러그인 해제 : 데스크톱 브라우저나 스마트폰 브라우저에서 광고 차단 플러그인(혹은 각종 추적 중지 플러그인)을 사용하고 있다면 구글 애널리틱스의 데이터 수집이 제대로 동작하지 않을 수 있습니다. 만일 광고 차단 플러그인을 사용하고 있다면 실습을 진행하는 동안만이라도 플러그인을 해제하시기 바랍니다.

목차

PART 03   고급 분석 따라 배우기

PART 04   전자상거래 추적하기

PART 05　구글 마케팅 플랫폼 활용하기

준비하기

지금부터 구글 애널리틱스를 배워보겠습니다.
먼저 웹 로그 분석이란 무엇인지 알아보고 구글 애널리틱스를
시작할 수 있는 환경을 만들어보겠습니다.
또한, 구글 애널리틱스 보고서의 기본 조작 방법도 알아보겠습니다.

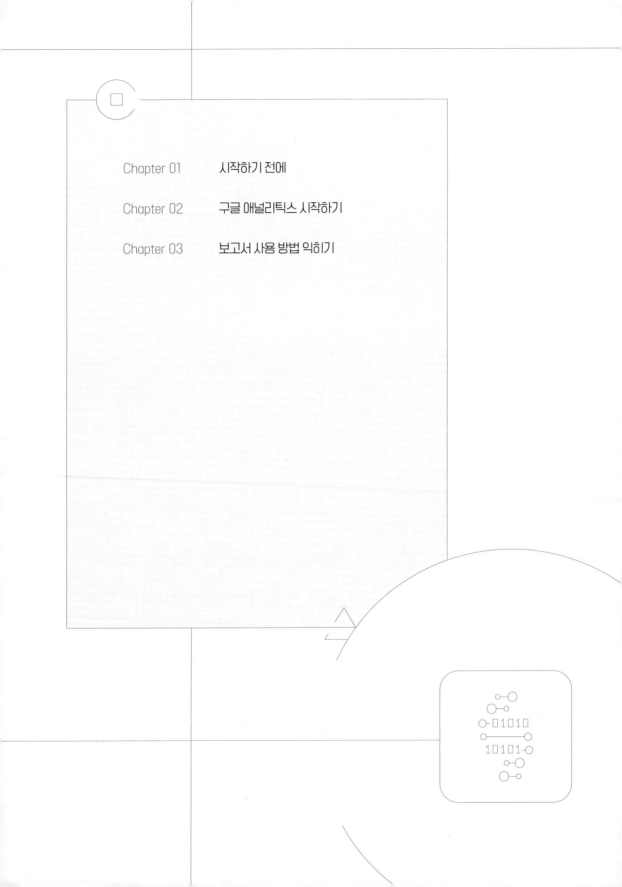

Chapter 01 시작하기 전에

블로그를 운영해본 사람이라면 누구나 한 번쯤 오늘 방문자가 몇 명인지, 조회수가 가장 많은 글이 무엇인지 확인하기 위해 블로그 통계 페이지에 접속해봤을 것입니다. 그리고 이를 바탕으로 방문자를 더 늘리는 방법, 조회수가 높은 콘텐츠를 작성하는 방법을 생각해봤을 것입니다.

홈페이지를 운영하는 사람도 블로그를 운영하는 사람과 마찬가지로 여러 통계 정보를 확인하고 싶어 합니다. 그러려면 어떻게든 데이터를 수집하고 수집된 데이터를 확인할 수 있는 통계 페이지가 있어야 하는데 어떻게 마련해야 하나 막막하기만 합니다. 통계 정보를 확인하고 싶을 뿐인데, '프로그래밍을 할 줄 알아야 하는 것은 아닐까? 비싼 사용 요금을 지급해야 하는 것은 아닐까?' 등 걱정해야 할 것이 한둘이 아닙니다.

바로 이럴 때 구글 애널리틱스를 사용합니다. 구글 애널리틱스는 누구나 쉽게 홈페이지의 데이터를 분석하고 확인할 수 있게 도와주는 도구입니다. 지금 바로 구글 애널리틱스(https://marketingplatform.google.com/about/analytics/)에 접속해봅시다.

첫 화면에 '사용자 파악하기'라는 문구가 눈에 띕니다. 이번 장에서는 웹 로그 분석이 무엇인지 알아보고 구글 애널리틱스가 웹 로그 분석을 어떻게 쉽게 만들어주는지 그리고 누가 어떻게 구글 애널리틱스를 사용하는지 알아보겠습니다.

1.1 웹 로그 분석이란

여기에서는 구글 애널리틱스는 잠시 잊고 웹 로그에 대해 알아보겠습니다. 웹 로그가 무엇이고 어떤 방식으로 이루어지는 알 수 있다면 구글 애널리틱스가 얼마나 좋은 도구인지 쉽게 이해할 것입니다.

1.1.1 웹 로그란

웹 로그란 사용자가 어떻게 웹 서비스를 이용하고 있는지 분석하기 위해 수집하는 데이터입니다. 어떤 사용자가 어느 페이지에 언제 접속했는지 얼마나 오래 머물렀는지 등의 데이터를 말합니다. 예를 들어, 사용자A가 오후 1시 10분에 가입 페이지에 접속하고, 5분 뒤 가입 완료 페이지에 접속했다면 [표 1-1]과 같은 데이터를 수집할 수 있습니다.

표 1-1 웹 로그의 기본 형태

사용자	시간	내용
사용자A	오후 1시 10분	가입 페이지 접속
사용자A	오후 1시 15분	가입 완료 페이지 접속

이렇게 수집한 데이터를 통틀어 웹 로그라고 부르고, 이를 저장하는 것을 로그를 저장한다, 로그를 기록한다, 로그를 쌓는다고 말합니다.

그렇다면 웹 로그는 왜 수집하는 것일까요? 이미 앞에서 웹 로그의 정의를 공부하면 눈치채셨듯, '분석'하기 위해서입니다. 더 나아가 웹 로그를 분석해 더 나은 웹 서비스를 제공하기 위해서입니다. 웹 로그를 수집하고 분석하면 웹 서비스를 운영하는 데 유용한 정보를 얻을 수 있습니다.

[표 1-1]의 웹 로그를 분석해볼까요? 우리는 [표 1-1]을 보고 사용자A가 언제 시작 페이지에 접속했는지, 언제 가입 페이지에 접속했는지는 물론 사용자A가 가입을 완료하는 데 시간이 얼마나 걸렸는지 알 수 있습니다. [표 1-1]과 같은 웹 로그가 1,000개 정도 있다고 생각해봅시다. 수집한 웹 로그에서 가입 페이지와 가입 완료 페이지에 접속한 사용자 수를 계산하면 [표 1-2]처럼 가입 페이지 접속자 수와 가입 완료 페이지 접속자 수를 알 수 있습니다.

표 1-2 가입 페이지와 가입 완료 페이지 접속자 수

페이지	접속자 수
가입 페이지	1,000
가입 완료 페이지	300

가입 페이지에 1,000명이나 접속했지만 가입 완료 페이지까지는 300명밖에 접속하지 않았습니다. 나머지 700명은 도중에 홈페이지를 꺼버렸거나 다른 페이지로 가버렸을 것입니다. 이를 통해 가입을 무사히 끝낸 사용자는 가입 페이지에 접속한 사용자의 30%이며 반대로 70%의 사용자는 가입을 포기했음을 알 수 있습니다. 가입 포기율 70%는 사용자가 가입 자체에 거부감을 느낀다거나 가입 페이지가 어렵다는 것을 의미합니다. 이 정보를 바탕으로 가입 페이지를 더 쉽게 개선한다면 기존보다 더 많은 가입자를 모을 것입니다.

여기에서는 가입 페이지에 무언가 문제가 있다는 정보만을 알아봤습니다만 실무에서는 웹 로그 분석을 통해 알 수 있는 정보가 더 많습니다. 몇 시에 가장 사용자가 많은지, 어떤 검색어로 접속했는지 등도 알 수 있습니다. 이를 활용하면 사용자가 가장 많은 시간에 깜짝 이벤트를 진행하거나 특정 검색어로 추가 쿠폰을 발행하는 등 사용자 유치를 위한 활동을 진행할 수 있습니다.

1.1.2 웹 로그 분석 과정

앞에서는 웹 로그가 무엇인지, 왜 수집하고 분석하는지 알아봤습니다. 이번에는 웹 로그 분석의 전체적인 과정을 알아보겠습니다. 웹 로그 분석의 과정은 [그림 1-1]과 같이 크게 네 가지 과정으로 나눌 수 있습니다. 앞에서 다룬 가입률, 가입 포기율 분석을 예로 들어 살펴봅시다.

그림 1-1 웹 로그 분석의 과정

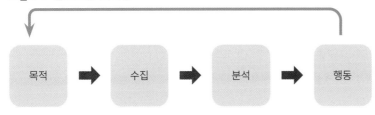

◎ 웹 로그 분석의 목적을 정한다

먼저 무엇을 위해 웹 로그를 분석할 것인지 목적을 정해야 합니다. 분석의 목적이 확실해야 어떤 데이터를 수집하고 어떻게 분석하고 어떻게 행동할지를 결정할 수 있습니다. 가입률 개선을 목적으로 설정한다면 수집, 분석, 행동을 [표 1-3]과 같이 설정할 수 있습니다.

표 1-3 목적, 수집, 분석, 행동

구분	세부 내용
목적	가입 페이지의 가입률을 40%까지 개선한다.
수집	가입 페이지, 가입 완료 페이지의 접속자 수를 수집한다.
분석	가입 완료 페이지의 접속자 수를 가입 페이지 접속자 수로 나누어 가입률을 계산한다. 가입률 = (가입 완료 페이지 접속자 수 / 가입 페이지 접속자 수) * 100
행동	가입률이 40%보다 낮다면 사용자가 가입 페이지에서 겪고 있는 어려움이 있는지 점검하고 개선한다.

◎ 목적에 부합하는 데이터를 수집한다

로그 분석의 목적이 정해지면 목적에 부합하는 데이터를 수집합니다. 데이터 수집을 위해서는 두 가지가 필요합니다.

1. 웹 로그 수집을 위한 프로그래밍 코드

2. 수집 데이터 저장을 위한 웹 로그 데이터베이스(데이터 저장소)

사용자가 접속한 페이지 주소를 수집하는 프로그래밍 코드를 작성한 뒤 수집된 데이터를 웹 로그 데이터베이스에 저장하게 됩니다.

◎ 수집된 데이터를 분석한다

웹 로그 수집 데이터가 어느 정도 쌓이면 데이터 분석을 진행합니다. 데이터 분석을 위해서는 두 가지가 필요합니다.

1. 웹 로그 데이터베이스에서 자료를 추출하기 위한 SQL 코드

2. 추출된 자료를 분석하기 위한 엑셀, R과 같은 분석 도구

가입 페이지에 접속한 접속자 수를 추출하는 쿼리('SELECT COUNT(user) FROM log WHERE page = 가입 페이지')와 가입 완료 페이지의 접속자 수를 추출하는 쿼리('SELECT COUNT(user) FROM log WHERE page = 가입 완료 페이지')를 작성한 뒤 이를 바탕으로 엑셀이나 R을 활용해 가입률을 계산하거나 추가적인 분석을 진행합니다.

⚙ 분석 결과를 바탕으로 행동한다

분석이 완료되면 목적 단계에서 설정한 행동을 수행합니다. [표 1-2]를 보면 가입률이 30%이므로 [표 1-3]에서 설정한 대로 사용자가 가입 페이지에서 겪고 있는 어려움이 있는지 점검하고 개선합니다. 가입 페이지의 입력 양식을 줄이는 등 가입률 40%를 달성할 수 있도록 가입 페이지를 개선합니다.

⚙ 다시 목적, 수집, 분석, 행동

행동이 완료됐다고 로그 분석 과정이 끝나는 것은 아닙니다. 가입률을 40%까지 개선하겠다는 목적이 달성될 때까지 목적, 수집, 분석, 행동 단계를 반복합니다. 접속한 페이지와 사용자 수 이외의 데이터가 필요하다면 추가 데이터 수집 계획을 세우거나, 가입 페이지 개선이 아닌 다른 행동 계획을 세울 수 있습니다. 이러한 과정이 반복되면 반복될수록 가입률이 개선되고 서비스 사용자가 늘어나게 될 것입니다.

> **정리**
>
> 구글 애널리틱스를 알아보기 전, 웹 로그 분석에 대해 알아봤습니다. 여기에서는 구글 애널리틱스라는 도구를 사용하지 않은 웹 로그 분석을 알아본 것입니다. 간단한 예로 살펴본 것이지만 웹 로그를 수집하려면 프로그래밍 코드와 SQL 코드를 작성할 줄 알아야 하고, 이를 분석하려면 엑셀이나 R 등을 다룰 줄 알아야 합니다. 웹 로그 분석 자체가 굉장히 어려운 업무인 셈입니다. 그러나 안심해도 좋습니다. 구글 애널리틱스를 활용하면 누구나 쉽게 웹 로그를 분석할 수 있기 때문입니다.

1.2 구글 애널리틱스란

앞에서 다룬 '가입률 개선'의 웹 로그 분석에서는 프로그래밍 코드, SQL 코드, 엑셀을 활용했습니다. 단순히 가입 페이지와 가입 완료 페이지에 접속한 사용자의 수를 세기만 하는 것인데 무언가 복잡하지 않았나요? 구글 애널리틱스는 바로 이 복잡함을 덜어내 누구나 쉽게 웹 로그 분석을 진행할 수 있도록 도와주는 도구입니다.

1.2.3 구글 애널리틱스에서의 웹 로그 분석

앞에서는 가입률을 계산하기 위해 페이지 주소를 수집하는 프로그래밍 코드를 작성하고, 수집한 주소를 데이터베이스에 저장한 뒤 데이터베이스에서 SQL로 데이터를 추출했습니다.

구글 애널리틱스를 활용하면 이런 과정을 생략할 수 있습니다. 여기에서는 구글 애널리틱스로 가입률을 계산해보겠습니다. 구글 애널리틱스에서 가입률을 계산하기 위해서는 한 가지 작업만 진행하면 됩니다. 구글 애널리틱스 페이지 보고서에 접속해 가입 페이지(/signin.html)와 가입 완료 페이지(/registersuccess.html)를 검색하는 것입니다.

가입 페이지와 가입 완료 페이지를 검색한 결과는 [그림 1-2]와 같습니다. 가입 페이지의 순 페이지뷰 수 10,062와 가입 완료 페이지의 순 페이지뷰 수 2,443을 활용하면 가입률이 약 24%인 것을 알 수 있습니다.

그림 1-2 2017. 8. 1. ~ 2017. 8. 31. 가입 페이지와 가입 완료 페이지 검색 결과

	페이지 ?		페이지뷰 수 ?	↓ 순 페이지뷰 수 ?
			16,694 전체 대비 비율(%): 4.41% (378,482)	**12,505** 전체 대비 비율(%): 4.53% (275,793)
☐	1. /signin.html	⊞	**14,170** (84.88%)	**10,062** (80.46%)
☐	2. /registersuccess.html	⊞	**2,524** (15.12%)	**2,443** (19.54%)

여기에서는 가입 페이지와 가입 완료 페이지를 검색하는 행동을 했습니다. 구글 애널리틱스에 익숙해지면 검색하지 않고도 바로 가입률을 확인하게 설정할 수도 있습니다.

1.2.4 구글 애널리틱스의 역할

구글 애널리틱스 없이 웹 로그를 분석할 때는 프로그래밍 코드, 웹 로그 데이터베이스, SQL 코드가 필요했습니다. 반면에 구글 애널리틱스로 웹 로그를 분석할 때는 그것들이 필요가 없습니다. 구글 애널리틱스가 웹 분석에 필요한 프로그래밍 코드와 웹 로그 저장에 필요한 데이터베이스 그리고 데이터베이스 자료 추출을 위한 SQL 코드를 대신하고 있기 때문입니다.

❶ 자동으로 데이터를 수집하고 저장한다

홈페이지에 구글 애널리틱스를 설치하면 데이터 수집 계획 없이, 데이터 수집 프로그래밍 코드 없이도 데이터 분석에 자주 사용되는 기본적인 정보를 자동으로 수집할 수 있습니다. 사용자가 접속했을 때 접속 페이지 주소가 무엇인지부터 어느 경로로 접속했는지, 사용하는 브라우저는 무엇인지, 사는 지역은 어디인지 등을 수집할 수 있습니다.

그리고 구글 애널리틱스는 수집한 데이터를 구글 애널리틱스 데이터베이스에 저장합니다. 직접 웹 로그 데이터베이스를 운영하고 관리하기 위해서는 여러 노력이 필요하지만 구글 애널리틱스를 사용하면 그러한 수고를 덜 수 있습니다.

그림 1-3 데이터를 자동 수집 후 저장

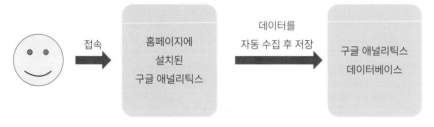

❷ 데이터 확인을 위한 보고서와 검색 기능을 제공한다

구글 애널리틱스를 설치하기만 해도 자동으로 데이터를 수집하고 구글 애널리틱스 데이터베이스에 수집한 로그를 저장합니다. 또한, 구글 애널리틱스에는 웹 로그 분석을 위해 특화된 여러 보고서가 제공됩니다.

구글 애널리틱스에는 웹 로그 분석의 용도별로 방문 페이지 보고서, 종료 페이지 보고서와 같은 다양한 보고서를 제공합니다. 보고서별로 검색 기능 등을 제공하므로 자신이 확인하려는 정보를 검색하기만 하면 됩니다. 직접 웹 로그 분석을 수행할 때 해야 했던 데이터 추출을 위한 SQL 작업을 검색이 대신해주는 것입니다.

1.2.5 구글 애널리틱스의 기능

이번에는 보고서의 모습을 간단하게 살펴보고 무엇을 분석할 수 있는지 알아보겠습니다.

❶ 보고서로 웹 페이지 사용 정보를 확인한다

[그림 1-5]는 2017년 8월 1일부터 8월 31일까지의 웹 페이지 사용 정보를 표시하는 사이트 콘텐츠 보고서입니다. 사이트 콘텐츠 보고서를 통해 사용자들의 페이지뷰 수가 하루하루 어떻게 변하는지 확인하거나 가입 페이지와 가입 완료 페이지에 접속한 사용자의 수가 몇 명인지 등을 확인할 수 있습니다.

그림 1-5 2017. 8. 1. ~ 2017. 8. 31. 페이지 보고서

[그림 1-6]은 2017년 8월 1일부터 8월 31일까지의 웹 페이지 사용 정보를 바탕으로 사용자가 어느 페이지에 접속해 어느 페이지로 이동하는지를 표시하는 사용자 흐름 보고서입니다. [그림 1-6]에서는 시작 페이지(/home)에 접속한 4.5만 명의 사용자가 가장 많이 이동하는 페이지 티셔츠(t-shirt) 판매 페이지이고 그다음으로 의류(apparel) 판매 페이지인 것을 알 수 있습니다. 이를 바탕으로 우리는 사용자가 의류 계열, 특히 티셔츠에 관심이 많다는 것을 알 수 있습니다. 만일 현재 홈페이지의 주력 판매 상품이 반바지로 설정됐다면 티셔츠로 변경하는 것을 고려해야 할 것입니다.

그림 1-6   2017. 8. 1. ~ 2017. 8. 31. 사용자 흐름 보고서

❷ 중요 분석 정보의 확인, 공지를 자동화한다

가입 완료자 수, 구매 완료자 수 같은 중요 정보는 서비스 운영을 위해 매일 확인해야 하는 정보입니다. 이는 사이트 콘텐츠 보고서에서 가입 완료 페이지, 구매 완료 페이지의 페이지뷰 수를 확인하면 쉽게 알 수 있습니다. 그런데 이렇게 매일 동일한 정보를 확인하기 위해 보고서를 조작한다는 것은 꽤 번거로운 일입니다. 이럴 때는 구글 애널리틱스의 목표 기능을 활용해 [그림 1-7]과 같이 보고서 조작 없이도 중요 정보를 쉽게 확인할 수 있습니다.

그림 1-7   목표 기능을 활용한 분석 정보 화면

구글 애널리틱스는 중요 정보의 공지를 자동화하는 기능도 제공합니다. [그림 1-8]은 지난주보다 페이지 접속자 수가 10% 감소했을 경우 관련된 인원에게 자동으로 메일을 보내도록 알림을 설정한 모습입니다. 맞춤 알림을 설정하면 중요 정보에 대한 공지를 자동화할 수 있습니다. 이를 활용하면 관련된 팀원들이 신속하게 대응할 수 있는 상태를 만들어 서비스 운영에 큰 도움이 될 수 있습니다.

그림 1-8 맞춤 알림 설정 화면

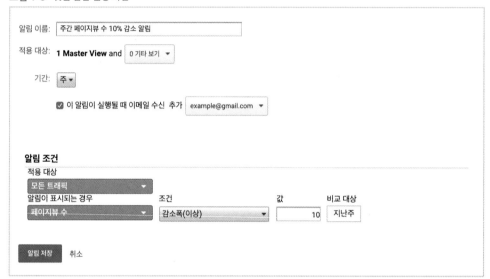

1.2.6 구글 애널리틱스와 연동할 수 있는 도구

구글 애널리틱스는 구글에서 제공하기 때문에 구글의 다른 데이터 관련 서비스와 쉽게 연동할 수 있습니다. 여기에서는 구글 데이터 스튜디오와 구글 옵티마이즈를 간단하게 살펴보겠습니다.

⚙ 데이터 시각화를 위한 구글 데이터 스튜디오

구글 데이터 스튜디오(https://datastudio.google.com/)는 구글에서 서비스하는 데이터 시각화 도구입니다. 시각화를 진행할 데이터의 출처로 구글 애널리틱스를 선택하면 구글 애널리틱스 보고서의 데이터를 그래프나 차트 등으로 멋지게 꾸밀 수 있습니다.

그림 1-9 데이터 시각화를 위한 구글 데이터 스튜디오

⚙ A/B 테스트를 위한 구글 옵티마이즈

사용자는 '회원가입하기' 버튼을 많이 누를까요? '무료 가입하기' 버튼을 많이 누를까요? 이를 알기 위해서는 홈페이지에 두 버튼을 직접 적용해봐야 할 것입니다. 이처럼 동일한 기능을 하는 두 요소를 바탕으로 데이터 실험을 진행하는 것을 A/B 테스트라고 합니다.

구글 옵티마이즈(https://optimize.google.com/)는 구글에서 서비스하고 있는 A/B 테스트 도구입니다. 구글 옵티마이즈 A/B 테스트에 구글 애널리틱스 계정을 연동하면 쉽게 A/B 테스트를 진행할 수 있습니다. <26.6 A/B 테스트 진행하기>에서 자세히 살펴보겠습니다.

그림 1-10 A/B 테스트를 위한 구글 옵티마이즈

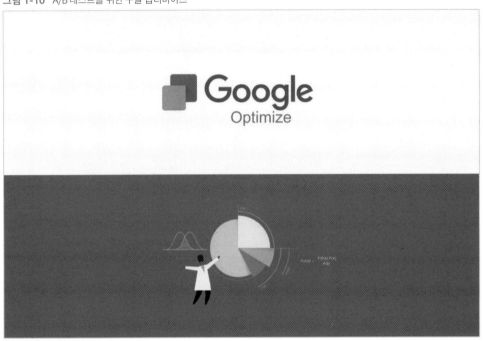

정리

구글 애널리틱스는 복잡한 웹 로그 분석을 누구나 쉽게 할 수 있도록 도와주는 도구입니다. 구글 애널리틱스를 사용하면 데이터 분석에 자주 사용하는 데이터를 자동으로 수집하고 저장할 수 있습니다. 우리는 보고서를 잘 확인하면서 목표, 수집, 분석, 행동에 맞추어 서비스를 개선하는 데 집중하면 됩니다.

구글 애널리틱스에는 보고서 데이터 확인 기능 이외에도 알람, 목표 등 서비스를 운영하는 데 유용한 기능이 있습니다. 구글 애널리틱스는 구글에서 제공하고 있는 여러 데이터 관련 서비스들과 쉽게 연동할 수 있습니다. 이를 통해 구글 애널리틱스 데이터를 시각화하거나 A/B 테스트를 진행할 수 있습니다. 해당 서비스들은 모두 구글 애널리틱스를 사용할 줄 안다는 것을 전제하고 제공되는 서비스입니다. 아직은 구글 애널리틱스를 사용할 줄 모르지만 이 책을 읽으면서 점점 구글 애널리틱스에 익숙해질 것입니다. 구글 애널리틱스를 공부하면 더 많은 것을 할 수 있다는 마음으로 꾸준히 학습을 진행해주시기 바랍니다.

1.3 구글 애널리틱스, 누가 사용할까

앞에서는 구글 애널리틱스를 웹 분석을 통해 최적의 행동을 결정하는 데 사용한다는 것을 알아봤습니다. 이번 절에서는 직군마다 어떻게 구글 애널리틱스를 사용할 수 있는지 알아보겠습니다.

1.3.1 마케터

마케터는 구글 애널리틱스의 각종 요소를 이용해 어떤 상품을 마케팅할 것인지, 어떤 대상에게 마케팅을 진행할 것인지, 어디에 마케팅을 진행할 것인지 확인할 수 있습니다. 이를 바탕으로 마케팅의 효율을 극대화할 수 있습니다.

[그림 1-11]과 같이 구매 완료 페이지(/ordercompleted.html)에 도착한 사용자 연령의 비율이 25-34세가 가장 높다면 25-34세를 대상으로 마케팅을 강화할 수도 있습니다.

그림 1-11 주문 완료 페이지에 도착한 연령별 비율

페이지 ⍰	연령 ⍰ ⊗	페이지뷰 수 ↓ ⍰
구매자		**773** 전체 대비 비율 (%): 0.73% (105,526)
1. /ordercompleted.html ⍈	25-34	**341** (44.11%)
2. /ordercompleted.html ⍈	35-44	**277** (35.83%)
3. /ordercompleted.html ⍈	18-24	**95** (12.29%)
4. /ordercompleted.html ⍈	45-54	**60** (7.76%)

1.3.2 기획자

기획자는 구글 애널리틱스를 통해 사용자가 실제로 홈페이지를 어떻게 사용하는지 확인할 수 있습니다. 사용자가 시작 페이지에 접속하면 바로 회원가입 페이지에 접속하는지, 장바구니 버튼과 위시 리스트 버튼 중 어느 것을 누르는지, A페이지 다음 B페이지 접속하는지 확인할 수 있습니다. 이를 바탕으로 자신이 담당하는 서비스의 사용자 경험을 개선할 수 있습니다.

[그림 1-12]와 같이 홈페이지(/home)에 접속한 1.7만 명 중 45.8%인 1.2만 명이 아무것도 하지 않고 홈페이지를 떠난다는 것을 알게 된다면 이를 바탕으로 홈페이지가 사용자의 요구

(Needs)를 더 충실히 반영하도록 페이지를 개선해야 할 것입니다.

그림 1-12 /home의 이탈수

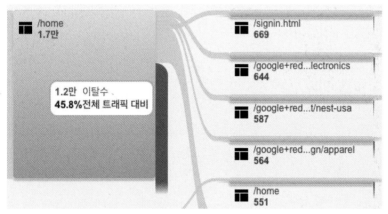

1.3.3 디자이너

디자이너는 기본적으로 기획자와 같은 목표로 구글 애널리틱스를 사용합니다. 여기에 사용자가 플랫 버튼을 많이 클릭하는지 고스트 버튼을 많이 클릭하는지, 가입 단계의 어떤 부분이 사용성에 안 좋은 영향을 끼치는지를 확인할 수 있습니다. 이를 바탕으로 자신의 디자인이 실제 사용자 행동을 불러일으키는지, 비즈니스 목표에 부합하는지 알 수 있습니다.

[그림 1-13]과 같이 디자인에 따른 가입하기 버튼의 클릭 수를 알게 된다면 사용자가 어떤 버튼에 더 많이 반응하는지를 알 수 있고 이를 서비스에 반영할 수 있습니다.

그림 1-13 버튼 형태별 클릭 비율

이벤트 라벨 ❓	총 이벤트 수 ❓ ↓
	100 전체 대비 비율(%): 100.00% (100)
1. 무료 가입하기 클릭	**60** (60.00%)
2. 회원 가입하기 클릭	**40** (40.00%)

1.3.4 CEO

CEO는 구글 애널리틱스를 통해 DAU, MAU와 같은 사용자 지표를 확인할 수 있습니다

(DAU, MAU는 <4.4 실전! DAU와 MAU 파악하기>에서 자세히 살펴보겠습니다). 본인이 CEO라면 비즈니스에 데이터 분석이 얼마나 중요한지 충분히 알고 있을 것입니다. 원하는 데이터를 원하는 시점에 확인해 의사 결정을 하기 위해서는 다른 어느 직군보다도 구글 애널리틱스를 잘 다루어야 할 것입니다.

그림 1-14 구글 머천다이즈 스토어의 2017. 8. 1. ~ 2017. 8. 10. DAU

17. 8. 1.	2,480
17. 8. 2.	2,750
17. 8. 3.	2,612
17. 8. 4.	2,574
17. 8. 5.	1,762
17. 8. 6.	2,293
17. 8. 7.	2,803
17. 8. 8.	2,956
17. 8. 9.	2,774
17. 8. 10.	2,742

정리

구글 애널리틱스는 누구나 웹 분석을 할 수 있게 도와주는 도구입니다. 누구나 쉽게 익힐 수 있고 사용할 수 있으며 이를 바탕으로 더 좋은 결과를 이끌어낼 수 있습니다. 분석이라는 단어에 겁먹지 마시고 "구글 애널리틱스만 익히면 나도 분석가다"라는 마음으로 이어서 배우는 내용을 읽어주기 바랍니다.

Chapter 02 구글 애널리틱스 시작하기

구글 애널리틱스를 공부하기 위해서는 무엇이 필요할까요? 구글 애널리틱스 계정과 구글 애널리틱스를 설치하고 기능을 실습할 홈페이지 그리고 분석을 진행할 수 있는 질과 양을 갖춘 데이터가 필요합니다.

혹시 '홈페이지와 데이터를 어떻게 마련하지'라는 걱정을 하고 있나요? 안심하세요. 이 책에서는 누구나 구글 애널리틱스를 설치하고 실습할 수 있도록 실습 사이트를 제공합니다. 분석을 위한 데이터는 구글에서 운영하는 쇼핑몰인 구글 머천다이즈 스토어의 데이터를 연동해 실습합니다.

이번 장에서는 구글 애널리틱스를 공부할 수 있는 실습 환경과 계정을 만들고 구글 애널리틱스를 동작시켜 보겠습니다. 또한 구글 애널리틱스로 웹 로그 분석을 공부할 수 있도록 실제 서비스 운영 데이터를 연동해보겠습니다.

2.1 실습 환경 만들기

'고객이 보이는 구글 애널리틱스'를 실습하기 위해서는 크롬 브라우저를 설치하고 광고 차단 플러그인을 중지해야 합니다.

STEP 1 크롬 브라우저 설치하기

이 책의 모든 실습 예제는 크롬 브라우저에서 작성하고 확인했습니다. 만약 크롬 브라우저를 사용하지 않는다면 원활한 실습 진행을 위해 구글 크롬 홈페이지(https://www.google.co.kr/chrome/)에 접속해 Chrome 다운로드 버튼을 클릭하고 설치를 진행하시기 바랍니다.

STEP 2 광고 차단 플러그인 중지하기

종종 브라우저에 설치된 광고 차단 플러그인이 구글 애널리틱스의 동작을 막고 있는 경우가 있습니다. 만약 실습을 진행하는 동안 데이터 수집이 확인되지 않는다면 각자 사용하고 있는 광고 차단 플러그인을 잠시 중지하시기 바랍니다. 가장 많이 사용되는 광고 차단 플러그인 AdBlock은 플러그인 클릭 후 Pause on this site를 클릭하면 광고 차단을 중지할 수 있습니다.

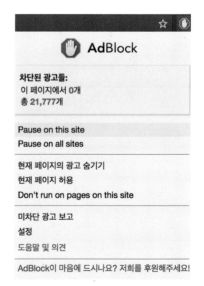

2.2 실습 계정 만들기

구글 애널리틱스를 사용하기 위해서는 구글 계정과 구글 애널리틱스 계정을 만들어야 합니다. 이번 절에서는 구글 계정과 구글 애널리틱스 계정을 만들고 실습을 진행할 수 있도록 실습 정보를 설정해보겠습니다.

STEP 1 구글 계정 만들기

구글 회원가입 페이지(https://accounts.google.com/SignUp)에 접속해 구글 계정을 생성합니다.

STEP 2 구글 애널리틱스 계정 만들기

구글 계정을 만들었다면 구글 애널리틱스 홈페이지(https://marketingplatform.google.com/about/analytics/)에 접속합니다. 무료로 계정 만들기 버튼을 클릭하면 가입 절차가 시작됩니다.

STEP 3 **실습 정보 설정하기**

계정 이름으로 실습 계정을 입력합니다.

측정하려는 대상으로 웹을 선택합니다.

웹사이트 이름으로 실습 웹사이트를 입력합니다. 웹사이트 URL은 http://를 클릭해 https://
로 변경하고 www.turtlebooks.co.kr/ga/를 입력합니다. 업종 카테고리는 쇼핑으로 선택하
고 보고서 시간대는 대한민국으로 선택합니다. 계정 정보 입력이 완료되면 만들기를 클릭합
니다. 이어서 표시되는 약관에 동의하면 구글 애널리틱스 계정 생성이 완료됩니다.

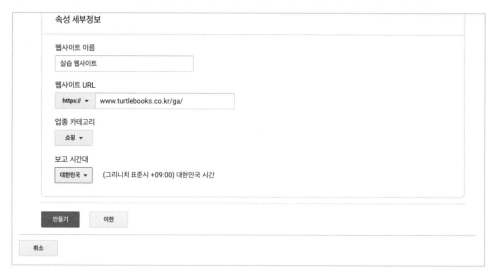

2.3 추적 코드 삽입하기

다음 단계는 홈페이지에 구글 애널리틱스 추적 코드를 삽입하는 것입니다. 홈페이지에 구글 애널리틱스 추적 코드를 삽입하면 본격적으로 구글 애널리틱스를 활용해 웹 로그 분석을 시작할 수 있습니다.

STEP 1 추적 코드 확인하기

화면 왼쪽 하단의 관리를 클릭해 구글 애널리틱스 관리 화면으로 이동합니다.

구글 애널리틱스 관리 페이지가 표시되면 추적 정보를 클릭합니다. 하위 메뉴가 표시되면 추적 코드를 클릭합니다.

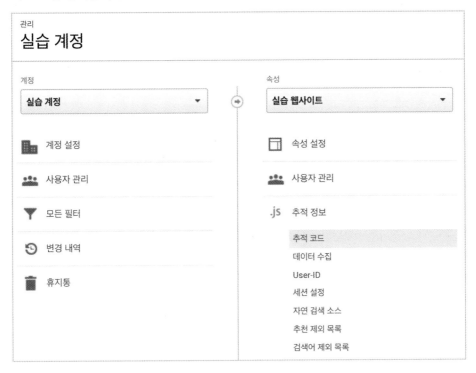

웹사이트 추적 부분의 범용 사이트 태그(gtag.js)에 실습 사이트에 삽입할 추적 코드가 적혀 있습니다. 이 추적 코드를 복사(Ctrl + C)합니다.

웹사이트 추적

범용 사이트 태그(gtag.js)

이 속성의 범용 사이트 태그(gtag.js) 추적 코드입니다. 이 코드를 복사하여 추적할 모든 웹페이지의 <HEAD>에 첫 번째 항목으로 붙여넣으세요. 이미 페이지에 범용 사이트 태그가 있다면 아래 스니펫의 *config* 행을 기존 범용 사이트 태그에 추가하기만 하면 됩니다.

```
<!-- Global site tag (gtag.js) - Google Analytics -->
<script async src="https://www.googletagmanager.com/gtag/js?id=UA-114990012-1"></script>
<script>
 window.dataLayer = window.dataLayer || [];
 function gtag(){dataLayer.push(arguments);}
 gtag('js', new Date());

 gtag('config', 'UA-114990012-1');
</script>
```

NOTE   analytics.js와 gtag.js

구글 애널리틱스는 2017년 상반기까지 유니버설 애널리틱스 태그(analytics.js) 추적 코드를 기본으로 사용했습니다. 하지만 2017년 하반기부터는 범용 사이트 태그(gtag.js) 추적 코드를 사용합니다. 이 책에서는 범용 사이트 태그(gtag.js)를 사용해 실습합니다.

analytics.js를 사용하는 홈페이지의 분석 방법과 gtag.js를 사용하는 홈페이지의 분석 방법에 차이가 있는 것은 아닙니다. 구글 애널리틱스 자체는 그대로이기 때문에 이 책에서 배우는 모든 분석 방법을 동일하게 사용할 수 있습니다.

추적 코드 삽입하기

복사한 추적 코드를 홈페이지의 \</head> 태그 앞부분에 삽입하면 몇 시간 뒤부터 구글 애널리틱스를 통해 수집한 데이터를 확인할 수 있습니다. 추적 코드를 입력할 홈페이지가 없다면 당황하지 말고 다음 절에서 실습 페이지를 활용해 실습해봅시다.

```html
<!-- Global site tag (gtag.js) - Google Analytics -->
<script async src="https://www.googletagmanager.com/gtag/js?id=UA-114695383-1"></script>
<script>
    window.dataLayer = window.dataLayer || [];
    function gtag(){dataLayer.push(arguments);}
    gtag('js', new Date());

    gtag('config', 'UA-114695383-1');
</script>
<script src="/ga/_static/dist/script.js"></script>
</head>
<body>
```

2.4 추적 코드 동작 확인하기

앞에서 추적 코드를 삽입하는 방법까지 설명했습니다. 각자 자신이 운영하는 홈페이지에 추적 코드를 삽입할 수 있다면 좋겠지만 모두가 홈페이지를 운영하는 것은 아닐 것입니다. 여기에서는 미리 준비한 실습 페이지를 활용해 코드를 삽입하고 잘 동작하는지 확인하겠습니다. 만약 자신의 홈페이지에 추적 코드를 삽입했다면 STEP1, 2를 건너뛰고 STEP3을 확인하면 됩니다.

STEP 1 실습 페이지에 추적 코드 삽입하기

실습 페이지(https://www.turtlebooks.co.kr/ga/2/4/)에 접속합니다. 실습 페이지는 직접 프로그래밍 코드를 입력하고 확인할 수 있도록 구성했습니다.

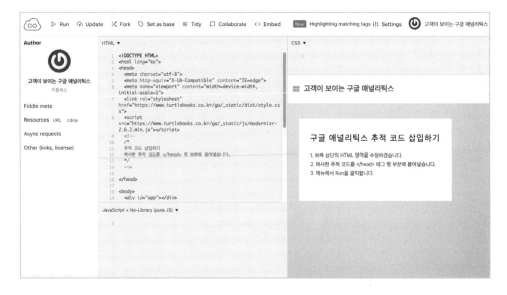

이제 실습 페이지에 <2.3 추적 코드 삽입하기>의 STEP3에서 복사한 추적 코드를 입력해보겠습니다. 왼쪽 상단 HTML 입력 부분을 살펴보면 </head>를 찾을 수 있습니다.

```
10    /*
11    추적 코드 삽입하기
12    복사한 추적 코드를 </head> 윗 부분에 붙여넣습니다.
13    */
14    -->
15
16    </head>
17
```

</head> 윗줄에 추적 코드를 붙여넣기(Ctrl + V)합니다. 추적 코드를 삽입한 모습은 다음과
같습니다.

```
10    <!--
11    /*
12    추적 코드 삽입하기
13    복사한 추적 코드를 </head> 윗 부분에 붙여넣습니다.
14    */
15    -->
16    <!-- Global site tag (gtag.js) - Google Analytics -->
17    <script async src="https://www.googletagmanager.com/gtag/js?id=UA-114990012-1"></script>
18    <script>
19      window.dataLayer = window.dataLayer || [];
20
21      function gtag() {
22        dataLayer.push(arguments);
23      }
24      gtag('js', new Date());
25
26      gtag('config', 'UA-114990012-1');
27
28    </script>
29    </head>
```

실습 페이지 코드 각 영역은 끝부분을 드래그해서 크기를 조정할 수 있습니다.

```
<script>
  window.dataLayer = window.dataLayer || [];

  function ataa() {
No-Library (pure JS) ▼
```

STEP 2 **추적 코드 동작 확인하기**

추적 코드 삽입이 완료되면 화면 상단 메뉴에서 Run을 클릭합니다.

잠시 후 우측 하단에 실습 페이지가 다시 표시되면 다시 구글 애널리틱스(https://analytics.
google.com/)에 접속합니다.

다음과 같이 활성 사용자가 1로 표시되면 구글 애널리틱스 추적 코드가 정상 동작하는 것입니다.

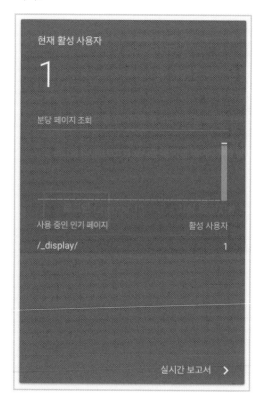

2.5 실제 서비스 운영 데이터 연동하기

구글 애널리틱스를 제대로 공부하기 위해서는 보고서를 가득 채울 운영 데이터가 필요합니다. 실제 여러분이 운영하는 사이트를 활용해도 좋지만 실습을 위해 구글에서 제공하는 데이터를 연동해보겠습니다.

구글은 구글 애널리틱스의 원활한 학습을 지원하기 위해 자사 기념품 쇼핑몰인 구글 머천다이즈 스토어의 실제 데이터 연동 기능을 제공합니다. 구글 미천다이즈 스토어의 데이터에는 전 세계 사용자가 홈페이지를 어떻게 사용했는지에 대한 2년 이상의 데이터가 담겨있습니다. 또한 구글 머천다이즈 스토어가 구글 애널리틱스의 세부 기능을 어떻게 사용했는지에 대한 설정이 담겨있습니다. 이번 절에서는 구글 머천다이즈 스토어 계정을 연동해보겠습니다.

STEP 1 **구글 머천다이즈 스토어 홈페이지 살펴보기**

구글 머천다이즈 스토어 계정을 연동하기 전에 홈페이지를 살펴보겠습니다. 구글 머천다이즈 스토어(https://www.googlemerchandisestore.com/)에 접속합니다. 지역 선택(Select your ship to location below)가 표시되면 United States를 선택합니다.

지역을 선택하면 구글 머천다이즈 홈페이지가 표시됩니다.

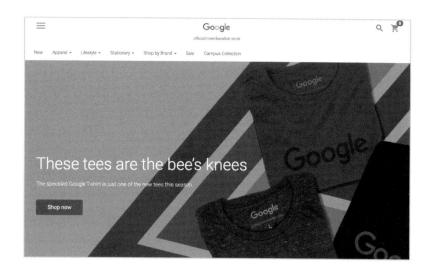

구글 머천다이즈 스토어는 국내 쇼핑몰과 유사합니다. 사용자는 상품 목록을 볼 수 있고 원하는 상품의 상세 페이지를 볼 수 있습니다. 마음에 드는 상품을 장바구니에 담을 수 있고 장바구니에 담은 상품을 구매할 수 있습니다. 이 외에도 사용자는 회원가입이나 검색을 할 수 있습니다. 각자 데이터를 연동하기 전에 구글 머천다이즈 스토어를 충분히 살펴보세요. 앞으로 보고서를 통해 확인할 수치 데이터를 이해하는 데 큰 도움이 될 것입니다.

STEP 2 구글 머천다이즈 스토어 계정 연동하기

이제 구글 애널리틱스에 머천다이즈 스토어 계정을 연결해봅시다. 구글 애널리틱스에서 화면 왼쪽 하단의 탐색을 클릭합니다.

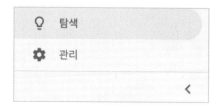

탐색 페이지가 표시되면 구글 애널리틱스 데모 계정의 이동을 클릭합니다. 참고로 탐색 페이지에는 구글 애널리틱스를 위한 여러 기능과 정보가 제공됩니다. 구글 애널리틱스를 어느 정도 익혔다는 생각이 들면 하나씩 살펴보시기 바랍니다.

데모 계정 도움말 페이지에서 스크롤을 조금 내려 데모 계정 액세스를 찾은 뒤 클릭하면 자동으로 구글 머천다이즈 스토어 계정 연동이 진행됩니다. 계정 연동을 해제하려면 데모 계정 액세스 위에 있는 데모 계정을 삭제를 클릭하세요.

데모 계정 액세스

데모 계정에 액세스하려면 이 섹션 하단에서 *데모 계정* 액세스 링크를 클릭하세요. 링크를 클릭하면 다음 메시지가 표시됩니다.

- 이미 Google 계정이 있다면 해당 계정에 로그인하라는 메시지가 표시됩니다.
- Google 계정이 없다면 계정을 만든 후에 로그인하라는 메시지가 표시됩니다.

아래의 *데모 계정* 액세스 링크를 클릭하면 Google 계정과 관련된 다음 두 가지 작업 중 하나를 Google이 수행하도록 동의하게 됩니다.

- 이미 Google 애널리틱스 계정이 있다면 해당 애널리틱스 계정에 데모 계정을 추가합니다.
- Google 애널리틱스 계정이 없다면 사용자의 Google 계정과 연결된 새 계정을 만든 다음, 데모 계정을 새 애널리틱스 계정에 추가합니다.

데모 계정은 애널리틱스 홈 탭에서 사용할 수 있습니다.

데모 계정은 단일 Google 계정에서 만들 수 있는 애널리틱스 계정의 최대 수에 포함됩니다. 현재 Google 애널리틱스 표준의 경우 Google 계정당 최대 100개의 애널리틱스 계정을 만들 수 있습니다.

언제든지 데모 계정을 삭제할 수 있습니다.

데모 계정 액세스 ☑

화면 왼쪽 상단에 모든 계정 > Google Merchandise Store가 표시되고 활성 사용자가 1보다 크다면 계정 연동이 완료된 것입니다.

STEP 3 구글 머천다이즈 스토어 실시간 데이터 살펴보기

우리는 이미 2장에서 실시간 보고서 페이지에 접속하는 방법을 배웠습니다. 메뉴에서 실시간 > 개요를 클릭하면 실시간 보고서 페이지에 접속할 수 있습니다. 구글 애널리틱스에는 메뉴와 보고서가 무척 많습니다. 더 빠르고 편하게 원하는 보고서를 선택하는 방법이 있을까요? 이번에는 메뉴를 클릭하지 않고 보고서에 접속하는 방법을 알아보겠습니다.

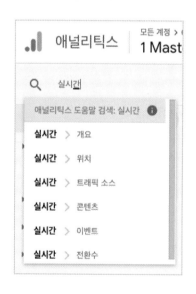

화면 좌측 상단의 보고서 및 도움말 검색에 실시간이라고 입력합니다. 실시간 메뉴에 포함된 모든 보고서가 검색됩니다. 실시간 > 개요를 클릭합니다.

그런데 여기에서 주의할 점이 하나 있습니다. 보고서 및 도움말 검색에서 실시간을 입력하고 바로 엔터를 치면 도움말을 검색한 창이 떠버린다는 점입니다. 반드시 검색할 키워드만 입력하고 하단에 나타나는 메뉴를 클릭하세요. 처음엔 어색하겠지만 각 메뉴를 선택하는 방식보다 보고서의 이름을 직접 입력하는 방식에 익숙해지는 것이 좋습니다.

실시간 보고서에 접속하면 다음과 같이 구글 머천다이즈 스토어를 사용하고 있는 활성 사용자 수가 표시됩니다. 다음 화면에서 현재 활성 사용자 수는 11명이지만 각자의 실습 상황에 따라 수치는 다를 것입니다.

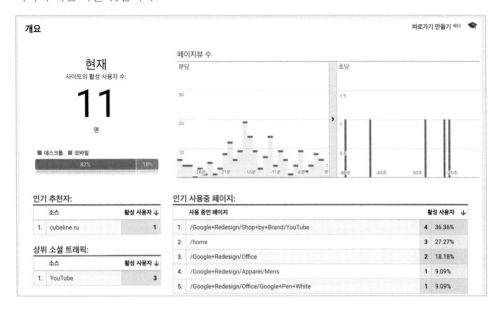

STEP 4 계정 전환하기 (구글 머천다이즈 스토어 ⇔ 실습 계정)

이제 우리는 구글 애널리틱스 계정이 2개 생겼습니다. 하나는 실습 계정이고 나머지 하나는 구글 머천다이즈 스토어 계정입니다. 실습을 진행하기 위해서는 두 계정을 번갈아 가면서 사용할 줄 알아야 합니다. 이번 절에서는 구글 애널리틱스 계정 전환 방법을 알아보겠습니다.

화면 왼쪽 상단에는 현재 사용하고 있는 계정 정보가 표시됩니다. 현재 사용하고 있는 계정은 Google Merchandise Store입니다. 1 Master View를 클릭합니다.

현재 사용 중인 계정 전체를 확인할 수 있습니다. Demo Account 바로 위에 우리가 만든 실습 계정이 보입니다.

실습 계정 > 실습 웹사이트 > 전체 웹사이트 데이터를 클릭합니다.

다음과 같이 모든 계정 > 실습 웹사이트가 표시되면 실습 계정으로 계정이 전환된 것입니다.

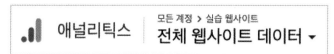

Chapter 03
보고서 사용 방법 익히기

웹 로그가 무엇인지 살펴보는 것을 시작으로 구글 애널리틱스가 무엇인지 간단히 살펴보고, 실습 계정과 구글 머천다이즈 스토어 계정이라는 실습 환경을 갖추는 데까지 마쳤습니다.

<1.2 구글 애널리틱스란>에서 살펴봤듯이, 홈페이지에 설치된 구글 애널리틱스는 자동으로 사용자 데이터를 수집하고 저장합니다. 그리고 해당 데이터를 쉽고 편하게 분석할 수 있도록 각종 보고서를 제공합니다. 실시간 개요 보고서, 잠재고객 개요 보고서, 사이트 콘텐츠 보고서, 인기 이벤트 보고서, 목표 개요 보고서, 모든 캠페인 보고서 등 다양한 보고서가 있습니다. 이 보고서들을 통해 사용자가 언제 접속했는지, 어떤 페이지에 접속했는지 등 여러 정보를 쉽게 알 수 있습니다. 아직 보고서 이름이 낯설겠지만 그 이름에서 어떤 용도의 보고서일지 조금은 감이 오실 것입니다.

구글 애널리틱스를 활용한 데이터 분석은 보고서를 조작해 원하는 데이터를 확인하는 것에서부터 시작합니다. 이번 장에서는 보고서 사용 방법을 익혀보면서 본격적으로 구글 애널리틱스를 공부해보겠습니다.

3.1 보고서 살펴보기

구글 애널리틱스는 꽤 많은 형태의 보고서를 제공합니다. 각각의 보고서가 모두 서로 다른 내용을 표시하는 것은 아니기 때문에 보고서의 큰 범주를 이해하고 있으면 자신이 확인하고 자 하는 데이터에 맞춰 쉽게 보고서를 확인할 수 있습니다. [표 3-1]은 구글 애널리틱스의 보고서를 구분하는 큰 범주에 대한 설명입니다. 각 범주를 클릭하면 하위 보고서들을 확인할 수 있습니다.

표 3-1 보고서를 구분하는 범주와 그 용도

범주	용도
실시간	홈페이지의 실시간 상황을 파악한다.
잠재고객	사용자에 대한 정보를 파악한다.
획득	사용자가 어떤 경로를 통해 들어왔는지 파악한다.
행동	사용자가 홈페이지 내에서 어떤 행동을 했는지 파악한다.
전환	구글 애널리틱스에서 설정한 목표를 달성한 사용자를 파악한다.

만약 현재 홈페이지에 접속해 있는 사용자에 대한 정보를 확인하려면 어떤 범주의 보고서를 선택해야 할까요? 이는 현재 홈페이지에 접속해 있는 '실시간' 정보에 해당하므로 앞에서 살펴본 실시간 범주에 속하는 실시간 > 개요 보고서를 확인하면 됩니다.

그렇다면 그동안 접속한 사용자에 대한 정보를 알고 싶다면 어떤 범주의 보고서를 선택해야 할까요? 잠재고객 범주에 해당하는 보고서를 선택하고 잠재고객 > 개요 보고서를 확인하면 됩니다.

그림 3-1 잠재고객 > 개요 보고서

만약 사용자들이 어떤 페이지를 많이 보는지 알고 싶다면 행동 범주에 속하는 사이트 콘텐츠 > 모든 페이지 보고서를 확인하면 됩니다.

그림 3-2 행동 > 사이트 콘텐츠 > 모든 페이지

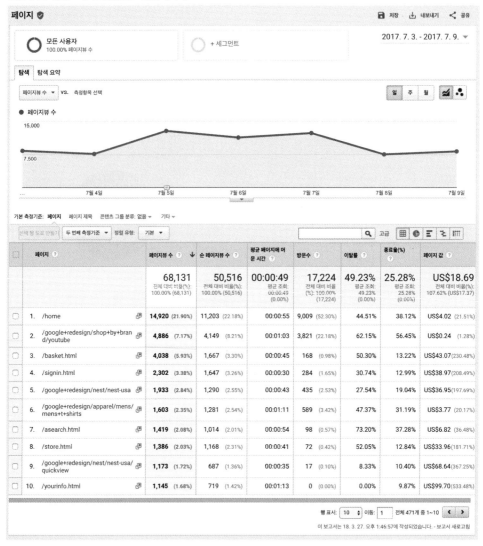

이 외에 어떤 보고서들이 있을까요? [표 3-2]는 자주 사용하는 보고서입니다. 앞에서 언급했듯 보고서 이름을 직접 검색해 사용하는 경우가 많으니 자주 사용하는 보고서 이름과 용도는 외워둡시다.

표 3-2 자주 사용하는 보고서와 그 용도

이름	용도
실시간 개요 보고서	홈페이지의 실시간 상황을 파악한다.
잠재고객 개요 보고서	사용자의 홈페이지 이용 상황을 분석한다.
사이트 콘텐츠 보고서	사용자가 어떤 페이지에 많이 접속하는지 분석한다.
인기 이벤트 보고서	사용자가 어떤 행동을 하는지 분석한다.
목표 개요 보고서	홈페이지 운영 목적의 달성 현황을 파악한다.
모든 캠페인 보고서	사용자가 어떤 링크를 통해 접속하는지 분석한다.

우리는 앞으로 [표 3-2]의 보고서를 포함한 여러 보고서를 배울 것입니다. 배워야 할 보고서가 너무 많다고 겁먹을 필요는 없습니다. 보고서 사용 방법은 대부분 동일하니 이번 장만 잘 익혀두면 나머지는 쉽게 배울 수 있습니다.

3.2 보고서 실습 설정 문구 이해하기

    👤 구글 머천다이즈 스토어   📋 잠재고객 > 개요

이제부터 우리는 직접 실습해보며 구글 애널리틱스를 배울 것입니다. 각 실습은 학습 목적에 맞게 계정, 보고서 종류를 설정해두었습니다. 이 책의 원활한 학습을 위해서는 보고서 실습 설정 문구에 맞게 실습 환경을 준비할 수 있어야 합니다. 이번 절에서는 보고서 실습 설정 문구를 확인하고 설정하는 방법을 알아보겠습니다.

STEP 1 실습 설정 문구 확인하기
실습이 시작될 때마다 윗부분에는 다음과 같이 실습 설정 문구가 제시됩니다.

    👤 구글 머천다이즈 스토어   📋 잠재고객 > 개요

실습 진행을 위해 구글 머천다이즈 스토어 계정의 잠재고객 > 개요 보고서에 접속하라는 의미입니다.

STEP 2 계정 변경하기
실습 설정 문구에 맞게 계정을 변경해봅시다. 현재 계정이 표시된 좌측 상단을 클릭합니다.

    📊 애널리틱스 | 모든 계정 > 실습 웹사이트
                            전체 웹사이트 데이터 ▾

Demo Account > Google Merchandise Store > 1 Master View를 클릭합니다. 보고서 설정 문구에는 특별한 경우가 아닌 이상 1 Master View를 표시하지 않습니다. 계정에 구글 머천다이즈 스토어라고만 적혀 있으면 1 Master View를 선택해주세요.

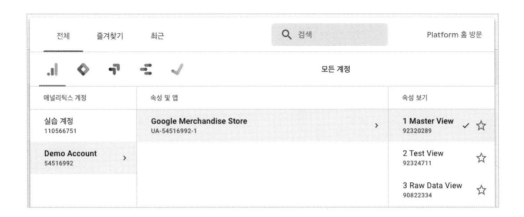

실습 환경에 맞게 계정이 설정된 모습은 다음과 같습니다.

애널리틱스 | 모든 계정 > Google Merchandise Store
1 Master View ▾

STEP 3 보고서 접속하기

이제 잠재고객 > 개요 보고서에 접속해봅시다. 화면 좌측 상단의 보고서 및 도움말 검색을 클릭합니다.

🔍 　보고서 및 도움말 검색

잠재고객 개요를 입력한 뒤 잠재고객 > 개요를 클릭합니다. 실습 설정 문구에서 제시한 보고서 이름에서 >를 빼고 한글만 입력하면 쉽습니다.

STEP 4 **실습 설정 확인하기**

실습 설정 문구에 맞게 실습을 준비한 모습은 다음과 같습니다. Google Merchandise Store 계정의 잠재고객 개요 보고서에 제대로 접속했습니다.

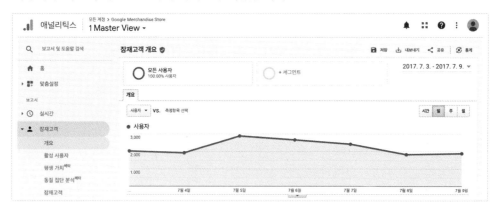

실습을 진행할 때는 반드시 실습 설정 문구에 맞게 계정과 보고서를 설정해야 합니다. 만일 이를 제대로 설정하지 않으면 책과 전혀 다른 결과를 보게 되거나 실습을 제대로 진행할 수 없게 됩니다. 실습을 시작하기 전에 반드시 실습 설정 문구를 확인해주세요.

3.3 보고서 기본 형태 살펴보기

👤 구글 머천다이즈 스토어 　　　　　　　📋 잠재고객 > 개요

이제부터 본격적으로 구글 애널리틱스를 배워보겠습니다. 가장 먼저 배울 것은 보고서의 기본 조작 방법입니다. 앞에서 구글 애널리틱스에는 수많은 보고서가 있다고 했습니다. 보고서의 조작 방법을 하나하나 다 배워야 할까요? 그렇지 않습니다.

[그림 3-3]은 잠재고객 보고서의 모습이고 [그림 3-4]는 사이트 콘텐츠 보고서의 모습입니다. 각 보고서 화면을 자세히 살펴보면 윗부분은 서로 유사한 형태이고 아랫부분은 서로 다른 형태입니다.

그림 3-3　잠재고객 > 개요 보고서

그림 3-4　사이트 콘텐츠 > 모든 페이지 보고서

구글 애널리틱스 보고서는 [그림 3-5]와 같은 형태를 기본으로 별도의 그래프나 표가 추가되는 방식입니다. 이를 잘 익혀두기만 하면 대부분의 보고서를 조작할 수 있습니다.

이번 장에서는 보고서의 기본 형태를 다섯 영역으로 구분해 하나씩 배웁니다. 각 영역이 어떻게 생겼는지, 무슨 역할을 하는지 가볍게 살펴보고 다음 절을 진행해주세요.

그림 3-5 보고서 기본 형태

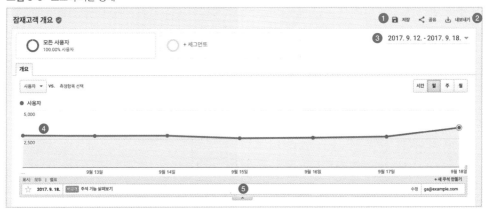

표 3-1 보고서 각 영역과 기능

구분	항목	설명
❶	저장	보고서를 즐겨찾기에 등록할 수 있습니다.
❷	내보내기	보고서를 엑셀, 구글 스프레드시트, CSV 등의 파일로 내보낼 수 있습니다.
❸	보고서 일정 조정 및 비교 일정 추가	보고서 일정을 변경하거나 데이터 비교 일정을 추가할 수 있습니다.
❹	데이터 탐색 그래프	선택한 측정항목의 시간/일/주/월 변화를 확인할 수 있습니다. 보고서를 즐겨찾기에 등록할 수 있습니다.
❺	주석	데이터 탐색 그래프의 특정 날짜에 주석(메모)을 작성할 수 있습니다.

3.4 보고서 일정 조정하기

👤 구글 머천다이즈 스토어   📋 잠재고객 > 개요

🕐 2017. 7. 3. ~ 2017. 7. 9.

앞에서 실습 설정 문구에 맞춰 계정과 보고서를 설정해야 한다고 설명했습니다. 그런데 이번 절에서는 추가된 실습 설정 문구가 있습니다. 바로 보고서의 일정입니다.

🕐 2017. 7. 3. ~ 2017. 7. 9.

보고서 각 영역의 기능 중 가장 먼저 배워야 할 보고서 일정을 조정하는 방법을 살펴보겠습니다. 제시한 실습 설정 문구에 맞게 구글 머천다이즈 스토어 계정의 잠재고객 보고서에서 2017년 7월 3일(월)부터 2017년 7월 9일(일)까지의 데이터를 확인해보겠습니다. 설명은 잠재고객 > 개요 보고서까지 준비된 상태에서 시작하겠습니다.

STEP 1 일정 조정하기
보고서 우측 상단의 일정 영역을 클릭합니다.

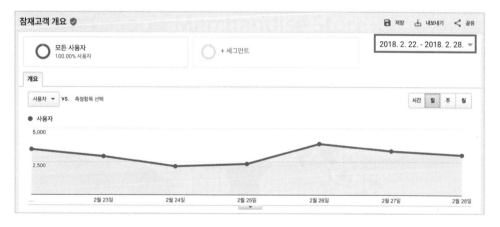

다음과 같이 캘린더가 표시됩니다. 2018. 2. 22.은 시작일이고 2018. 2. 28.은 종료일입니다. 이를 각각 2017. 7. 3.과 2017. 7. 9.로 설정해야 합니다. 시작일을 클릭한 뒤 캘린더의 왼쪽, 오른쪽 화살표를 조작해 직접 2017년 7월 3일을 선택합니다.

시작일을 선택하면 커서가 자동으로 종료일로 이동합니다. 시작일을 선택했을 때와 마찬가지로 종료일로 2017년 7월 9일을 선택하고 적용을 클릭합니다.

키보드로 숫자를 직접 입력할 일정을 선택할 수도 있습니다. 단, 키보드로 일정을 설정할 때는 반드시 공백( )과 온점(.)까지 입력해야 합니다.

보고서에 2017년 7월 3일 ~ 2017년 7월 9일 일정이 정상적으로 적용되면 다음과 같은 그래프를 확인할 수 있습니다. 여기에서는 해당 기간의 홈페이지 사용자가 14,991명인 것을 알 수 있습니다. 이는 다음 절에서 다시 확인할 정보이니 잠시 기억해두시기 바랍니다.

STEP 2 기간 선택으로 일정 조정하기

일정 조정을 위해 매번 시작일과 종료일을 선택해야 하는 것은 아닙니다. 어제, 지난주, 지난달처럼 기간을 선택해 일정을 조정할 수도 있습니다.

시작일 윗부분을 살펴보면 기간이 표시돼 있습니다. 맞춤을 클릭하고 지난주로 변경한 뒤 적용을 클릭합니다. 각자 실습을 진행하고 있는 날짜 기준으로 지난 일주일간 데이터를 확인할 수 있습니다.

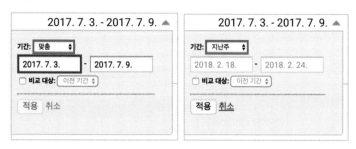

3.5 보고서 비교 일정 설정하기

👤 구글 머천다이즈 스토어　　　　　📋 잠재고객 > 개요

🕐 2017. 7. 3. ~ 2017. 7. 9.

2017. 7. 3. ~ 2017. 7. 9.의 사용자 수는 14,991명이었습니다. 이 기간의 사용자 수는 일주일 전인 2017. 6. 26. ~ 2017. 7. 2.보다 늘었을까요, 줄었을까요? 비교하려는 일정을 함께 설정한다면 쉽게 알 수 있습니다. 이번 절에서는 보고서 비교 일정 설정 방법을 알아보겠습니다.

STEP 1 기본 일정 설정하기

기본 일정을 2017년 7월 3일 ~ 2017년 7월 9일로 설정합니다.

STEP 2 비교 일정(맞춤) 설정하기

2017. 7. 3. 아래 비교 대상을 클릭해 체크 상태로 변경한 뒤 맞춤을 선택합니다. 맞춤을 클릭하면 비교 일정으로 2017년 6월 26일 ~ 2017년 7월 2일이 자동 설정됩니다. 이 기간은 우리가 기본 설정한 날수와 동일한 날수로 자동 계산된 기간입니다. 기본 일정을 설정할 때와 같은 방법으로 비교 일정도 입력하면 됩니다. 여기에서는 실습하려는 날짜가 바로 입력됐으니 별다른 수정 없이 적용을 클릭합니다.

데이터 비교하기

설정이 모두 끝나면 데이터 탐색 그래프로 원본 일정(2017. 7. 3. ~ 2017. 7. 9.)과 비교 일정
(2017. 6. 26. ~ 2017. 7. 2.)의 사용자 변화를 확인할 수 있습니다.

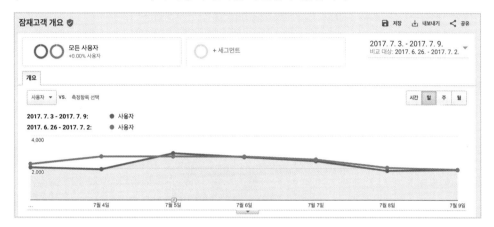

데이터 탐색 그래프 바로 아래에는 사용자, 신규 방문자, 세션 등의 두 기간을 비교한 상세 수
치가 표시됩니다.

이 중 사용자를 확인해보겠습니다. 사용자 수치가 14,991 대 15,916입니다. 앞쪽의 14,991은
원본 일정의 사용자 수이고 뒤쪽의 15,916은 비교 일정의 사용자 수입니다. 그렇다면 이번
주 사용자 수는 지난주 사용자 수와 비교해서 증가했을까요, 감소했을까요? 네, 5.81% 감소
했습니다.

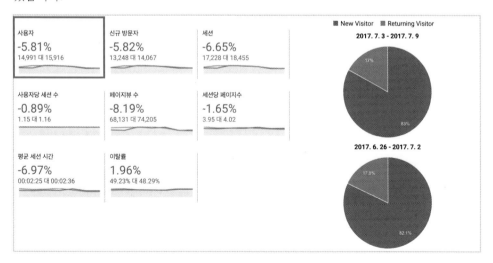

비교 일정을 설정할 때는 비교 목적을 확실히 해야 합니다. 이번 주 월요일~일요일의 데이터를 지난주 월요일~일요일의 데이터와 비교하려면 요일(월~일)이 일치하도록 비교 일정을 설정하고 상반기 대학교 개강 일정과 하반기 대학교 개강 일정을 비교하려면 요일이 아니라 개강 시점(개강 1일 차, 2일 차 등)이 일치하도록 비교 일정을 설정해야 합니다.

STEP 4 비교 일정 제거하기

이번에는 비교 일정을 제거해보겠습니다. 일정을 클릭한 뒤 비교 대상을 클릭해 체크를 해제하고 적용을 클릭합니다.

3.6 데이터 탐색기 사용하기

👤 구글 머천다이즈 스토어 　　　　📑 잠재고객 > 개요
🕐 2017. 7. 3. ~ 2017. 7. 9.

2017. 7. 3. ~ 2017. 7. 9.의 사용자 수는 14,991명이었습니다. 해당 기간 중 7월 3일 하루의 사용자 수는 몇 명일까요? 7월 4일, 5일, 6일 각각의 사용자 수는 몇 명일까요? 데이터 탐색기를 사용하면 특정 항목의 수치를 일자별로 확인할 수 있습니다. 이번 절에서는 데이터 탐색기 사용 방법을 알아보겠습니다.

STEP 1 **탐색 그래프에서 일자 데이터 확인하기**

탐색 그래프를 보면 2017. 7. 3. ~ 2017. 7. 9. 기간에 사용자 수가 제일 많은 날짜는 7월 5일입니다. 탐색 그래프의 7월 5일 부분에 마우스를 올려봅시다. 7월 5일의 사용자 수 2,919명이 표시됩니다.

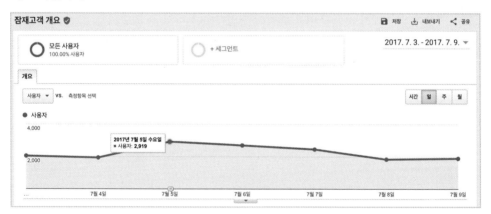

STEP 2 **탐색 그래프의 측정기준 변경하기**

7월 5일에 사용자가 가장 많다는 것을 알게 됐습니다. 7월 5일 몇 시에 사용자가 가장 많았는지도 알 수 있을까요? 탐색 그래프의 측정기준을 변경하면 알 수 있습니다.

탐색 그래프 오른쪽 상단의 시간을 클릭합니다. 그래프가 시간 기준으로 변경되면 가장 높게 솟아오른 부분에 마우스를 올려봅시다. 7월 5일 09:00에 사용자가 220명으로 가장 많습니다.

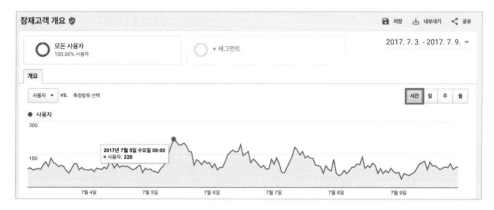

현재 보고서의 일정은 2017. 7. 3. ~ 2017. 7. 9.로 설정됐습니다. 이 상태에서 탐색 그래프의 측정기준을 월로 설정하면 그래프가 표시되지 않습니다.

보고서 사용에 익숙하지 않으면 이를 데이터가 없다고 착각할 수 있습니다. 그런데 이는 데이터가 없는 것이 아니라 일정을 잘못 선택해 선 그래프로 그려지지 않은 것입니다. 보고서 일정은 1주일로 설정했는데 탐색 그래프는 1개월로 설정했기 때문입니다.

보고서 일정을 2017. 1. 2. ~ 2017. 7. 30.처럼 몇 개월에 걸쳐 설정하면 탐색 그래프가 제대로 그려질 것입니다.

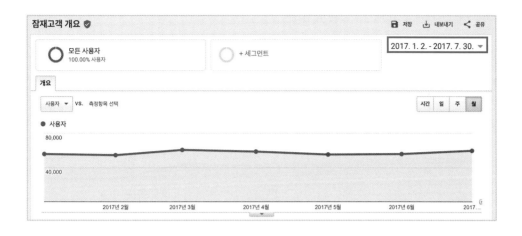

STEP 3 탐색 그래프의 측정항목 변경하기

지금까지는 탐색 그래프를 활용해 사용자 수를 알아봤습니다. 이번에는 사용자 수가 아닌 페이지뷰 수(페이지 조회 수)를 알아보겠습니다.

탐색 그래프 좌측 상단에 사용자를 클릭합니다. 이 부분이 바로 현재 표시된 측정항목을 의미하는데 이를 클릭하면 측정항목을 검색할 수 있도록 검색란이 뜹니다. 검색란에 페이지라고 입력하고 페이지뷰 수를 선택합니다.

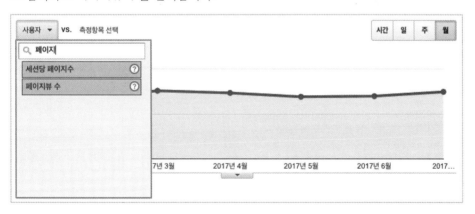

탐색 그래프에 페이지뷰 수 데이터가 표시됩니다.

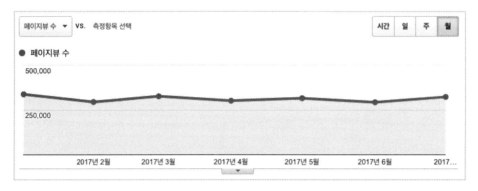

탐색 그래프 하단의 요약 그래프를 클릭해 측정항목을 변경할 수도 있습니다.

STEP 4 탐색 그래프 비교 측정항목 설정하기

탐색 그래프를 활용해 사용자 수와 페이지뷰 수를 확인했습니다. 여기서 잠깐 생각해볼 것이 있습니다. 사용자 수와 페이지뷰 수는 어떤 관계가 있을까요? 사용자 수가 늘어나면 페이지뷰 수도 당연히 늘어나지 않을까요? 정말 그러한지 탐색 그래프의 비교 측정항목을 설정해이를 알아보겠습니다.

앞에서 설정한 페이지뷰 수를 다시 사용자로 변경합니다.

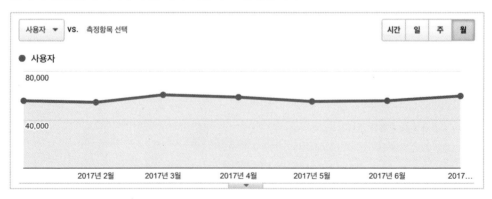

사용자 오른쪽 vs.가 있고 측정항목 선택이 있습니다. 측정항목 선택을 클릭해 페이지뷰 수로 변경합니다. 이제 탐색 그래프를 통해 사용자 수와 페이지뷰 수를 동시에 확인할 수 있습니다. 두 그래프가 거의 비슷한 흐름으로 움직이고 있어 한눈에 보기에도 사용자 수가 줄어들면 페이지뷰 수가 줄어들고, 사용자 수가 늘어나면 페이지뷰 수가 늘어난다는 것을 알 수 있습니다.

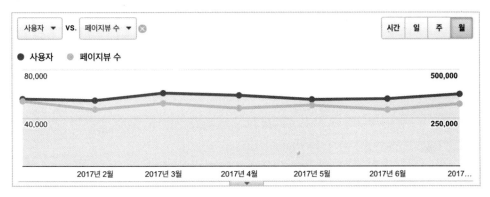

측정기준을 일로 변경하면 더 확실히 알 수 있습니다.

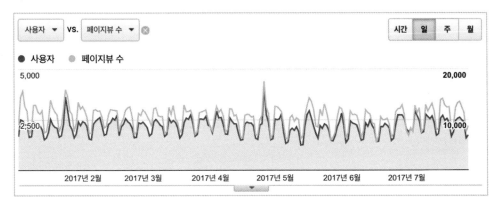

NOTE 가설과 검증

사용자 수가 늘어나면 페이지뷰 수도 늘어나지 않을까? 라는 의문을 제기한 뒤 데이터 탐색 그래프의 비교 측정항목을 활용해 사용자 수와 페이지뷰 수를 확인했습니다. 데이터 분석에서는 위처럼 의문을 제기하는 것을 가설 설정이라 하고 이를 확인하는 것을 가설 검증이라 합니다.

비교 측정항목 제거하기

비교 측정항목을 제거하는 방법은 간단합니다. 비교 측정항목인 페이지뷰 수 오른쪽 제거 아이콘(x)을 클릭하면 비교 측정항목이 제거됩니다.

3.7 주석 사용하기

👤 계정 : 구글 머천다이즈 스토어   📋 잠재고객 > 개요

🕐 2017. 7. 3. ~ 2017. 7. 9.

보고서에서는 알 수 없었지만 사실 2017년 7월 5일에는 '홈페이지 방문 시 1,000원 쿠폰 제공 프로모션'을 진행했습니다. 그 덕에 사용자가 많았습니다. 보고서에 프로모션 진행 사실을 기록하려면 어떻게 해야 할까요? 이번 절에서는 주석 사용 방법을 알아보겠습니다.

STEP 1 주석 추가하기

7월 6일 아래 표시된 회색 버튼(▼)을 클릭하면 주석 화면이 표시됩니다. 우측에 +새 주석 만들기를 클릭합니다.

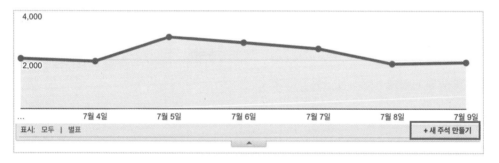

주석 날짜를 2017. 7. 5.로 선택한 뒤 주석 내용으로 [실습 / 프로모션] 2017년 7월 5일 홈페이지 방문 시 1,000원 쿠폰 제공 프로모션을 입력합니다. 표시대상은 공유됨과 비공개가 있지만 공유됨이 선택되지 않습니다. 현재 우리가 실습하고 있는 계정이 구글 머천다이즈 스토어 계정이기 때문입니다. 구글 머천다이즈 스토어 계정에서는 주석을 공개할 수 없으니 각자 실습 계정을 활용해보세요. 표시 대상을 공유됨으로 설정하면 보고서를 같이 확인하는 사람들에게 주석이 공개됩니다. 여기에서는 비공개로 두고 저장을 클릭합니다.

탐색 그래프의 7월 5일 부분을 살펴보면 말풍선이 추가됐습니다. 이는 해당 날짜에 주석이 있음을 나타냅니다. 수정을 클릭하면 주석을 수정하거나 삭제할 수 있습니다.

STEP 2 전체 주석 확인하기

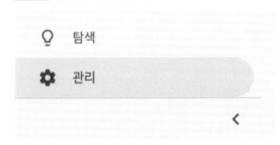

보고서 내에서는 설정한 일정 내의 주석만 확인할 수 있습니다. 전체 주석을 하기 위해서는 주석 관리 페이지로 이동해야 합니다.

화면 왼쪽 하단의 관리를 클릭합니다.

맞춤 도구 및 자산에서 주석을 클릭합니다.

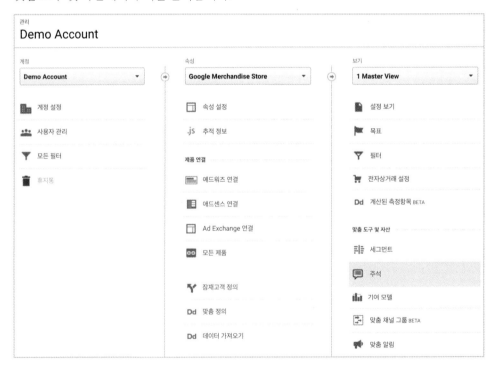

화면에 구글 애널리틱스에 추가된 모든 주석이 표시됩니다. 여기에서 +새 주석을 클릭해 주
석을 추가할 수도 있습니다.

	이름	만든 사람	날짜 ↓	
☆	[Config] Initial configuration. Created goal for transaction, added basic filters.	jcutroni@google.com	2014. 10. 10.	
☆	[Config]: Migrated site to new domain. Updated GA Domain setting.	jcutroni@google.com	2014. 12. 4.	
☆	[Implementation] Removed additional conflicting GA tags.	dee@google.com	2015. 1. 9.	

NOTE

구글 머천다이즈 스토어 운영자는 주석 내용을 쉽게 구분할 수 있도록 [Config] [Implementation] 등의
머리말을 사용하고 있습니다. 이는 주석을 구분하고 주석을 편리하게 검색하기 위해 붙이는 머리말입니
다. 우리도 이를 따라 7월 5일 주석에 [실습 / 프로모션]이라는 머리말을 입력했습니다.

3.8 보고서 내보내기

👤 구글 머천다이즈 스토어　　　　　　📑 잠재고객 > 개요

🕐 2017. 7. 3. ~ 2017. 7. 30.

간혹 구글 애널리틱스의 데이터를 바탕으로 엑셀이나 PDF 파일을 만들어야 할 때가 있습니다. 별도의 데이터 분석 작업을 진행하기 위해 CSV 파일을 만들어야 할 때도 있습니다. 이번 절에서는 보고서 내보내기 방법을 알아보겠습니다.

STEP 1 Google 스프레드시트 내보내기

보고서 우측 상단의 내보내기를 클릭한 뒤 Google 스프레드시트를 클릭합니다.

내보내기를 계속 진행하겠냐는 메시지가 표시됩니다. Import the data를 클릭합니다.

잠시 후 보고서 데이터가 포함된 구글 스프레드시트가 생성됩니다.

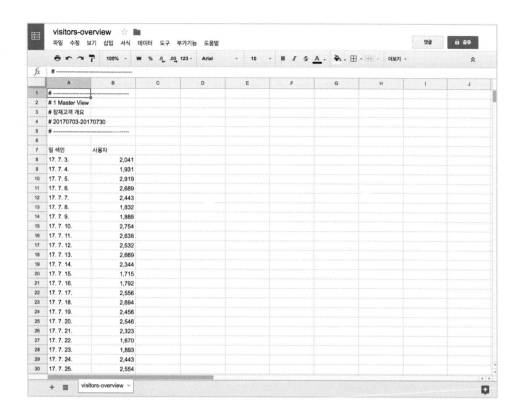

생성된 구글 스프레드시트는 구글 드라이브(https://drive.google.com)에서도 확인할 수 있습니다.

STEP 2 엑셀 파일로 내보내기

보고서 우측 상단의 내보내기를 클릭한 뒤 Excel(XLSX)를 클릭합니다.

잠시 기다리면 엑셀 파일을 다운로드합니다.

다운로드한 엑셀 파일을 열고 하단의 데이터세트1 탭을 클릭하면 2017. 7. 3. ~ 2017. 7. 30.의 사용자 수를 확인할 수 있습니다.

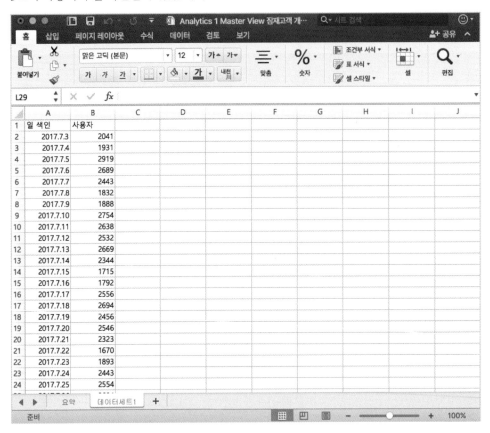

3.9 보고서 저장하기

👤 구글 머천다이즈 스토어　　　　　　📋 잠재고객 > 개요

🕐 2017. 7. 3. ~ 2017. 7. 9.

브라우저를 종료하고 다시 구글 애널리틱스에 접속하면 보고서 설정이 초기화됩니다. 보고서 설정을 항상 동일하게 유지하는 방법은 없을까요? 이번 절에서는 보고서 저장 방법을 알아보겠습니다.

STEP 1 보고서 저장하기

비교 측정항목으로 페이지뷰 수를 추가한 뒤 보고서 우측 상단의 저장을 클릭합니다.

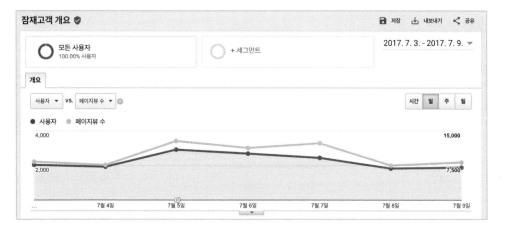

보고서 저장 화면이 표시되면 보고서 이름으로 [저장] 사용자 vs. 페이지뷰 수를 입력한 뒤 확인을 클릭합니다.

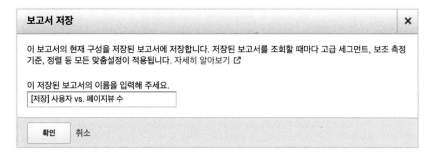

보고서 접속하기

메뉴에서 맞춤설정 > 저장된 보고서를 클릭합니다.

저장된 보고서의 [저장] 사용자 vs. 페이지뷰 수를 클릭합니다.

저장된 보고서

[저장] 사용자 vs. 페이지뷰 수 보고서의 일정과 비교 측정항목을 살펴보면 앞에서의 설정이
유지되는 것을 확인할 수 있습니다.

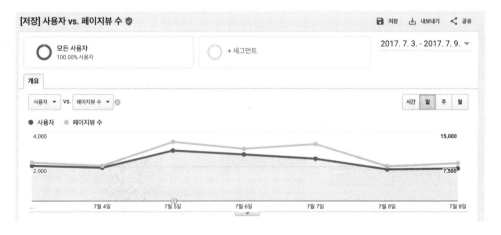

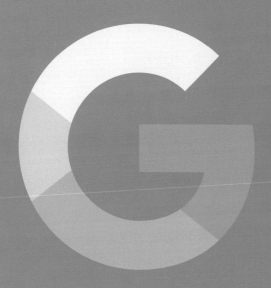

기초 분석 따라 배우기

이제부터 본격적으로 구글 애널리틱스를 활용한 웹 로그 분석을 시작해보겠습니다.
잠재고객 보고서, 사이트 콘텐츠 보고서, 이벤트 보고서 등 기초 보고서를
조작하면서 구글 애널리틱스의 기초 용어를 살펴보고 이를 바탕으로 데이터를 읽고
해석하는 방법을 배워보겠습니다. 또한 실전 예제로 구글 애널리틱스를 통한 실무가
어떤 방식으로 진행되는지도 알아보겠습니다.

Chapter 04

잠재고객 보고서 분석하기

담당자M의 이야기

담당자M은 사용자가 홈페이지를 어떻게 사용하고 있는지 확인하려 합니다. 사용자가 홈페이지에 얼마나 접속하는지, 페이지를 얼마나 보는지, 페이지를 몇 분 동안 사용하는지 등을 파악할 수 있다면 홈페이지를 운영, 관리하는 데 도움이 될 것입니다.

담당자M을 도와주세요

담당자M이 알고 싶어 하는 사용자의 홈페이지 사용 현황 등은 잠재고객 보고서에서 알 수 있습니다. 잠재고객 보고서는 구글 애널리틱스에서 가장 기본인 보고서입니다. 잠재고객 보고서를 통해 사용자가 홈페이지를 어떻게 사용하는지 개략적으로 파악할 수 있습니다.

이번 장에서는 앞에서 배운 보고서 사용 방법을 활용해 잠재고객 보고서를 알아보고 실무에서 구글 애널리틱스가 어떻게 사용되는지 배워보겠습니다.

4.1 잠재고객 보고서 이해하기

👤 구글 머천다이즈 스토어　　　　　📇 잠재고객 > 개요

🕐 2017. 7. 3. ~ 2017. 7. 9.

이번 절에서는 잠재고객 보고서에 사용되는 항목을 알아보고 보고서를 읽는 방법을 배워보겠습니다.

4.1.1 항목 살펴보기

잠재고객 개요 보고서에 표시되는 항목은 [그림 4-1]과 같습니다. 여기에 표시된 항목들은 잠재고객 보고서뿐 아니라 다른 보고서에도 사용합니다. 잠재고객 보고서의 항목을 이해하면 구글 애널리틱스에서 사용하는 항목의 60% 가량은 이해한 것입니다.

그림 4-1　2017. 7. 3. ~ 2017. 7. 9. 구글 머천다이즈 스토어 잠재고객 개요 보고서

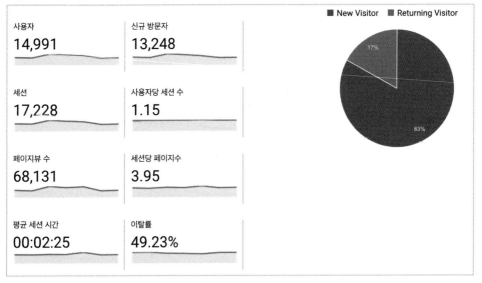

잠재고객 보고서의 주요 항목이 무엇을 의미하는지 정리하면 [표 4-1]과 같습니다. 각 항목의 의미를 모두 암기할 필요는 없습니다. "이 항목은 이런 의미로 사용되는구나." 하고 가볍게 이해하고 넘어가면 충분합니다.

표 4-1 잠재고객 보고서의 주요 항목

항목	설명
사용자	홈페이지 사용자 수를 나타냅니다. 10명이 홈페이지를 사용하면 사용자 수는 10입니다.
신규 방문자	홈페이지 사용자 중 신규 사용자 수를 나타냅니다. 10명의 사용자 중 홈페이지를 처음 접속한 사람이 6명이라면 신규 방문자 수는 6입니다.
세션	사용자의 홈페이지 사용을 나타내는 단위입니다. GA는 사용자의 접속(방문)에서부터 마지막 행동의 30분 뒤를 한 덩어리로 묶어 세션(사용)으로 측정합니다. 사용자A가 11시에 홈페이지에 접속했고 11시 15분에 홈페이지를 떠났다면 11시부터 11시 45분까지가 하나의 세션이 됩니다. 이때 만일 사용자A가 11시 40분에 홈페이지에 다시 접속한다면 해당 세션이 연장되어 12시 10분까지가 하나의 세션이 됩니다.
사용자당 세션 수	사용자당 평균 홈페이지 사용 세션 수를 나타냅니다. 사용자A가 오전, 오후에 한 번씩 홈페이지를 사용했다면 사용자 당 세션 수는 2입니다.
페이지뷰 수	전체 사용자의 페이지 조회 수를 나타냅니다. 사용자A가 페이지 10개를 봤다면 페이지뷰 수는 10입니다.
세션당 페이지수	세션당 평균 페이지 조회 수를 나타냅니다. 사용자A가 1회 사용했을 때 10페이지를 보면 사용자당 세션 수는 10입니다.
평균 세션 시간	세션당 평균 홈페이지 이용 시간을 나타냅니다. 사용자 2명 중 한 명이 홈페이지를 2분 사용하고 나머지 한 명이 홈페이지를 4분 사용했다면 평균 세션 시간은 3분입니다.
이탈률	한 페이지만 보고 나가는 사용자의 비율을 말합니다. 사용자가 2명이 홈페이지에 접속해 첫 화면에서 홈페이지를 떠나고 나머지 한 명은 다른 페이지로 이동하면 이탈률은 50%입니다.
New Visitor	기간 내 홈페이지 처음 방문한 사용자 수를 나타냅니다. 보고서 기간이 2017. 7. 3. ~ 2017. 7. 9.일 때, 해당 기간에 처음 접속하면 New Visitor로 측정됩니다.
Returning Visitor	기간 내 홈페이지 재방문 사용자 수를 나타냅니다. 보고서 기간이 2017. 7. 3. ~ 2017. 7. 9.일 때, 해당 기간에 두 번째 접속한 것부터는 Returning Visitor로 측정됩니다.

4.1.2 보고서 읽기

잠재고객 보고서의 항목을 간략하게 살펴봤습니다. 이번에는 항목을 바탕으로 보고서를 읽어보겠습니다.

• 사용자와 신규 방문자

해당 기간의 사용자는 14,991명인데, 이 중 신규 방문자는 13,248명입니다. 이는 대부분의 사용자가 홈페이지를 처음 사용한 것을 의미합니다. 반대로 재사용자(재방문자 혹은 단골손님) 적다는 것을 의미하기도 합니다. 사용자 수에서 신규 방문자 수를 뺀 값인 1,743이 재방문한 사용자 수가 됩니다.

- 세션과 사용자당 세션 수

    해당 기간의 세션은 17,228이고 사용자당 세션 수는 1.15입니다. 사용자들이 홈페이지를 17,228번 사용했고 사용자 한 명당 대략 1.15번씩 홈페이지를 사용했다는 것을 의미합니다. 홈페이지 재사용이 적다는 것을 알 수 있습니다.

    그렇다면 사용자 수와의 관계는 어떨까요? 사용자 수 14,991에 사용자당 세션 수 1.15를 곱하면 세션 수(17,228)와 비슷한 수치인 17,239가 됩니다. 이와 같이 각 수치를 대략적으로 계산할 수도 있습니다.

- 페이지뷰 수와 세션당 페이지수

    해당 기간의 전체 페이지뷰 수는 68,131이고 세션당 페이지수는 3.95입니다. 이는 사용자들이 68,131 페이지를 살펴봤고 사용 당 3.95 페이지를 살펴봤다는 것을 의미합니다. 사용자가 홈페이지를 사용할 때 평균적으로 4페이지는 본다고 생각할 수 있습니다.

- 이탈률

    해당 기간의 이탈률은 49.23%입니다. 사용자의 49.23%가 한 페이지만 보고 나간 것을 의미합니다. 대략 7,380명(14991 * 0.4923)이 홈페이지에 접속해 한 페이지만 보고 홈페이지만을 떠난다는 것을 의미합니다.

- 평균 세션 시간

    해당 기간의 평균 세션 시간은 2분 25초입니다. 이는 사용자들이 평균 2분 25초 동안 홈페이지를 사용한 것을 나타냅니다. 앞서 세션당 페이지수가 3.95인 것을 참고하면 한 페이지당 약 36초(145초 / 3.95) 정도 이용한 것을 알 수 있습니다.

4.1.3 평가 및 진단

이제 보고서의 내용을 평가하고 진단해보겠습니다. 평가와 진단은 각자의 생각에 따라 다를 수 있습니다. 여기에는 필자의 개인적인 평가와 진단을 옮겨보겠습니다. 각자 자신이 구글 머천다이즈 스토어의 담당자라면 해당 기간을 어떻게 평가하고 진단할지 생각해보시기 바랍니다.

- 재방문 사용자(1,743명)가 지나치게 적습니다. 최근 한 달 동안 방문 이력이 없는 가입자에게 재방문 이메일을 발송하거나 출석 이벤트를 진행하는 등 사용자 재방문을 유도할 방안을 연구해야 합니다.

- 이탈률이 49.23%로 꽤 높습니다. 사용자가 원하는 정보를 잘 전달하고 있는지, 혹시 우리가 알리고 싶어 하는 정보만 제공하고 있는지를 확인해야 합니다.

- 사용자는 평균적으로 4페이지를 사용합니다. 이는 사용자의 관심을 4페이지 이내에 사로잡아야 한다는 것을 의미하기도 합니다. 사용자에게 인기 있는 상품과 자주 구매하는 상품들을 더 쉽게 확인할 수 있는 디자인을 구성해보는 것도 좋을 듯합니다.

- 사용자는 한 페이지 당 약 36초를 사용합니다. 쇼핑몰 페이지에서 36초를 사용한다는 것은 사용자가 상품을 대략적으로만 확인한다는 것을 의미합니다. 사용자가 큰 관심을 기울이지 않아도 상품의 특장점 등을 쉽게 파악할 수 있도록 효율적인 정보 제공을 고려해야 할 것입니다.

4.2 실전! 타임 세일 이벤트 시간 정하기

👤 구글 머천다이즈 스토어　　　　　　　🗐 잠재고객 > 개요

🕐 2017. 7. 3. ~ 2017. 7. 9.

타임 세일이란 특정 시간대에 상품 할인을 진행해 사용자의 구매 혹은 유입을 유도하는 전략을 말합니다. 카페나 패스트푸드점에서 모닝 세트를 판매하는 것이나 백화점에서 개점 시간에 반짝 세일을 진행하는 것을 예로 들 수 있습니다.

타임 세일을 진행할 때는 세일의 목적에 따라 다양한 시간대에 진행할 수 있습니다. 방문자가 적은 시간대의 매출을 보충하는 것이 목적이라면 방문자가 가장 적은 시간대에 타임 세일을 진행할 수 있고 타임 세일 자체를 홍보해 사용자의 홈페이지 유입을 늘리는 것이 목적이라면 방문자가 가장 많은 시간대에 타임 세일을 진행할 수 있습니다.

이번 절에서는 홍보 효과 극대화를 목적으로 방문자가 가장 많은 시간대에 타임 세일을 한다고 가정해 실습을 진행하겠습니다.

STEP 1 시간별 사용자 수 확인하기

탐색 그래프를 활용하면 방문자가 가장 많은 시간을 쉽게 찾을 수 있습니다. 탐색 그래프의 측정항목으로 사용자를 선택하고 측정기준을 시간으로 변경합니다.

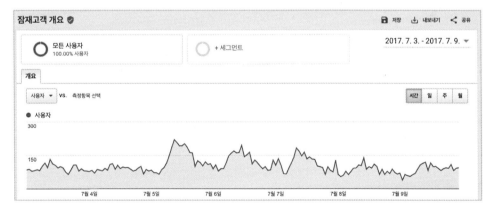

탐색 그래프 위에 마우스 커서를 올려보면 일자, 시간별 사용자 수를 확인할 수 있습니다. 7월 3일부터 7월 9일까지의 탐색 그래프를 천천히 살펴보면서 사용자가 가장 많은 시간을 확인합시다.

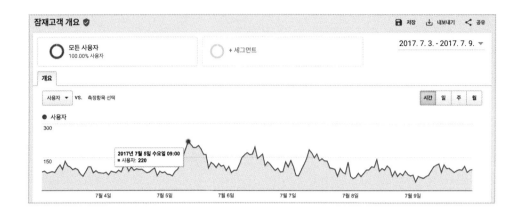

7월 3일부터 7월 9일까지 일자별로 사용자가 많은 시간을 정리하면 다음과 같습니다. 주로 오전 09시와 10시 사이 사용자 접속이 많습니다.

일자	시간	사용자
7월 3일	09시	132
7월 4일	09시	113
7월 5일	09시	220
7월 6일	11시	195
7월 7일	08시	183
7월 8일	10시	139
7월 9일	10시	120

STEP 2 지난주와 비교하기

앞에서는 7월 3일부터 7월 9일까지 시간별로 사용자를 살펴봐 오전 09시와 10시 사이에 사용자 접속이 많다는 것을 알 수 있었습니다. 이 시간대의 사용자 접속이 원래 많은 것일까요? 아니면 7월 3일부터 7월 9일까지에만 특별히 높았던 것일까요? 일주일 전인 6월 26일 ~ 7월 2일과 비교해보겠습니다.

우측 상단의 일정을 클릭하고 비교 대상으로 이전 기간을 선택합니다. 자동으로 2017. 6. 26. ~ 2017. 7. 2.으로 일정이 설정됩니다. 적용을 클릭합니다.

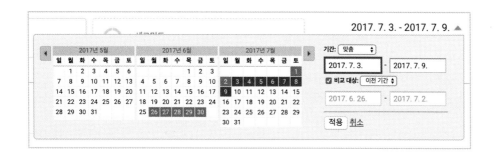

두 기간의 데이터를 비교해보면 7월 4일과 6월 27일을 제외하고 대부분의 그래프 움직임이 일치한다는 것을 알 수 있습니다. 우리는 이를 통해 오전 09시 ~ 오전 10시에 사용자가 많을 것이라고 추정할 수 있습니다. 이번 예제에서는 해당 추정을 바탕으로 타임 세일 이벤트 시간을 오전 09시로 결정하겠습니다.

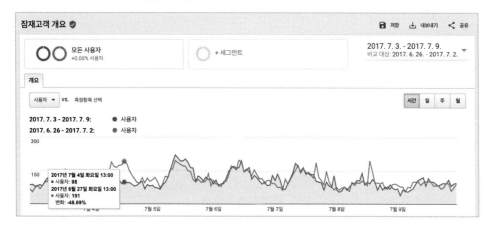

처음으로 구글 애널리틱스 보고서로 확인한 데이터로 의사 결정을 진행했습니다. 앞으로 우리가 학습할 대부분의 실전 예제들과 실제 분석 업무도 이와 크게 다르지 않습니다. 데이터를 확인하고 비교해서 더 정확한 의사 결정을 하는 것입니다.

4.3 실전! 사용자 수 추정하기

👤 구글 머천다이즈 스토어　　　　　　📋 잠재고객 > 개요
🕐 2017. 8. 28. ~ 2017. 8. 29.

앞에서는 7월 3일부터 7월 9일까지의 데이터를 6월 26일부터 7월 2일까지의 데이터와 비교해 사용자가 가장 많은 시간대가 09시 ~ 10시일 것이라고 추정했습니다. 이는 과거의 사용자 데이터를 바탕으로 앞으로의 사용자 데이터를 추정해내는 행동이었습니다. 정말로 과거의 데이터를 바탕으로 앞으로의 데이터를 예측, 추정할 수 있을까요?

이번 절에서는 지난주의 과거 사용자 데이터를 바탕으로 이번 주의 사용자 데이터를 추정해보겠습니다.

STEP 1 일정 설정하기

2017년 8월 28일(월)부터 29일(화)까지를 기본 일정으로 설정합니다. 비교 일정은 지난주인 8월 21일(월) ~ 8월 27(일)로 설정합니다.

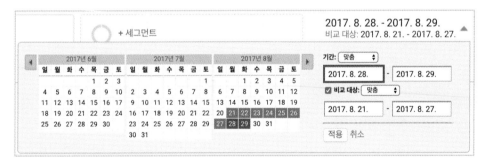

STEP 2 탐색 그래프 데이터 확인하기

탐색 그래프를 살펴보면 기본 일정 사용자 데이터(파란색, 여기에서는 ❶)가 비교 일정 사용자 데이터(주황색, ❷)와 비슷한 움직임을 보여주고 있습니다.

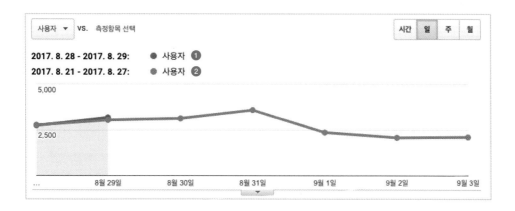

8월 28일 부분에 마우스를 올려 상세한 사용자 데이터를 확인합니다. 8월 28일(월) 사용자는 2,744이고 8월 21일(월) 사용자는 2,711입니다. 일주일 전 사용자 데이터가 일주일 후 사용자 데이터가 거의 일치한다는 것을 알 수 있습니다. 8월 29일(화)과 8월 22일(화)의 데이터도 이와 마찬가지입니다.

2017. 8. 21. ~ 2017. 8. 27. 사용자 데이터를 하나씩 살펴보면 2017. 8. 28. ~ 2017. 9. 3.의 데이터를 추정할 수 있습니다. 여기에서는 8월 21일 ~ 8월 27일의 사용자가 17,732명이니 8월 28일 ~ 9월 3일의 사용자는 17,500 ~ 18,000명이라고 추정하겠습니다.

STEP 3 **추정 확인하기**

이제 시간이 흘러 9월 4일이 됐다고 가정하고 추정한 사용자 수가 맞는지 확인해보겠습니다. 보고서 기본 일정을 2017. 8. 28. ~ 2017. 9. 3.으로 설정하고 비교 일정을 2017. 8. 21. ~ 2017. 8. 27.로 설정합니다.

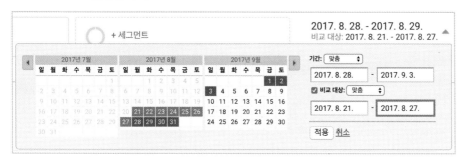

8월 28일 ~ 9월 3일 사용자 데이터(파란색, 여기에서는 ❶)와 8월 21일 ~ 8월 27일 사용자 데이터(주황색, ❷)를 살펴보면 그래프가 거의 일치한다는 것을 알 수 있습니다.

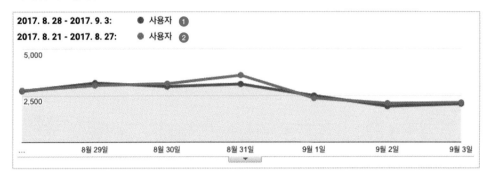

8월 21일 ~ 8월 27일 사용자가 8월 28일 ~ 9월 3일 사용자와 일치하는 것도 아닌데 어떻게 이렇게 일치하는 움직임을 보이는 것일까요? 이는 서비스나 홈페이지에 변화가 없는 이상 사용자의 행동이 대부분 비슷하기 때문입니다. 비슷한 국가에서 비슷한 시간대에 비슷한 사용자들이 접속하는 것입니다. 이는 반대로 말하면 사용자의 행동에 변화를 일으키기 위해서는 서비스나 홈페이지에 변화를 줘야 함을 의미합니다.

앞에서 추정했던 사용자 수 17,500 ~ 18,000명이 정말로 맞았을까요? 8월 28일 ~ 9월 3일의 사용자 수는 17,225명으로 추정한 범위에서 조금 빗나갔습니다. 8월 31일 사용자 수가 조금 더 많았다면 추정한 범위 내였을 것 같은데 아쉽네요.

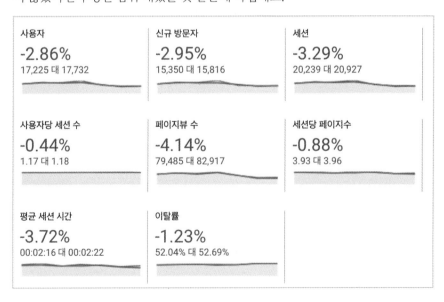

4.4 실전! DAU와 MAU 파악하기

👤 구글 머천다이즈 스토어 📋 잠재고객 > 개요

🕐 2017. 7. 1. ~ 2017. 7. 31.

웹 분석(데이터 분석)을 공부할 때는 구글 애널리틱스뿐만 아니라 분석에 사용되는 각종 지표도 공부해야 합니다. 사용자 수는 서비스 분석의 가장 기본이 되는 지표 중 하나입니다. 사용자 수가 늘어나면 페이지뷰 수, 가입자 수, 구매자 수가 늘어날 것이라고 예상할 수 있기 때문입니다. 여기에서는 DAU와 MAU를 간단히 알아보겠습니다.

- DAU는 Daily Active User의 약자이며 일간 활성 사용자, 쉽게 말해 하루에 몇 명이 사용했는지를 의미합니다. 7월 1일부터 7월 31일까지 매일의 사용자 수를 조사하면 됩니다.
- MAU는 Monthly Active User의 약자이며 월간 활성 사용자, 쉽게 말해 한 달에 몇 명이 사용했는지를 의미합니다. 7월 1일부터 7월 31일까지 한 달 동안 홈페이지에 방문한 경험이 있는 사용자 수를 조사하면 됩니다.

앞에서 과거 데이터를 바탕으로 미래 데이터를 추정할 수 있다는 것을 배웠습니다. DAU와 MAU도 마찬가지입니다. 2017년 7월의 DAU, MAU를 파악할 수 있다면 이를 바탕으로 2017년 8월, 남은 2017년, 2018년의 데이터를 추정할 수 있습니다.

STEP 1 MAU 측정하기

보고서 일정을 2017. 7. 1. ~ 2017. 7. 31.로 설정하면 다음과 같은 사용자 데이터를 확인할 수 있습니다. 가장 쉽게 파악할 수 있는 것은 MAU입니다. 한 달 동안 홈페이지에 접속한 사용자 수는 62,040입니다. 이 데이터가 한 달 동안 홈페이지에 접속한 사용자 즉, MAU에 해당합니다.

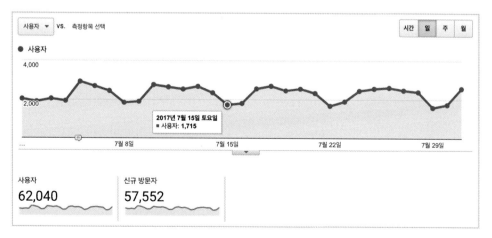

DAU는 어떻게 확인할 수 있을까요? 데이터 탐색 그래프의 일자에 마우스를 올려두면 확인할 수 있으니 7월 1일부터 31일까지 매일의 사용자 수를 하나씩 기록하면 DAU를 파악할 수 있습니다. 그런데 정말 이 방법뿐일까요?

STEP 2 DAU 파악하기

3장에서 이미 배웠던 보고서 내보내기를 활용하면 한 달 동안의 DAU 데이터를 모두 확인할 수 있습니다. 보고서 우측 상단의 내보내기를 클릭하고 Google 스프레드시트를 클릭합니다.

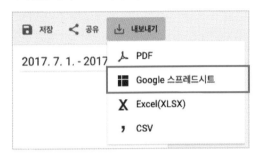

내보내기가 완료된 Google 스프레드시트에는 2017. 7. 1. ~ 2017. 7. 31.의 DAU 데이터가 모두 담겨 있습니다.

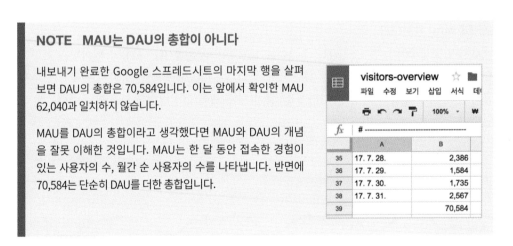

NOTE MAU는 DAU의 총합이 아니다

내보내기 완료한 Google 스프레드시트의 마지막 행을 살펴보면 DAU의 총합은 70,584입니다. 이는 앞에서 확인한 MAU 62,040과 일치하지 않습니다.

MAU를 DAU의 총합이라고 생각했다면 MAU와 DAU의 개념을 잘못 이해한 것입니다. MAU는 한 달 동안 접속한 경험이 있는 사용자의 수, 월간 순 사용자의 수를 나타냅니다. 반면에 70,584는 단순히 DAU를 더한 총합입니다.

Chapter 05 표 사용 방법 익히기

각 국가별 사이트 방문자와 사이트에 머문 평균 시간 데이터를 보고서로 정리해서 제출하는 학교 과제가 있다고 가정해보겠습니다. 처음에는 '미국의 사이트 방문 수는 67,445명이며 사이트에 머문 평균 시간은 1분 54초입니다. 영국의 사이트 방문 수는 18,948명이며 사이트에 머문 평균 시간은 1분 37초입니다.'와 같이 줄글로 정리하다가 곧 줄글 형식이 데이터 보고 용으로는 적합하지 않다는 것을 깨닫고 다음과 같이 표로 정리할 것입니다.

국가	방문수	사이트에 머문 평균 시간
미국	67,445	00:01:54
영국	18,948	00:01:37
인도	8,882	00:00:58
캐나다	6,371	00:01:02

이처럼 우리는 많은 양의 데이터 정보를 제공, 확인할 때는 줄글보다 표가 적합하다는 것을 경험적으로 알고 있습니다.

구글 애널리틱스의 보고서도 표를 바탕으로 사용자 데이터를 표시하는 경우가 많습니다. 표를 어떻게 다루느냐에 따라 확인하고 분석할 수 있는 데이터의 질에 차이가 있다고 해도 과언이 아닙니다. 이번 장에서는 구글 애널리틱스를 자유자재로 다루기 위한 첫걸음인 표 사용 방법을 배워보겠습니다.

5.1 표 기본 형태 살펴보기

👤 구글 머천다이즈 스토어 　　　　　📋 행동 > 사이트 콘텐츠 > 모든 페이지

구글 애널리틱스의 보고서는 표를 기본으로 데이터를 표시하는 경우가 많습니다. [그림 5-1]
은 인기 이벤트 보고서의 모습이고 [그림 5-2]는 사이트 콘텐츠 보고서의 모습입니다.

그림 5-1　이벤트 > 인기 이벤트 보고서

그림 5-2　행동 > 사이트 콘텐츠 > 모든 페이지 보고서

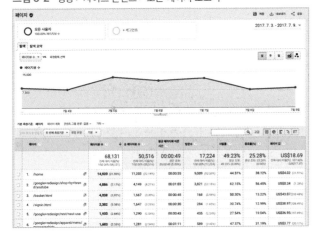

표의 기본 형태는 [그림 5-3]과 같습니다. 이 형태를 기본으로 보고서에 따라 별도의 열이 추가되거나 기존 열이 감춰지는 형식으로 구성됩니다.

그림 5-3 표의 기본

이번 장에서는 [그림 5-3]을 [표 5-1]처럼 여섯 영역으로 구분해 하나씩 배우게 됩니다. 각 영역이 어떻게 생겼는지, 무슨 역할을 하는지 가볍게 살펴보고 다음 절을 진행해주세요.

표 5-1 표의 기본 형태

구분	항목	설명
❶	측정기준 조정	표 데이터 측정기준을 변경하거나 두 번째 측정기준(보조 측정기준)을 추가할 수 있습니다.
❷	선택 행 도표 만들기	표에서 선택한 데이터를 탐색 그래프에 표시할 수 있습니다.
❸	기본 검색, 고급 검색, 정규식 검색	검색을 활용해 표에 표시되는 불필요한 데이터를 제외하거나 표에 필요한 데이터를 포함할 수 있습니다.
❹	데이터 시각화 형태 변경	표 데이터의 시각화 형태를 데이터, 비율, 실적, 비교, 피봇으로 변경할 수 있습니다.
❺	측정항목 정렬	표 데이터를 내림차순, 오름차순으로 정렬할 수 있습니다.
❻	행 표시 개수 변경	표 데이터의 표시 개수를 변경할 수 있습니다.

5.2 측정항목 정렬하기

👤 구글 머천다이즈 스토어   📚 행동 > 사이트 콘텐츠 > 모든 페이지
🕐 2017. 7. 3. ~ 2017. 7. 9.

표에는 페이지뷰 수, 순 페이지뷰 수 등 여러 측정항목이 표시됩니다. 측정항목을 오름차순, 내림차순으로 정렬하면 어떤 데이터가 긍정적인 신호를 보이는지, 부정적인 신호를 보이는 지 쉽게 확인할 수 있습니다. 이번 절에서는 측정항목 정렬 방법을 알아보겠습니다.

STEP 1 오름차순 정렬하기

표의 데이터는 내림차순을 기본으로 정렬합니다. 측정 항목 페이지뷰 수의 데이터를 살펴보면 큰 숫자(14,920)에서 작은 숫자(4,886)로 순서로 정렬되는 것을 알 수 있습니다. 페이지뷰 수 옆에 ↓는 내림차순으로 정렬됐다는 의미입니다. 페이지뷰 수 ↓를 클릭합시다.

☐	페이지 ❓		페이지뷰 수 ❓ ↓	순 페이지뷰 수 ❓
			68,131 전체 대비 비율(%): 100.00% (68,131)	**50,516** 전체 대비 비율(%): 100.00% (50,516)
☐	1.	/home ⧉	**14,920** (21.90%)	11,203 (22.18%)
☐	2.	/google+redesign/shop+by+brand/youtube ⧉	**4,886** (7.17%)	4,149 (8.21%)
☐	3.	/basket.html ⧉	**4,038** (5.93%)	1,667 (3.30%)

페이지뷰 수 ↓를 클릭하면 화살표가 반대 방향인 ↑로 변경되고 데이터 또한 1부터 표시됩니다. 해당 데이터들이 오름차순으로 재정렬됩니다.

☐	페이지 ❓		페이지뷰 수 ❓ ↑	순 페이지뷰 수 ❓
			68,131 전체 대비 비율(%): 100.00% (68,131)	**50,516** 전체 대비 비율(%): 100.00% (50,516)
☐	1.	/eco/android+napa+perfect+bound+journal.axd ⧉	**1** (0.00%)	1 (0.00%)
☐	2.	/eco/organic+basic+t-shirt.axd ⧉	**1** (0.00%)	1 (0.00%)
☐	3.	/eco/organic+cotton+infant+bodysuit+-+white.axd ⧉	**1** (0.00%)	1 (0.00%)

오름차순 정렬 확인하기

페이지뷰 수를 오름차순으로 정렬하면 데이터가 1부터 표시됩니다. 그런데 이 상태에서는 데이터가 모두 1이라 페이지뷰 수의 정렬을 제대로 확인할 수 없습니다. 표 우측 하단의 내비게이션을 활용해 오름차순 정렬을 직접 확인해보겠습니다. 이동 칸에 450을 입력하고 엔터를 누릅니다.

측정 항목 페이지뷰 수의 데이터가 작은 숫자(651)에서 큰 숫자(654)로 정렬된 것을 볼 수 있습니다.

☐	페이지 ⓘ		페이지뷰 수 ⓘ ↑	순 페이지뷰 수 ⓘ
			68,131 전체 대비 비율(%): 100.00% (68,131)	**50,516** 전체 대비 비율(%): 100.00% (50,516)
☐	450.	/google+redesign/office ⧉	**651** (0.96%)	**536** (1.06%)
☐	451.	/google+redesign/accessories/fun ⧉	**654** (0.96%)	**567** (1.12%)
☐	452.	/google+redesign/accessories ⧉	**694** (1.02%)	**567** (1.12%)

5.3 행 표시 개수 변경하기

👤 구글 머천다이즈 스토어   📋 행동 > 사이트 콘텐츠 > 모든 페이지

🕐 2017. 7. 3. ~ 2017. 7. 9.

표의 한 화면에는 기본적으로 데이터 10개가 표시됩니다. 이 상태라면 데이터 10,000개를 확인하기 위해 1,000페이지를 살펴봐야 할 것입니다. 이번 절에서는 한 화면에 표시될 행의 개수를 변경하는 방법을 알아보겠습니다.

STEP 1 행 표시 개수 변경하기

표의 데이터는 기본 1번부터 10번까지 10개의 데이터가 한 화면에 표시됩니다.

	페이지 ?	페이지뷰 수 ? ↓	순 페이지뷰 수 ?
		68,131 전체 대비 비율(%): 100.00% (68,131)	**50,516** 전체 대비 비율(%): 100.00% (50,516)
☐	1. /home	**14,920** (21.90%)	11,203 (22.18%)
☐	2. /google+redesign/shop+by+brand/youtube	**4,886** (7.17%)	4,149 (8.21%)
☐	3. /basket.html	**4,038** (5.93%)	1,667 (3.30%)
☐	4. /signin.html	**2,302** (3.38%)	1,647 (3.26%)
☐	5. /google+redesign/nest/nest-usa	**1,933** (2.84%)	1,290 (2.55%)
☐	6. /google+redesign/apparel/mens/mens+t+shirts	**1,603** (2.35%)	1,281 (2.54%)
☐	7. /asearch.html	**1,419** (2.08%)	1,014 (2.01%)
☐	8. /store.html	**1,386** (2.03%)	1,168 (2.31%)
☐	9. /google+redesign/nest/nest-usa/quickview	**1,173** (1.72%)	687 (1.36%)
☐	10. /yourinfo.html	**1,145** (1.68%)	719 (1.42%)

내비게이션의 행 표시 개수를 100으로 변경하면 표에 1번부터 100번까지의 데이터가 한 화면에 표시됩니다.

행 표시: 100 ⏷ 이동: 1 전체 471개 중 1~100 ❮ ❯

페이지 이동하기

100번째 데이터의 다음 화면을 확인하려면 내비게이션의 > (다음)을 클릭합니다.

| 행 표시: 100 ▲▼ | 이동: 1 | 전체 471개 중 1~100 | < | > |

1번부터 100번의 다음 데이터, 즉 101부터 200까지의 데이터가 표시됩니다. 이전 100개의 데이터를 확인하려면 < (이전)을 클릭합니다.

☐	페이지 ?		페이지뷰 수 ? ↓		순 페이지뷰 수 ?	
			68,131 전체 대비 비율 (%): 100.00% (68,131)		**50,516** 전체 대비 비율 (%): 100.00% (50,516)	
☐	101.	/google+redesign/bags/shopping+and+totes/quickview ⧉	**74**	(0.11%)	**45**	(0.09%)
☐	102.	/google+redesign/bags/backpacks/google+laptop+backpack.axd ⧉	**72**	(0.11%)	**65**	(0.13%)
☐	103.	/google+redesign/accessories/quickview ⧉	**71**	(0.10%)	**45**	(0.09%)

간혹 행 표시를 100으로 설정한 뒤 이동칸에 2를 입력하면 2페이지(101~200) 데이터가 표시될 것이라고 생각하시는 분들이 있습니다.

| 행 표시: 100 ▲▼ | 이동: 2 | 전체 471개 중 2~101 | < | > |

하지만 그렇지 않습니다. 이동칸에 2를 입력하면 2번부터 100개의 데이터(2~101)가 표시됩니다.

☐	페이지 ?		페이지뷰 수 ? ↓		순 페이지뷰 수 ?	
			68,131 전체 대비 비율(%): 100.00% (68,131)		**50,516** 전체 대비 비율(%): 100.00% (50,516)	
☐	2.	/google+redesign/shop+by+brand/youtube ⧉	**4,886**	(7.17%)	**4,149**	(8.21%)
☐	3.	/basket.html ⧉	**4,038**	(5.93%)	**1,667**	(3.30%)
☐	4.	/signin.html ⧉	**2,302**	(3.38%)	**1,647**	(3.26%)

5.4 선택 행 도표 만들기

🔲 구글 머천다이즈 스토어   🗔 행동 > 사이트 콘텐츠 > 모든 페이지

🕐 2017. 7. 3. ~ 2017. 7. 9.

잠재고객 개요 보고서에서는 탐색 그래프를 통해 사용자 수가 매일 어떻게 변하는지 확인할 수 있었습니다. 표에서 특정 행의 페이지뷰 수 데이터가 매일 어떻게 변해왔는지 확인할 수 없을까요? 이번 절에서는 선택 행 도표 만들기 방법을 알아보겠습니다.

STEP 1 /home 페이지 도표 만들기

/home의 페이지뷰 수는 14,920입니다. 해당 페이지뷰 수가 매일 어떻게 변해왔는지 확인해 보겠습니다. /home 왼쪽의 체크 박스를 클릭해 체크하고 표 좌측 상단의 선택 행 도표 만들기를 클릭합니다.

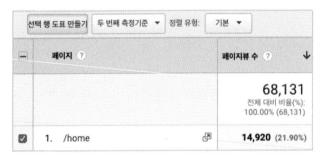

탐색 그래프에 /home 그래프가 추가됩니다. 7월 5일에 마우스를 올려보면 전체 페이지 뷰 수는 12,808이고 /home의 페이지뷰 수는 3,015입니다. 이를 통해 전체 페이지뷰 수 중 /home의 페이지뷰 수가 어느 정도를 차지하는지 쉽게 알 수 있습니다.

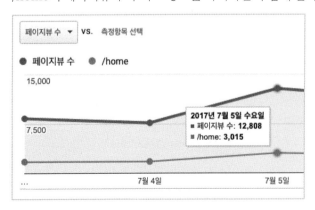

STEP 2 **/home 페이지 도표 제거하기**

/home 왼쪽의 체크 박스를 클릭해 체크를 해제하고 선택 행 도표 만들기를 클릭합니다.

탐색 그래프에서 /home 그래프가 제거됩니다.

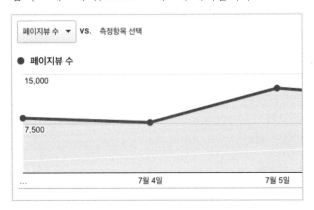

5.5 데이터 표시 형태 변경하기

👤 구글 머천다이즈 스토어 　　　📋 행동 > 사이트 콘텐츠 > 모든 페이지

🕐 2017. 7. 3. ~ 2017. 7. 9.

사이트 콘텐츠 보고서의 데이터는 표 형태로 표시됩니다. 이를 다른 형태로 표시할 수는 없을까요? 이번 절에서는 데이터(표) 형태를 비율(원), 실적(막대) 등 다른 형태로 변경해보겠습니다.

STEP 1 데이터 표시 형태 변경하기

표 우측 상단을 살펴보면 데이터 형태 변경 아이콘이 있습니다.

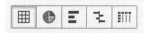

STEP 2 형태 확인하기

각각 아이콘의 순서대로 눌러보며 어떻게 표시되는지 확인해봅시다. [그림 5-4~8]은 표, 비율, 실적, 비교, 피봇 형태로 데이터를 표시할 때입니다.

그림 5-4 표

	페이지 ❓		페이지뷰 수 ❓	↓ 순 페이지뷰 수 ❓	평균 페이지에 머문 시간 ❓	방문수 ❓	이탈률 ❓	종료율(%) ❓	페이지 값 ❓
			68,131 전체 대비 비율(%) 100.00% (68,131)	**50,516** 전체 대비 비율(%): 100.00% (50,516)	**00:00:49** 평균 조회: 00:00:49 (0.00%)	**17,224** 전체 대비 비율(%): 100.00% (17,224)	**49.23%** 평균 조회: 49.23% (0.00%)	**25.28%** 평균 조회 25.28% (0.00%)	**US$18.69** 전체 대비 비율(%): 107.62% (US$17.37)
☐	1.	/home 📄	**14,920** (21.90%)	11,203 (22.18%)	00:00:55	9,009 (52.30%)	44.51%	38.12%	US$4.02 (21.51%)
☐	2.	/google+redesign/shop+by+bran d/youtube 📄	**4,886** (7.17%)	4,149 (8.21%)	00:01:03	3,821 (22.18%)	62.15%	56.45%	US$0.24 (1.28%)
☐	3.	/basket.html 📄	**4,038** (5.93%)	1,667 (3.30%)	00:00:45	168 (0.98%)	50.30%	13.22%	US$43.07(230.48%)

그림 5-5 비율

페이지		페이지뷰 수 ⬍ ↓	페이지뷰 수	전체에 대한 기여도: 페이지뷰 수 ⬍
		68,131 전체 대비 비율(%): 100.00% (68,131)	**68,131** 전체 대비 비율(%): 100.00% (68,131)	
1. ▪ /home	🗗	**14,920**	21.90%	
2. ▪ /google+redesign/shop+by+brand/youtube	🗗	**4,886**	7.17%	
3. ▪ /basket.html	🗗	**4,038**	5.93%	
4. ▪ /signin.html	🗗	**2,302**	3.38%	
5. ▪ /google+redesign/nest/nest-usa	🗗	**1,933**	2.84%	
6. ▪ /google+redesign/apparel/mens/mens+t+shirts	🗗	**1,603**	2.35%	
7. ▪ /asearch.html	🗗	**1,419**	2.08%	

그림 5-6 실적

그림 5-7 비교

그림 5-8 피봇

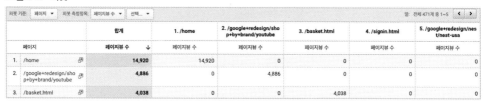

5.6 측정기준 이해하기

👤 구글 머천다이즈 스토어　　　　　📊 행동 > 사이트 콘텐츠 > 모든 페이지

🕐 2017. 7. 3. ~ 2017. 7. 9.

사이트 콘텐츠 보고서의 표에는 특정 페이지의 페이지뷰 수, 순 페이지뷰 수 등의 데이터가 표시됩니다. 여기에서 페이지를 측정기준, 페이지뷰 수와 순 페이지뷰 수 등을 측정항목이라고 합니다. 이번 절에서는 측정기준과 측정항목이 무엇인지, 측정기준을 어떻게 설정하는지 알아보겠습니다.

STEP 1 **측정기준과 측정항목 이해하기**

표의 윗부분을 살펴보면 기본 측정기준 옆쪽으로 페이지, 페이지 제목, 콘텐츠 그룹 분류 : 없음, 기타가 표시되어 있습니다.

[그림 5-9]는 기본 측정기준으로 페이지가 선택된 상태의 표입니다.

그림 5-9　기본 측정기준으로 페이지가 선택된 상태

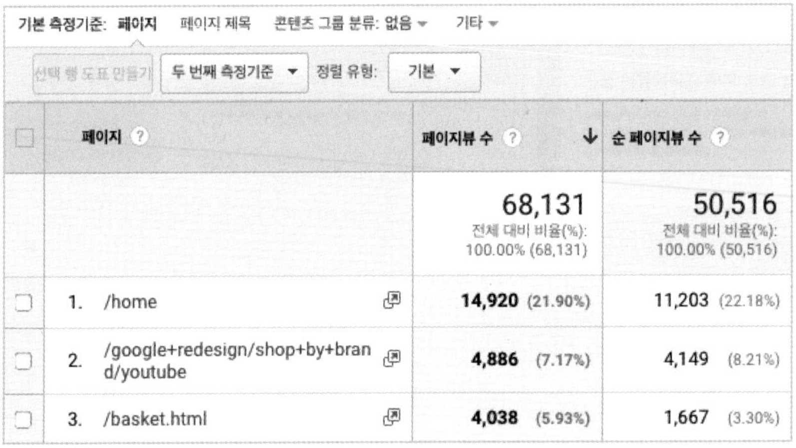

	페이지	페이지뷰 수	순 페이지뷰 수
		68,131 전체 대비 비율(%): 100.00% (68,131)	**50,516** 전체 대비 비율(%): 100.00% (50,516)
☐	1. /home ⤴	**14,920** (21.90%)	11,203 (22.18%)
☐	2. /google+redesign/shop+by+brand/youtube ⤴	**4,886** (7.17%)	4,149 (8.21%)
☐	3. /basket.html ⤴	**4,038** (5.93%)	1,667 (3.30%)

측정기준으로 페이지가 선택됐다는 것을 생각하며 각 행의 데이터를 읽어보면 다음과 같습니다.

1. 페이지 /home의 페이지뷰 수는 14,902이며 순 페이지뷰 수는 11,203입니다.

2. 페이지 /basket.html의 페이지뷰 수는 4,038이며 순 페이지뷰 수는 1,667입니다.

각 행의 데이터는 '~의 ~어떤 수치'를 나타냅니다. 여기에서 '~의'가 측정기준에 해당하고 '~어떤 수치'가 측정항목에 해당합니다. 굵게 표시한 **페이지 ~의**는 측정기준에 해당하고 밑줄 표시한 페이지뷰 수, 순 페이지뷰 수는 측정항목에 해당하는 것입니다.

텅 빈 표에 자신이 원하는 데이터를 표시하고 싶다고 가정해보겠습니다. 만일 표에 **사용자의** 체류시간을 표시하고 싶다면 측정기준과 측정항목을 어떻게 설정하면 될까요? 측정기준으로 **사용자**를 선택하고 측정항목으로 체류시간을 선택하면 됩니다.

STEP 2 측정기준 설정하기

사이트 콘텐츠 보고서를 페이지 기준이 아닌 운영체제 기준으로 페이지뷰 수와 순 페이지뷰 수를 확인하려면 어떻게 해야 할까요? 측정기준을 원하는 측정항목으로 설정해봅시다.

현재 표의 측정기준은 페이지입니다. 1행의 데이터를 살펴보면 /home 페이지의 페이지뷰 수가 14,920임을 알 수 있습니다. 기본 측정기준에서 페이지 제목을 클릭합니다.

기본 측정기준: 페이지	페이지 제목	콘텐츠 그룹 분류: 없음 ▾	기타 ▾	
선택 행 도표 만들기	두 번째 측정기준 ▾	정렬 유형:	기본 ▾	

	페이지 ⓘ	페이지뷰 수 ⓘ ↓	순 페이지뷰 수 ⓘ
		68,131 전체 대비 비율(%): 100.00% (68,131)	**50,516** 전체 대비 비율(%): 100.00% (50,516)
☐	1. /home	**14,920** (21.90%)	**11,203** (22.18%)
☐	2. /google+redesign/shop+by+brand/youtube	**4,886** (7.17%)	**4,149** (8.21%)
☐	3. /basket.html	**4,038** (5.93%)	**1,667** (3.30%)

기본 측정기준을 페이지 제목으로 변경하면 표 데이터가 페이지 제목 기준으로 재구성됩니다. 1행의 데이터를 살펴보면 페이지 제목 Home의 페이지뷰 수가 11,717임을 알 수 있습니다.

페이지 제목 ?	페이지뷰 수 ? ↓	순 페이지뷰 수 ?
	68,131 전체 대비 비율(%): 100.00% (68,131)	**50,516** 전체 대비 비율(%): 100.00% (50,516)
1. Home	**11,717** (17.20%)	**8,523** (16.87%)
2. YouTube | Shop by Brand | Google Merchandise Store	**5,639** (8.28%)	**4,508** (8.92%)
3. Google Online Store	**4,149** (6.09%)	**3,511** (6.95%)

STEP 3 기타 측정기준으로 변경하기

기본 측정기준으로 페이지와 페이지 제목 외의 다른 측정기준을 사용하고 싶다면 어떻게 해야 할까요? 여기에서는 운영체제를 측정기준으로 설정해보겠습니다.

기본 측정기준 오른쪽 끝에 기타를 클릭하고 검색란에 운영체제를 입력하고 선택합니다.

표 데이터가 운영체제를 기준으로 변경됩니다. 여기에서는 맥(Machintosh, 매킨토시) 사용자가 윈도우(Windows) 사용자보다 페이지뷰 수가 많음을 알 수 있습니다.

	운영체제 ?	페이지뷰 수 ? ↓	순 페이지뷰 수 ?
		68,131 전체 대비 비율(%): 100.00% (68,131)	**50,516** 전체 대비 비율(%): 100.00% (50,516)
☐	1. Macintosh	**23,207** (34.06%)	**16,858** (33.37%)
☐	2. Windows	**19,929** (29.25%)	**15,519** (30.72%)

기본 측정기준: 페이지   페이지 제목   콘텐츠 그룹 분류: 없음 ▾   운영체제 ▾

선택 행 도표 만들기 | 두 번째 측정기준 ▾ | 정렬 유형: 기본 ▾

5.7 두 번째 측정기준 설정하기

👤 구글 머천다이즈 스토어　　　▦ 행동 > 사이트 콘텐츠 > 모든 페이지

🕐 2017. 7. 3. ~ 2017. 7. 9.

앞에서는 페이지 기준의 데이터를 운영체제 기준으로 변경했습니다. 만일 페이지의 운영체제별 페이지뷰 수와 순 페이지뷰 수를 확인하려면 어떻게 해야 할까요? 기본 측정기준은 페이지이지만 운영체제도 하나의 기준이 돼야 하는 상황입니다. 페이지를 기본 측정기준으로 한 표에서 '페이지의 운영체제'를 추가 설정할 수 있다면 페이지의 운영체제별 페이지뷰 수와 순 페이지뷰 수를 확인할 수 있습니다. 이번 절에서는 두 번째 측정기준(보조 측정기준)을 설정하는 방법을 알아보겠습니다.

STEP 1 두 번째 측정기준(보조 측정기준) 설정하기

다음은 페이지를 기본 측정기준으로 한 표입니다. 페이지별 페이지뷰 수와 순 페이지뷰 수가 표시되고 있습니다.

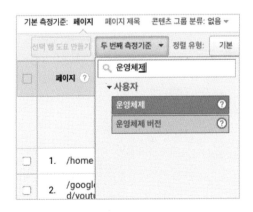

기본 측정기준 페이지 아래의 두 번째 측정기준(보조 측정기준)을 클릭합니다. 검색란에 운영체제를 입력한 뒤 선택합니다.

/home 하나로 나오던 값들이 /home Windows, /home Macintosh 등으로 나뉘었습니다. 페이지의 운영체제별 페이지뷰 수와 순 페이지뷰 수를 확인할 수 있도록 재구성된 것입니다.

이처럼 두 번째 측정기준(보조 측정기준)은 기본 측정기준을 상세화하는 역할을 합니다. 두 번째 측정기준(보조 측정기준)을 시간으로 선택하면 페이지의 시간별 페이지뷰 수를 확인할 수 있고 요일로 선택하면 페이지의 요일별 페이지뷰 수를 확인할 수 있습니다.

STEP 2 두 번째 측정기준(보조 측정기준) 제거하기
운영체제 오른쪽의 x(제거) 아이콘을 클릭합니다.

두 번째 측정기준(보조 측정기준)이 제거됩니다.

5.8 기본 검색하기

👤 구글 머천다이즈 스토어   📑 행동 > 사이트 콘텐츠 > 모든 페이지

🕐 2017. 7. 3. ~ 2017. 7. 9.

표에는 수많은 데이터가 포함됩니다. 만일 이 데이터 중 apparel(의류)이 포함된 데이터만
확인하려면 어떻게 해야 할까요? 이번 절에서는 기본 검색 방법을 알아보겠습니다.

STEP 1 **검색하기**

표 오른쪽 상단의 검색란에 apparel을 입력하고 엔터를 누릅니다.

페이지에 apparel이 포함된 데이터만 표시됩니다.

	페이지 ⑦	페이지뷰 수 ⑦ ↓	순 페이지뷰 수 ⑦
		9,776 전체 대비 비율(%): 14.35% (68,131)	**7,597** 전체 대비 비율(%): 15.04% (50,516)
☐ 1.	/google+redesign/apparel/mens/mens +t+shirts 🔗	**1,603** (16.40%)	**1,281** (16.86%)
☐ 2.	/google+redesign/apparel 🔗	**902** (9.23%)	**701** (9.23%)
☐ 3.	/google+redesign/apparel/mens 🔗	**753** (7.70%)	**617** (8.12%)

NOTE 검색과 필터링(Filtering)

페이지에 apparel이 포함된 데이터만 표시되도록 검색을 진행했습니다. 이는 페이지에 apparel이 포함
되지 않은 데이터를 제외한 것과 동일합니다.

구글 애널리틱스의 검색은 원하는 데이터를 찾기 위해 원하지 않는 데이터를 제외하는 방식으로 진행됩
니다. 이런 의미에서 표 검색을 표 필터링(Table Filtering, 테이블 필터링)이라고도 부릅니다.

STEP 2 **검색 취소하기**

검색란의 x(취소) 아이콘을 클릭합니다.

검색이 취소됩니다.

	페이지 ?		페이지뷰 수 ? ↓	순 페이지뷰 수 ?
☐			**68,131** 전체 대비 비율(%): 100.00% (68,131)	**50,516** 전체 대비 비율(%): 100.00% (50,516)
☐	1. /home	⬀	**14,920** (21.90%)	11,203 (22.18%)

5.9 고급 검색하기

👤 구글 머천다이즈 스토어   📑 행동 > 사이트 콘텐츠 > 모든 페이지

🕐 2017. 7. 3. ~ 2017. 7. 9.

앞에서는 페이지에 apparel이 포함된 데이터를 검색했습니다. 여기에서 한발 더 나아가 페이지에 apparel이 포함되면서 페이지뷰 수가 100보다 큰 데이터를 확인하려면 어떻게 해야할까요? 이번 절에서는 고급 검색 방법을 알아보겠습니다.

STEP 1 기본 검색과 내비게이션 사용하기

apparel을 검색합니다.

검색 결과가 표시되면 페이지뷰 수를 클릭해 오름차순으로 정렬합니다.

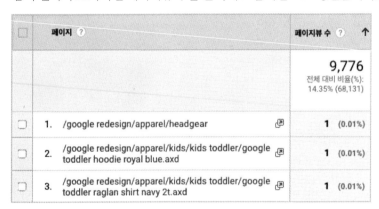

페이지뷰 수가 1부터 표시됩니다. 페이지뷰 수가 100보다 큰 데이터를 확인해보겠습니다. 이동에 191을 입력하고 엔터를 누릅니다.

다음처럼 페이지에 apparel이 포함되고 페이지뷰 수가 100보다 큰 데이터를 찾았습니다. 191번의 페이지뷰 수가 85이고, 192번의 페이지뷰 수가 103입니다.

	페이지 ⑦	페이지뷰 수 ⑦ ↑
		9,776 전체 대비 비율 (%): 14.35% (68,131)
☐	191. /google+redesign/apparel/wome 🗗 ns+performance+wear	**85** (0.87%)
☐	192. /google+redesign/apparel/kids/ki 🗗 ds+toddler	**103** (1.05%)
☐	193. /google+redesign/apparel/men+s 🗗 +t+shirts/google+mens+short+sl eeve+hero+tee+white.axd	**103** (1.05%)

분명 기본 검색과 내비게이션을 사용해도 페이지에 apparel이 포함되고 페이지뷰 수가 100 보다 큰 데이터를 확인할 수 있습니다. 그러나 이 방법은 표 데이터를 직접 확인하면서 적절한 이동 위치를 찾아야 해서 번거롭습니다. 실습을 빠르게 진행하기 위해 191을 알려주었지만 실제로는 120일지 200일지 직접 이동해보지 않고는 알 수 없습니다.

STEP 2 고급 검색 사용하기

이번에는 고급 검색을 사용해 동일한 데이터를 검색해보겠습니다. 검색란 오른쪽의 고급을 클릭합니다. 고급 검색란이 표시됩니다.

+ 측정기준 또는 측정항목 추가를 클릭하고 검색란에 페이지뷰를 입력한 뒤 페이지뷰 수를 클릭합니다.

페이지뷰 수 초과 값으로 100을 입력하고 적용을 클릭합니다.

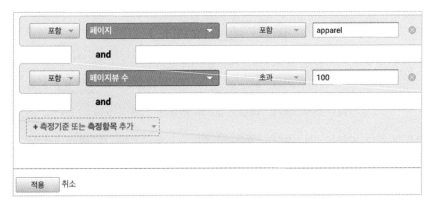

다음과 같이 페이지에 apparel이 포함되면서 페이지뷰 수가 100을 초과하는 데이터가 바로
표시됩니다.

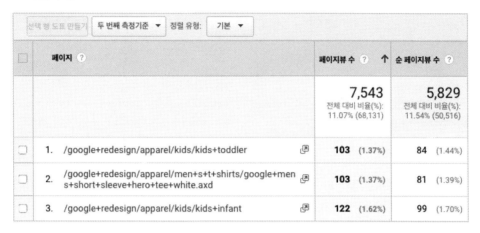

STEP 3 **데이터 제외 검색 사용하기**

이번에는 페이지에 apparel이 포함된 데이터 중 페이지뷰 수가 100보다 큰 데이터를 제외해
보겠습니다.

고급 필터 설정 오른쪽의 수정을 클릭합니다.

고급 검색란이 표시되면 페이지뷰 수 왼쪽의 포함을 제외로 변경하고 적용을 클릭합니다.

표에 데이터가 표시되면 표의 제일 마지막(191)으로 이동합니다. 페이지뷰 수 85가 데이터의 마지막임을 알 수 있습니다.

지금까지는 페이지뷰 수 100 초과를 제외해봤습니다. 페이지뷰 수 100 초과를 제외하는 대신 페이지뷰 수 100 미만을 포함시켜도 동일한 결과를 얻을 수 있습니다.

STEP 4 고급 검색 조건 제거하기

이번에는 고급 검색 조건에서 페이지뷰 수 100 초과 조건을 제거해보겠습니다. 고급 필터 설정 오른쪽의 수정을 클릭합니다.

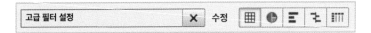

'페이지뷰 수 100 초과' 오른쪽 끝의 x(제거)를 클릭한 뒤 적용을 클릭합니다.

5.10 정규식 검색하기

구글 머천다이즈 스토어　　　　　　　행동 > 사이트 콘텐츠 > 모든 페이지

2017. 7. 3. ~ 2017. 7. 9.

앞에서는 기본 검색 방법과 고급 검색 방법을 배웠습니다. 만일 특정 페이지들의 데이터만 확인하려면 어떻게 해야 할까요? 예를 들어, /home, /store.html, /revieworder.html의 데이터를 확인하려고 하면 어떻게 해야 할까요? 고급 검색으로 페이지에 /home을 포함하고 /store.html을 포함하고 /revieworder.html을 포함하도록 조건을 설정하면 될까요? 이번 절에서는 정규식 검색 방법을 알아보겠습니다.

STEP 1 포함으로 검색하기

/home, /store.html, /revieworder.html의 데이터를 확인해야 합니다. 다음과 같이 각 페이지를 입력하면 데이터를 확인할 수 있지 않을까요?

그러나 검색 결과로 아무것도 표시되지 않습니다.

이는 페이지에 /home을 포함하고 /store.html을 포함하면서 /revieworder.html을 포함하는 페이지가 없기 때문입니다. 이런 조건을 충족하기 위해서는 /home/store.html/revieworder.html와 같은 페이지가 있어야 할 것입니다.

고급 필터 설정의 X(제거) 아이콘을 클릭해 검색을 취소합니다.

STEP 2 정규식 검색 사용하기

검색 조건을 다시 생각해봐야 합니다. /home, /store.html, /revieworder.html의 데이터를 확인하기 위해서는 페이지에 /home이 포함되거나 /store.html이 포함되거나 /revieworder.html이 포함돼야 합니다. ~있거나, ~이거나, 혹은(OR)에 해당하는 검색을 진행해야 합니다.

고급을 클릭합니다. 검색란에 페이지 포함을 정규식 일치로 설정하고 (/home|/store.html|/revieworder.html)을 입력하고 적용을 클릭합니다. 페이지 중간중간 입력된 | (Vertical Bar, 버티컬 바)은 영문자 l(엘)이 아니라 엔터 위 키보드(윈도우 ₩, 맥 \)의 특수문자입니다. 정규식 특수문자 | 는 ~있거나, ~이거나, 혹은 (OR) 조건을 의미합니다.

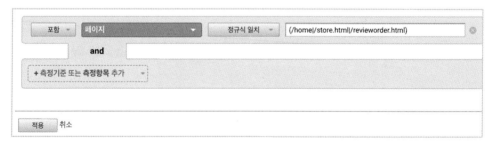

정규식 검색이 완료되면 다음과 같이 /home과 /store.html 결과가 표시됩니다. 그런데 3행의 /google+redesign/bags/backpacks/home은 왜 표시된 걸까요? 3행 페이지 마지막에 /home이 포함됐기 때문입니다.

페이지 ?	페이지뷰 수 ?	↓ 순 페이지뷰 수 ?
	18,749 전체 대비 비율(%): 27.52% (68,131)	**14,448** 전체 대비 비율(%): 28.60% (50,516)
☐ 1. /home ⊡	**14,920** (79.58%)	11,203 (77.54%)
☐ 2. /store.html ⊡	**1,386** (7.39%)	1,168 (8.08%)
☐ 3. /google+redesign/bags/backpacks/home ⊡	**771** (4.11%)	658 (4.55%)

정규식을 수정해 정확히 /home으로 시작하는 결괏값만 표시해보겠습니다. 정규식에서 ^표시를 추가해 (^/home|/store.html|/revieworder.html)로 수정하고 검색을 진행합니다. 여기에서 /home 앞에 입력한 ^ (Caret, 캐럿)은 키보드에서 숫자 6 위치에 있는 특수문자입니다. 정규식 특수문자 ^ 은 시작 부분이 정확하게 일치하는 경우를 검색한다는 뜻입니다.

점점 우리가 검색하고자 하는 데이터에 가까워지고 있습니다. 검색 결과를 확인해보면 아직도 /store.html/quickview와 같이 뒤에 불필요한 주소가 남은 데이터들을 확인할 수 있습니다.

페이지 ?	페이지뷰 수 ?	↓ 순 페이지뷰 수 ?
	16,948 전체 대비 비율(%): 24.88% (68,131)	**12,883** 전체 대비 비율(%): 25.50% (50,516)
☐ 1. /home ⊡	**14,920** (88.03%)	11,203 (86.96%)
☐ 2. /store.html ⊡	**1,386** (8.18%)	1,168 (9.07%)
☐ 3. /revieworder.html ⊡	**523** (3.09%)	436 (3.38%)
☐ 4. /store.html/quickview ⊡	**115** (0.68%)	74 (0.57%)
☐ 5. /home-2 ⊡	**4** (0.02%)	2 (0.02%)

정규식에 $을 추가해 (^/home|/store.html$|/revieworder.html)로 수정하고 검색을 진행합니다. /store.html 뒤에 에 입력한 $ (Dollar, 달러)는 키보드에서 숫자 4 위치에 있는 특수문자입니다. 정규식 특수문자 $ 는 끝부분이 정확하게 일치하는 경우를 검색한다는 뜻입니다.

| 정규식 일치 ▼ | (^/home|/store.html$|/revieworder.html) |

/home, /store.html, /revieworder.html, /home-2 데이터가 표시될 것입니다. /home-2 데이터는 /home으로 끝나는 데이터만 검색하도록 하면 쉽게 제거할 수 있습니다.

정규식을 (^/home$|/store.html$|/revieworder.html)로 수정하고 검색을 진행합니다.

| 정규식 일치 ▼ | (^/home$|/store.html$|/revieworder.html) |

이제 정확히 우리가 원했던 /home, /store.html, /revieworder.html 데이터를 확인할 수 있습니다.

	페이지 ?		페이지뷰 수 ? ↓	순 페이지뷰 수 ?
			16,829 전체 대비 비율(%): 24.70% (68,131)	**12,807** 전체 대비 비율(%): 25.35% (50,516)
☐	1. /home	⊡	**14,920** (88.66%)	**11,203** (87.48%)
☐	2. /store.html	⊡	**1,386** (8.24%)	**1,168** (9.12%)
☐	3. /revieworder.html	⊡	**523** (3.11%)	**436** (3.40%)

NOTE 반드시 알아야 할 정규식 문자

다음 표는 누구나 쉽게 사용할 수 있는 정규식 문자를 정리한 것입니다. 이외에도 많은 정규식 문자가 있으니 인터넷에 '구글 애널리틱스 정규식'으로 검색해보시기 바랍니다.

정규식 문자	의미	사용 예	검색
|	혹은	사과|바나나	사과나 바나나가 포함된 데이터를 검색한다.
^	시작이 일치하는 경우	^사과	사과로 시작하는 데이터를 검색한다.
$	종료가 일치하는 경우	바나나$	바나나로 끝나는 데이터를 검색한다.
^ $	시작과 종료가 일치하는 경우	^사과$	정확히 사과만 검색한다.

Chapter 06

사이트 콘텐츠 보고서 분석하기

담당자M의 이야기

담당자M은 사용자가 특정 페이지를 어떻게 사용하는지 확인하려 합니다. 사용자가 특정 페이지에 얼마나 머무는지, 특정 페이지에서 얼마나 홈페이지를 이탈하는지 등을 확인할 수 있다면 페이지의 개선점을 찾는 데 큰 도움이 될 것입니다.

담당자M을 도와주세요

사이트 콘텐츠 보고서를 활용하면 특정 페이지의 조회수, 이탈률 등을 확인할 수 있습니다. 이번 장에서는 사이트 콘텐츠 보고서를 살펴보고 앞에서 살펴본 보고서와 표 사용 방법이 실무에서 구글 애널리틱스가 종합적으로 어떻게 사용되는지 배워보겠습니다.

6.1 사이트 콘텐츠 보고서 이해하기

📇 구글 머천다이즈 스토어 　　　🗄 행동 > 사이트 콘텐츠 > 모든 페이지

🕐 2017. 7. 3. ~ 2017. 7. 9.

이번 절에서는 사이트 콘텐츠 보고서에 사용되는 항목을 알아보고 보고서를 읽는 방법을 배워보겠습니다.

6.1.1 항목 살펴보기

사이트 콘텐츠 보고서에 표시되는 항목은 [그림 6-1]과 같습니다. 앞에서 살펴본 잠재고객 보고서의 항목과 마찬가지로 [표 6-1]을 암기할 필요는 없습니다. 가볍게 이해하고 넘어가면 충분합니다.

그림 6-1 사이트 콘텐츠 보고서

	페이지 ⓘ	페이지뷰 수 ⓘ	↓ 순 페이지뷰 수 ⓘ	평균 페이지에 머문 시간 ⓘ	방문수 ⓘ	이탈률 ⓘ	종료율(%) ⓘ	페이지 값 ⓘ
		68,131 전체 대비 비율(%): 100.00% (68,131)	**50,516** 전체 대비 비율(%): 100.00% (50,516)	**00:00:49** 평균 조회: 00:00:49 (0.00%)	**17,224** 전체 대비 비율(%): 100.00% (17,224)	**49.23%** 평균 조회: 49.23% (0.00%)	**25.28%** 평균 조회: 25.28% (0.00%)	**US$18.69** 전체 대비 비율(%): 107.62% (US$17.37)
☐	1. /home ⌕	**14,920** (21.90%)	11,203 (22.18%)	00:00:55	9,009 (52.30%)	44.51%	38.12%	US$4.02 (21.51%)
☐	2. /google+redesign/shop+by+brand/youtube	**4,886** (7.17%)	4,149 (8.21%)	00:01:03	3,821 (22.18%)	62.15%	56.45%	US$0.24 (1.28%)
☐	3. /basket.html ⌕	**4,038** (5.93%)	1,667 (3.30%)	00:00:45	168 (0.98%)	50.30%	13.22%	US$43.07 (230.48%)

표 6-1 사이트 콘텐츠 보고서의 주요 항목

항목	설명
페이지뷰 수	해당 페이지의 조회 수를 나타냅니다. 사용자A가 해당 페이지를 10번 봤다면 페이지뷰 수는 10입니다.
순 페이지뷰 수	해당 페이지의 순 조회 수(중복 제외 페이지뷰 수)를 나타냅니다. 사용자A가 해당 페이지를 10번 봤다면 중복을 제외한 1번만 순 페이지뷰 수로 측정됩니다.
평균 페이지에 머문 시간	해당 페이지의 평균 사용 시간을 나타냅니다. 사용자A가 해당 페이지를 1분 사용했다면 평균 페이지에 머문 시간은 1분입니다.
방문 수	해당 페이지로 홈페이지를 방문(시작)한 수를 나타냅니다. 사용자A가 해당 페이지로 홈페이지를 방문했다면 방문 수는 1입니다.
이탈률	해당 페이지로 홈페이지를 처음 방문해 해당 페이지만 보고 나가는 비율. 다시 말해, 다른 페이지로 이동하지 않고 접속한 페이지 하나만 보고 나가버리는 비율을 말합니다. 사용자 2명 중 1명이 해당 페이지로 홈페이지를 방문해 해당 페이지만 보고 나가면 이탈률은 50%입니다.

종료율	해당 페이지에서 홈페이지를 종료한 비율. 사용자가 2명 중 1명은 해당 페이지에서 홈페이지를 꺼버리고 나머지 1명은 다른 페이지로 이동했다면 종료율은 50%입니다. 만약 처음 방문(진입)한 페이지에서 다른 페이지로 이동하지 않고 종료했다면 이탈률에 포함됩니다. 다른 페이지로 이동했다가 다시 처음 방문(진입)한 페이지로 돌아와 종료했다면 종료율에 포함됩니다.
페이지 값	페이지에 설정한 현금 가치의 합을 나타냅니다. 해당 페이지의 값을 1,000원으로 설정할 경우 페이지뷰 수가 2일 때 페이지 값은 2,000원입니다.

6.1.2 보고서 읽기

앞에서는 사이트 콘텐츠 보고서의 항목을 살펴봤습니다. 이번에는 항목을 바탕으로 /home 페이지의 데이터를 읽어보겠습니다.

- **페이지뷰 수와 순 페이지뷰 수**

/home의 페이지뷰 수는 14,920입니다. 이는 사용자가 /home페이지를 14,920번 조회(혹은 접속)했음을 의미합니다. 페이지뷰 수 14,920은 중복 페이지뷰 수(새로고침, 재방문 등)를 포함합니다. 만일 중복 페이지뷰 수를 제외한 데이터를 확인해야 한다면 순 페이지뷰 수 11,203을 확인하면 됩니다.

- **평균 페이지에 머문 시간**

사용자는 /home 페이지를 평균 55초 동안 이용합니다. 사용자는 55초 동안 /home 페이지를 살펴보고 상품을 조회하거나 가입을 진행하거나 홈페이지를 떠납니다. 따라서 평균 페이지에 머문 시간 55초는 단순히 평균 페이지에 머문 시간이 아니라 사용자의 다음 행동을 55초 내에 유도해야 한다는 것으로 받아들이는 것이 좋습니다.

- **방문 수**

전체 사용자의 52.30%(9,009명)는 /home 페이지를 통해 구글 머천다이즈 스토어 홈페이지 이용을 시작합니다. /home 페이지로 홈페이지를 방문하는 사용자가 많은 만큼 사용자의 요구(Needs)에 부합하는 콘텐츠가 표시되도록 노력해야 합니다. 구글 머천다이즈 스토어의 경우 종합 쇼핑몰의 성격이 강하므로 많이 팔리는 상품, 인기 있는 상품들이 돋보이도록 홈페이지를 구성해보는 것을 고려해야 할 것입니다.

- **이탈률**

/home 페이지의 이탈률은 44.51%입니다. /home 페이지로 구글 머천다이즈 스토어를 방문한 사용자의 44.51%가 /home 페이지만 보고 홈페이지를 꺼버린다는 것을 의미합니다. 방문 수와 마찬가지로 사용자의 요구에 부합하는 콘텐츠를 표시해 사용자가 /home 페이지 외의 다른 페이지를 사용할 수 있도록 유도해야 합니다.

- **종료율**

/home 페이지에 접속한 사용자의 38.12%는 /home 페이지를 마지막으로 홈페이지를 꺼버립니다. 이때, 이탈률과 종료율을 헷갈리기 쉽습니다. 이탈률은 /home 페이지에 접속해 /home 페이지만 보고 홈페이지를 꺼버린 비율이고, 종료율은 이곳저곳 페이지를 살펴보다가 /home 페이지를 마지막으로 홈페이지를 꺼버린 비율을 의미합니다.

NOTE **이탈률과 종료율로 문제 파악하기**

홈페이지에 접속한 사용자가 한 페이지만 보고 떠나는 경우 이탈률이 증가합니다. 시작 페이지에서 이탈률이 높게 나타난다는 것은 사용자가 홈페이지를 더 볼 것이 없다고 판단했다는 것을 의미합니다. 사용자가 원하는 정보가 없는지 점검해야 합니다.

사용자가 특정 페이지에서 홈페이지를 떠나면 종료율이 증가합니다. 회원가입 페이지에서 종료율이 높게 나타난다는 것은 사용자가 회원가입을 진행하다가 홈페이지를 떠난다는 것을 의미합니다. 사용자가 회원가입을 어렵게 느끼고 있지는 않은지 점검해야 합니다.

6.2 실전! 요일별 할인 카테고리 정하기

👤 구글 머천다이즈 스토어   📗 행동 > 사이트 콘텐츠 > 모든 페이지

🕐 2017. 7. 3. ~ 2017. 7. 9.

이번 절에서는 다음과 같은 7가지 카테고리에서 요일별로 세일할 카테고리를 선정해봅시다. 무슨 요일에 어느 카테고리를 세일해야 할지 어떻게 결정할 수 있을까요? 여기에서는 요일별로 페이지뷰 수를 확인해 가장 수가 많은 카테고리를 세일하는 것으로 결정하겠습니다.

페이지	내용
/google+redesign/apparel	옷
/google+redesign/bags	가방
/google+redesign/drinkware	컵, 보틀 등
/google+redesign/electronics	전자제품
/google+redesign/accessories	액세서리
/google+redesign/office	사무용품
/google+redesign/shop+by+brand	브랜드용품

STEP 1 카테고리 페이지 검색하기

먼저 카테고리 페이지를 검색하겠습니다. 확인해야 할 페이지가 7개나 되기 때문에 기본 검색이 아닌 고급 검색을 사용합니다.

고급을 클릭하고 페이지 정규식 일치 값으로 google+redesign을 입력하고 적용을 클릭합니다.

그러나 기대와 다르게 검색 결과가 표시되지 않습니다. 무엇이 잘못된 것일까요?

문제는 검색어의 + 에 있습니다. 구글 애널리틱스에서 이를 인식하지 못하기 때문이다. 이를 제대로 인식시키려면 + 앞에 역슬래시(키보드에서 엔터 위에 있는 ₩, 맥에서는 \를 입력하면 역슬래시가 표시됩니다)를 붙여 \+라고 입력해야 합니다. 검색어를 google\+redesign으로 수정하고 검색합니다.

google\+redesign

검색이 완료되면 다음과 같은 결과가 표시됩니다. 그러나 해당 결과에는 카테고리 페이지가 아닌 페이지들의 데이터도 담겨있습니다.

1.	/google+redesign/shop+by+bran d/youtube	**4,886**	(12.82%)
2.	/google+redesign/nest/nest-usa	**1,933**	(5.07%)
3.	/google+redesign/apparel/mens/ mens+t+shirts	**1,603**	(4.21%)

원하는 카테고리 페이지 정보만 표시하기 위해서는 검색 조건을 추가합시다. 카테고리 페이지의 주소는 /google+redesign/apparel과 같은 형식으로 구성됩니다. google+redesign은 이미 검색 조건에 포함되니 나머지 /apparel에 해당하는 부분을 검색 조건에 추가하면 됩니다.

고급 검색 수정을 클릭하고 검색 조건으로 페이지를 추가합니다. 그런 다음 정규식 일치 값으로 (/apparel$|/bags$|/drinkware$|/electronics$|/accessories$|/office$|/shop\+by\+brand$)를 입력합니다. 이는 페이지의 끝이 /apparel 혹은 /bags … 로 끝나야 한다는 것을 의미합니다. 적용을 클릭해 검색합니다.

검색이 완료되면 다음과 같은 결과를 확인할 수 있습니다.

1.	/google+redesign/electronics		**1,063** (19.19%)
2.	/google+redesign/bags		**1,027** (18.54%)
3.	/google+redesign/drinkware		**974** (17.58%)
4.	/google+redesign/apparel		**902** (16.28%)
5.	/google+redesign/accessories		**694** (12.53%)
6.	/google+redesign/office		**651** (11.75%)
7.	/google+redesign/shop+by+brand		**229** (4.13%)

STEP 2 **두 번째 측정기준(보조 측정기준) 추가하기**

카테고리 페이지의 데이터를 모두 확보했습니다. 이번에는 페이지의 요일별 정보를 확인해 보겠습니다. 두 번째 측정기준(보조 측정기준)을 클릭하고 요일 이름을 검색해 클릭합니다.

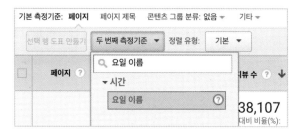

다음과 같이 페이지의 요일별 페이지뷰 수가 표시됩니다.

페이지 ②	요일 이름 ② ⊗	페이지뷰 수 ② ↓
		38,107 전체 대비 비율 (%): 55.93% (68,131)
1. /google+redesign/shop+by+bran d/youtube ⬏	Thursday	**752** (1.97%)
2. /google+redesign/shop+by+bran d/youtube ⬏	Friday	**740** (1.94%)

STEP 3 요일별 페이지뷰 수 확인하기

카테고리 페이지의 요일별 데이터를 모두 확보했습니다. 이제 요일별로 어느 카테고리가 제일 접속이 많은지 확인하면 됩니다.

고급 검색 수정을 클릭하고 검색 조건으로 요일 이름을 추가한 뒤 Monday를 입력하고 적용을 클릭합니다.

월요일(Monday)에 페이지뷰 수가 가장 높은 카테고리는 가방(/google+redesign/bags)입니다.

페이지 ?	요일 이름 ? ⊗	페이지뷰 수 ? ↓
		705 전체 대비 비율 (%): 1.03% (68,131)
1. /google+redesign/bags	Monday	162 (22.98%)
2. /google+redesign/apparel	Monday	129 (18.30%)
3. /google+redesign/electronics	Monday	120 (17.02%)

요일 이름 검색 값을 Tuesday, Wednesday 등으로 변경하면 나머지 요일의 인기 카테고리를 확인할 수 있습니다. 나머지 요일의 인기 페이지는 각자 확인해보시기 바랍니다.

6.3 실전! 종료율로 문제 페이지 발견하기

👤 구글 머천다이즈 스토어   📖 행동 > 사이트 콘텐츠 > 모든 페이지

🕐 2017. 7. 3. ~ 2017. 7. 9.

종료율은 해당 페이지에서 홈페이지를 종료한 비율을 나타냅니다. 사용자는 홈페이지에 접속하면 언젠가는 홈페이지를 종료할 수밖에 없습니다. 따라서 종료율이 발생하는 것은 당연한 일입니다. 문제는 해당 종료율이 어느 페이지에서 발생했는가입니다.

예를 들어봅시다. 사용자 100명이 가입 페이지에 접속했습니다. 그 중 40명은 가입을 완료하고 무사히 가입 완료 페이지에 접속했습니다. 나머지 60명은 가입이 어려워 가입 양식을 작성하다 홈페이지를 떠났습니다. 이때 가입 페이지의 종료율은 60%가 됩니다.

회원가입 페이지의 목표는 사용자가 회원가입에 필요한 내용을 작성하고 가입까지 완료하는 것입니다. 따라서 회원가입 페이지의 종료율은 낮아야만 합니다. 하지만 예로 언급한 회원가입 페이지는 종료율이 60%입니다. 이는 회원가입이 어렵다거나 오래 걸린다거나 불필요한 정보를 요구하고 있을지도 모른다는 것을 의미합니다.

이처럼 종료율이 낮아야만 하는 페이지들의 종료율을 점검해보면 어떤 페이지에 문제가 있는지 쉽게 발견할 수 있습니다.

STEP 1 종료율 필터링하기

2017. 7. 3. ~ 2017. 7. 9.의 표에는 471개의 데이터가 있습니다. 모든 페이지의 종료율을 살펴볼 수는 없으므로 평균 데이터를 기준으로 불필요한 데이터를 제외해보겠습니다.

페이지뷰 수 ? ↓	순 페이지뷰 수 ?	평균 페이지에 머문 시간 ?	방문수 ?	이탈률 ?	종료율(%) ?
68,131 전체 대비 비율(%): 100.00% (68,131)	**50,516** 전체 대비 비율(%): 100.00% (50,516)	**00:00:49** 평균 조회: 00:00:49 (0.00%)	**17,224** 전체 대비 비율 (%): 100.00% (17,224)	**49.23%** 평균 조회: 49.23% (0.00%)	**25.28%** 평균 조회: 25.28% (0.00%)

우선 평균 종료율 25.28%를 기준으로 삼고 종료율 25% 초과의 데이터만 남도록 필터링(검색)을 진행합니다. 고급 검색을 클릭하고 페이지를 종료율로 변경합니다. 초과 값으로 25를 입력한 뒤 적용을 클릭합니다.

STEP 2 | 페이지뷰 수 필터링하기

종료율 25% 초과 데이터만 남도록 필터링을 진행하면 155개의 데이터가 남습니다. 데이터를 더 줄이기 위해 페이지뷰 수 500을 기준(임의로 설정한 기준)으로 삼고 페이지뷰 수 500을 초과하는 데이터만 남기겠습니다.

고급 검색 수정을 클릭하고 페이지뷰 수 검색 조건을 추가합니다. 페이지뷰 수 초과 값으로 500을 입력한 뒤 적용을 클릭합니다.

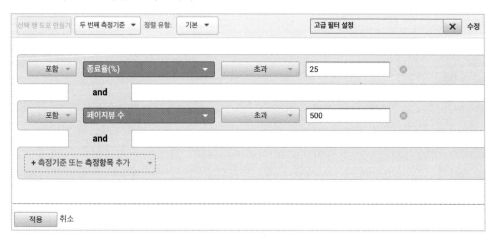

STEP 3 | 종료율 점검하기

이제 표에는 종료율 25% 초과하고 페이지뷰 수 500을 초과한 7개의 데이터만 남습니다. 해당 페이지들은 사용자가 많이 접속함에도 종료율이 높은 페이지들입니다. 각 페이지를 살펴보겠습니다.

페이지	페이지뷰 수	순 페이지뷰 수	평균 페이지에 머문 시간	방문수	이탈률	종료율(%)
	25,235 전체 대비 비율(%): 37.04% (68,131)	19,359 전체 대비 비율(%): 38.32% (50,516)	00:00:49 평균 조회: 00:00:49 (0.00%)	13,701 전체 대비 비율(%): 79.55% (17,224)	49.23% 평균 조회: 49.23% (0.00%)	25.28% 평균 조회: 25.28% (0.00%)
1. /home	14,920 (59.12%)	11,203 (57.87%)	00:00:55	9,009 (65.75%)	44.51%	38.12%
2. /google+redesign/shop+by+bran d/youtube	4,886 (19.36%)	4,149 (21.43%)	00:01:03	3,821 (27.89%)	62.15%	56.45%
3. /google+redesign/apparel/mens/ mens+t+shirts	1,603 (6.35%)	1,281 (6.62%)	00:01:11	589 (4.30%)	47.37%	31.19%
4. /asearch.html	1,419 (5.62%)	1,014 (5.24%)	00:00:54	98 (0.72%)	73.20%	37.28%
5. /google+redesign/drinkware	974 (3.86%)	816 (4.22%)	00:00:49	140 (1.02%)	50.71%	25.56%
6. /ordercompleted.html	885 (3.51%)	432 (2.23%)	00:00:32	1 (0.01%)	0.00%	36.61%
7. /google+redesign/shop+by+bran d/google	548 (2.17%)	464 (2.40%)	00:01:23	43 (0.31%)	46.51%	28.10%

/ordercompleted.html은 사용자가 주문을 완료했을 때 도착하는 페이지입니다. 주문을 완료하고 홈페이지를 종료하는 것은 정상이므로 종료율이 높을 수밖에 없습니다.

/home은 홈페이지의 시작 페이지입니다. 사용자가 많이 접속하는 만큼 종료율도 높게 표시되는 것이 정상입니다. 이 페이지의 종료율을 낮추는 작업을 진행하는 것도 좋겠지만 우선 나머지 페이지를 살펴보겠습니다.

나머지 페이지는 모두 상품 페이지입니다. 상품 페이지의 종료율이 높다는 것은 상품을 보다가 꺼버린 것이니 상품이 마음에 안 들거나 가격이 비싸다는 것을 의미할 확률이 높습니다. 이 내용은 상품 관련 부서에 의견을 전달하기로 하고 나머지 페이지를 살펴보겠습니다.

asearch.html은 사용자가 상품을 검색하는 페이지입니다. 이 페이지의 종료율은 37.28%입니다. 이는 검색 페이지 사용자의 1/3 이상이 검색 하다가 홈페이지를 종료한다는 것을 의미합니다. 사용자는 왜 상품 검색을 사용할까요? 구매하려는 상품이 있는지를 찾기 위해 검색을 사용합니다. 구매 의지가 있는 사용자의 1/3이 홈페이지를 종료한다니 큰 문제가 아닐 수 없습니다. 바로 검색 페이지를 점검해보겠습니다.

asearch.html 오른쪽의 바로가기 아이콘을 클릭합니다.

페이지	페이지뷰 수	순 페이지뷰 수	평균 페이지에 머문 시간	방문수	이탈률	종료율(%)
	1,419 전체 대비 비율(%): 2.08% (68,131)	1,014 전체 대비 비율(%): 2.01% (50,516)	00:00:48 평균 조회: 00:00:49 (-1.84%)	98 전체 대비 비율(%): 0.57% (17,224)	72.45% 평균 조회: 49.23% (47.15%)	31.85% 평균 조회: 25.28% (26.00%)
1. /asearch.html	1,419(100.00%)	1,014(100.00%)	00:00:54	98(100.00%)	73.20%	37.28%

다음처럼 검색 페이지를 바로 확인할 수 있습니다.

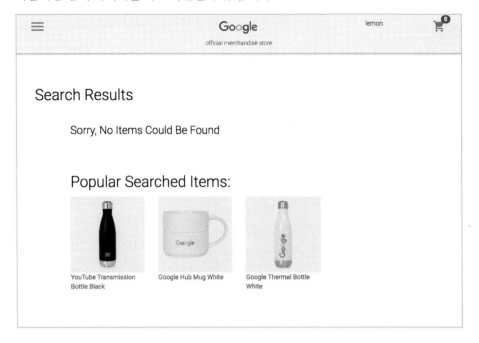

STEP 4 **검색 페이지 개선안 생각해보기**

사용자들은 왜 상품 검색 페이지에서 홈페이지를 종료할까요? 대부분 자신이 원하는 상품이 없기 때문일 것입니다. 구글 머천다이즈 스토어는 이를 방지하기 위해 상품 검색 결과가 없으면 인기 검색 상품을 함께 표시해주고 있습니다. 사용자가 다른 상품에도 관심을 두도록 유도하는 좋은 방법입니다. 그런데 이 화면에서 종료율이 높으니 무언가 개선해봐야 할 듯합니다.

[그림 6-2]는 검색하려는 상품이 없을 때의 화면입니다. lemon을 검색했지만 상품이 없기 때문에 안내 문구와 함께 인기 검색 상품(Popular Searched Items)으로 보온병과 머그잔을 표시합니다.

그림 6-2 검색 결과, 상품이 없을 경우의 화면

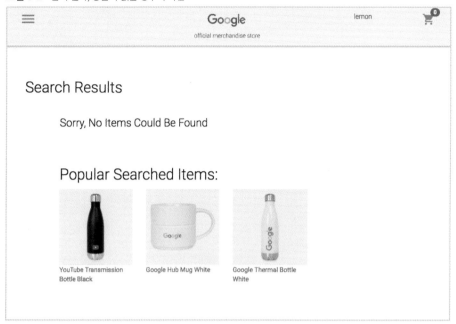

그런데 여기서 한 가지 생각해봅시다. 사용자들은 정말로 인기 검색 상품에 관심이 많을까요? 인기 검색 상품보다 구매 수가 많은 상품에 관심이 많지 않을까요? 일주일 동안 인기 검색 상품이 아닌 구매 수가 많은 상품을 표시해 실제 종료율의 변화를 살펴보는 것은 어떨까요?

분명 검색 결과 페이지의 종료율을 낮추는 데는 여러 방법이 있을 것입니다. 여러분도 각자 어떻게 하면 검색 페이지의 종료율을 낮출 수 있는지 생각해보시기 바랍니다.

> **NOTE**
>
> 회원가입, 로그인, 결제 같은 페이지는 이탈률과 종료율을 주기적으로 점검하는 것이 좋습니다. 문제가 될 만한 이탈률과 종료율을 발견하면 실제 사용자 입장에서 페이지를 점검해봐야 합니다. 사용자가 왜 불편을 느낄까? 사용자가 왜 어려움을 느낄까? 이런 의문을 갖고 페이지를 확인해보시기 바랍니다. 분명 관리자일 때는 생각하지 못한 문제를 발견할 수 있습니다.

세그먼트 사용 방법 익히기

담당자M의 이야기

마케팅에서는 대상을 어떻게 설정하는가가 굉장히 중요합니다. 똑같은 할인 쿠폰을 발행하더라도 누구에게 제공할 것인가에 따라 그 결과가 달라지기 때문입니다. 담당자M도 이를 잘 알고 있어 새로운 마케팅을 준비할 때마다 고민이 많습니다.

담당자M은 쇼핑몰 방문자에게 1,000원 할인 쿠폰을 제공하는 이벤트를 기획하고 있습니다. 가장 효과적으로 이벤트를 진행하려면 누구를 대상으로 이벤트를 열어야 할까요? 살까 말까 고민하는 사용자에게 할인 쿠폰을 발행하면 구매하는 쪽으로 마음먹지 않을까요? 그렇다면 살까 말까 고민하는 사용자, 즉 구매 확률이 높은 사용자는 어떻게 찾을 수 있을까요?

담당자M을 도와주세요

홈페이지에 접속하는 사용자는 여러 기준으로 나누어 구분할 수 있습니다. 여성, 남성처럼 성별로 나눌 수 있고 20대, 30처럼 연령으로 나눌 수 있습니다. 혹은 더 구체적으로 20대 여성, 20대 남성, 30대 여성, 30대 남성으로 나눌 수 있습니다. 이처럼 사용자를 특정 기준으로 나누어 구분하는 것을 '세그먼트를 나눈다'라고 합니다.

이번 장에서는 세그먼트를 간단히 알아보고 다양한 종류의 세그먼트를 만들어보겠습니다. 또한 구글 머천다이즈 스토어의 사용자를 구매자 세그먼트와 비구매자 세그먼트로 구분해 보겠습니다. 마지막으로 두 세그먼트를 비교해 사용 패턴의 차이를 알아본 뒤 어떻게 활용할 수 있는지도 알아보겠습니다.

7.1 세그먼트 적용하기

👤 구글 머천다이즈 스토어   🗐 잠재고객 > 개요

🕐 2017. 7. 3. ~ 2017. 7. 9.

지금까지 살펴본 데이터는 '모든 사용자'의 데이터였습니다. 해당 데이터에는 데스크톱 사용자는 물론이고 모바일(스마트폰 혹은 태블릿) 사용자도 포함됩니다. 만일 '모든 사용자'가 아니라 '모바일 사용자'의 데이터만 확인하려면 어떻게 해야 할까요? 이번 절에서는 세그먼트 적용 방법을 알아보겠습니다.

STEP 1 세그먼트 추가하기

보고서 상단을 보면, 모든 사용자, + 세그먼트라고 나온 부분이 있습니다. 이 부분이 바로 세그먼트 영역입니다. + 세그먼트를 클릭합니다.

세그먼트 목록에 모든 사용자가 체크된 것을 확인할 수 있습니다. 보고서에는 기본적으로 모든 사용자 세그먼트가 적용됩니다. 모바일 트래픽 세그먼트를 체크하고 적용을 클릭합니다.

다음과 같이 보고서에 모든 사용자 세그먼트와 모바일 트래픽 세그먼트가 적용됩니다. 이를 통해 우리는 모든 사용자와 모바일로 구글 머천다이즈 스토어에 접속하는 사용자를 살펴볼 수 있습니다.

STEP 2 세그먼트 제거하기

이번에는 모바일 트래픽 세그먼트를 제거해보겠습니다. 모바일 트래픽 세그먼트 우측 상단의 V(더보기)를 클릭하고 삭제를 클릭합니다.

모바일 트래픽 세그먼트가 제거되고 모든 사용자 세그먼트만 남습니다.

STEP 3 **세그먼트 변경하기**

모든 사용자 세그먼트와 모바일 트래픽 세그먼트를 비교하지 않고 모바일 트래픽 세그먼트만 확인하고 싶을 때는 기존 세그먼트를 변경하면 됩니다.

모든 사용자 세그먼트를 클릭한 뒤 세그먼트 목록이 나타나면 모든 사용자를 체크 해제하고 모바일 트래픽을 체크한 뒤 적용을 클릭합니다.

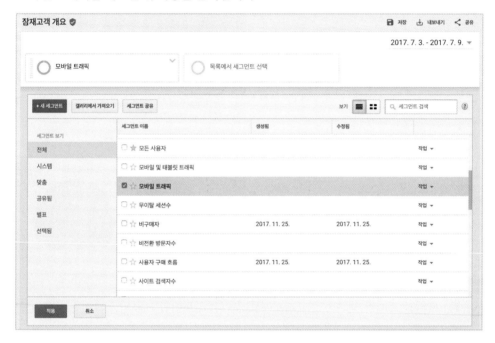

보고서에서 모든 사용자 세그먼트가 제거되고 모바일 트래픽 세그먼트만 표시됩니다.

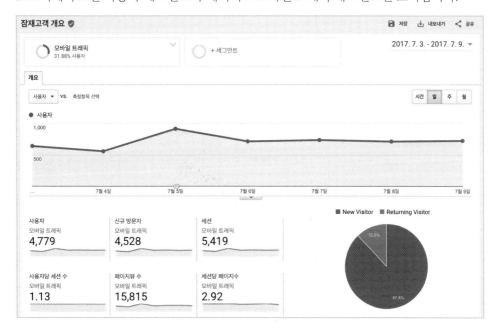

지금까지 세그먼트를 변경, 추가, 삭제해봤습니다. 세그먼트는 최대 4개까지 선택할 수 있습니다. 세그먼트를 여러 개 선택한 뒤 적용을 클릭하면 보고서에 선택한 세그먼트가 모두 적용됩니다.

7.2 세그먼트 이해하기

구글 머천다이즈 스토어	잠재고객 > 개요
2017. 7. 3. ~ 2017. 7. 9.	모든 사용자, 모바일 트래픽

[그림 7-1]은 모든 사용자 세그먼트와 모바일 트래픽 세그먼트가 적용된 잠재고객 보고서입니다. 이번 절에서는 이를 바탕으로 세그먼트가 무엇인지 간단히 알아보겠습니다.

그림 7-1 세그먼트를 적용한 잠재고객 보고서

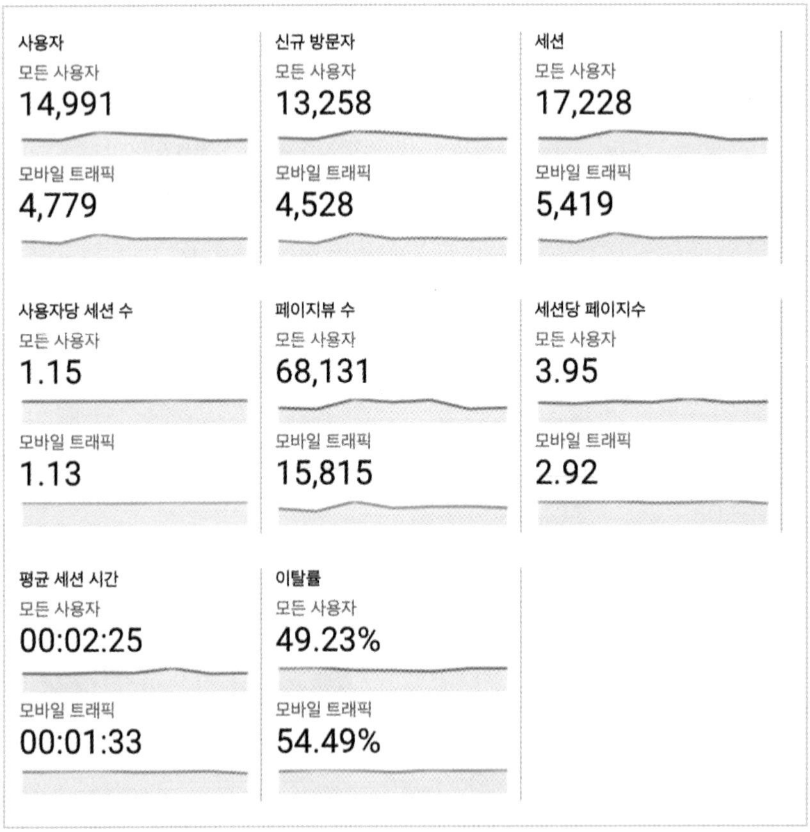

사용자	신규 방문자	세션
모든 사용자 **14,991**	모든 사용자 **13,258**	모든 사용자 **17,228**
모바일 트래픽 **4,779**	모바일 트래픽 **4,528**	모바일 트래픽 **5,419**

사용자당 세션 수	페이지뷰 수	세션당 페이지수
모든 사용자 **1.15**	모든 사용자 **68,131**	모든 사용자 **3.95**
모바일 트래픽 **1.13**	모바일 트래픽 **15,815**	모바일 트래픽 **2.92**

평균 세션 시간	이탈률	
모든 사용자 **00:02:25**	모든 사용자 **49.23%**	
모바일 트래픽 **00:01:33**	모바일 트래픽 **54.49%**	

⚙ 세그먼트는 사용자 그룹입니다.

세그먼트는 공통의 속성을 공유하는 사용자 그룹입니다. 모든 사용자 세그먼트가 모든 사용자 그룹의 데이터를 나타내고 모바일 트래픽 세그먼트는 모바일 접속 사용자 그룹의 데이터를 나타냅니다. 만일 모바일 접속 사용자 그룹이 아닌 데스크톱 접속 사용자 그룹의 데이터만을 확인하고 싶다면 데스크톱 트래픽 세그먼트를 만들면 됩니다.

⚙ 세그먼트로 데이터를 더 자세히 확인할 수 있습니다.

모든 사용자 세그먼트에는 모든 사용자 그룹의 데이터가 포함되므로 모바일 트래픽 세그먼트의 데이터도 포함됩니다. 모바일 트래픽 세그먼트를 추가해 데이터를 확인한다는 것은 모든 사용자 데이터 중 모바일에서 접속한 데이터를 더 자세히 확인하고 싶다는 것을 의미합니다. 만일 모바일 접속 데이터 중에서도 안드로이드 접속 데이터를 더 자세히 보겠다면 안드로이드 트래픽 세그먼트를 만들면 됩니다.

⚙ 세그먼트 비교하면 사용자 그룹의 특징을 파악할 수 있습니다.

잠재고객 개요 보고서에 모든 사용자 세그먼트와 모바일 트래픽 세그먼트를 적용하면 두 사용자 그룹의 홈페이지 특징을 파악할 수 있습니다. 여기에서는 모든 사용자 세그먼트가 세션당 3.95페이지를 보고 모바일 트래픽 세그먼트가 세션당 2.92페이지를 본다는 것을 알 수 있습니다. 이는 모바일 트래픽 세그먼트가 모든 사용자에 비해 세션당 페이지를 적게 본다는 특징을 나타냅니다.

7.3 기본 세그먼트 만들기

👤 구글 머천다이즈 스토어   📋 잠재고객 > 개요

🕐 2017. 7. 3. ~ 2017. 7. 9.

앞에서는 구글 애널리틱스에서 제공하는 모든 사용자 세그먼트와 모바일 트래픽 세그먼트를 적용해봤습니다. 만일 기본 제공되지 않는 세그먼트를 적용하려면 어떻게 해야 할까요? 이번 절에서는 세그먼트를 만드는 방법을 알아보겠습니다.

STEP 1 세그먼트 만들기

모든 사용자 세그먼트 오른쪽에 있는 + 세그먼트를 클릭합니다.

세그먼트 목록이 표시되면 빨간색으로 표시된 +새 세그먼트를 클릭합니다.

세그먼트 이름으로 데스크톱 트래픽을 입력합니다. 기술을 클릭하고 기기 카테고리 입력란을 클릭합니다. 잠시 후 desktop, mobile, tablet이 표시되면 desktop을 클릭합니다.

세그먼트 화면 오른쪽에는 옵션이 추가될 때마다 다음과 같이 요약 정보가 표시됩니다. 이를 통해 세그먼트가 제대로 만들어지고 있는지를 확인할 수 있습니다.

한글 구글 애널리틱스에서는 디자인이 제대로 표시되지 않아 글자들이 겹쳐 보입니다. 수치가 제대로 표시되는가만 확인하시기 바랍니다.

저장을 클릭하면 보고서에 데스크톱 트래픽이 적용됩니다.

STEP 2 **모바일 트래픽과 데스크톱 트래픽 비교하기**

데스크톱 트래픽 세그먼트는 desktop 기기로 홈페이지에 접속한 사용자의 데이터를 나타내는 그룹입니다. 이를 모바일 트래픽 세그먼트와 비교해보겠습니다.

모든 사용자 세그먼트를 클릭합니다.

세그먼트 목록이 표시되면 모든 사용자 세그먼트를 체크 해제합니다.

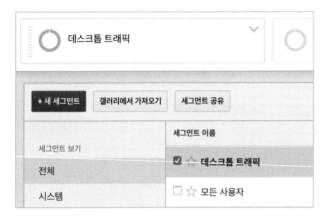

세그먼트 화면 오른쪽의 검색란에 모바일을 입력하고 모바일 트래픽 세그먼트를 체크하고 적용을 클릭합니다.

이제 보고서에서 데스크톱 트래픽 세그먼트와 모바일 트래픽 세그먼트를 직접 비교할 수 있습니다.

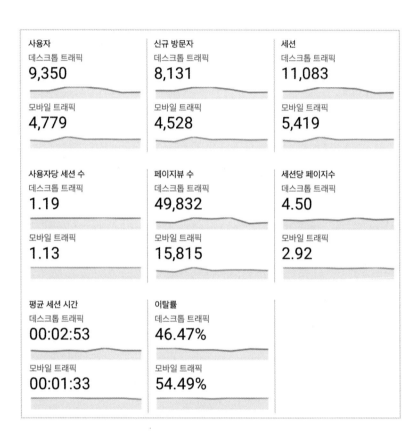

7.4 조합 세그먼트 만들기

👤 구글 머천다이즈 스토어   📑 잠재고객 > 개요

🕐 2017. 7. 3. ~ 2017. 7. 9.

세그먼트 조건을 조합하면 더 상세한 세그먼트를 만들 수 있습니다. 이번 절에서는 조합 세그먼트 만드는 방법을 알아보겠습니다.

STEP 1 세그먼트 복사하기

세그먼트 목록에서 데스크톱 트래픽 오른쪽의 작업을 클릭하고 복사를 클릭합니다. 세그먼트를 안전하게 수정하고 싶다면 복사를 활용해 사본을 만든 뒤 수정하는 것이 좋습니다.

복사한 세그먼트에는 데스크톱 트래픽에서 설정했던 기기 카테고리 desktop의 정보가 그대로 남아있습니다.

조합 세그먼트 만들기

세그먼트 이름으로 데스크톱 & 세션 시간 2분 이상을 입력하고 행동을 클릭합니다. 세션 시간의 옵션을 = (일치)에서 ≥ (이상)으로 변경한 뒤 값으로 120(초)을 입력합니다. 저장을 클릭하면 보고서에 데스크톱 & 세션 시간 2분 이상 세그먼트가 적용됩니다.

7.5 조건 세그먼트 만들기

👤 구글 머천다이즈 스토어   📋 잠재고객 > 개요

🕐 2017. 7. 3. ~ 2017. 7. 9.

기본 세그먼트와 조합 세그먼트는 인구통계, 기술, 행동, 첫 번째 세션 날짜, 트래픽 소스, 향상된 전자상거래 외의 옵션은 선택할 수 없습니다. 페이지뷰 수 10 이상이라는 간단한 세그먼트도 만들 수 없습니다. 조건이 포함된 세그먼트를 만들려면 어떻게 해야 할까요? 이번 절에서는 조건 세그먼트 만드는 방법을 알아보겠습니다.

STEP 1 세그먼트 관리 페이지 접속하기

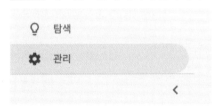

화면 왼쪽 하단의 관리를 클릭합니다.

보기에서 맞춤 도구 및 자산 아래에 위치한 세그먼트를 클릭합니다.

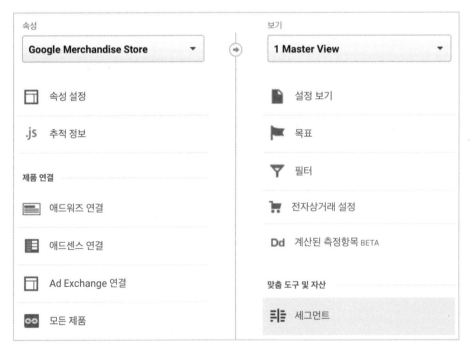

세그먼트 관리 페이지에는 지금까지 우리가 만든 세그먼트가 모두 표시됩니다. 이 페이지에서 세그먼트를 직접 생성하거나 수정, 삭제 등의 작업을 진행할 수 있습니다.

STEP 2 **조건 세그먼트 만들기**

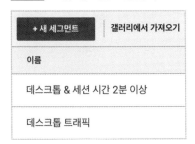

이제 '페이지뷰 수 10 이상 & 세션 수 2 이상'인 조건 세그먼트를 만들어보겠습니다. + 새 세그먼트를 클릭합니다.

세그먼트 이름으로 페이지뷰 수 10 이상 & 세션 수 2 이상을 입력합니다.

페이지뷰 수 10 이상이라는 조건을 생성하겠습니다. 조건을 클릭하고 거래 ID를 페이지뷰 수로 변경합니다. 페이지뷰 수 옵션을 =(일치)에서 ≥(이상)으로 변경한 뒤 값으로 10을 입력합니다.

이제 세션 수 2 이상이라는 조건을 추가하겠습니다. 페이지뷰 수 조건 오른쪽의 AND를 클릭하면 추가 조건을 입력할 수 있습니다. 추가된 조건의 거래 ID를 세션 수로 변경합니다. 세션 수 옵션을 =(일치)에서 ≥(이상)으로 변경한 뒤 값으로 2를 입력합니다.

조건 설정이 끝났습니다. 저장을 클릭합니다.

STEP 3 세그먼트 적용하기

잠재고객 개요 보고서에 접속해 일정을 2017. 7. 3. ~ 2017. 7. 9.로 설정한 뒤 모든 사용자 세그먼트와 페이지뷰 수 10 이상 & 세션 수 2 이상 세그먼트를 적용합니다.

'페이지뷰 수 10 이상 & 세션 수 2 이상' 세그먼트의 사용자는 591입니다.

조건 세그먼트 수정하기

이번에는 '페이지뷰 수 10 이상 & 세션 수 2 이상' 세그먼트를 수정해 'AND'가 아닌 '필터 추가'로 동일한 세그먼트를 만들어보겠습니다. 페이지뷰 수 10 이상 & 세션 수 2 이상 세그먼트의 V(더보기)를 클릭하고 수정을 클릭합니다.

세션 수 2 이상 조건 오른쪽의 −(제거) 아이콘을 클릭합니다.

세션 수 조건이 제거되면 + 필터 추가를 클릭합니다. 필터 추가를 클릭하면 조건이 추가되는 것이 아니라 필터 자체가 추가됩니다. 추가된 필터에 세션 수 2 이상이라는 조건을 추가하면 AND로 조건을 추가한 것과 동일한 세그먼트를 만들 수 있습니다.

하지만 여기에서는 필터에 대해 좀 더 알아보기 위해 다른 방식을 적용해보겠습니다. 추가된 필터의 거래 ID를 세션 수로 변경합니다. 세션 수 옵션을 =(일치)에서 <(미만)으로 변경한 뒤 값으로 2를 입력합니다. 마지막으로 <(미만) 위쪽에 표시된 포함을 제외로 변경하고 저장을 클릭합니다.

필터를 여러 개 설정하면 필터를 등록한 순서대로 데이터 필터링을 진행합니다. 보고서에는 마지막 필터링까지 완료한 데이터가 표시됩니다. 따라서 수정이 완료된 페이지뷰 수 10 이상 & 세션 수 2 이상 세그먼트는 페이지뷰 수 10 이상인 데이터에서 세션 수가 2보다 적은 데이터를 제외한 데이터를 표시하며 이는 수정 전과 동일한 조건이기 때문에 앞에서와 같은 값인 591을 확인할 수 있습니다.

7.6 순서 세그먼트 만들기

- 구글 머천다이즈 스토어
- 2017. 7. 3. ~ 2017. 7. 9.
- 잠재고객 > 개요

A페이지를 조회한 다음 B페이지를 조회한 경우의 세그먼트를 만들려면 어떻게 해야 할까요? A페이지 다음 B페이지를 봤다는 것은 일종의 조건이니 조건 세그먼트를 만들면 될까요? 그렇지 않습니다. 어떤 조건이 특정한 순서를 만족하게 하려면 순서 세그먼트를 만들어야 합니다. 이번 절에서는 순서 세그먼트 만드는 방법을 알아보겠습니다.

STEP 1 순서 확인하기

이번에 만들 순서 세그먼트는 사용자 구매 흐름 세그먼트입니다. 해당 세그먼트는 사용자가 주문을 진행하는 동안 접속하는 페이지들과 동일한 순서를 지닙니다. 사용자가 구매를 진할 때 필수적으로 접속해야 하는 페이지들은 [표 7-1]과 같습니다.

표 7-1 사용자 구매 흐름 순서

순서	페이지	내용
1	/basket.html	장바구니
2	/yourinfo.html	주문정보, 개인정보 입
3	/payment.html	결제정보 입력
4	/revieworder.html	주문 확인
5	/ordercompleted.html	주문 완료

STEP 2 순서 세그먼트 만들기

새 세그먼트를 만드는 화면부터 시작하겠습니다. 세그먼트 이름으로 사용자 구매 흐름을 입력합니다. 순서를 클릭하고 1단계의 거래 ID를 페이지로 변경한 뒤 페이지 다음을 포함 값으로 /basket.html을 입력합니다.

단계 추가를 클릭합니다. 다음 단계를 클릭해서 바로 다음 단계로 변경합니다.

2단계의 거래 ID를 페이지로 변경한 뒤 다음을 포함 값으로 /yourinfo.html을 입력합니다.

/basket.html에 접속한 바로 다음 /yourinfo.html에 접속한 데이터만 세그먼트에 포함됩니다. 만일 바로 다음 단계가 아닌 다음 단계를 사용하면 /basket.html에 접속한 다음 이곳저곳 돌아다니다가 /yourinfo.html에 접속한 데이터도 세그먼트에 포함됩니다.

[표 7-1]을 참고해 페이지 추가를 반복합니다. 다음과 같이 세그먼트가 구성되면 저장을 클릭하고 세그먼트 작성을 완료합니다.

7.7 실전! 구매 확률이 높은 사용자 알아보기

👤 구글 머천다이즈 스토어   📑 잠재고객 > 개요

🕐 2017. 7. 3. ~ 2017. 7. 9.   ⚙️ 구매자, 비구매자

쇼핑몰 방문자에게 1,000원 할인 쿠폰 120장을 제공한다고 할 때 이를 활용해 가장 큰 매출을 높이기 위해서는 어떻게 해야 할까요? 선착순 120명에게 쿠폰을 제공하는 것은 어떨까요? 이는 쿠폰을 제공하는 가장 쉬운 방법이지 쿠폰을 활용해 가장 큰 매출을 높이는 방법은 아닙니다. 구매 확률이 높은 사용자 120명에게 쿠폰을 제공하는 것은 어떨까요? 적어도 선착순 120명에게 쿠폰을 제공하는 방법보다는 좋은 것 같습니다.

구매 확률이 높은 사용자를 구분하기 위해서 사용자를 비구매자와 구매자로 구분할 수 있어야 합니다. 비구매자와 구매자의 홈페이지 사용 패턴을 파악한 뒤 방문자가 비구매자에 가까운 사용 패턴을 보이는지 구매자의 사용 패턴을 보이는지 확인하면 구매 확률이 높은 사용자를 구분할 수 있습니다.

7.7.1 구매자와 비구매자 세그먼트 만들기

먼저 구매자와 비구매자 세그먼트를 만들어야 합니다. 여러 방법이 있겠지만 여기에서는 사용자 구매 흐름 중 /ordercomplete.html(주문 완료 페이지)에 접속했느냐 안 했느냐를 기준으로 구매자, 비구매자 세그먼트를 만들어보겠습니다.

STEP 1 **구매자 세그먼트 만들기**

세그먼트 이름으로 구매자를 입력하고 조건을 클릭한 뒤 거래 ID를 페이지로 변경합니다. 다음을 포함 값으로 /ordercompleted.html을 입력한 뒤 저장합니다. /ordercompleted.html 페이지에 접속한 경험이 있는 사용자 그룹을 대상으로 한 구매자 세그먼트가 만들어집니다.

STEP 2 비구매자 세그먼트 만들기

구매자 세그먼트 오른쪽의 작업을 클릭한 뒤 복사를 클릭합니다.

세그먼트 이름으로 비구매자를 입력하고 필터에서 포함을 제외로 변경하고 저장합니다. /ordercompleted.html에 접속한 경험이 없는 사용자 그룹을 대상으로 한 비구매자 세그먼트가 만들어집니다.

7.7.2 구매자와 비구매자 비교하기

이번에는 앞에서 만든 구매자, 비구매자 세그먼트를 잠재고객 개요 보고서에 적용한 뒤 사용 패턴을 비교해보겠습니다.

STEP 1 **세그먼트 적용하기**

세그먼트 목록에서 구매자를 검색한 뒤 구매자 세그먼트와 비구매자 세그먼트를 체크하고 적용합니다.

여기에서는 모든 사용자 세그먼트는 확인하지 않을 것이니 삭제합니다.

STEP 2 세그먼트 비교하기

2017. 7. 3. ~ 2017. 7. 9.의 잠재고객 개요 보고서에 구매자, 비구매자 세그먼트가 적용된 데이터는 다음과 같습니다.

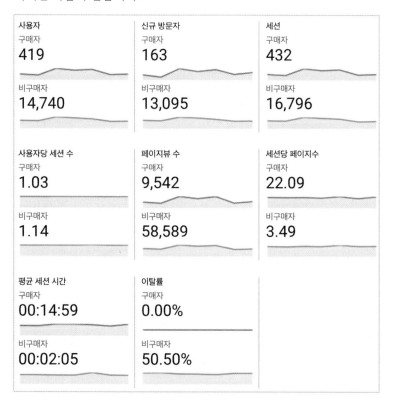

구매자보다 비구매자가 많은 것은 당연하기 때문에 사용자, 신규 방문자, 세션, 페이지뷰 수를 살펴보는 것은 의미가 없습니다. 구매자가 한 페이지 이상을 접속하는 것도 당연하기 때문에 이탈률을 살펴보는 것도 의미가 없습니다. 여기에서는 사용자당 세션 수, 세션당 페이지수, 평균 세션 시간을 통해 구매자와 비구매자의 행동을 확인하겠습니다.

- 사용자당 세션 수

  구매자(1.03)와 비구매자(1.14) 간에 큰 차이가 없습니다. 구매자와 비구매자 모두 평균적으로 홈페이지를 1회 사용합니다.

- 세션당 페이지수와 평균 세션 시간

  구매자와 비구매자의 세션당 페이지수와 평균 세션 시간을 살펴보면 두 그룹의 차이가 확연히 드러납니다. 비구매자는 세션당 3.49개의 페이지를 조회하고 평균 2분 5초 동안 홈페이지를 이용합니다. 반면에 구매자는 세션당 22.09개의 페이지를 조회하고 평균 14분 59초 동안 홈페이지를 이용합니다.

7.7.3 구매자와 비구매자의 사용 패턴 활용하기

[표 7-2]는 구매자와 비구매자의 홈페이지 사용 패턴입니다. 두 세그먼트를 비교해보니 구매자는 세션당 22.09 페이지를 14분 59초 동안 사용하고 비구매자는 세션당 3.49 페이지를 2분 5초 동안 사용합니다.

표 7-2 구매자와 비구매자의 홈페이지 사용 패턴

세그먼트	사용자당 세션 수	세션당 페이지수	평균 세션 시간
구매자	1.03	22.09	14분 59초
비구매자	1.14	3.49	2분 5초

이 데이터를 활용하면 전체 사용자 중 구매자가 될 확률이 높은 사용자를 구분할 수 있습니다. 시용자가 홈페이지에 접속해 다음과 같이 홈페이지를 사용한다고 가정하겠습니다.

사용자A가 3페이지를 조회했습니다. 사용자A는 구매자가 될 확률이 높을까요, 비구매자가 될 확률이 높을까요? 구매자는 세션당 22.09 페이지를 보고, 비구매자는 세션당 3.49 페이지를 본다는 데이터를 참고하면 아직까지 사용자A는 비구매자에 가까운 사용 패턴을 보입니다. 사용자A가 홈페이지를 더 사용해 총 10페이지를 10분 동안 조회했습니다. 이때 사용자A는 구매자가 될 확률이 높을까요, 비구매자가 될 확률이 높을까요? [표 7-2]의 데이터를 보면 사용자A는 점점 구매자에 가까운 사용 패턴을 보입니다.

만약 사용자A가 점차 구매자의 사용 패턴에 가까워질 때 1,000원 할인 쿠폰을 제공한다면 어떨까요? 사용자A가 구매자가 될 확률은 더 높아질 것입니다.

Chapter 08

사용자 흐름 보고서 분석하기

담당자M의 이야기

담당자M은 사용자가 홈페이지를 어떤 순서로 사용하는지 궁금합니다. 처음 홈페이지를 기획할 때 의도한 순서대로 사용하는지, 사용자가 상품을 구매할 때 어떤 순서로 진행하는지 확인하려 합니다. 사용자가 홈페이지를 사용하는 순서를 확인할 수 있다면 실제 사용자가 어떤 방식으로 홈페이지를 사용하는지도 더 깊게 이해하고 이를 서비스에 반영할 수 있습니다.

담당자M을 도와주세요

사용자 흐름 보고서는 지금까지 살펴본 보고서와 전혀 다른 형태의 보고서입니다. 지금까지 살펴본 보고서가 그래프와 표를 중심으로 데이터를 표시한다면 사용자 흐름 보고서는 마치 물길이 이어진 것처럼 서로 연결된 형태로 데이터를 표시합니다. 사용자 흐름 보고서를 활용하면 사용자가 어떤 페이지에서 어떤 페이지로 이동하는지 혹은 어떤 페이지에서 홈페이지를 이탈하거나 종료하는지 쉽게 확인할 수 있습니다.

이번 장에서는 사용자 흐름 보고서의 조작 방법을 살펴보고 사용자 흐름을 바탕으로 홈페이지의 기획 의도와 사용자의 실제 사용 방식이 일치하는지 알아보겠습니다. 이 책에서는 그림을 흑백으로 수록하므로 반드시 실제 화면과 함께 보며 공부하시길 권합니다.

8.1 사용자 흐름 보고서 이해하기

👤 구글 머천다이즈 스토어   📋 잠재고객 > 사용자 흐름

🕐 2017. 7. 3. ~ 2017. 7. 9.

사용자 흐름 보고서는 사용자가 어떤 페이지에서 어떤 페이지로 이동하는지, 어떤 페이지에서 홈페이지를 이탈하거나 종료하는지를 확인할 수 있는 보고서입니다. 앞에서 언급했듯이 지금까지 살펴본 보고서와 다른 형태이므로 낯설게 느껴질 수도 있습니다. 이번 절에서는 사용자 흐름 보고서에 사용되는 항목을 알아보고 보고서를 읽는 방법을 배워보겠습니다.

8.1.1 보고서 살펴보기

먼저 사용자 흐름 보고서에 접속해 어떤 항목들이 표시되는지 살펴보겠습니다.

STEP 1 **사용자 흐름 보고서 접속하기**

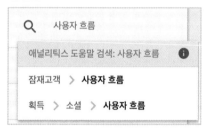

화면 좌측 상단의 보고서 및 도움말 검색에서 사용자 흐름을 입력하고 잠재고객 > 사용자 흐름을 클릭합니다.

다음과 같은 사용자 흐름 보고서가 표시됩니다.

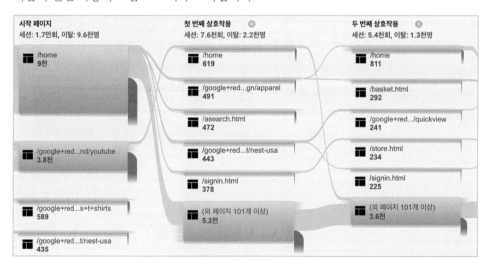

사용자 흐름 보고서를 사용하기 위해 알아야 하는 항목은 [표 8-1]과 같습니다. 여기에서 사용되는 항목들은 주로 사용자의 접속과 이탈에 대한 정보를 나타냅니다.

표 8-1 사용자 흐름 보고서

항목	설명
노드	사용자 흐름 보고서를 이루고 있는 연두색 사각형을 노드라고 합니다.
트래픽	트래픽은 접속, 세션 수를 나타냅니다.
경유 트래픽	노드에서 다음 노드로 이동한 세션 수를 나타냅니다. /home 노드의 전체 세션이 100이라고 할 때 다음 노드로 70세션이 이동하면 경유 트래픽은 70이 됩니다.
이탈수(Drop-offs)	해당 페이지에서 몇 세션이 떠났는지를 나타냅니다. /home 노드의 전체 세션이 100이라고 할 때 30세션이 페이지를 떠났다고 하면 이탈수는 30이 됩니다.
전체 트래픽	전체 접속, 전체 세션을 나타냅니다.

STEP 3 **보고서 살펴보기**

사용자 흐름 보고서에 접속하면 흰색과 녹색의 둥근 사각형을 확인할 수 있습니다. 이 둥근 사각형을 노드(Node)라고 합니다. /home 노드(Node)에 마우스를 올려놓으면 /home 페이지에서의 경유 트래픽(다음 페이지로 이동한 수), 이탈수(Drop-offs), 세션 수 정보를 확인할 수 있습니다.

/home 노드 왼쪽 연결선들을 확인하면 어디에서 얼마나 /home 페이지에 접속했는지를 확인할 수 있습니다. 여기에서는 미국(United States)에서의 접속이 제일 많다는 것을 알 수 있습니다. /home 노드 오른쪽 연결선들을 확인하면 /home 페이지에서 다른 페이지로 얼마나 이동했는지를 확인할 수 있습니다. 여기에서는 /home 페이지에서 /asearch.html로 472개의 이동이 발생했음을 알 수 있습니다.

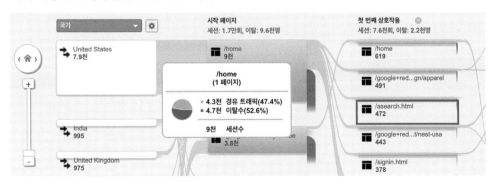

/home 노드 오른쪽 아래 빨간 띠 부분(★)에 마우스를 올려놓으면 이탈수(Drop-offs)와 전체 트래픽 대비 이탈비율을 확인할 수 있습니다. 여기에서는 9천 중 4.7천이 이탈했으며 이는 전체 트래픽(1.7만)의 27.5%의 수치입니다.

8.1.2 보고서 읽기

사용자 흐름 보고서를 읽는 방법은 아주 쉽습니다. 시작 페이지 오른쪽의 파란색 연결선(여기에서는 연한 회색으로 보입니다)을 따라 첫 번째 상호작용, 두 번째 상호작용의 노드들을 확인합니다. 여기에서는 [그림 8-1]을 통해 사용자 흐름 보고서를 읽어보겠습니다.

그림 8-1 2017. 7. 3. ~ 2017. 7. 9. 사용자 흐름 보고서 일부

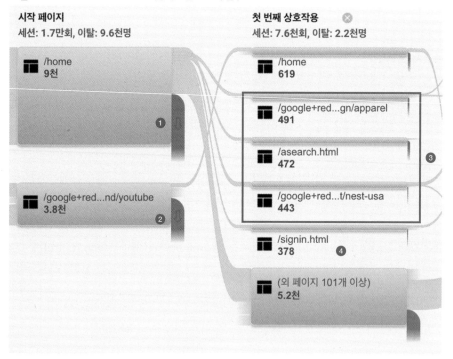

- 시작 페이지 /home과 /goole+red...nd/youtube

사용자는 주로 /home과 /google+red...nd/youtube로 홈페이지에 들어옵니다. /home 노드 오른쪽의 빨간 (여기에서는 ⇩와 함께 표시된 진한 부분) 띠가 노드 크기의 절반보다 약간 큰 것을 보면 /home으로 홈페이지에 접속한 세션의 약 55% 이탈한다는 것을 알 수 있습니다(❶).

/google+red...nd/youtube의 이탈률은 /home의 이탈률보다 높습니다(❷). /google+red...nd/youtube로 홈페이지에 접속한 세션의 약 70%는 이탈합니다. 이 노드의 이탈률이 /home 노드의 이탈률보다 높은 이유는 무엇일까요? 원인을 조사하고 대응해봐야겠습니다.

- /home과 첫 번째 상호작용

/home에 접속한 사용자는 ~apparel(의류), ~nest-usa(스마트홈 기기)를 많이 살펴봅니다(❸). /asearch. html(검색) 또한 많이 사용합니다. 바로 상품을 보거나 검색한다는 것은 사용자가 상품에 관심이 많다고 이해할 수 있습니다.

상품을 살펴보지 않고 바로 /signin.html(가입 페이지)로 이동하는 사용자들도 있습니다(❹). 구글 머천다이즈 스토어의 가입 버튼은 홈페이지 좌측 상단의 메뉴 아이콘을 클릭해야 표시됩니다. 조금 번거로움에도 첫 번째 상호작용의 인기 페이지로 표시된다는 것은 사용자가 가입을 원한다는 것을 의미합니다. 가입 버튼을 찾기 쉽게 시작 페이지에 직접 노출한다면 더 많은 사용자를 회원으로 유치할 수 있습니다.

NOTE 사용자가 기획서대로 움직일까?

홈페이지를 기획할 때는 사용자가 A페이지에서 B페이지로, B페이지에서 C페이지로 이용할 것이라고 전제합니다. 사용자가 홈페이지를 직선적으로 사용할 것이라고 생각하는 것입니다.

그러나 실제로는 사용자가 기획한 방향에 맞지 않게 사용할 수도 있습니다. 상품 상세 페이지에 다음 상품 보기 기능이 있다고 할지라도 뒤로 가기를 눌러 상품 목록에서 다음 상품을 볼 수도 있고, 로고를 클릭해서 홈페이지 첫 화면으로 돌아갈 수 있는데도 홈페이지를 종료한 뒤 새로 접속할 수도 있습니다.

사용자 흐름 보고서는 사용자들의 실제 홈페이지 이용 순서를 시각화해 제공합니다. 이를 통해 우리는 홈페이지가 기획 의도대로 사용되고 있는지, 홈페이지의 어느 부분이 기획 의도대로 사용되지 않는지 확인할 수 있습니다.

8.2 컨트롤 패널 조작하기

👤 구글 머천다이즈 스토어   📋 잠재고객 > 사용자 흐름

🕐 2017. 7. 3. ~ 2017. 7. 9.

사용자 흐름 보고서를 사용하기 위해서는 화면을 좌우로 움직이고 노드를 확대, 축소해야 합니다. 이런 기능은 컨트롤 패널에서 제공합니다. 이번 절에서는 컨트롤 패널을 조작하는 방법을 알아보겠습니다.

STEP 1 보고서 움직이기

보고서 왼쪽 상단 컨트롤 패널의 <(왼쪽), >(오른쪽)을 클릭하면 사용자 흐름 보고서가 좌우로 움직입니다. 보고서의 빈 곳에서 마우스로 직접 드래그해도 보고서가 좌우로 움직입니다. 보고서를 움직인 뒤에 홈 아이콘을 클릭하면 시작 페이지로 돌아옵니다.

STEP 2 노드 확대, 축소하기

컨트롤 패널의 +(확대)를 클릭하면 노드와 노드 연결선이 확대 표시됩니다. 반대로 −(축소)를 클릭하면 노드와 노드 연결선이 축소 표시됩니다. [그림 8-2]와 [그림 8-3]를 비교해보세요.

그림 8-2 축소하기 전

그림 8-3 축소한 후

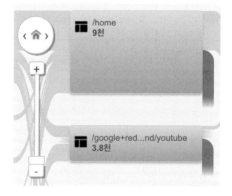

8.3 노드열 추가하고 제거하기

👤 구글 머천다이즈 스토어   📋 잠재고객 > 사용자 흐름

🕐 2017. 7. 3. ~ 2017. 7. 9.

사용자 흐름 보고서에는 기본적으로 시작 페이지부터 세 번째 상호작용 노드열까지 표시됩니다. 만일 확인해야 할 노드열이 10개라면 어떻게 해야 할까요? 이번 절에서는 노드열 추가, 제거 방법을 알아보겠습니다.

STEP 1 노드열 추가하기

사용자 흐름 보고서의 오른쪽 끝으로 이동한 뒤 + 단계를 클릭합니다.

다음과 같이 네 번째 상호작용 노드열이 추가됩니다.

TIP

노드열은 12번째 상호작용까지 추가할 수 있습니다.

STEP 2 노드열 제거하기

추가된 네 번째 상호작용 노드열 오른쪽의 X(제거) 아이콘을 클릭합니다.

네 번째 상호작용 노드열이 제거됩니다.

8.4 트래픽 강조표시하기

👤 구글 머천다이즈 스토어   🗂 잠재고객 > 사용자 흐름

🕐 2017. 7. 3. ~ 2017. 7. 9.

기본 상태의 사용자 흐름 보고서는 복잡한 노드 연결선 때문에 데이터를 확인하기 불편합니다. 이번 절에서는 트래픽 강조표시 방법을 알아보겠습니다.

STEP 1 **트래픽 강조표시하기**

두 번째 상호작용 노드열의 /basket.html 노드를 클릭한 뒤 여기를 통과한 트래픽 강조표시를 클릭합니다.

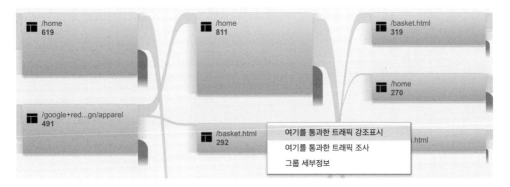

/basket.html 노드와 연결된 노드들이 강조 표시됩니다. 이를 통해 /basket.html에 접속한 사용자가 이전에 어떤 페이지에 있었는지, 다음으로 어느 페이지에 이동했는지 쉽게 확인할 수 있습니다.

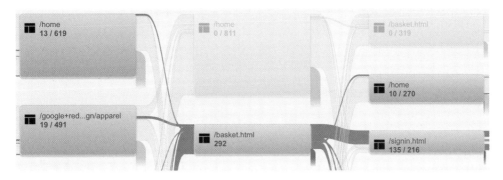

노드를 확인할 때마다 트래픽 강조표시를 사용해 현재 어느 노드를 확인 중인지 표시하세요. 사용자 흐름 보고서에는 꽤 많은 노드가 표시되기 때문에 현재 확인 중인 노드를 놓치기 쉽습니다.

STEP 2 트래픽 강조표시 지우기

다시 basket.html 노드를 클릭한 뒤 강조표시 지우기를 클릭합니다.

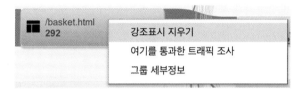

트래픽 강조표시가 제거되는 것을 확인할 수 있습니다.

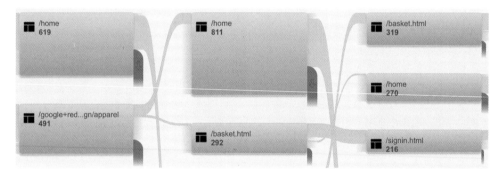

8.5 통과 트래픽 조사하기

👤 구글 머천다이즈 스토어　　　　📋 잠재고객 > 사용자 흐름

🕐 2017. 7. 3. ~ 2017. 7. 9.

사용자 흐름 보고서는 기본적으로 사용자의 시작 페이지를 기준으로 구성됩니다. 만일 시작 페이지 기준이 아니라 특정 페이지를 기준으로 사용자 흐름 보고서를 확인하려면 어떻게 해야 할까요? 이번 절에서는 통과 트래픽 조사 방법을 알아보겠습니다.

STEP 1 통과 트래픽 조사하기

두 번째 상호작용 노드열의 /basket.html 노드를 클릭한 뒤 여기를 통과한 트래픽 조사를 클릭합니다.

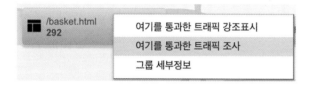

사용자 흐름 보고서의 0단계 /basket.html 노드가 설정되고 이전에 어디에서 /basket.html 에 접속했는지, 다음에 어디로 이동하는지를 쉽게 확인할 수 있습니다.

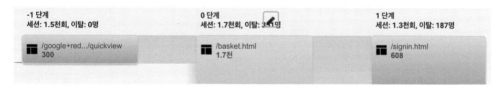

/basket.html 노드의 오른쪽 아래를 살펴보면 진하게 표시된 녹색 띠(❶)를 확인할 수 있습니다. 이는 즐겨찾기나 주소 입력을 통해 /basket.html에 직접 접속한 세션을 나타냅니다.

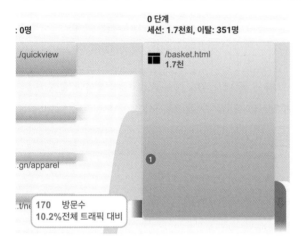

STEP 2 **원본 보고서로 돌아가기**

원하는 데이터를 모두 확인했다면 보고서 왼쪽 상단의 사용자 흐름을 클릭해 원본 보고서로 돌아갈 수 있습니다.

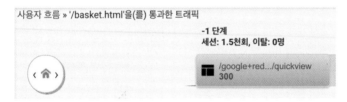

8.6 노드 세부정보 조사하기

👤 구글 머천다이즈 스토어   📑 잠재고객 > 사용자 흐름

🕐 2017. 7. 3. ~ 2017. 7. 9.

노드열의 마지막에는 (외 페이지 **개 이상)이라는 노드가 표시됩니다. 만일 해당 정보를 살펴보고 싶다면 어떻게 해야 할까요? 이번 절에서는 노드 세부정보를 조사하는 방법을 알아보겠습니다.

STEP 1 그룹 세부정보 확인하기

첫 번째 상호작용 제일 아래의 (외 페이지 101개 이상)을 클릭한 뒤 그룹 세부정보를 클릭합니다.

(외 페이지 101개 이상)의 세부 정보를 확인할 수 있습니다.

(외 페이지 101개 이상)			✕
5.2천 세션수 00:00:48 그룹에 머문 평균 시간			1.5천 이탈수
인기 페이지 ▾			
페이지	**세션수**	**트래픽 대비 비율(%)**	**이탈률**
/google+redesign/apparel/mens/mens+t+shirts ⬀	356	6.80%	27.2%
/google+redesign/drinkware ⬀	297	5.67%	43.4%
/google+redesign/shop+by+brand/youtube/quickview ⬀	279	5.33%	36.6%

그룹 세부 트래픽 확인하기

그룹 세부정보의 좌측 상단의 인기 페이지를 클릭하면 트래픽 정보를 확인할 수 있습니다.
유입 트래픽을 클릭합니다.

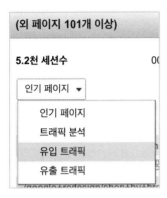

어디에서 (외 페이지 101개 이상)으로 유입했는지 확인할 수 있습니다.

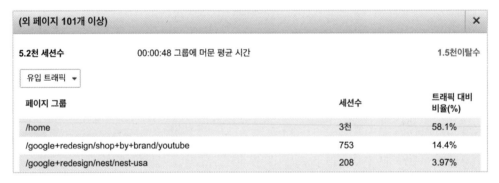

페이지 그룹	세션수	트래픽 대비 비율(%)
/home	3천	58.1%
/google+redesign/shop+by+brand/youtube	753	14.4%
/google+redesign/nest/nest-usa	208	3.97%

8.7 측정기준 설정하기

👤 구글 머천다이즈 스토어   📋 잠재고객 > 사용자 흐름

🕐 2017. 7. 3. ~ 2017. 7. 9.

사용자 흐름 보고서는 기본적으로 국가를 측정기준으로 시작 페이지의 유입을 측정합니다. 만일 국가 기준이 아닌 YouTube를 기준으로 시작 페이지 유입을 측정하려면 어떻게 해야 할까요? 이번 절에서는 측정기준을 설정해봅시다.

STEP 1 측정기준 설정하기

보고서 좌측 상단의 국가를 클릭합니다. 검색란에 소셜이 라고 입력한 뒤 소셜 네트워크를 클릭합니다.

소셜 네트워크를 기준으로 시작 페이지 유입이 측정됩니다. YouTube를 통해 세션 1.9천 개 가 발생했고 Facebook을 통해 세션 146개가 발생했습니다. (not set)은 소셜 네트워크를 통 한 접속이 아닌 세션을 나타냅니다.

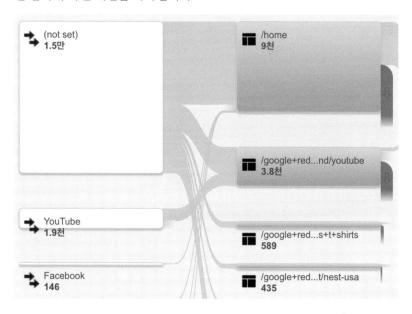

측정기준 상세 확인하기

YouTube를 클릭하고 이 세그먼트만 보기를 선택합니다.

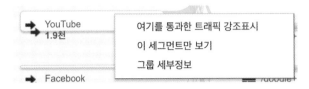

사용자 흐름 보고서가 YouTube를 기준으로 재구성됩니다.

보고서 왼쪽 상단의 사용자 흐름을 클릭하면 기존 사용자 흐름 보고서로 돌아갑니다.

STEP 3 **측정기준 맞춤설정 하기**

현재 보고서에는 소셜 네트워크로 (not set), YouTube, Facebook 등이 표시됩니다.

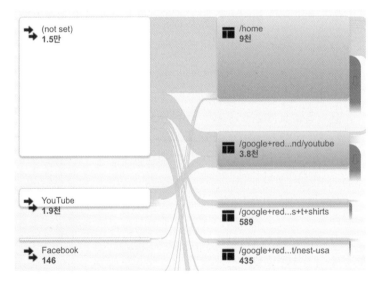

이 중 YouTube만 표시되도록 설정하겠습니다. 소셜 네트워크 오른쪽에 톱니바퀴 모양의 설정 버튼을 클릭합니다.

측정기준 맞춤설정이 표시되면 오른쪽 하단의 + 항목 추가를 클릭하고 표현식에 YouTube를 입력합니다. 이름에 유튜브를 입력한 뒤 적용을 클릭합니다.

소셜 네트워크로 유튜브만 표시됩니다.

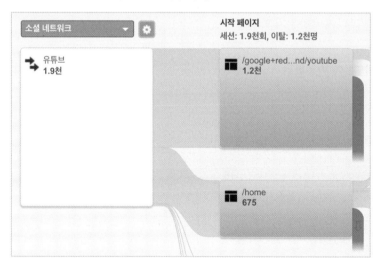

8.8 실전! /home 페이지 기획 의도 점검하기

👤 구글 머천다이즈 스토어　　　　📋 잠재고객 > 사용자 흐름

🕐 2017. 7. 3. ~ 2017. 7. 9.

홈페이지를 이루는 각각의 페이지는 서비스 목표를 달성할 수 있도록 뚜렷하게 설정된 기획 의도를 바탕으로 만들어집니다. 예를 들어, 회원가입 페이지는 사용자가 회원가입을 쉽게 완료할 수 있도록 하는 것이 기획 의도이고 문의 페이지는 사용자가 쉽게 문의를 남기거나 확인할 수 있도록 하는 것이 기획 의도입니다. 그런데 서비스를 운영하다 보면 아무리 명확하게 설정된 기획 의도라도 점차 흐려지기 마련입니다. 따라서 각각의 페이지의 기획 의도를 주기적으로 점검하는 것이 좋습니다.

이번 절에서는 구글 머천다이즈 스토어 /home 페이지의 기획 의도가 다음과 같다고 가정한 뒤 사용자 흐름 보고서를 통해 기획 의도를 점검하겠습니다.

1. 상품이 많이 조회되도록 한다.

2. 검색을 많이 사용하도록 한다.

8.8.1 /home 페이지 사용자 흐름 확인하기

사용자 흐름 보고서를 통해 /home 페이지를 통과한 트래픽을 조사하면 사용자가 /home 페이지 다음으로 어떤 페이지에 접속하는지 확인할 수 있습니다. 이를 통해 사용자가 상품을 많이 조회하는지 검색을 많이 사용하는지 확인할 수 있습니다.

STEP 1 상품이 많이 조회되는지 확인하기

시작 페이지에서 /home을 클릭하고 여기를 통과한 트래픽 조사를 클릭합니다.

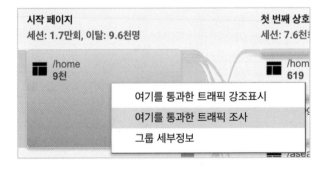

/home 다음 단계를 살펴보면 /google+red... 으로 시작하는 노드들을 확인할 수 있습니다. 이 노드들은 모두 상품 페이지입니다.

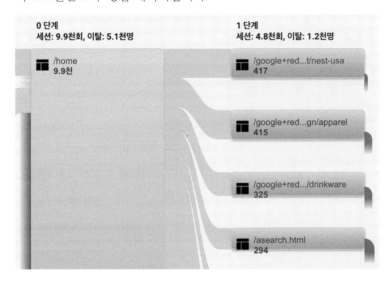

1단계에서 (외 페이지 93개)의 그룹 세부정보를 확인합니다. 인기 페이지의 대부분이 /google_redesign/으로 시작되는 것을 보면 /home에서 상품 페이지로 이동한 경우가 많은 것을 알 수 있습니다. 그만큼 상품이 많이 조회된 것이므로 기획 의도인 "상품이 많이 조회되도록 한다"는 잘 적용된 것입니다.

(외 페이지 93개)			✕

3.1천 세션수	00:00:49 그룹에 머문 평균 시간		729이탈수

인기 페이지 ▼

페이지	세션수	트래픽 대비 비율(%)	이탈률
/signin.html ⧉	245	7.88%	11.8%
/google+redesign/apparel/mens ⧉	240	7.72%	26.7%
/google+redesign/electronics ⧉	229	7.36%	26.6%
/google+redesign/shop+by+brand/youtube ⧉	172	5.53%	30.2%
/google+redesign/bags ⧉	170	5.47%	24.1%

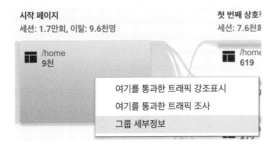

시작 페이지에서 /home을 클릭하고 그룹 세부정보를 클릭합니다.

/home 페이지의 유출 트래픽을 확인합니다. /asearch.html로 2.75%가 이동합니다. 이 정도로는 기획 의도인 '검색을 많이 사용하도록 한다'가 잘 적용됐는지 아직 확신할 수 없습니다. 다음 단계에서 더 살펴보겠습니다.

/home (1 페이지)			✕
9천 세션수	00:00:43 그룹에 머문 평균 시간		4.7천이탈수

유출 트래픽 ▼

페이지 그룹	세션수	트래픽 대비 비율(%)
/google+redesign/nest/nest-usa	399	4.43%
/google+redesign/apparel	348	3.86%
/asearch.html	248	2.75%

8.8.2 /home 페이지 검색 확인하기

앞에서는 /home 페이지 접속 세션의 2.75%가 /asearch.html 페이지를 이용한다는 것을 알아봤습니다. 이번에는 사용자 입장에서 /home 페이지의 검색을 확인하겠습니다. 검색이 사용하기 쉬운지 검색에 개선의 여지는 없는지 살펴보겠습니다.

구글 머천다이즈 스토어(https://shop.googlemerchandisestore.com/)에 접속합니다. 홈페이지를 처음 방문한다고 생각하고 각자 검색란을 찾아보시기 바랍니다.

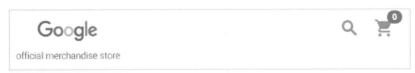

STEP 2 **모바일 홈페이지 검색 살펴보기**

이번에는 모바일에서 검색이 어떻게 표시되는지 확인하겠습니다. 홈페이지에서 마우스 오른쪽 버튼을 누르고 검사를 클릭합니다.

브라우저 하단에 개발자 도구가 표시되면 Elements 왼쪽의 디바이스 아이콘을 클릭합니다.

브라우저 상단 중앙의 디바이스 목록을 클릭해 iPhone X를 선택하면 홈페이지가 아이폰 6을 기준으로 다시 표시됩니다.

모바일에서의 검색은 화면 최상단에 있어 쉽게 눈에 들어옵니다. 페이지를 중간까지 내려도 항상 최상단에 있습니다. 전반적으로 데스크톱 페이지보다 검색을 이용하기 좋은 환경이라고 할 수 있습니다.

개발자 도구 우측 상단의 X(닫기)를 클릭하면 홈페이지가 다시 데스크톱 기준으로 표시됩니다.

STEP 3 데스크톱, 모바일 검색 트래픽 확인하기

이번에는 데스크톱 검색 페이지 트래픽과 모바일의 검색 페이지 트래픽을 확인하겠습니다. 사용자 흐름 보고서에는 한 개의 세그먼트만 적용됩니다. 따라서 데스크톱 트래픽과 모바일 트래픽을 따로 확인해야 합니다. 먼저 데스크톱 트래픽부터 살펴보겠습니다. 보고서에 데스크톱 트래픽 세그먼트를 적용하고 /home의 그룹 세부정보를 확인합니다.

/home의 유출 트래픽을 확인하면 /home에서 /asearch.html로 이동하는 세션이 145, 트래픽 대비 비율이 2.32%입니다.

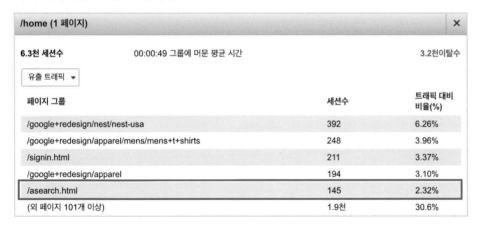

위와 동일한 방식으로 모바일 트래픽 세그먼트의 /home 노드 그룹 세부정보를 확인합니다. /home에서 /asearch.html로 이동하는 세션이 94, 트래픽 대비 비율이 3.89%입니다.

어째서 모바일 트래픽 세그먼트의 /asearch.html 트래픽 대비 비율이 데스크톱 트래픽 세그먼트보다 약 1.5% 높을까요?

앞에서 확인한 바와 같이, 모바일 홈페이지의 검색란은 항상 화면 위에 고정돼 사용자가 검색을 원할 때 바로 사용할 수 있었습니다. 반면에 데스크톱 홈페이지의 검색은 오른쪽 상단에 작은 아이콘으로 표시됩니다. 또한 검색 아이콘을 클릭하면 검색 팝업이 표시되어 사용자가 홈페이지와 차단된 느낌을 주기도합니다. 이를 통해 우리는 /home 페이지의 기획 의도인 '검색을 많이 사용하도록 한다'에 개선의 여지가 있다는 것을 알 수 있습니다

8.9 실전! 구매자는 페이지 이용 순서 확인하기

👤 구글 머천다이즈 스토어   📋 잠재고객 > 사용자 흐름

🕐 2017. 7. 3. ~ 2017. 7. 9.

홈페이지 기획에는 '사용자가 어떤 순서로 페이지를 사용할 것이다'라는 가정이 포함됩니다. 기획에서 가정하는 가장 이상적인 사용자라면 기획에 맞춰 A페이지에서 B페이지로 이동하고 B페이지에서 C페이지로 이동할 것입니다. 그러나 사용자가 언제나 이상적인 것은 아닙니다. 사용자는 A페이지에서 D페이지로 이동하기도 하고 D페이지에서 B페이지로 이동하기도 합니다.

기획과는 다르게 홈페이지를 사용하는 사용자를 탓할 수는 없습니다. 해당 사용자가 어째서 기획에 맞지 않는 순서로 홈페이지를 사용하는지 알아봐야 합니다. 어쩌면 기획 자체가 잘못됐을 수도 있고 목표를 달성하는 더 좋은 방법이 있을 수도 있기 때문입니다. 이번 절에서는 사용자 흐름 보고서를 활용해 사용자가 어떤 순서로 구매를 진행하는지 알아보고 구매 과정을 개선할 방법은 없는지 알아보겠습니다.

8.9.1 사용자 흐름 보고서 확인하기

구매자가 어떤 과정을 거쳐 상품을 구매하는지 확인하려면 사용자 흐름 보고서에 구매자만 확인할 수 있는 세그먼트를 적용하면 됩니다. 여기에서는 <7.7 실전! 구매 확률이 높은 사용자 알아보기>에서 만든 구매자 세그먼트를 사용하겠습니다.

STEP 1 **구매자 세그먼트 적용하기**

모든 사용자 세그먼트를 구매자 세그먼트로 변경합니다.

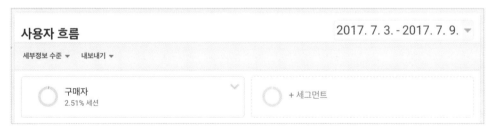

이제 구매자 세그먼트의 사용 흐름을 확인할 수 있습니다. 사용자가 구매 과정을 완료하는 동안 어떤 과정을 거치는지 알아보기 위해 /ordercompleted.html 노드를 조사하겠습니다.

10번째 상호작용 노드열까지 추가하면 /ordercompleted.html을 발견할 수 있습니다. /ordercompleted.html을 클릭하고 여기를 통과한 트래픽 조사를 클릭합니다.

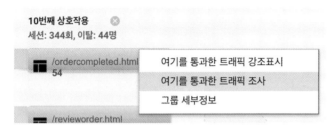

STEP 3 /ordercompleted.html 노드 역추적하기

/ordercompleted.html 노드를 조사하면 /ordercompleted.html 이전 접속 페이지가 revieworder.html임을 알 수 있습니다. 화면 좌측의 + 단계를 클릭해 /ordercompleted.html에 접속하기 위해 거치는 페이지들을 역추적합니다.

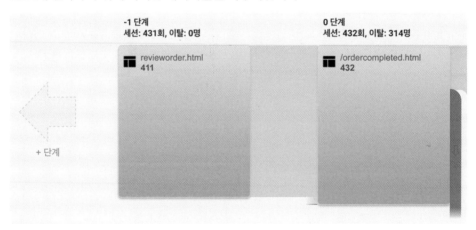

-9단계까지 역추적하면 /home 노드가 나타납니다. 여기서 단계를 더 추가하지 않고 각 단계의 첫 번째 노드를 조사하면 구매자 세그먼트가 /ordercompleted.html에 도착할 때까지 접속하는 페이지들을 확인할 수 있습니다.

8.9.2 구매 흐름 확인하기

구매자 세그먼트의 /ordercompleted.html을 역추적하면 [표 8-2]와 같은 사용 순서를 확인할 수 있습니다.

[표 8-2]의 사용 순서를 그대로 재현해봅시다. 사용자가 홈페이지에 접속(-9단계)해 장바구니로 이동(-6단계)합니다. 구매를 위해 가입을 진행(-5단계)하고 가입이 완료되면 장바구니 (-4단계)로 자동 이동합니다. 구매 버튼을 클릭해 배송 정보(-3단계)와 결제 정보(-2단계)를 입력하고 주문 확인 및 결제(-1단계)를 진행한 뒤 구매 완료(0단계) 페이지에 도달합니다.

표 8-2   구매자 세그먼트의 인기 노드

단계	페이지	내용
-9단계	/home	홈페이지
-8단계	/basket.html	장바구니
-7단계	/signin.html	로그인 혹은 가입
-6단계	/basket.html	장바구니
-5단계	/signin.html	로그인 혹은 가입
-4단계	/basket.html	장바구니
-3단계	/yourinfo.html	개인 정보, 배송 정보
-2단계	/payment.html	결제 정보
-1단계	/revieworder.html	주문 확인 및 결제 진행
0단계	/ordercompleted.html	구매 완료

여기에서 확인해야 할 것은 다음과 같습니다.

❶ 장바구니 구매 과정이 불편하다

-8단계에서 -4단계까지를 살펴보면 /basket.html(-8단계) → /signin.html(-7단계) → /basket.html(-6단계) → /signin.html(-5단계) → /basket.html(-4단계)과 같이 /basket.

html 다음 /signin.html에 접속하는 패턴이 반복적으로 나타난다는 것을 알 수 있습니다.

여기에서 사용자 흐름 보고서를 확인할 때 주의할 점이 있습니다. 사용자 흐름 보고서는 각 단계에서 통계적으로 많이 사용하는 페이지를 보여주는 것이기 때문에 실제 사용자가 가능한 순서와는 다를 수 있다는 점입니다. 실제로 구글 머천다이즈 스토어의 장바구니 페이지에 접속한 뒤 구매를 진행해보면 [표 8-2]에서 /basket.html(-6단계) → /signin.html(-5단계) → /basket.html(-4단계)이 재현됩니다. 따라서 -8단계와 -7단계는 제외하고 사용자 흐름을 확인해야 합니다.

-6단계에서 -4단계를 재현해보면 구매자가 어떤 불편을 겪는지 체험할 수 있습니다. 구매자는 장바구니 상품을 구매한다는 목적으로 /basket.html(-6단계)에 접속해 구매 버튼을 클릭합니다. 이때 로그인이 진행되지 않았기 때문에 /signin.html(-5단계)로 이동하게 됩니다. 여기에서 구매자가 로그인을 진행하면 다시 /basket.html(-4단계)로 이동하고 사용자는 다시 한 번 구매 버튼을 클릭하고 구매 과정을 진행합니다.

이 흐름은 '장바구니 → 로그인 → 장바구니(-4단계) → 구매 과정 진행'으로 정리할 수 있습니다. 사용자가 상품을 구매하기 위해 장바구니를 두 번 거쳐야 한다는 것을 의미합니다. 이때 -4단계의 장바구니는 충분히 생략할 수 있습니다. 장바구니에서 구매 버튼을 눌러 로그인을 진행할 때 로그인 후 장바구니를 거치지 않고 바로 구매 과정이 이어지도록 프로그래밍 코드를 작성하는 것입니다. '장바구니 → 로그인 → 구매 과정'으로 진행한다면 장바구니 구매 과정에서의 불편함을 개선할 수 있습니다.

❷ 구매 정보를 입력하기 불편하다

-3단계부터 -1단계까지는 구매를 위한 정보를 입력하는 페이지입니다. 사용자는 /yourinfo.html(-3단계)에서 개인 정보와 배송 정보를 입력하고 /payment.html(-2단계)에서 결제 정보를 입력한 뒤 /revieworder.html(-1단계)에서 주문을 확인하고 실제 결제를 진행합니다.

잠시, G마켓이나 11번가 등 국내 쇼핑몰의 결제 과정을 생각해봅시다. 대부분 국내 쇼핑몰에서는 -3단계부터 -1단계까지의 과정을 모두 한 페이지에서 처리하고 있습니다. 구글 머천다이즈 스토어의 결제 과정을 국내 쇼핑몰과 비교해보면 얼마나 복잡한지 알 수 있습니다. 국내 쇼핑몰처럼 구매 정보를 한 단계에서 처리한다면 구매 정보를 입력하는 데 여러 페이지를 거쳐야 하는 불편함을 개선할 수 있습니다.

이벤트 보고서 분석하기

담당자M의 이야기

담당자M은 회원가입 버튼을 클릭한 사용자 수가 얼마나 되는지 알고 싶습니다. 회원가입 페이지에 접속한 사용자 수에는 회원가입 페이지에 직접 접속한 사용자 수도 있으니 버튼을 클릭한 사용자인지 알기가 어려웠습니다.

또한, 담당자M은 사용자가 회원가입 페이지에 얼마나 머물렀는지도 궁금합니다. 회원가입 페이지에 너무 오래 머물렀다면 회원가입 양식이 너무 어려운 것은 아닌지 살펴보고 싶기 때문입니다. 담당자M은 구글 애널리틱스에서 무엇을 공부해야 할까요?

담당자M을 도와주세요

담당자M이 공부해야 할 내용은 바로 이벤트입니다. 이벤트는 '사용자가 회원가입 버튼을 클릭했다, 사용자가 아이디 입력란을 클릭했다' 또는 '사용자가 페이지에 진입했다, 사용자가 페이지에 15초 머물렀다'와 같은 사용자의 직/간접적 행동을 말합니다. 구글 애널리틱스의 이벤트 기능을 활용하면 사용자의 동작에 대한 데이터를 쉽게 수집하고 확인할 수 있습니다.

이번 장에서는 직접 이벤트 코드를 작성해 사용자의 데이터를 수집하는 방법을 알아보고 이벤트 보고서를 조작하는 방법을 배워보겠습니다.

9.1 이벤트 살펴보기

👤 실습 계정   🖥 실시간 > 이벤트
🔗 https://www.turtlebooks.co.kr/ga/9/1/step2

이벤트를 활용하면 사용자의 특정 동작 수행에 대한 정보를 수집하고 확인할 수 있습니다. 이번 절에서는 실습 페이지에 미리 설정해둔 이벤트를 발생시켜보고 실시간 이벤트 보고서를 확인해보겠습니다.

STEP 1 실습 계정 사용하기

앞으로의 학습은 실습 계정과 구글 머천다이즈 스토어 계정을 모두 사용하게 됩니다. 따라서 각 절을 진행할 때마다 보고서 설정 문구에 맞게 학습을 준비해야 합니다.

구글 애널리틱스 우측 상단의 계정 부분을 클릭합니다.

.ıl 애널리틱스 | 모든 계정 > Google Merchandise Store
1 Master View ▾

전체 계정이 표시되면 실습 계정 > 실습 웹사이트 > 전체 웹사이트 데이터를 클릭합니다.

추적 ID 입력하기

실습 페이지(https://www.turtlebooks.co.kr/ga/9/1/step2/)에 접속합니다. 추적 ID 입력란에 복사한 추적 ID를 붙여넣고 입력 완료를 클릭합니다. 실습 페이지 좌측 상단의 메뉴 아이콘을 클릭하고 추적 ID 설정 페이지에 접속하면 추적 ID를 변경할 수 있습니다.

추적 ID 입력이 완료되면 실시간 > 개요 보고서에 접속합니다. 페이지뷰 수 영역에 파란 막대가 지나가면 추적 ID가 정상 동작하는 것입니다.

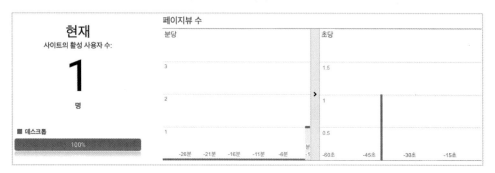

STEP 3 이벤트 발생시키기

실습 페이지(https://www.turtlebooks.co.kr/ga/9/1/step3/)에 접속한 뒤 회원가입 버튼을 클릭합니다.

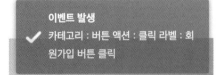

화면 오른쪽 상단에 이벤트 발생 정보가 표시됩니다.

STEP 4 **이벤트 데이터 확인하기**

보고서 및 도움말 검색에서 실시간 이벤트를 입력한 뒤 실시간 > 이벤트를 클릭합니다.

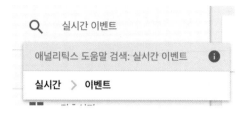

앞에서 회원가입 버튼을 눌렀을 때 발생한 이벤트 정보인 이벤트 카테고리 : 버튼, 이벤트 액션 : 클릭을 확인할 수 있습니다.

보기: **활성 사용자**   이벤트(최근 30분 기준)

이벤트를 전송한 활성 사용자: **1(전체 중 100%)**			
이벤트 카테고리	**이벤트 액션**	**활성 사용자**	
1. 버튼	클릭	**1**	100.00%

9.2 회원가입 버튼 클릭 이벤트 만들기

👤 실습 계정   🗔 실시간 > 이벤트

🖼 https://www.turtlebooks.co.kr/ga/9/2

앞에서 살펴본 실습 페이지에는 회원가입 버튼을 클릭했을 때, 다시 말해, 클릭 이벤트가 발생했을 때 구글 애널리틱스로 버튼 클릭 정보를 전송하도록 이벤트 코드를 작성했습니다. 이번 절에서는 이와 동일한 이벤트 코드를 직접 만들어보겠습니다.

STEP 1 추적 ID 입력하기

실습 페이지(https://www.turtlebooks.co.kr/ga/9/2/)에 접속한 뒤 화면 왼쪽 상단에 표시된 GA_TRACKING_ID를 자신의 추적 ID로 변경합니다.

```
20
21     /*
22     추적 코드 입력
23     1. 아래 GA_TRACKING_ID를 자신의 추적 코드로 변경해주세요.
24     */
25
26     gtag('config', 'GA_TRACKING_ID');
27
28     /*
29     완성된 코드의 모습은 다음과 같아야합니다.
30     gtag('config', 'UA-*********-*');
31     */
```

메뉴의 Run을 클릭합니다.

  ▷ Run ↷ Update

실시간 > 개요 보고서에 접속해 실습 페이지가 정상 동작하는지 확인합니다.

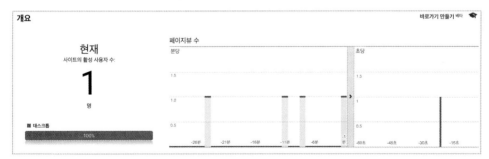

STEP 2 **이벤트 코드 작성 영역 확인하기**

실습 페이지 우측 하단의 회원가입 버튼을 클릭합니다.

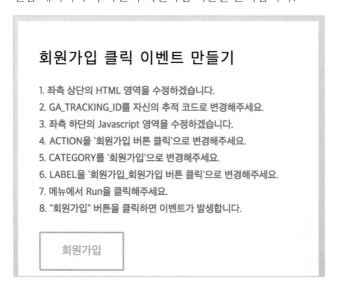

'회원가입 버튼 클릭 이벤트가 발생했습니다.'라는 메시지가 표시됩니다.

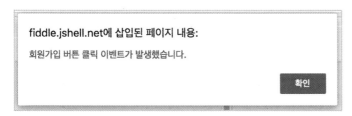

해당 메시지는 실습 페이지 좌측 하단의 코드 영역에서도 확인할 수 있습니다. 이 부분의 코드에 의해 메시지가 표시되는 것입니다. 다음 단계에서는 이 부분에 이벤트 코드를 추가해보겠습니다.

```
JavaScript + No-Library (pure JS) ▼
1  $(document).ready(function() {
2
3    $('#btnJoin').on('click', function() {
4
5      alert('회원가입 버튼 클릭 이벤트가 발생습니다.');
6
7      //*******************************************
8      //*******************************************
9
```

STEP 3 이벤트 코드 작성하기

회원가입 클릭 이벤트 만들기 1 부분에 다음과 같이 입력합니다.

---

gtag('event', '회원가입 버튼 클릭');

완성된 코드의 모습은 다음과 같아야 합니다.

```
10      /*
11      회원가입 클릭 이벤트 만들기 1
12      아래에 다음의 이벤트 코드를 그대로 입력해주세요.
13      gtag('event', '회원가입 버튼 클릭');
14      */
15
16      gtag('event', '회원가입 버튼 클릭');
17
```

입력이 완료되면 메뉴에서 Run을 클릭하고 회원가입 버튼을 클릭합니다. 실시간 > 이벤트 보고서에서 카테고리 : general, 액션 : 회원가입 버튼 클릭이 표시됩니다.

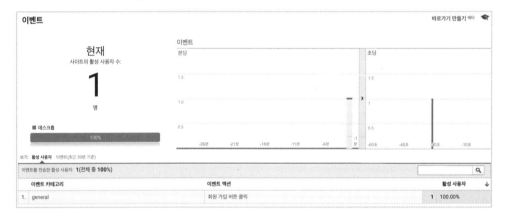

STEP 4 이벤트 코드 다시 작성하기

이번에는 위와 동일한 이벤트 코드를 다시 한번 작성해보겠습니다. 회원가입 클릭 이벤트 만들기 2 부분에 다음과 같이 입력합니다.

---

gtag('event', '회원가입 버튼 클릭', {

  'event_category' : '회원가입',

  'event_label' : '회원가입_회원가입 버튼 클릭'

});

완성된 코드의 모습은 다음과 같아야 합니다.

```
18    /*
19    회원 가입 클릭 이벤트 만들기 2
20    1. ACTION을 '회원가입 버튼 클릭'으로 변경해주세요.
21    2. CATEGORY를 '회원가입'으로 변경해주세요.
22    3. LABEL을 '회원가입_회원가입 버튼 클릭'으로 변경해주세요.
23    */
24
25    gtag('event', '회원가입 버튼 클릭', {
26      'event_category': '회원가입',
27      'event_label': '회원가입_회원가입 버튼 클릭'
28    });
```

입력이 완료되면 메뉴에서 Run을 클릭하고 회원가입 버튼을 클릭합니다. 실시간 > 이벤트 보고서에서 카테고리 : 회원가입, 액션 : 회원가입 버튼 클릭 이벤트를 확인할 수 있습니다.

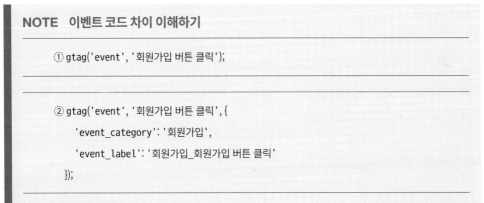

	이벤트 카테고리	이벤트 액션		활성 사용자 ↓
1.	general	회원가입 버튼 클릭	1	100.00%
2.	회원가입	회원가입 버튼 클릭	1	100.00%

보기: **활성 사용자** 이벤트(최근 30분 기준)
이벤트를 전송한 활성 사용자: **1**(전체 중 **100%**)

NOTE 이벤트 코드 차이 이해하기

① gtag('event', '회원가입 버튼 클릭');

② gtag('event', '회원가입 버튼 클릭', {
    'event_category': '회원가입',
    'event_label': '회원가입_회원가입 버튼 클릭'
  });

이번 절에서는 이 2가지 방법으로 이벤트 코드를 작성했습니다. 이 코드는 서로 어떤 차이가 있을까요? ①보다 ②가 더 자세하고 의미 있는 이벤트 데이터를 담고 있습니다. ①은 단순히 사용자가 회원가입 버튼을 클릭했다는 이벤트 액션에 대한 정보만을 담고 있는 데 반해 ②는 사용자가 회원가입 버튼을 클릭했고 이 이벤트는 '회원가입' 카테고리에 속한다는 추가적인 정보를 담고 있습니다. ①과 같은 방식으로 이벤트 데이터를 수집하게 될 경우 회원가입 버튼 클릭이 회원가입 페이지에서 발생했는지 혹은 특별 행사 페이지에서 발생했는지를 구분하기 어려울 수 있습니다. 지금 당장에는 ①이 짧고 쉬워 보일 수 있습니다만 자세한 웹 분석을 진행하고자 한다면 ②에 익숙해지는 것이 좋습니다.

9.3 페이지 진입 이벤트 만들기

👤 실습 계정　　　　　　　　　　　🗒 실시간 > 이벤트

🖼 https://www.turtlebooks.co.kr/ga/9/3

앞에서는 '사용자가 회원가입 버튼을 클릭했다'라는 직접적인 동작 데이터를 수집하는 이벤트 코드를 작성했습니다. 그런데 웹 분석을 진행하다 보면 이처럼 직접적인 동작 데이터도 중요하지만 '사용자가 페이지에 접속했다'라는 간접적인 동작 데이터도 수집해야 할 필요가 있습니다. 이번 절에서는 페이지 진입 이벤트 코드를 만들어보면서 이를 살펴보겠습니다.

STEP 1 이벤트 코드 작성 영역 확인하기

실습 페이지(https://www.turtlebooks.co.kr/ga/9/3/)에 접속합니다. 접속이 완료되면 '페이지 진입 이벤트가 발생했습니다.'라는 메시지가 자동으로 표시됩니다.

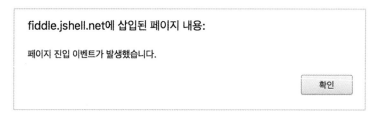

해당 메시지는 실습 페이지 좌측 하단의 코드 영역에서도 확인할 수 있습니다. 이 부분의 코드에 의해 메시지가 표시되는 것입니다. 다음 단계에서는 해당 메시지가 표시될 때 동작하는 이벤트 코드를 추가해보겠습니다.

```
1  $(document).ready(function() {
2    alert('페이지 진입 이벤트가 발생했습니다.');
3
```

추적 ID 입력하기

화면 좌측 상단의 코드 영역의 GA_TRACKING_ID를 자신의 추적 ID로 변경합니다.

```
17    /*
18    추적 코드 입력
19    1. 아래 GA_TRACKING_ID를 자신의 추적 코드로 변경해주세요.
20    */
21
22    gtag('config', 'GA_TRACKING_ID');
23
24    /*
25    완성된 코드의 모습은 다음과 같아야합니다.
26    gtag('config', 'UA-*********-*');
27    */
```

STEP 3 **이벤트 코드 작성하기**

'페이지 진입 이벤트가 발생했습니다.' 바로 아랫부분의 페이지 진입 이벤트 코드 추가 부분
에 다음과 같이 입력합니다.

```
gtag('event', '진입',{
    'event_category' : '회원가입',
    'event_label' : '회원가입_진입'
});
```

완성된 코드의 모습은 다음과 같아야 합니다.

```
7     /*
8     페이지 진입 이벤트 코드 추가
9     1. ACTION을 '진입'으로 변경해주세요.
10    2. CATEGORY를 '회원가입'으로 변경해주세요.
11    3. LABEL을 '회원가입_진입'으로 변경해주세요.
12    */
13
14    gtag('event', '진입', {
15      'event_category': '회원가입',
16      'event_label': '회원가입_진입'
17    });
```

입력이 완료되면 메뉴에서 Run을 클릭합니다. '페이지 진입 이벤트가 발생했습니다.'라는
메시지가 표시됩니다.

실시간 > 이벤트 보고서에서 카테고리 : 회원가입, 액션 : 진입 이벤트를 확인할 수 있습니다.

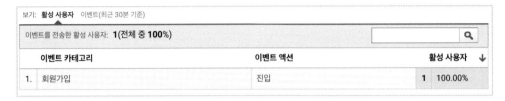

NOTE   직접적인 이벤트와 간접적인 이벤트

구글 애널리틱스의 이벤트에는 '사용자가 회원가입 버튼을 클릭했다, 사용자가 아이디 입력란을 클릭했다' 같은 사용자의 직접적인 행동만 있는 것이 아닙니다. '사용자가 페이지에 진입했다, 사용자가 페이지에 15초 머물렀다' 같은 사용자의 간접적인 행동도 포함합니다. 이를 확실히 이해하고 활용한다면 사용자 행동을 더 구체적이고 풍부하게 분석할 수 있습니다.

9.4 이벤트 코드 이해하기

앞에서는 회원가입 버튼 클릭 이벤트 코드와 페이지 진입 이벤트 코드를 따라서 만들었습니다. 이번 절에서는 먼저 이벤트 코드를 읽는 방법을 알아보겠습니다. 그런 다음 가상의 이벤트를 예로 들어 카테고리, 액션, 라벨을 알아보겠습니다.

9.4.1 이벤트 코드 읽기

지금까지 작성한 이벤트 코드를 읽어보겠습니다. 이벤트 코드도 일반적인 글과 마찬가지로 왼쪽에서 오른쪽으로 천천히 읽어나가면 됩니다.

```
gtag('event', '회원가입 버튼 클릭');
```

글로벌태그(gtag)야! 이벤트 액션으로 '회원가입 버튼 클릭'을 수집해줘.

```
gtag('event', '회원가입 버튼 클릭', {
    'event_category': '회원가입',
    'event_label': '회원가입_회원가입 버튼 클릭'
});
```

글로벌태그(gtag)야! 이벤트 액션으로 '회원가입 버튼 클릭'을 수집해줘. 이벤트 상세 정보로 카테고리(event_category)는 '회원가입', 라벨(event_label)은 '회원가입 페이지_회원가입 버튼 클릭'으로 부탁해.

```
gtag('event', '진입', {
    'event_category': '회원가입',
    'event_label': '회원가입_진입'
});
```

글로벌태그(gtag)야! 이벤트 액션 '진입'을 수집해줘. 이벤트 상세 정보로 카테고리(event_category)는 '회원가입', 라벨(event_label)은 '회원가입_진입'으로 부탁해.

이벤트 코드가 프로그래밍 코드로 이루어져 있다는 사실만 극복하면 이벤트 코드를 읽기는 쉽습니다. 이벤트 액션을 확인하고 이벤트 카테고리를 확인하고 이벤트 라벨을 확인하기만 하면 됩니다. 다음 단계에서는 이벤트 액션, 이벤트 카테고리, 이벤트 라벨이 무엇인지 살펴보겠습니다.

9.4.2 카테고리, 액션, 라벨 이해하기

[표 9-1]은 카테고리, 액션, 라벨을 이해하기 위해 작성한 가상의 이벤트입니다.

표 9-1 가상의 이벤트

사용자 행동	카테고리	액션	라벨
회원가입 버튼 클릭	회원가입	회원가입 버튼 클릭	회원가입_회원가입 버튼 클릭
회원가입 취소 버튼 클릭	회원가입	회원가입 취소 버튼 클릭	회원가입_회원가입 취소 버튼 클릭
실습 페이지 진입	실습	진입	실습_진입
음악 재생	음악	재생	음악_재생_산토끼
음악 재생	음악	재생	음악_재생_얼룩 송아지

먼저 카테고리를 확인해보겠습니다. 카테고리에는 '회원가입', '실습', '음악'이 있습니다. 회원가입 카테고리에는 회원가입 페이지에서 발생한 이벤트들이, 실습 카테고리에는 실습 페이지에서 발생한 이벤트들이, 그리고 음악 카테고리에는 음악 페이지에서 발생한 이벤트들이 모여 있습니다. 이처럼 카테고리는 이벤트 종류를 구분하기 위해 사용합니다. 만일 로그인 페이지의 이벤트를 모으는 카테고리를 만들고 싶다면 카테고리에 '로그인'을 입력하면 되고 동영상 관련 이벤트를 모으는 카테고리를 만들고 싶다면 '동영상'을 입력하면 됩니다.

이번에는 액션을 확인해보겠습니다. 사용자가 회원가입 버튼을 클릭했을 때 발생하는 이벤트의 액션은 '회원가입 버튼 클릭'입니다. 사용자가 회원가입 취소 버튼을 클릭했을 때 발생하는 이벤트의 액션은 '회원가입 취소 버튼 클릭'입니다. 이처럼 액션은 이벤트 동작을 서술하기 위해 사용합니다. 만일 로그인 버튼을 클릭하는 이벤트를 만들고 싶다면 액션에 '로그인 버튼 클릭'을 입력하면 됩니다.

마지막으로 라벨을 살펴보겠습니다. '음악' 카테고리에는 2개의 '재생' 액션이 있습니다. 여기에서 사용자가 어떤 음악을 재생했는지를 알기 위해서는 '라벨'을 확인해야 합니다. 이처럼 라벨은 이벤트 자체에 대한 상세한 내용 설명 및 추가 정보를 알려줍니다. 만일 옹달샘을 재생하는 이벤트를 만들고 싶다면 라벨에 '음악_재생_옹달샘'을 입력하면 됩니다.

9.5 이벤트 값 설정하기

실습 계정

행동 > 이벤트 > 인기 이벤트

https://www.turtlebooks.co.kr/ga/9/5

이벤트 코드에는 카테고리, 액션, 라벨 정보 외에도 이벤트 값 정보를 포함할 수 있습니다. 이번 절에서는 이벤트 값을 설정하는 방법을 알아보겠습니다.

STEP 1 이벤트 코드 작성 영역 확인하기

실습 페이지(https://www.turtlebooks.co.kr/ga/9/5/)에 접속합니다. 회원가입 버튼을 클릭하면 '회원가입 버튼 클릭 이벤트가 발생했습니다.'라는 메시지가 표시됩니다. 해당 메시지는 실습 페이지 좌측 하단의 회원가입 버튼 클릭 이벤트 코드 추가 부분에서 확인할 수 있습니다.

STEP 2 이벤트 코드 작성하기

회원가입 버튼 클릭 이벤트 코드 추가 부분에 다음과 같이 입력합니다.

```
gtag('event', '회원가입 버튼 클릭', {
    'event_category': '회원가입',
    'event_label': '회원가입_회원가입 버튼 클릭',
    'value': 1000
});
```

완성된 코드의 모습은 다음과 같아야 합니다.

```
 9      /*
10      회원 가입 버튼 클릭 이벤트 코드 추가
11      1. VALUE를 1000으로 변경해주세요.
12      */
13      gtag('event', '회원 가입 버튼 클릭', {
14          'event_category': '회원가입',
15          'event_label': '회원가입_회원 가입 버튼 클릭',
16          'value': 1000
17      });
```

지금까지 작성한 이벤트 코드에는 없던 'value' : 1000이 추가됐습니다. 이 부분이 이벤트 값에 해당하며 회원가입 버튼 클릭 이벤트에 1,000원의 가치를 부여하는 역할을 합니다.

입력이 완료되면 메뉴에서 Run을 클릭한 뒤 회원가입 버튼을 클릭합니다.

STEP 3 이벤트 데이터 확인하기

이벤트 값은 실시간 확인이 불가능합니다. 하루 뒤 행동 > 이벤트 > 인기 이벤트 보고서에서
이벤트 라벨을 확인하면 다음과 같이 회원가입 버튼 클릭 이벤트의 값을 확인할 수 있습니다.

> **NOTE   이벤트 값은 참고용으로만 사용하기**
>
> 이벤트 값을 설정하면 각각의 이벤트가 어느 정도의 가치를 발생시켰는지 확인할 수 있습니다. 만일 회원
> 가입 버튼 클릭 이벤트가 10회 발생했다면 10,000원의 가치를 발생시킨 것이 됩니다.
>
> 그러나 이 값은 어디까지나 참고용으로만 사용해야 합니다. 실무에서는 운영, 수익, 마케팅, 시기에 따라
> 회원가입 버튼 클릭의 가치가 매번 변하기 때문입니다. 이벤트 값을 직접 설정하기보다는 수집된 이벤트
> 발생 수를 바탕으로 해당 시점의 회원가입 클릭 가치를 직접 계산하는 편이 더 정확할 수 있습니다.

9.6 이벤트 보고서 살펴보기

👤 구글 머천다이즈 스토어　　　　　　📋 행동 > 이벤트 > 인기 이벤트

🕐 2017. 7. 3. ~ 2017. 7. 9.

이벤트 보고서는 이벤트 코드에 의해 수집된 사용자 행동 데이터를 확인하는 보고서입니다.
해당 보고서를 조작해 이벤트 카테고리, 액션, 라벨 값 등의 정보를 쉽게 확인할 수 있습니다.
이번 절에서는 이벤트 보고서에서 사용되는 항목들을 가볍게 살펴보겠습니다.

그림 9-1 행동 > 이벤트 > 인기 이벤트 보고서

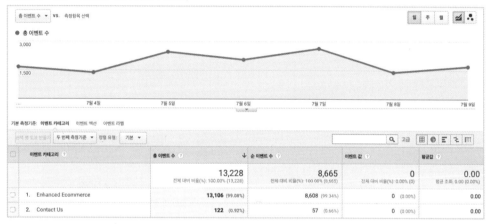

표 9-2 이벤트 보고서 항목

항목	설명
총 이벤트 수	해당 이벤트의 전체 수를 나타냅니다. 회원가입 버튼 이벤트를 두 번 발생했다면 총 이벤트 수는 2입니다.
순 이벤트 수	해당 이벤트의 순 발생 수(중복 제외 이벤트 수)를 나타냅니다. 사용자A가 회원가입 버튼 이벤트를 10번 발생시키면 중복을 제외한 1번만 순 이벤트 수로 측정됩니다.
이벤트 값	이벤트에 설정한 가상의 현금 가치의 합을 나타냅니다. 회원가입 이벤트의 이벤트 값을 1,000원으로 설정할 경우 이벤트 수가 2일 때 이벤트 값은 2,000입니다.
평균 값	이벤트 값을 총 이벤트 수로 나눈 값을 나타냅니다. 회원가입 이벤트 값이 2,000일 때 이벤트 수가 2라면 평균 값은 1,000입니다.

9.7 이벤트 보고서 조작하기

👤 구글 머천다이즈 스토어   📋 행동 > 이벤트 > 인기 이벤트

🕐 2017. 7. 3. ~ 2017. 7. 9.

이벤트 보고서에는 기본적으로 카테고리, 액션, 라벨의 세 가지 기본 측정기준이 제공됩니다. 이 측정 기준을 어떻게 선택하느냐에 따라 확인할 수 있는 이벤트 정보가 달라집니다. 이번 절에서는 어떤 식으로 카테고리, 액션, 라벨을 선택하는지에 집중해주시기 바랍니다.

STEP 1 기본 조작하기

먼저 이벤트 보고서의 기본 조작 방법을 알아보겠습니다. 현재 이벤트 보고서의 기본 측정기준이 이벤트 카테고리인 것을 확인하고 이벤트 카테고리 목록 중 Enhanced Ecommerce를 클릭합니다.

기본 측정기준이 이벤트 액션으로 변경되고 이벤트 액션 목록이 나타납니다. 이벤트 액션 목록 중 Quickview Click을 클릭합니다.

이번에는 기본 측정기준이 이벤트 라벨로 변경되고 이벤트 라벨 목록이 나타납니다.

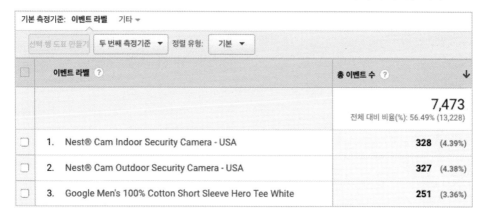

STEP 2 **보고서 내비게이션 사용하기**

이벤트 보고서는 카테고리 > 액션 > 라벨 순으로 데이터를 확인할 수 있습니다. 우리는 STEP 1을 거치며, 카테고리(Enhanced Ecommerce) > 액션(Quickview Click)에 해당하는 이벤트 라벨들을 보고 있습니다.

만일 이 상태에서 Contact Us 카테고리의 데이터를 보려고 하면 어떻게 해야 할까요? 이벤트 보고서에 다시 접속해서 Enhanced Ecommerce 카테고리를 선택해야 할까요? 이번 단계에서는 보고서 내비게이션을 사용해보겠습니다.

보고서 좌측 상단의 이벤트 카테고리:Enhanced Ecommerce을 클릭합니다. 이벤트 카테고리 목록이 나타나면 Contact Us 이벤트 카테고리를 클릭합니다. 이때, 모두를 클릭하면 원본 보고서로 돌아갈 수 있습니다.

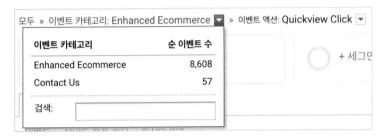

보고서가 Contact Us 이벤트 카테고리를 선택한 상태로 재구성됩니다.

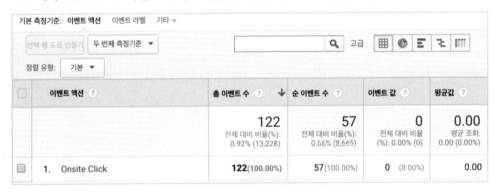

9.8 이벤트 검색하기

👤 구글 머천다이즈 스토어   📋 행동 > 이벤트 > 인기 이벤트

🕐 2017. 7. 3. ~ 2017. 7. 9.

이벤트 보고서에서 검색할 때는 한 가지 유의 사항이 있습니다. 기본 측정기준이 무엇으로 선택했는지에 따라 검색 결과가 달라진다는 것입니다. 이번 절에서는 이벤트 보고서에서 검색을 제대로 진행하는 방법을 알아보겠습니다.

9.8.1 측정기준 선택하고 검색하기

여기에서는 잘못 검색했을 경우를 먼저 살펴본 뒤, 올바르게 검색하는 방법을 알아봅시다.

STEP 1 검색 실수 확인해보기

먼저 사람들이 이벤트 보고서에서 가장 많이 실수하는 부분이 무엇인지 살펴보겠습니다. 우리가 검색할 데이터는 이벤트 액션 Quickview Click입니다.

이벤트 보고서에 접속해 바로 Quickview Click을 검색합니다.

다음과 같이 검색 결과가 표시되지 않습니다.

이는 현재 이벤트 보고서의 기본 측정기준을 이벤트 카테고리로 설정했기 때문입니다. 측정기준이 이벤트 카테고리로 설정된 상태에서는 이벤트 액션 데이터를 확인할 수 없습니다. 이벤트 액션 데이터를 확인하기 위해서는 기본 측정기준을 이벤트 액션으로 변경해야 합니다.

STEP 2 **기본 측정기준 변경하고 검색하기**

기본 측정기준에서 이벤트 액션을 클릭하고 Quickview Click을 검색합니다. Quickview Click의 총 이벤트 수는 7,473입니다.

이번에는 이벤트 라벨 YouTube Custom Decals 데이터를 검색해보겠습니다. 기본 측정기준에서 이벤트 라벨을 클릭한 뒤 YouTube Custom Decals을 검색합니다. YouTube Custom Decals의 총 이벤트 수는 222입니다.

9.8.2 두 번째 측정기준(보조 측정기준) 선택하고 검색하기

구글 머천다이즈 스토어의 이벤트 액션은 다음과 같이 여러 클릭(Click) 데이터를 포함합니다. 이 클릭 데이터 중 Enhanced Ecommerce 카테고리의 클릭 데이터만 확인하려면 어떻게 해야 할까요?

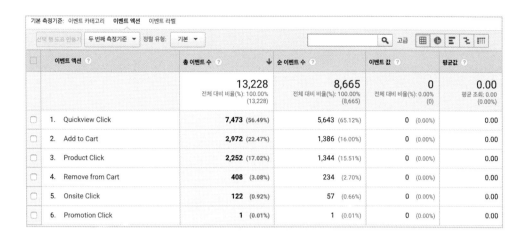

이와 같은 상태에서는 이벤트 카테고리 정보를 확인할 수 없습니다. 실무에서 위와 같은 상황이 발생할 경우 두 번째 측정기준(보조 측정기준)을 선택하는 것이 좋습니다. 두 번째 측정기준(보조 측정기준)을 선택하고 검색하는 방법을 알아봅시다.

두 번째 측정기준(보조 측정기준)으로 이벤트 카테고리를 선택합니다.

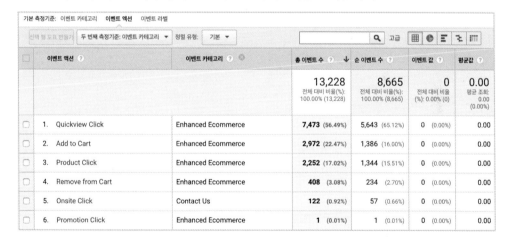

고급 검색을 클릭하고 이벤트 액션의 검색어로 Click을 입력하고 이벤트 카테고리의 검색어로 Enhanced Ecommerce를 입력한 뒤 적용을 클릭합니다.

다음과 같이 Enhanced Ecommerce 카테고리의 Click 액션 데이터를 확인할 수 있습니다.

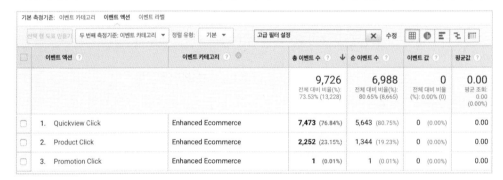

9.8.3 검색 기능을 최대한 활용하는 이벤트 라벨 작성 방법

기본 측정기준과 두 번째 측정기준(보조 측정기준)을 적절히 활용하면 대부분의 이벤트를 검색할 수 있습니다. 그런데 간혹 이 이상의 검색 기능이 필요한 경우가 있습니다. 이벤트 카테고리, 액션, 라벨 정보를 모두 활용하는 경우를 예로 들 수 있습니다. 이럴 때는 이벤트 라벨 작성 방법을 달리해보는 것이 큰 도움이 됩니다.

[표 9-3]은 앞에서 작성한 이벤트 코드를 정리한 표입니다. 여기서 이벤트 라벨을 자세히 살펴보면 이벤트 라벨이 '카테고리_액션'으로 구성된 것을 알 수 있습니다. 왜 이런 복잡한 방식으로 라벨을 작성했을까요? 구글 애널리틱스의 이벤트 검색 기능을 최대한으로 활용하기 위해서입니다.

표 9-3 이벤트 라벨

사용자 행동	카테고리	액션	라벨
회원가입 페이지 진입	회원가입	진입	회원가입_진입
회원가입 버튼 클릭	회원가입	회원가입 버튼 클릭	회원가입_회원가입 버튼 클릭

여기에서는 두 번째 측정기준(보조 측정기준)을 사용하지 않고 회원가입 카테고리에서 발생한 클릭 이벤트를 검색해보겠습니다.

고급 검색을 클릭하고 이벤트 라벨 검색어로 회원가입_을 입력합니다. [표 9-3]을 참고하면 '회원가입_'이 이벤트 카테고리 정보가 됩니다.

+측정기준 또는 측정항목 추가를 클릭해 이벤트 라벨을 추가합니다. 검색어로 클릭을 입력하고 적용을 클릭합니다.

다음과 같이 회원가입 카테고리의 클릭 이벤트를 확인할 수 있습니다.

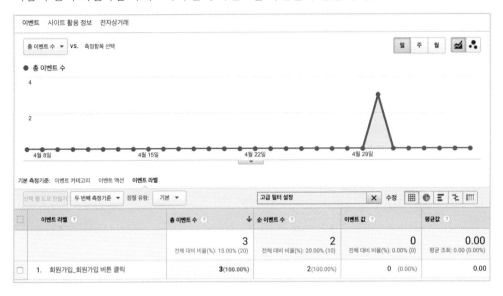

Chapter
10
이벤트 활용하기

담당자M의 이야기

담당자M은 이벤트 코드 작성 방법을 배우는 동안 이를 활용할 여러 작업이 떠올랐습니다. 그 중 하나는 회원가입률을 개선하는 작업인데 방법은 간단합니다.

먼저, 회원가입 버튼의 클릭률을 조사합니다. 그런 다음, 회원가입 버튼의 두 가지 문구 중에 어느 쪽이 클릭률이 더 높은지 테스트해 더 클릭률이 높은 문구로 결정합니다. 마지막으로, 회원가입 페이지에서 사용자가 어려움을 겪는 부분을 조사해 그 부분을 개선합니다.

이 세 작업으로 회원가입 버튼과 회원가입 페이지를 개선하면 회원가입률도 늘지 않을까요?

담당자M을 도와주세요

이벤트 코드는 활용하기에 따라 기초 데이터부터 고급 데이터까지, 데이터적으로 생각할 수 있는 모든 방면을 수집하고 분석할 수 있습니다. 이번 장에서는 이벤트 코드를 활용할 수 있는 여러 방법을 실전 예제를 바탕으로 살펴보겠습니다.

10.1 실전! 회원가입 버튼 클릭률 구하기

👤 실습 계정　　　　　　　　　　　　　　　🗐 실시간 > 이벤트

📧 https://www.turtlebooks.co.kr/ga/10/1

회원가입 버튼의 클릭률은 회원가입 버튼의 클릭 이벤트 수와 /home 페이지의 페이지뷰 수를 조사하면 쉽게 알 수 있습니다.

- 회원가입 버튼 클릭률(%) = 회원가입 버튼 클릭수 / home 페이지뷰 * 100

사이트 콘텐츠 보고서에서 확인한 /home 페이지의 페이지뷰 수가 10,000이고 이벤트 보고서에서 확인한 회원가입 클릭 이벤트 수가 1,000이라면 회원가입 버튼의 클릭률은 10%(1000 / 10000 * 100)입니다.

이 방법은 계산하기 쉽고 편하지만 두 보고서를 번갈아 가며 사용해야 합니다. 만약 확인해야 할 페이지가 10개, 이벤트가 10개라면 어떻게 해야 할까요? 분명히 이 방법으로는 클릭률을 확인하는 데 무리가 있을 것입니다. 더 편하게 클릭률을 구하는 방법은 없을까요?

우리는 앞서 <9.3 페이지 진입 이벤트 만들기>에서 사용자가 페이지에 진입했을 때 페이지 진입 이벤트가 발생하는 코드를 만들었습니다. 페이지 진입 이벤트는 사용자가 페이지에 진입할 때마다 발생하기 때문에 페이지뷰 수와 동일한 목적으로 사용할 수 있습니다. 따라서 페이지뷰 수 대신 페이지 진입 이벤트를 활용하면 다음과 같이 클릭률을 구할 수 있습니다.

- 회원가입 버튼 클릭률(%) = 회원가입 버튼 클릭 이벤트 수 / 회원가입 페이지 진입 이벤트 수 * 100

이 방법으로 계산하려면 회원가입 버튼 클릭수와 페이지 진입 수를 알아야 합니다. 회원가입 버튼 클릭수는 <9.2 회원가입 버튼 클릭 이벤트 만들기>에서 작성한 이벤트 코드를 활용하고 회원가입 페이지 진입 수는 <9.3 페이지 진입 이벤트 만들기>에서 작성한 이벤트 코드를 활용해보겠습니다.

STEP 1 페이지 진입 이벤트 코드 작성하기

실습 페이지(https://www.turtlebooks.co.kr/ga/10/1/)에 접속한 뒤 페이지 진입 이벤트 코드 만들기 부분을 다음과 같이 변경합니다.

```
gtag('event', '진입', {

  'event_category': '회원가입',

  'event_label': '회원가입_진입'

});
```

변경된 코드의 모습은 다음과 같아야 합니다.

```
 7    /*
 8    페이지 진입 이벤트 코드 만들기
 9    1. ACTION을 '진입'으로 변경해주세요.
10    2. CATEGORY를 '회원가입'으로 변경해주세요.
11    3. LABEL을 '회원가입_진입'으로 변경해주세요.
12    */
13
14    gtag('event', '진입', {
15      'event_category': '회원가입',
16      'event_label': '회원가입_진입'
17    });
```

STEP 2 **클릭 이벤트 코드 작성하기**

페이지 진입 이벤트 코드 바로 아랫부분의 회원가입 클릭 이벤트 코드 만들기 부분을 다음과
같이 변경합니다.

```
gtag(' event', '회원가입 버튼 클릭', {

  'event_category': '회원가입',

  'event_label': '회원가입_회원가입 버튼 클릭'

});
```

변경된 코드의 모습은 다음과 같아야 합니다.

```
36    /*
37    회원가입 클릭 이벤트 코드 만들기
38    1. ACTION을 '회원가입 버튼 클릭'으로 변경해주세요.
39    2. CATEGORY를 '회원가입'으로 변경해주세요.
40    3. LABEL을 '회원가입_회원가입 버튼 클릭'으로 변경해주세요.
41    */
42
43    gtag('event', '회원가입 버튼 클릭', {
44      'event_category': '회원가입',
45      'event_label': '회원가입_회원가입 버튼 클릭'
46    });
```

이벤트 코드 동작시키기

메뉴에서 Run을 클릭합니다.

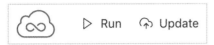

'페이지 진입 이벤트가 발생했습니다.' 메시지가 표시됩니다.

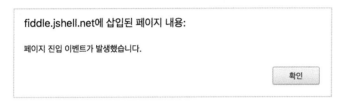

실습 페이지 우측 하단의 회원가입 버튼을 클릭합니다.

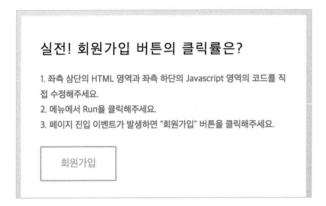

STEP 4 **이벤트 코드 동작 확인하기**

실시간 > 이벤트 보고서에 접속하면 이벤트 액션 진입과 회원가입 버튼 클릭이 발생한 것을 확인할 수 있습니다.

다시 실습 페이지에 접속해 Run을 여러 번 누르면서 진입 이벤트를 발생시킵니다. 가끔 회원가입 버튼도 클릭해 가입 클릭 이벤트를 발생시킵니다. 실시간 > 이벤트 보고서에 접속해 보기에서 이벤트(최근 30분 기준)을 클릭하면 다음과 같은 데이터를 확인할 수 있습니다.

STEP 5 회원가입 버튼 클릭률 계산하기

이 데이터에서는 진입 이벤트가 5회 발생했고 가입 클릭 이벤트가 2회 발생했습니다. 이를 아래 계산식에 적용해 회원가입 버튼 클릭률을 계산할 수 있습니다.

- 회원가입 버튼 클릭률(%) = 회원가입 버튼 클릭수 / 회원가입 페이지 진입 수 * 100

      40%   =   2   /   5   * 100

실습페이지를 통해 알아본 회원가입 버튼 클릭률은 40%입니다.

10.2 실전! 간단 A/B 테스트, 회원가입 버튼의 문구 고르기

👤 실습 계정   📋 실시간 > 이벤트

🖼 https://www.turtlebooks.co.kr/ga/10/2/a
https://www.turtlebooks.co.kr/ga/10/2/b

A/B 테스트는 여러 안건 중 하나를 선택해야 할 때 사용합니다. 회원가입 버튼의 문구를 '회원가입하기'로 할지, '무료 가입하기'로 할지 결정하는 것처럼 몇 가지 선택안을 사용자에게 공개한 뒤 실제 데이터의 효율을 바탕으로 선택을 진행하는 것입니다. 여기에서는 두 가지 안으로 A/B 테스트를 진행하지만 '회원가입하기'와 '무료 가입하기', '지금 가입하기'처럼 세 가지 안을 바탕으로 테스트를 진행할 수도 있습니다.

버튼의 클릭률을 측정하는 코드는 <10.1 실전! 회원가입 버튼의 클릭률 구하기>에서 살펴봤기 때문에 생략하겠습니다. 여기에서는 두 버튼의 클릭률을 비교하는 것에 집중해주시기 바랍니다.

STEP 1 샘플 이벤트 데이터 만들기

먼저 A/B 테스트를 진행할 샘플 데이터를 만들어보겠습니다. 브라우저 두 개를 열어 각각 '회원가입하기' 페이지(https://www.turtlebooks.co.kr/ga/10/2/a/)와 '무료 가입하기' 페이지(https://www.turtlebooks.co.kr/ga/10/2/b/)에 접속합니다. 실습 데이터를 마련하기 위해 각자 마음껏 페이지를 새로고침하면서 버튼을 클릭합니다.

A안 – 회원가입하기

"회원가입하기" 버튼을 누르면 이벤트가 발생합니다.

    회원가입하기

B안 – 무료 가입하기

"무료 가입하기" 버튼을 누르면 이벤트가 발생합니다.

    무료 가입하기

실시간 > 이벤트 보고서에 접속해 보기에서 이벤트(최근 30분 기준)을 클릭하면 다음과 같은
데이터를 확인할 수 있습니다. 이 데이터에서 진입과 클릭 이벤트 수로 A 버튼과 B 버튼의 클
릭률을 각각 계산하고, 둘 중 어떤 버튼의 클릭률이 더 높은지 확인할 수 있습니다.

여기에서는 이해하기 쉽게 다음과 같은 데이터를 가정하겠습니다. 각자 자신의 데이터로 계
산해봐도 무관합니다.

이벤트 카테고리	이벤트 액션	이벤트 수	클릭률
A 회원가입하기	진입	1000	20%
A 회원가입하기	클릭	200	(=200 / 1000 * 100)
B 무료 가입하기	진입	800	23.75%
B 무료 가입하기	클릭	190	(=190 / 800 * 100)

이 데이터를 살펴보면 버튼 클릭 이벤트 수 자체는 '회원가입하기'(200)가 '무료 가입하
기'(190)보다 10 높습니다. 하지만 페이지 진입을 바탕으로 클릭률을 계산한 결과 '무료 가입
하기'의 클릭률이 23.75%로 '회원가입하기'의 클릭률 20%보다 3.75% 높았습니다. 이 결과
를 근거로 회원가입하기 버튼 텍스트는 '무료 가입하기'로 결정하겠습니다.

10.3 실전! 사용성 테스트, 회원가입 양식에서 어려운 부분 찾기

👤 실습 계정　　　　　　　　　　　📑 실시간 > 이벤트

🖼 https://www.turtlebooks.co.kr/ga/10/3

앞에서는 A/B 테스트로 사용자가 더 자주 사용하는 문구로 회원가입 버튼을 결정했습니다. 이번에는 사용자가 어려워하는 요소를 찾아 제거하려 합니다. 실제 사용자의 행동을 관찰한 뒤 사용자가 이용하기 편리한지 불편한지를 확인해보면 어느 부분을 개선해야 할지 알 수 있습니다. 사용성 테스트는 바로 이런 상황에서 사용합니다.

여기에서는 각 회원가입 입력 양식에 이벤트를 설정한 뒤, 각 입력 양식의 클릭률을 알아보고 어떤 입력 양식의 클릭률이 제일 적은지 알아보겠습니다. 입력 양식 클릭을 측정하는 코드는 버튼 클릭을 측정하는 코드와 같은 방법으로 작성하기 때문에 생략하고 각 입력 양식의 (순)이벤트 수를 통해 사용자의 어려움을 측정하는 방식에 집중하겠습니다.

STEP 1　페이지 진입 이벤트 확인하기

실습 페이지(https://www.turtlebooks.co.kr/ga/10/3/)에 접속합니다. 우측 상단에 이벤트 발생 메시지(카테고리 : 가입 개선, 액션 : 진입, 라벨 : 가입 개선_진입)가 표시됩니다.

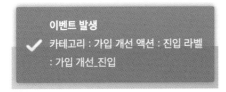

STEP 2　입력 양식 클릭 이벤트 확인하기

각 입력 양식을 하나씩 클릭하면 이벤트 발생 메시지가 표시됩니다. 첫 번째 입력 양식인 아이디 입력을 클릭하면 다음과 같은 이벤트 발생 메시지(카테고리 : 가입 개선, 액션 : 아이디 입력, 라벨 : 가입 개선_아이디 입력)가 표시됩니다.

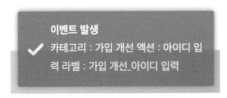

가입 완료 클릭 이벤트 확인하기

가입 완료를 클릭하면 가입 완료 이벤트 발생 메시지(카테고리 : 가입 개선, 액션 : 가입 완료, 라벨 : 가입 개선_가입 완료)가 표시됩니다.

> **이벤트 발생**
> ✔ 카테고리 : 가입 개선 액션 : 가입 완료
> 라벨 : 가입 개선_가입 완료

STEP 4 **가입 데이터 확인하기**

사용자가 가입 페이지에 접속하면 위 이벤트 코드가 반복적으로 동작하며 데이터를 수집합니다. 이를 통해 우리는 얼마나 많은 사용자가 가입 페이지에 접속했는지, 입력 양식을 클릭했는지, 가입 완료 버튼을 클릭했는지 알 수 있습니다. 여기에서는 이해를 돕기 위해 다음과 같은 이벤트 데이터를 가정하겠습니다.

순서	사용자 행동	라벨	이벤트 수
①	가입 페이지 진입	가입 개선_진입	1,000
②	아이디 입력 클릭	가입 개선_아이디 입력 클릭	900
③	비밀번호 입력 클릭	가입 개선_비밀번호 입력 클릭	880 -20
④	비밀번호 확인 클릭	가입 개선_비밀번호 확인 클릭	850 -30
⑤	우편번호 찾기 클릭	가입 개선_우편번호 확인 클릭	550 -300
⑥	상세주소 입력 클릭	가입 개선_상세주소 입력 클릭	400
⑦	가입 완료 클릭	가입 개선_가입 완료 클릭	390

가입 페이지에 진입한 사용자 1,000명이 모두 가입을 완료한다면 가입 완료 클릭 이벤트 수 또한 1,000이어야 합니다. 그러나 실제로는 입력이 진행될 때마다 입력을 포기하거나 페이지를 이탈하는 사용자가 발생하기 때문에 이벤트 수는 계속 줄어듭니다.

이때 어떤 단계에서 이벤트 수가 가장 큰 폭으로 감소하는지 확인하면 사용자가 회원가입에 어려움을 느끼는 부분을 확인할 수 있습니다. 아이디 입력에서 비밀번호 입력을 진행할 때 20이 줄어들고 비밀번호 입력에서 비밀번호 확인을 진행할 때 30이 줄어듭니다. 문제는 다음입니다. 비밀번호 확인에서 우편번호 찾기를 진행할 때는 300이 줄어듭니다. 앞 단계가 20, 30 줄어드는 데 반해 이 단계에서는 300이 줄어들었습니다. 이는 사용자가 가입을 진행할 때 우편번호 찾기에서 무엇인가 불편을 느끼고 있다는 신호일 수 있습니다. 이를 고려해 가입 페이지의 개선을 진행해야 할 것입니다.

> **NOTE** 브라우저와 이벤트
>
> 브라우저에도 이벤트가 존재합니다. 사용자가 버튼을 클릭하면 버튼 클릭 이벤트가 발생하고, 사용자가 입력 양식을 클릭(브라우저에서는 '입력 양식에 포커스를 맞춘다'고 이야기합니다)하면 입력(포커스) 이벤트가 발생하고, 사용자가 화면을 스크롤하면 스크롤 이벤트가 발생합니다.
>
> 개발자는 이 브라우저 이벤트의 발생 시점에 맞춰 각종 프로그래밍 코드를 작성합니다. 이는 브라우저에 존재하는 이벤트라면 구글 애널리틱스 이벤트로도 수집할 수 있다는 말이 됩니다. 여기에서는 다루지 않았지만 스크롤(scroll) 이벤트를 활용하면 사용자가 화면을 어디까지 봤는지 확인할 수 있고, 마우스 무브(mouse move) 이벤트를 활용하면 마우스가 어디에서 어디로 이동했는지 확인할 수 있습니다.
>
> 복잡한 이벤트 데이터를 수집할 계획이라면 개발자와 논의해보시기 바랍니다.

Chapter 11
목표 만들고 분석하기

담당자M의 이야기

담당자M은 매주 월요일에 '이번 주 회원가입 완료자 수 목표는 10명!'과 같은 목표를 설정합니다. 그리고 목표를 달성했는지 확인하기 위해 매일 회원가입 완료 페이지에 도달한 사용자 수를 확인합니다. 이를 더 쉽게 확인하는 방법은 없을까요?

담당자M을 도와주세요

구글 애널리틱스는 홈페이지를 운영, 관리하는 동안 달성해야 하는 목표를 관리할 수 있도록 목표라는 기능을 제공하고 있습니다.

이번 장에서는 구글 애널리틱스가 제공하는 다양한 종류의 목표를 설정하는 방법을 알아보고 구글 머천다이즈 스토어에서 관리하는 목표인 Engaged Users(우수 참여 고객)를 살펴보며 목표 기능의 운영 및 활용 방법을 알아보겠습니다.

11.1 이벤트 목표 만들기

👤 실습 계정   📋 실시간 > 전환수

🔖 https://www.turtlebooks.co.kr/ga/11/1

사용자가 특정 이벤트를 발생시켰을 때 달성되는 목표를 이벤트 목표라고 합니다. 이번 절에서는 <9.2 회원가입 버튼 클릭 이벤트 만들기>에서 만들었던 '회원가입 버튼 클릭' 이벤트가 발생할 경우 목표를 달성하는 이벤트 목표를 만들어보겠습니다.

STEP 1   이벤트 목표 만들기

화면 오른쪽 하단의 관리 아이콘을 클릭합니다.

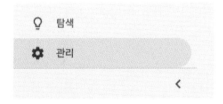

목표를 클릭하고 +새 목표를 클릭합니다.

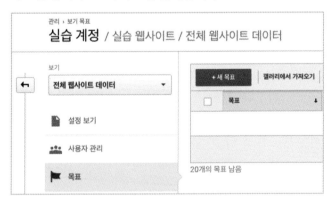

목표 추가 화면이 표시되면 목표 설정의 맞춤설정을 클릭하고 계속을 클릭합니다.

목표 설명은 목표의 이름을 정하고 유형을 선택하는 부분입니다. 이름을 회원가입 버튼 클릭으로 입력하고 유형을 이벤트로 선택한 뒤 계속을 클릭합니다. 목표 슬롯 ID는 보고서에 설정된 목표에 따라 자동으로 선택되니 따로 선택할 필요는 없습니다.

목표 세부정보를 입력하는 부분입니다. 이벤트 조건은 카테고리, 액션, 라벨, 값으로 설정할 수 있습니다. 넷 중 라벨로 설정하겠습니다. 라벨을 같음으로 설정하고 값으로 회원가입_회원가입 버튼 클릭을 입력합니다. 전환 목표값으로 이벤트 값 사용은 그대로 예로 두고 저장을 클릭합니다. 해당 목표는 이벤트 라벨이 '회원가입_회원가입 버튼 클릭'과 일치(같음)하는 이벤트가 발생했을 때 전환됩니다.

STEP 2 이벤트 발생시키기

실습 페이지(https://www.turtlebooks.co.kr/ga/11/1/)에 접속한 뒤 회원가입 이벤트 발생 버튼을 클릭합니다.

화면 오른쪽 상단에 이벤트 발생 정보(카테고리 : 회원가입, 액션 : 회원가입 버튼 클릭, 라벨 : 회원가입_회원가입 버튼 클릭)가 표시됩니다. 이때 이벤트 라벨 회원가입_회원가입 버튼 클릭은 이벤트 목표를 만들 때 설정한 이벤트 라벨 값과 동일합니다. 이벤트 목표와 발생한 이벤트가 일치하므로 목표가 전환됐을 것입니다.

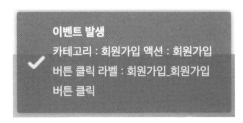

STEP 3 **목표 전환 확인하기**

화면 좌측 상단의 보고서 및 도움말 검색에 전환을 입력하고 실시간 > 전환수를 클릭합니다.

실시간 > 전환수 보고서에 회원가입 버튼 클릭 목표를 달성(전환)한 사용자 수가 1로 표시됩니다.

> **NOTE**
>
> 사용자가 목표를 완료, 달성한 것을 전환(Conversion)이라고 말합니다. 실시간 전환수 보고서는 실시간 달성수 보고서, 전환 경로 파악은 달성 경로 파악이라고 생각할 수 있습니다.

11.2 목표 중지하기

👤 실습 계정   🖥 실시간 > 전환수
🖱 https://www.turtlebooks.co.kr/ga/11/1

앞에서는 목표를 생성해봤습니다. 생성한 목표를 제거하려면 어떻게 해야 할까요? 아쉽게도 목표는 생성하고 나면 제거할 수 없습니다. 사용하지 않을 목표는 중지해야 합니다. 이번 절에서는 목표 중지 방법을 알아보겠습니다.

STEP 1 목표 기록 해제하기

관리 > 목표에 접속합니다. 회원가입 버튼 클릭 목표 오른쪽의 설정을 클릭해 해제로 변경합니다.

실습 페이지(https://www.turtlebooks.co.kr/ga/11/1/)에 접속해 회원가입 이벤트 발생 버튼을 클릭한 뒤 실시간 > 전환수 보고서를 확인합니다. 목표 조회수 영역에 파란 막대가 지나가지 않습니다. 회원가입 버튼 클릭 목표가 해제됐기 때문입니다.

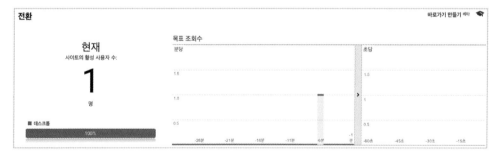

목표 기록하기

다시 관리 > 목표에 접속합니다. 회원가입 버튼 클릭 목표의 가장 오른쪽에 있는 기록에서 해제를 클릭해 설정으로 변경합니다.

실습 페이지(https://www.turtlebooks.co.kr/ga/11/1/)에 접속해 회원가입 이벤트 발생 버튼을 클릭한 뒤 실시간 > 전환수 보고서를 확인합니다. 목표 조회 수 영역에 파란 막대가 지나갑니다.

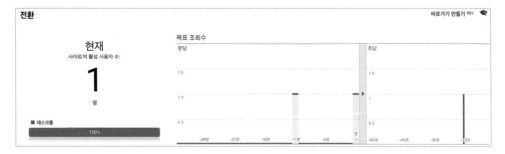

NOTE

목표는 최대 20개까지 생성할 수 있습니다. 사용하지 않을 목표는 해제하고 새로 추가해야 할 목표가 있을 때는 기록 중지된 목표를 수정하는 것을 고려하는 것이 좋습니다.

11.3 도착 목표 만들기

실습 계정	실시간 > 전환수

https://www.turtlebooks.co.kr/ga/11/3

사용자가 특정 페이지에 도착했을 때 달성되는 목표를 도착 목표라고 합니다. 이번 절에서는
사용자가 회원가입 완료 페이지(registersuccess.html)에 접속했을 때 전환되는 도착 목표
를 만들어보겠습니다.

STEP 1 도착 목표 만들기

관리 > 목표 > +새 목표 > 맞춤설정 화면에서 목표 이름으로 회원가입 완료를 입력하고 유형
으로 도착을 선택한 뒤 계속을 클릭합니다.

최종 목표의 같음을 정규식으로 변경하고 registersuccess.html을 입력합니다. 값과 유입경
로는 그대로 해제 상태로 두고 저장을 클릭합니다.

STEP 2 **목표 페이지 이동하기**

실습 페이지(https://www.turtlebooks.co.kr/ga/11/3/)에 접속한 뒤 가입 완료를 클릭하면 가입 완료 페이지에 접속됩니다.

이때 페이지의 주소를 살펴보면 주소에 registersuccess.html이 포함됩니다. 이는 도착 목표를 만들 때 설정한 페이지 값과 동일합니다. 도착 목표와 도착 페이지가 일치하므로 목표가 전환됐을 것입니다.

STEP 3 목표 전환 확인하기

실시간 > 전환수 보고서에 회원가입 완료 목표를 달성(전환)한 사용자 수가 1로 표시됩니다.

보기: **활성 사용자** 목표 조회수(마지막 30분)		
목표를 완료한 활성 사용자: 1(전체 중 100%)		
목표		**활성 사용자** ↓
1. 2: 회원가입 완료	**1**	100.00%
2. 1: 회원가입 버튼 클릭	**0**	0.00%

NOTE 긍정적 목표와 부정적 목표

이번 예제어세는 회원가입 완료 페이지 도착이라는 목표를 만들었습니다. 사용자가 회원가입을 완료한 것은 우리가 의도하는 바였으므로 긍정적 목표라고 할 수 있습니다. 긍정적 목표를 지속적으로 측정하면 서비스가 얼마나 발전하고 있는지 쉽게 확인할 수 있습니다.

부정적 목표를 만드는 것도 도움이 됩니다. 탈퇴 완료 페이지나 오류 페이지 도착이라는 목표를 만든다면 탈퇴가 얼마나 발생했는지, 오류가 얼마나 발생했는지를 쉽게 확인할 수 있습니다. 해당 부정적 목표를 통해 우리는 어떻게 하면 탈퇴를 줄일지 어떻게 하면 오류를 줄일지 고민하고 행동할 수 있습니다.

11.4 시간 목표 만들기

👤 실습 계정   📰 실시간 > 전환수

🖱 https://www.turtlebooks.co.kr/ga/11/4

사용자가 특정 시간 동안 홈페이지를 사용하면 달성되는 목표를 시간 목표라고 합니다. 이번
절에서는 사용자가 홈페이지에 30초 이상 머물면 전환되는 시간 목표를 만들어보겠습니다.

STEP 1 **시간 목표 만들기**

관리 > 목표 > +새 목표 > 맞춤설정 화면에서 목표 이름으로 시간 목표 30초를 입력하고 유형
으로 시간을 선택한 뒤 계속을 클릭합니다.

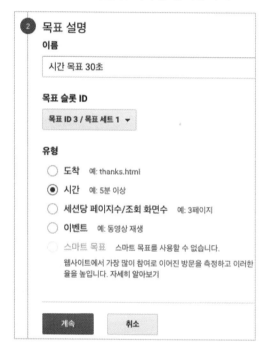

목표 세부 정보의 기간을 30초 초과(>)로 입력하고 저장을 클릭합니다.

STEP 2 **목표 시간 체류하기**

실습 페이지(https://www.turtlebooks.co.kr/ga/11/4/)에 접속한 뒤 30초를 머물고 다음 페이지로 이동을 클릭합니다. 시간 목표에서 설정한 대로 30초를 모두 머물렀으므로 목표가 전환됐을 것입니다.

시간 목표 만들기

약 30초 뒤 다음 페이지에 접속하면 시간 목표가 달성됩니다.
아래 버튼이 "다음 페이지로 이동"으로 변경되면 클릭해주세요.

> 다음 페이지로 이동

NOTE   체류 시간 측정

체류 시간은 이전 페이지 접속 시간과 다음 페이지 접속 시간을 비교해 계산합니다. 사용자가 A.html에 12시 00분에 접속한 뒤 B.html로 12시 01분에 접속했다면 사용자의 A.html의 체류 시간은 1분입니다. 사용자가 B.html에 12시 01분에 접속한 뒤 페이지도 이동 없이 12시 05분에 홈페이지를 종료했다면 사용자의 B.html의 체류 시간은 어떻게 될까요? 아쉽게도 이때 사용자가 B.html에 체류한 시간은 알 수 없습니다. 접속 시간을 비교할 다음 페이지가 없기 때문입니다. 이는 구글 애널리틱스의 한계라고 할 수 있습니다.

STEP 3 **목표 전환 확인하기**

시간 목표는 실시간 전환수 보고서에서 확인할 수 없습니다. 하루 뒤 전환 > 목표 > 개요 보고서를 확인해보면 다음처럼 완료 수가 표시됩니다.

시간 목표 30초 (목표 3 완료 수)

1

11.5 세션당 페이지수/조회 화면수 목표 만들기

👤 실습 계정   📠 실시간 > 전환수

🖼 https://www.turtlebooks.co.kr/ga/11/5

사용자가 홈페이지를 사용할 때 페이지를 특정 수만큼 조회하면 달성되는 목표를 세션당 페이지수/조회 화면수 목표라고 합니다. 이번 절에서는 사용자가 홈페이지를 사용할 때 3페이지를 조회하면 전환되는 세션당 페이지수/조회 화면수 목표를 만들어보겠습니다.

STEP 1 **세션당 페이지수/조회 화면수 목표 만들기**

관리 > 목표 > +새 목표 > 맞춤설정 화면에서 목표 이름으로 세션당 3페이지 조회를 입력하고 유형으로 세션당 페이지수/조회 화면수를 선택한 뒤 계속을 클릭합니다.

세션당 페이지수/조회 화면수 값으로 3 초과를 입력하고 저장을 클릭합니다.

STEP 2 3 페이지 조회하기

실습 페이지(https://www.turtlebooks.co.kr/ga/11/5/)에 접속한 뒤 표시되는 페이지로 이동 버튼을 하나씩 눌러 3페이지를 조회합니다. 세션당 페이지수/조회 화면수 목표에서 설정한 대로 3페이지를 조회했으므로 목표가 전환됐을 것입니다.

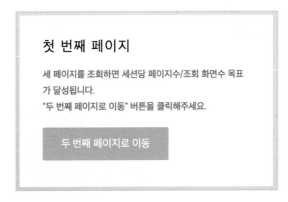

STEP 3 목표 전환 확인하기

세션당 페이지수/조회 화면수 목표는 실시간 전환수 보고서에서 확인할 수 없습니다. 하루 뒤 전환 > 목표 > 개요 보고서를 확인해보면 다음처럼 완료 수가 표시됩니다.

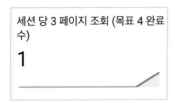

11.6 목표 값 설정하기

👤 실습 계정 📺 실시간 > 전환수

🖼 https://www.turtlebooks.co.kr/ga/11/6

<9.5 이벤트 값 설정하기>에서는 회원가입 버튼 클릭에 1,000원의 값(가치)을 설정했습니다. 목표에도 이처럼 목표 값을 설정할 수 있습니다. 이번 절에서는 회원가입 버튼 클릭 목표에 1,000원의 값을 설정해보겠습니다.

STEP 1 통화 단위 변경하기

구글 애널리틱스에서 기본 설정된 통화 단위는 US달러($)입니다. 이를 원화(₩)로 변경해보겠습니다.

관리 > 설정 보기에 접속합니다.

표시 통화 미국 달러 (USD US$)를 대한민국 원 (KRW ₩)으로 변경합니다. 저장을 클릭합니다.

목표 값 설정하기

관리 > 목표에 접속해 회원가입 완료 목표를 클릭합니다.

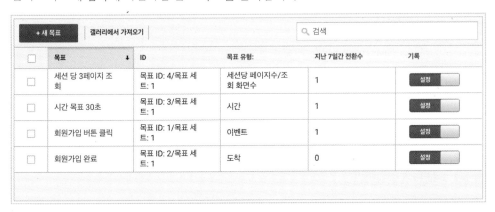

목표 세부정보를 클릭하고 값을 설정 상태로 변경합니다. 목표 값으로 1000을 입력하고 저장을 클릭합니다. 이제 회원가입 완료 목표는 전환될 때마다 1,000원의 값을 지니게 됩니다.

STEP 3 목표 페이지 이동하기

실습 페이지(https://www.turtlebooks.co.kr/ga/11/6/)에 접속한 뒤 가입 완료를 클릭합니다.

STEP 4 목표 값 확인하기

하루 뒤 전환 > 목표 > 개요 보고서에 접속하면 다음처럼 목표값이 표시됩니다.

NOTE

목표 값도 이벤트 값과 마찬가지로 참고용으로만 사용하는 것이 좋습니다. 목표 전환 수를 바탕으로 해당 시점의 가치를 직접 계산하는 편이 더 정확할 수 있습니다.

11.7 목표 보고서 살펴보기

👤 구글 머천다이즈 스토어   📋 전환 > 목표 > 개요

🕐 2017. 7. 3. ~ 2017. 7. 9.

목표 보고서는 설정한 목표들의 전환수와 전환율을 확인할 수 있는 보고서입니다. 이번 절에서는 구글 머천다이즈 스토어의 목표 보고서를 간단하게 살펴보겠습니다.

그림 11-1 전환 > 목표 > 개요 보고서의 모습

목표 보고서에서는 홈페이지 전체 목표 현황과 각 목표 현황을 살펴볼 수 있습니다. 앞쪽에 표시되고 있는 목표 달성 횟수, 목표값, 목표 전환율, 총 이탈률은 홈페이지 전체 목표 현황을 나타내고 Purchase Completed (목표 1 완료 수)부터 Smart Goals (목표 5 완료 수)까지는 각 목표 현황을 나타냅니다.

전체 목표 현황은 데이터적으로 큰 의미가 없기 때문에 굳이 확인 및 분석할 필요가 없습니다. 목표 달성 횟수(3,353)는 전체 목표의 단순 덧셈에 불과하고 목표 전환율(19.46%)은 전

체 목표의 단순 평균에 불과하기 때문입니다.

목표 보고서에서 살펴봐야 할 것은 목표 각각의 현황입니다. 여기에서는 목표 보고서를 단순히 훑어보기만 해도 Purchase Completed (목표 1 완료 수), 즉 구매 완료 수가 432이라는 것을 쉽게 알 수 있습니다. 각 목표의 완료 수를 쉽게 확인할 수 있다는 것은 서비스의 목표 지표를 확인하고 서비스에 개선에 사용하기 용이하다는 것을 의미합니다.

만일 2017. 7. 3. ~ 2017. 7. 9.의 구매 완료 수가 500을 넘는 것이 목표였다면 현재 상태에서는 완료 수가 68 부족한 상황이 됩니다. 이럴 경우 "왜 구매 완료 목표를 달성하지 했을까? 혹시 구매 과정에 문제가 있지 않을까? 구매 페이지에 문제가 있지 않을까?" 등을 파고들며 세부적인 분석과 개선 작업을 진행하게 됩니다. 이와 같은 방식으로 목표 보고서를 확인하며 서비스를 조금씩 개선해나갈 수 있습니다.

11.8 실전! 우수 참여 고객 알아보기

👤 구글 머천다이즈 스토어

📋 잠재고객 > 개요

🕐 2017. 7. 3. ~ 2017. 7. 9.

구글 머천다이즈 스토어의 관리 > 목표에는 Engaged Users라는 목표가 있습니다. 해당 목표는 세션당 페이지수/조회 화면수 유형의 목표이며 사용자가 11페이지를 조회(10페이지 초과 조회)하면 달성됩니다. 구글 머천다이즈 스토어의 담당자는 왜 이런 목표를 설정한 것일까요?

그림 11-2 Engaged Users 목표

우선 목표의 이름을 살펴보겠습니다. Engage(인게이지)는 사전적으로 사로잡다, 참여하다, 관계를 맺다 등을 의미합니다. 마케팅에서는 사용자의 인게이지먼트(Engagement)가 잘 나온다고 말하기도 합니다. 이때 인게이지먼트는 마케팅에 대한 호감도, 마케팅에 대한 참여도, 메시지 전달력 등을 의미합니다.

구글 머천다이즈 스토어의 Engaged Users도 이와 비슷하게 이해할 수 있습니다. Engaged Users는 홈페이지를 10페이지 초과 조회한 사용자 즉, 상품에 관심이 많은 사용자, 상품을 구매할 확률이 많은 사용자, 우수 참여 고객을 말하는 것입니다.

이벤트로 세그먼트를 만들었던 것처럼 목표로도 세그먼트를 만들 수 있습니다. 우수 참여 고객 세그먼트를 만들어봅시다. 여기에서는 Engaged Engaged User 목표로 세그먼트를 만든 뒤 <7.7 실전! 구매 확률이 높은 사용자 알아보기>에서 만든 구매자, 비구매자 세그먼트와 비교해보겠습니다.

잠재고객 > 개요 보고서에서 모든 사용자 세그먼트를 클릭한 뒤 + 새 세그먼트를 클릭합니다.

세그먼트 이름으로 우수 참여 고객을 입력합니다. 조건을 클릭하고 거래 ID 클릭한 뒤 검색란에 Engaged를 입력해 Engaged Users (목표 2 완료 수)를 선택합니다.

Engaged Users (목표 2 완료 수)의 옵션을 = (일치)에서 ≥ (이상)으로 변경한 뒤 값으로 1을 입력하고 저장을 클릭합니다.

잠재고객 > 개요 보고서에 우수 참여 고객 세그먼트가 적용됩니다.

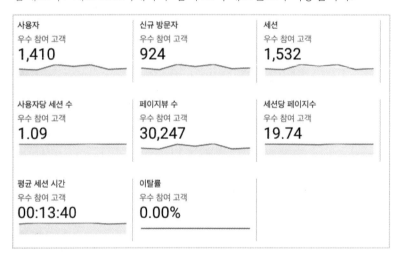

세그먼트 비교하기

이번에는 우수 참여 고객 세그먼트를 구매자, 비구매자 세그먼트와 비교해보겠습니다. 우수 참여 고객 세그먼트 오른쪽의 + 세그먼트를 클릭합니다.

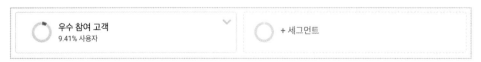

세그먼트 목록의 검색란에 구매자를 입력해 구매자 세그먼트와 비구매자 세그먼트를 체크하고 적용을 클릭합니다.

우수 참여 고객, 구매자, 비구매자 세그먼트가 적용되면 다음과 같은 데이터를 확인할 수 있습니다.

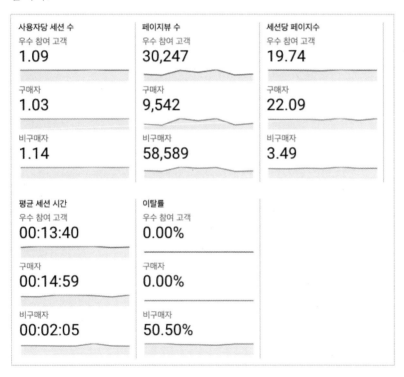

이 데이터에서 사용자당 세션 수, 세션당 페이지수, 평균 세션 시간을 살펴보면 사용자가 홈페이지를 사용할 때 세그먼트별로 행동 패턴이 어떻게 다른지 확인할 수 있습니다.

먼저 비구매자와 다른 세그먼트를 비교해보면 평균 세션 시간과 세션당 페이지수에 큰 차이가 납니다. 비구매자는 평균 세션 시간이 약 2분이며 세션당 페이지수가 약 3.5페이지입니다. 반면에 다른 세그먼트의 평균 세션 시간은 약 14~15분이며 세션당 페이지수는 약 22~22페이지입니다.

우수 참여 고객과 구매자를 비교하는 것은 쉽지 않습니다. 그러나 Engaged Users 목표 세그먼트에 해당하는 사용자 그룹은 비구매자 그룹(세션당 페이지수 3.49)에도 그룹(세션당 페이지수 22.09)에도 속하지 않는 중간 그룹이라는 큰 의미가 있습니다. Engaged Users 목표 세그먼트를 생성함으로써 구글 머천다이즈 스토어 홈페이지는 사용자를 다음과 같이 세 고객군으로 구분할 수 있습니다.

1. 비구매자 그룹
2. 구매 가능성이 높은 사용자 그룹 (Engaged Users)
3. 구매자 그룹

이렇게 세그먼트로 새로운 고객군을 구분 혹은 생성하는 것을 세그먼트 발굴이라고 합니다. 이를 통해 우리는 서비스의 기획, 운영, 디자인, 개발, 마케팅 측면에서 비즈니스 전략을 더 다양하게 세울 수 있습니다.

기존에 비구매자 그룹을 대상으로 할인 쿠폰을 제공했는데 효과가 좋지 않았다면 이번에는 구매 가능성이 높은 사용자 그룹에게 할인 쿠폰을 제공해볼 수 있습니다. 구매자 그룹을 대상으로 한정 제공하는 상품이 인기가 좋다면 구매 가능성이 높은 사용자 그룹에게 제공해볼 수도 있습니다.

지금까지는 세그먼트를 데이터 확인을 위한 보조 도구처럼 사용했습니다. 이번 장을 기점으로 세그먼트를 고객 발견, 고객 개발의 도구로 생각해보시기 바랍니다. 분명 비즈니스 전략을 세우는 데 큰 도움이 될 것입니다.

Chapter 12
유입경로 목표 만들고 분석하기

담당자M의 이야기

담당자M은 이번 달 Purchased Completed(구매 완료)의 목표 수를 1,000으로 설정했습니다. 그러나 현재 600까지밖에 달성하지 못했습니다. 담당자M은 구매 완료 목표 수 400을 채우기 위해 마케팅을 진행할 예정입니다. 나머지 목표 수 400을 달성하기 위해서는 몇 명의 사용자가 더 필요할까요? 목표 수 달성을 위해 필요한 사용자를 추정할 수 있다면 마케팅 비용과 방식 등을 결정하는 데 큰 도움이 될 것입니다.

담당자M을 도와주세요

앞에서 살펴본 도착 목표는 조금 더 자세히 알아볼 필요가 있습니다. 도착 목표에 유입경로를 설정하면 사용자가 도착 목표에 도달할 때까지 접속하는 페이지들의 데이터를 쉽게 확인하고 분석할 수 있습니다. 이번 장에서는 유입경로 목표를 활용해 구매 완료 1,000건을 달성하기 위해서 얼마의 세션 수가 필요한지 직접 구해보겠습니다.

12.1 유입경로 목표 만들기

👤 실습 계정   🖥 실시간 > 전환수
🖼 https://www.turtlebooks.co.kr/ga/12/1/ordercompleted.html

도착 목표에 유입경로를 설정하면 유입경로 목표를 만들 수 있습니다. 이번 절에서는 구글
머천다이즈스토어의 구매 경로를 흉내 낸 유입경로 목표를 만들어보겠습니다.

STEP 1 도착 목표 만들기

관리 > 목표 > 새 목표 > 맞춤설정 화면에서 목표 이름으로 Purchase Completed(구매완료)
를 입력하고 유형으로 도착을 선택한 뒤 계속을 클릭합니다.

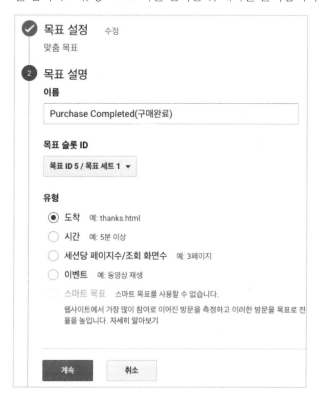

최종 목표 같음을 정규식으로 설정한 뒤 ordercompleted.html을 입력하고 저장을 클릭합니다.

실습 페이지(https://www.turtlebooks.co.kr/ga/12/1/ordercompleted.html)에 접속한 뒤 실시간 > 전환 보고서에 접속하면 Purchase Completed(구매완료) 목표가 기록됩니다.

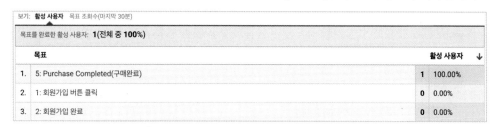

관리 > 목표 화면에서 Purchase Completed(구매완료)를 클릭해 목표를 수정합니다.

목표 세부정보를 클릭하고 유입경로를 해제에서 설정으로 변경합니다. 1단계 유입경로 이름
에 Cart (장바구니)를 입력하고 화면/페이지에 basket.html을 입력하고 필수 여부를 예로 설
정합니다.

+다른 단계를 클릭하면 다음 경로를 추가할 수 있습니다. 다음 표를 참고해 4단계까지 경로들을 추가하고 저장을 클릭합니다.

단계	이름	화면/페이지	필수 여부
1단계	Cart (장바구니)	basket.html	예
2단계	Billing and Shipping (결제 및 배송 정보)	yourinfo.html	
3단계	Payment (결제)	payment.html	
4단계	Review (주문 확인)	revieworder.html	

입력이 끝난 모습은 다음과 같습니다.

> **NOTE 필수 여부를 꼭 설정해야 하나요?**
>
> 1단계의 필수 여부를 예로 설정하지 않으면 유입경로 데이터에 2단계에 직접 접속한 사용자 혹은 3단계에 직접 접속한 사용자 데이터가 뒤섞입니다. 각 단계를 제대로 지나온 사용자 데이터만 수집하기 위해서는 1단계의 필수 여부를 예로 설정해야 합니다.

실습 페이지(https://www.turtlebooks.co.kr/ga/12/1/)에 접속해 페이지 이동 버튼을 클릭하면 유입경로에 추가한 페이지들로 이동합니다.

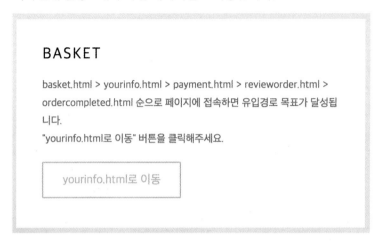

ordercompleted.html 페이지에 도착한 뒤 실시간 > 전환수 보고서에 접속하면 목표가 기록된 것을 확인할 수 있습니다.

보기: **활성 사용자** 목표 조회수(마지막 30분)

목표를 완료한 활성 사용자: **1(전체 중 100%)**

	목표	활성 사용자	↓
1.	5: Purchase Completed(구매완료)	**1**	100.00%
2.	1: 회원 가입 버튼 클릭	**0**	0.00%
3.	2: 회원 가입 완료	**0**	0.00%

12.2 유입경로 시각화 보고서 살펴보기

👤 구글 머천다이즈 스토어   📋 전환 > 목표 > 유입경로 시각화

🕐 2017. 7. 3. ~ 2017. 7. 9.

앞에서는 Purchase Completed(구매 완료) 목표를 달성하기 유입경로를 설정했습니다. 이번 절에서는 구글 머천다이즈 스토어 계정의 유입경로 시각화 보고서를 통해 Purchase Completed(구매 완료) 목표가 어떻게 표시되는지 살펴보겠습니다.

STEP 1 **유입경로 시각화 보고서 확인하기**

보고서 및 도움말 검색에서 유입경로를 입력한 뒤 전환 > 목표 > 유입경로 시각화를 클릭합니다.

유입경로 목표 Purchase Completed의 경로별 전환 상황이 표시됩니다.

Purchase Completed

이 목표는 429개의 세션에서 완료되었습니다. | 25.70%의 유입경로 전환율

Cart, Billing and Shipping은 유입경로 목표를 설정할 때 입력했던 것으로 각각 장바구니 페이지와 결제 및 배송 페이지의 사용자 유입과 이탈을 나타냅니다.

STEP 2 **일반 목표 확인하기**

이번에는 유입경로 시각화 보고서에서 유입경로 목표가 아닌 일반 목표를 확인하면 어떻게 표시되는지 알아보겠습니다. 보고서 좌측 상단의 목표 1: Purchase Completed를 클릭해 목표 2: Engaged Users로 변경합니다.

Engaged Users 목표는 경로별 전환 상황이 표시되지 않습니다. Engaged Users 목표는 일반 목표이고, 일반 목표는 유입경로가 설정되지 않았기 때문입니다.

12.3 유입경로 시각화 보고서 분석하기

👤 구글 머천다이즈 스토어 　　　　　📊 전환 > 목표 > 유입경로 시각화

🕐 2017. 7. 3. ~ 2017. 7. 9.

유입경로 시각화 보고서는 유입경로별로 사용자의 유입과 유출 정보를 시각화해 표시하는 보고서입니다. 이를 통해 우리는 단계별 전환 상황을 쉽게 파악할 수 있습니다. 이번 절에서는 구글 머천다이즈 스토어 계정의 Purchase Completed(구매 완료) 목표를 상세하게 분석해보겠습니다.

12.3.1 퍼널 읽기

[그림 12-1]은 Purchase Completed 목표의 첫 번째 단계인 Cart(/basket.html)에 진입, 이탈한 정보를 나타낸 것입니다. 유입경로 시각화 보고서에서 각 단계의 목표는 깔때기를 닮았다고 해 퍼널(Funnel, 깔때기)이라고 부릅니다. 이 이름을 따라 유입경로 시각화 보고서를 퍼널 보고서라고 부르기도 합니다.

그림 12-1 Cart(장바구니) 경로의 사용자 유입과 이탈

Cart(장바구니) 퍼널에는 1,669 세션이 유입됐습니다. 1,669 아래에 있는 표는 각 세션의 유입경로입니다. /google+redesign/nest/nest-usa/quickview에서 300 세션이 유입되고 (entrance)에서 170 세션이 유입되는 등 총 1,669 세션이 유입됐습니다. 참고로 /google+redesign/nest/nest-usa/quickview는 스마트홈 기기로 들어온 경우, (entrance)는 주소창에 직접 주소를 입력하거나 즐겨찾기로 접속한 경우를 의미합니다.

유입된 1,669 세션 중 949 세션은 다음 유입경로인 Billing and Shipping으로 이동하지 않고 경로를 이탈합니다. 949 아래에 있는 표는 각 세션의 유출 경로를 나타냅니다. (exit)를 통해 286 세션, /signin.html을 통해 219 세션이 유출되는 등 1,691 세션 중 949 세션이 Cart를

이탈한 것을 알 수 있습니다. (exit)는 홈페이지를 종료한 세션을 의미합니다.

퍼널 가운데에는 다음 경로로 이동한 세션(녹색 부분, 여기에서는 ❶)과 다음 경로로 이동하지 않고 이탈(빨간색 부분, ❷)하는 세션의 비율이 막대그래프로 표시됩니다. 그래프의 오른쪽 부분(실제로 빨간색이지만 책에서는 진한 회색으로 보이는 부분)이 전체 그래프의 전 약 60% 정도를 차지하는 것으로 보아 유입 세션 1,669 중 약 60%가 다음 경로로 이동하지 않고 이탈한다는 것을 알 수 있습니다.

퍼널 아래 화살표는 현재 퍼널에서 다음 퍼널로 전환한 수와 전환율을 나타냅니다. Cart 다음 퍼널은 Billing and Shipping(주문정보, 배송 정보 입력)이며 1,669 세션 중 720 세션이 전환됐습니다. 이는 약 43.14%의 비율이며 퍼널의 굵기를 통해서도 비율을 시각적으로 확인할 수 있습니다.

12.3.2 퍼널 전환 읽기

위에서 아래로 퍼널을 하나씩 읽으면 Purchase Completed 목표의 단계별 전환 상황을 파악할 수 있습니다. 단계별 전환 상황을 파악할 때는 각 퍼널의 전환율에 집중하며 보고서를 확인합니다.

첫 번째 경로 Cart(장바구니)에는 1,669 세션이 유입됐고 이 중에서 720 세션(43.14%)이 Billing and Shipping으로 이동했습니다.

두 번째 경로 Billing and Shipping(주문정보, 배송 정보 입력)에는 720 세션이 유입됐고 이 중에서 555 세션(77.08%)이 Payment로 이동했습니다. 이때 77.08%는 전체 세션인 1,669가 아니라 해당 퍼널의 720 세션의 77.08%인 점에 주의하시기 바랍니다.

여기에서는 유입경로가 표시되지 않는데, 이는 두 번째 경로가 첫 번째 경로인 Cart를 통해서만 접속할 수 있기 때문입니다. 만일 Billing and Shipping에 접근하는 또 다른 경로가 있다면 별도의 유입경로가 표시될 것입니다. 이 경우 Billing and Shipping의 총 세션 수는 Cart의 전환 세션 수와 유입경로 세션 수의 합이 됩니다.

세 번째 경로 Payment(결제정보 입력)에는 555 세션이 유입됐고 이 중에서 451 세션 (81.26%)이 Review로 이동했습니다.

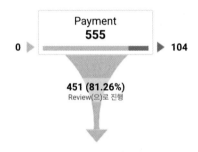

네 번째 경로 Review(주문 확인)에는 451 세션이 유입됐고 이 중에서 429 세션(95.12%)이 Purchase Completed로 이동했습니다.

다섯 번째 경로 Purchase Completed(주문 완료)는 해당 목표의 마지막 페이지입니다. 해당 경로에 도착한 세션만이 Purchase Completed 목표를 달성하게 됩니다.

여기에서는 1,669 세션 중 429 세션이 Purchase Completed 목표를 달성했고 이때 전환율은 25.70%가 됩니다.

12.3.3 평가 및 진단

첫 번째 경로 Cart에서 두 번째 경로 Billing and Shipping으로 이동할 때 트래픽의 56.86%가 이탈합니다. 첫 번째 경로의 이탈을 줄여 두 번째 경로의 유입을 늘릴 수 있도록 페이지를 개선해야 할 것입니다.

두 번째 경로 Billing and Shipping(주문정보, 배송정보 입력) 이탈 경로를 살펴보면 14 세션이 /yourinfo.html(Billing and Shipping 목표와 동일한 페이지)으로 이탈하는 것을 확인할 수 있습니다. 이는 주문정보, 배송정보를 잘못 입력한 상태에서 완료를 눌러 페이지가 새로고침된 세션에 해당합니다. 입력 완료 버튼을 누르지 않아도 오류 여부를 확인할 수 있도록 한다면 이탈을 줄일 수 있습니다.

퍼널과 입력 양식은 각 단계가 진행될 때마다 세션 이탈이 발생합니다. 이를 가장 쉽게 해결하는 방법은 페이지나 입력 양식을 간단하게 줄이거나 페이지나 입력 양식 자체를 제거하는 것입니다. 현재 Purchase Completed 목표의 Billing and Shipping(주문정보, 배송정보 입력), Payment(결제정보 입력), Review(주문 확인) 단계에 해당하는 부분을 국내 쇼핑몰에서는 한 페이지에서 처리하고 있습니다. 구매하기를 눌렀을 때 상품 목록을 확인하고 배송정보를 입력하고 결제 방법을 선택하는 과정을 떠올리면 쉽게 알 수 있습니다.

구글 머천다이즈 스토어도 Billing and Shipping, Payment, Review 페이지를 한 페이지로 통합한다면 이탈을 획기적으로 줄일 수 있습니다. 때로는 퍼널을 개선하는 것보다 퍼널을 제거하거나 통합하는 것이 더 좋을 수도 있습니다.

12.4 실전! 목표 달성에 필요한 세션 수 구하기

회원가입 페이지에 접속한 사용자 2명 중 1명이 회원가입을 완료했다고 가정할 때 회원가입 완료율은 몇 %일까요? 회원가입 완료율은 50%입니다. 그렇다면 반대로 회원가입 완료율이 50%이고 1명이 회원가입을 완료했다면 이때 접속한 사용자는 몇 명일까요? 접속한 사용자는 2명입니다.

회원가입 클릭률, 회원가입 전환율 등 특정 행동에 대한 비율을 알 수 있다면 이를 활용해, 목표로 정한 회원가입 수를 달성하는 데 필요한 회원가입 클릭 수, 회원가입 페이지 접속 수 등을 쉽게 알 수 있습니다. 이번 절에서는 목표 전환율을 활용해 구매 완료 1,000건 달성을 위한 필요 세션 수를 추정하겠습니다.

[표 12-1]은 Purchase Completed 목표의 전환율 데이터입니다. 구매 완료 1,000을 Purchase Completed의 최종 전환율 25.70%로 나누면 필요 세션 수를 구할 수 있습니다. 1,000 / 0.257 = 3,891입니다. Cart에 3,891 세션 수가 유입되면 최종적으로 Purchase Completed 1,000을 달성할 것이라고 기대할 수 있습니다.

표 12-1 Purchase Completed 목표의 전환율 데이터

단계	퍼널 이름	유입	퍼널 전환율	이동	최종 전환율
1	Cart	1,669	43.14%	720	
2	Billing and Shipping	720	77.08%	555	
3	Payment	555	81.26%	451	
4	Review	451	95.12%	429	
5	Purchase Completed	429			25.70%

3,891 세션 유입을 전제로 Purchase Completed의 단계별 유입을 재구성하면 [표 12-2]와 같은 데이터를 얻을 수 있습니다. 처음의 계산에서 Cart에 3,891 세션이 유입되면 최종적으로 Purchase Completed 1,000을 달성할 것이라고 했습니다만, [표 12-2]에서는 Purchase Completed가 998로 종료됩니다. 이는 각 단계에서 나누기를 진행할 때 소수점을 버리기 때문에 발생하는 문제이니 신경 쓰지 않아도 괜찮습니다. Cart(장바구니)에 약 3,895 세션이 유입되면 충분히 1,000을 달성할 것입니다.

표 12-2 Purchase Completed 1,000건 달성을 위한 각 유입경로별 데이터

단계	퍼널 이름	유입	퍼널 전환율	이동
1	Cart	3,891	43.14%	1,678
2	Billing and Shipping	1,678	77.08%	1,293
3	Payment	1,293	81.26%	1,050
4	Review	1,050	95.12%	998
5	Purchase Completed	998		

유입경로 시각화 보고서의 구매 완료 전환율을 활용해 구매 완료 1,000건이라는 목표를 달성하기 위해서는 어느 정도의 세션이 장바구니 페이지에 유입돼야 하는지 추정해봤습니다.

구글 애널리틱스를 처음 접하게 되면 항목과 수치를 확인하는 데 급급하기 마련입니다. 이제 구글 애널리틱스에 어느 정도 익숙해졌다면 확인한 데이터를 바탕으로 가까운 미래의 데이터를 추정해보시기 바랍니다. 분명 자신의 데이터 분석 실력을 키우는 데 큰 도움이 될 것입니다.

Chapter 13

가상 페이지뷰 분석하기

담당자M의 이야기

담당자M은 회원가입 버튼 클릭률을 분석할 때 페이지 진입 이벤트와 클릭 이벤트를 직접 조사했습니다. 유입경로 목표를 활용처럼 편한 방식으로 회원가입 버튼 클릭률을 조사하고 싶은데 마땅한 방법이 없습니다. 페이지 진입과 클릭에 페이지 주소가 있는 것도 아니니 말입니다.

담당자M을 도와주세요

구글 애널리틱스는 팝업 창 표시나 사용자의 특정 행동에 가상으로 페이지 주소를 부여해 이를 마치 페이지처럼 분석할 수 있도록 하는 가상 페이지뷰라는 기능을 제공합니다.

이번 장에서는 직접 가상 페이지뷰 코드를 작성해 이벤트 대신 페이지뷰를 발생시켜 보겠습니다. 또한 이벤트 활용하기에서 다루었던 실전 예제를 가상 페이지뷰로 다시 한번 다루어보겠습니다.

13.1 가상 페이지뷰 살펴보기

👤 실습 계정　　　　　　　　　　　　📑 실시간 > 콘텐츠

🖥 https://www.turtlebooks.co.kr/ga/13/1

어떤 홈페이지는 로그인 버튼을 눌렀을 때 로그인 페이지로 이동하지 않고 로그인 다이얼로그(팝업)가 표시됩니다. 이때 로그인 다이얼로그를 몇 번 표시했는지 확인하려면 어떻게 해야 할까요? 쉽게 떠올려보면, <9장 이벤트 보고서 분석하기>를 참고해 로그인 다이얼로그 표시 이벤트 코드를 만들면 됩니다.

그런데 다른 방법은 없을까요? 다른 방법으로는 가상 페이지뷰를 사용하는 방법이 있습니다. 가상 페이지뷰란 실제로는 주소가 없는 페이지에 가상으로 페이지 주소를 부여해 실제 페이지처럼 분석할 수 있도록 한 기능입니다. 이번 절에서는 가상 페이지뷰가 무엇인지 실습을 통해 살펴보겠습니다.

STEP 1 로그인 다이얼로그 확인하기

실습 페이지(https://www.turtlebooks.co.kr/ga/13/1/)에 접속한 뒤 로그인 버튼을 클릭합니다.

로그인 버튼을 클릭하면 로그인 다이얼로그가 표시됩니다.

STEP 2 **가상 페이지뷰 확인하기**

이때 브라우저 주소창에 표시되는 주소는 입력한 실습 페이지(https://www.turtlebooks.
co.kr/ga/13/1/) 주소 그대로입니다.

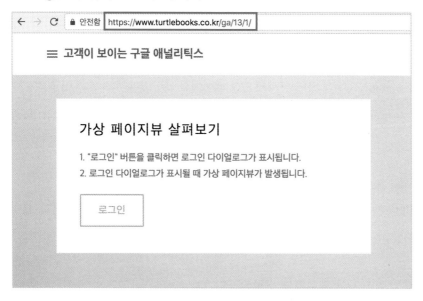

STEP 3 **가상 페이지뷰 확인하기**

실시간 > 콘텐츠 보고서에 접속하면 우리가 접속하지 않은 /virtual/login/ 페이지가 표시됩
니다. 이처럼 브라우저의 주소가 아닌 사용자가 설정한 주소를 구글 애널리틱스로 수집하는
것을 가상 페이지뷰라고 합니다.

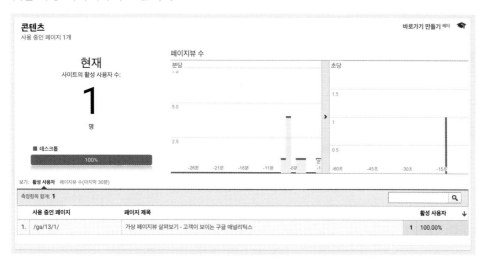

13.2 로그인 다이얼로그 가상 페이지뷰 만들기

👤 실습 계정　　　　　　　　　　　📑 실시간 > 이벤트

🖥 https://www.turtlebooks.co.kr/ga/13/2

앞에서는 로그인 다이얼로그가 표시될 때 /virtual/login/라는 가상 페이지뷰 데이터가 수집되는 것을 확인했습니다. 어떻게 하면 이렇게 가상 페이지뷰 데이터를 수집할 수 있을까요?

이번 절에서는 /virtual/login/ 가상 페이지뷰 데이터를 수집하는 가상 페이지뷰 코드를 직접 만들어보겠습니다.

STEP 1 실습 페이지 접속하기

실습 페이지(https://www.turtlebooks.co.kr/ga/13/2/)에 접속한 뒤 로그인 버튼을 클릭합니다.

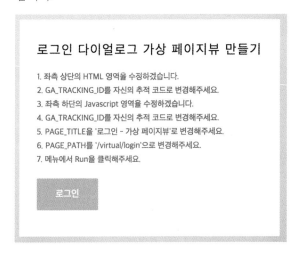

'로그인 다이얼로그가 표시됩니다.' 라는 메시지가 표시됩니다.

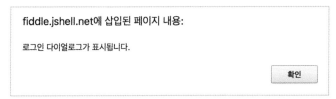

해당 메시지는 실습 페이지 좌측 하단의 코드 영역에서도 확인할 수 있습니다. 다음과 같은
코드에 의해 메시지가 표시되는 것입니다.

```
1  $(document).ready(function() {
2
3    $('#btnLogin').on('click', function() {
4
5      alert('로그인 다이얼로그가 표시됩니다.');
6
```

다음 단계에서는 이 부분에 가상 페이지뷰 코드를 추가해보겠습니다.

STEP 2 가상 페이지뷰 코드 입력하기

가상 페이지뷰 코드 만들기 부분에 다음과 같이 입력합니다. GA_TRACKING_ID 부분에는
자신의 추적 ID를 입력합니다.

```
gtag('config', 'GA_TRACKING_ID',{
  'page_title':'로그인 – 가상 페이지뷰',
  'page_path':'/virtual/login'
'});
```

완성된 코드의 모습은 다음과 같아야 합니다.

```
4    /*
5    가상 페이지뷰 코드 만들기
6    1. GA_TRACKING_ID를 자신의 추적 코드로 변경해주세요.
7    2. PAGE_TITLE을 '로그인 - 가상 페이지뷰'로 변경해주세요.
8    3. PAGE_PATH를 '/virtual/login'으로 변경해주세요.
9    */
10   gtag('config', 'UA-*********-*', {
11       'page_title': '로그인 - 가상 페이지뷰',
12       'page_path': '/virtual/login/'
13   });
```

입력이 완료되면 메뉴에서 Run을 클릭한 뒤 로그인 버튼을 클릭합니다.

STEP 3 **가상 페이지뷰 확인하기**

실시간 콘텐츠 보고서를 확인해보면 다음처럼 사용 중인 페이지 /virtual/login/와 페이지 제목 로그인 – 가상 페이지뷰를 확인할 수 있습니다.

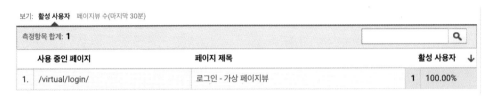

가상 페이지뷰 코드도 이벤트 코드와 마찬가지로 프로그래밍에 의해 동작합니다. 구글 애널리틱스를 비롯한 여러 웹 분석 툴들의 고급 기능은 대부분 프로그래밍 코드를 사용해야만 동작합니다. 지금은 힘들겠지만 구글 애널리틱스에 어느 정도 익숙해지면 프로그래밍도 간단하게 공부해보시기 바랍니다. 분명 고급 웹 분석을 진행할 때 큰 도움이 될 것입니다.

13.3 가상 페이지뷰 코드 이해하기

앞에서는 /virtual/login/ 가상 페이지뷰를 만들었습니다. 이번 절에서는 가상 페이지뷰를 어떻게 읽는지, 가상 페이지뷰 코드의 /virtual이 무엇인지 본 뒤 가상 페이지뷰 코드와 이벤트 코드의 관계를 알아보겠습니다.

먼저, 앞에서 만든 /virtual/login/ 가상 페이지뷰 코드를 읽는 방법을 살펴보겠습니다. 이벤트 코드와 마찬가지로 왼쪽에서 오른쪽으로 천천히 읽어나가면 됩니다.

```
gtag('config',GA_TRACKING_ID,{
  'page_title':'로그인 – 가상 페이지뷰',
  'page_path':'/virtual/login'
});
```

구글 애널리틱스(gtag)야! 페이지 주소 '/virtual/login/'를 수집해줘. 페이지 제목은 '로그인 – 가상 페이지뷰'로 부탁할게!

가상 페이지뷰라는 항목은 사용자가 직접 발생시킨 페이지뷰와 자동 수집한 페이지뷰(이하 자동 페이지뷰)를 구분하기 위해 사용되는 항목입니다. 기능상으로는 자동 페이지뷰와 가상 페이지뷰 간에 아무 차이도 없습니다. [그림 13-1]을 보면 실제 페이지뷰와 가상 페이지뷰 데이터가 같이 표시됩니다.

따라서 데이터 분석을 진행할 때는 페이지뷰가 자동 페이지뷰에 의한 데이터인지 가상 페이지뷰에 의한 데이터인지를 구분해야 합니다. 이를 위해 가상 페이지뷰의 페이지 주소에는 관습적으로 /virtual 접두사를 덧붙입니다.

그림 13-1 실제 페이지뷰와 가상 페이지뷰

보기: **활성 사용자** 페이지뷰 수(마지막 30분)

측정항목 합계: **2**

	사용 중인 페이지	페이지 제목		활성 사용자 ↓
1.	/ga/13/1/	가상 페이지뷰 살펴보기 - 고객이 보이는 구글 애널리틱스	1	50.00%
2.	/virtual/login/	가상 페이지뷰 살펴보기 - 고객이 보이는 구글 애널리틱스	1	50.00%

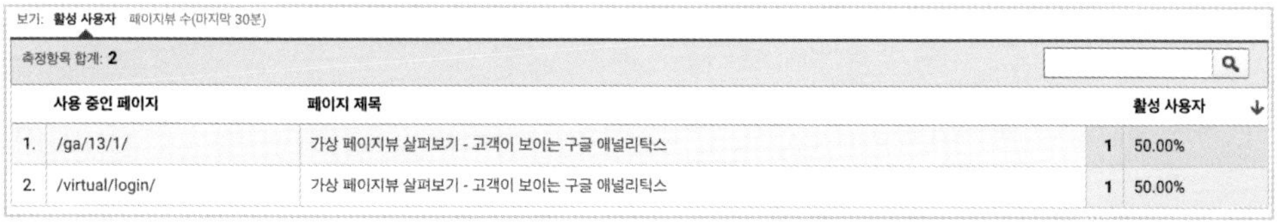

13.4 가상 페이지뷰 사용의 장단점

가상 페이지뷰는 실제 페이지가 없는 요소에 주소를 부여합니다. 이는 우리가 가상 페이지뷰 코드를 활용하면 사용자 흐름 보고서와 유입경로 목표를 사용할 수 있다는 것을 의미합니다. 이는 분석을 진행하는 데 엄청난 장점입니다. 그러나 가상 페이지뷰에 장점만 있는 것은 아닙니다. 이번 절에서는 가상 페이지뷰 사용의 장단점을 알아보겠습니다.

13.4.1 가상 페이지뷰 사용의 장점

❶ 이벤트 데이터보다 다양한 정보를 확인할 수 있다.

[그림 13-2]는 인기 이벤트 보고서에 표시된 이벤트 데이터이고 [그림 13-3]은 사이트 콘텐츠 보고서에 표시된 가상 페이지뷰 데이터입니다. 두 보고서를 비교해보면 사이트 콘텐츠가 더 많은 측정 항목을 제공한다는 것을 알 수 있습니다. 이벤트 보고서가 이벤트의 발생 수만을 제공하는 데 반해 사이트 콘텐츠 보고서는 페이지뷰 수 외에도 평균 페이지에 머문 시간, 이탈률, 종료율을 제공합니다.

그림 13-2 인기 이벤트 보고서에 표시된 이벤트 데이터

	이벤트 카테고리 ?	총 이벤트 수 ?	순 이벤트 수 ?	이벤트 값 ?	평균값 ?
		20 전체 대비 비율(%): 100.00% (20)	**14** 전체 대비 비율(%): 100.00% (14)	**0** 전체 대비 비율(%): 0.00% (0)	**0.00** 평균 조회: 0.00 (0.00%)
☐	1. 가입 개선	9 (45.00%)	6 (42.86%)	0 (0.00%)	0.00
☐	2. 회원가입	7 (35.00%)	5 (35.71%)	0 (0.00%)	0.00
☐	3. 회원 가입 버튼 클릭	2 (10.00%)	1 (7.14%)	0 (0.00%)	0.00
☐	4. A 회원 가입하기	1 (5.00%)	1 (7.14%)	0 (0.00%)	0.00
☐	5. B 무료 가입하기	1 (5.00%)	1 (7.14%)	0 (0.00%)	0.00

그림 13-3 사이트 콘텐츠 보고서에 표시된 가상 페이지뷰 데이터

	페이지 ⑦		페이지뷰 수 ⑦ ↓	순 페이지뷰 수 ⑦	평균 페이지에 머문 시간 ⑦	방문수 ⑦	이탈률 ⑦	종료율(%) ⑦	페이지 값 ⑦
			31 전체 대비 비율(%): 25.41% (122)	**15** 전체 대비 비율(%): 21.43% (70)	**00:01:19** 평균 조회: 00:01:51 (-28.37%)	**0** 전체 대비 비율 (%): 0.00% (32)	**0.00%** 평균 조회: 44.12% (-100.00%)	**16.13%** 평균 조회: 26.23% (-38.51%)	**₩0** 전체 대비 비율(%): 0.00% (₩43)
☐	1. /virtual/login/	⎗	**12** (38.71%)	5 (33.33%)	00:04:14	0 (0.00%)	0.00%	33.33%	₩0 (0.00%)
☐	2. /virtual/join/id/	⎗	**6** (19.35%)	2 (13.33%)	00:00:02	0 (0.00%)	0.00%	0.00%	₩0 (0.00%)
☐	3. /virtual/join/password_check/	⎗	**4** (12.90%)	2 (13.33%)	00:00:02	0 (0.00%)	0.00%	0.00%	₩0 (0.00%)
☐	4. /virtual/join/password/	⎗	**4** (12.90%)	2 (13.33%)	00:00:02	0 (0.00%)	0.00%	0.00%	₩0 (0.00%)
☐	5. /virtual/join/postalcode/	⎗	**3** (9.68%)	2 (13.33%)	00:00:02	0 (0.00%)	0.00%	33.33%	₩0 (0.00%)
☐	6. /virtual/join/address/	⎗	**1** (3.23%)	1 (6.67%)	00:00:02	0 (0.00%)	0.00%	0.00%	₩0 (0.00%)
☐	7. /virtual/join/success/	⎗	**1** (3.23%)	1 (6.67%)	00:00:02	0 (0.00%)	0.00%	0.00%	₩0 (0.00%)

❷ 유입경로 시각화 보고서를 확인할 수 있다.

가상 페이지뷰를 활용하면 유입경로 시각화 보고서로 각 유입경로의 전환율을 쉽게 확인할 수 있습니다. <10.1 실전! 회원가입 버튼 클릭률 구하기>에서는 회원가입 버튼의 클릭률을 측정하기 위해 클릭 수 이벤트 외에 진입 이벤트를 추가 작성하고 각 수치들을 활용한 직접 계산으로 버튼 클릭률을 확인했습니다. 가상 페이지뷰를 사용하면 유입경로 시각화 보고서를 사용할 수 있기 때문에 수치를 측정하기 위한 추가 작업들을 생략하고 더 쉽게 클릭률, 전환율 등을 확인할 수 있습니다.

그림 13-5 가상 페이지뷰로 유입경로 시각화 보고서를 확인하는 모습

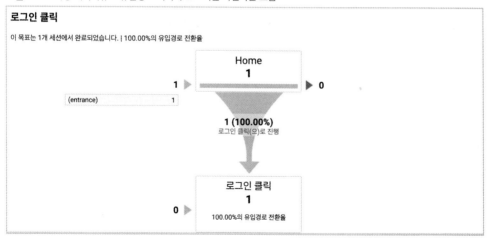

13.4.2 가상 페이지뷰 사용의 단점

❶ 홈페이지 전체의 페이지뷰 수치가 실제 페이지뷰 수치보다 높게 표시된다.

가상 페이지뷰를 무분별하게 사용하면 홈페이지 전체의 페이지뷰 수치가 실제 페이지뷰 수치보다 높게 표시될 수 있습니다. <13.5 실전! 가상 페이지뷰로 알아보는 회원가입이 어려운 이유>에서는 사용성 측정을 위해 1개의 회원가입 페이지뷰와 6개의 입력 관련 가상 페이지뷰를 사용했습니다. 이 상태에서 사용자가 회원가입을 완료하면 사용자가 실제 접속한 페이지 수는 1임에도 불구하고 구글 애널리틱스 상에는 7로 표시됩니다. 이는 홈페이지가 실제보다 더 활발하게 사용되고 있다는 착각을 불러일으킵니다.

❷ 뒤로가기, 닫기의 상황을 고려해야 한다.

<15.2 로그인 다이얼로그 가상 페이지뷰 만들기>에서는 로그인 다이얼로그가 표시됐을 때 '/virtual/login/' 가상 페이지뷰가 발생하도록 했습니다. 이때 로그인 다이얼로그가 표시된 상태에서 뒤로가기를 하거나 로그인 다이얼로그를 닫기 했을 경우 어떻게 될지를 고려해야 합니다.

홈페이지에서 로그인 다이얼로그가 표시될 때 '/virtual/login/' 가상 페이지뷰를 발생시키면 구글 애널리틱스는 사용자가 홈페이지에서 '/virtual/login/' 페이지로 이동했다고 인식하게 됩니다. 이때 사용자가 로그인 다이얼로그를 닫았다면 구글 애널리틱스는 사용자가 다시 홈페이지로 이동했다고 인식할까요? 그렇지 않습니다. 사용자가 홈페이지로 이동했다는 별도의 프로그래밍 코드 처리를 하지 않으면 구글 애널리틱스는 사용자가 '/virtual/login/' 페이지에 머물고 있다고 인식합니다. 이는 사용자의 페이지 이용 정보를 부정확하게 만드는 원인이 될 수 있습니다.

13.5 실전! 로그인 버튼 클릭률 알아보기

가상 페이지뷰도 이벤트와 마찬가지로 프로그래밍 코드에 의해 동작합니다. 이는 이벤트 코드 대신 가상 페이지뷰 코드를 사용해도 동일한 데이터를 수집하고 분석할 수 있음을 의미합니다. 이번 절에서는 가상 페이지뷰 코드로 <10.1 실전! 회원가입 버튼 클릭률 구하기>에서 알아봤던 회원가입 버튼의 클릭률을 조사해보겠습니다.

13.5.1 페이지뷰 수로 클릭률 계산하기

👤 실습 계정   📋 실시간 > 콘텐츠

🖱 https://www.turtlebooks.co.kr/ga/13/5

로그인 다이얼로그 가상 페이지뷰를 발생시키는 <13.2 로그인 다이얼로그 가상 페이지뷰 만들기>에서 살펴봤기 때문에 생략하도록 하겠습니다. 여기에서는 페이지뷰 수로 클릭률을 계산하는 것에 집중하시기 바랍니다.

STEP 1 페이지뷰 발생시키기

실습 페이지(https://www.turtlebooks.co.kr/ga/13/5/)에 접속한 뒤 로그인 버튼을 클릭합니다. 로그인 버튼을 클릭하면 로그인 다이얼로그가 표시되고 가상 페이지뷰가 발생했다는 메시지가 표시됩니다. 각자 마음껏 페이지를 새로고침하면서 로그인 버튼을 원하는 만큼 클릭합니다.

가상 페이지뷰로 알아보는 로그인 버튼 클릭률

1. 해당 페이지에 접속하면 /home 페이지뷰가 발생합니다.
2. "로그인" 버튼을 클릭하면 /virtual/login/ 페이지뷰가 발생합니다.
3. 하루 뒤 이벤트 보고서에 접속해 /home과 /virtual/login/ 페이지뷰로 클릭률을 계산할 수 있습니다.

[로그인]

클릭률 계산하기

하루 뒤 콘텐츠 보고서의 순 페이지뷰 수를 바탕으로 클릭률을 조사합니다. 여기에서는 다음과 같은 데이터를 가정하겠습니다.

페이지	순 페이지뷰 수
/home	1,000
/virtual/login/	200

홈페이지가 1,000번 표시됐을 때 로그인 다이얼로그가 200번 표시됐으므로 로그인 버튼의 클릭률은 20%(=200 / 1000 * 100)임을 알 수 있습니다.

13.5.2 유입경로 시각화 보고서로 클릭률 확인하기

👤 실습 계정   🖼 전환 > 목표 > 유입경로 시각화

🖥 https://www.turtlebooks.co.kr/ga/13/5

이번에는 가상 페이지뷰 주소로 유입경로 목표를 만든 뒤 유입경로 시각화 보고서의 전환율을 활용해 클릭률을 확인해보겠습니다.

STEP 1 **가상 페이지뷰 주소로 유입경로 목표 만들기**

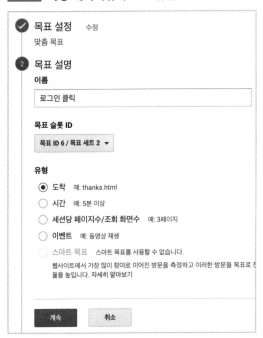

관리 > 목표 > + 새 목표 화면에서 맞춤 목표를 생성합니다. 목표 이름으로 로그인 클릭을 입력하고 유형으로 도착을 선택한 뒤 계속을 클릭합니다.

최종 목표 같음을 /virtual/login/으로 입력하고 유입경로를 해제에서 설정으로 변경합니다. 1단계 유입경로 이름으로 Home을 입력하고 화면/페이지에 /home을 적고 필수 여부를 예로 설정한 뒤 저장을 클릭합니다.

STEP 2 가상 페이지뷰 발생시키기

실습 페이지(https://www.turtlebooks.co.kr/ga/13/5/)에 접속한 뒤 로그인 버튼을 클릭합니다. 각자 마음껏 페이지를 새로고침하면서 로그인 버튼을 원하는 만큼 클릭합니다. 해당 목표 전환 데이터를 바탕으로 유입경로 시각화 보고서에서 클릭률을 확인할 것입니다.

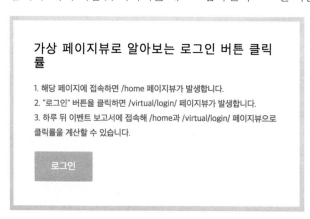

하루 뒤 전환 > 목표 > 유입경로 시각화 보고서에서 로그인 클릭 목표를 확인하면 다음과 같은 보고서를 확인할 수 있습니다.

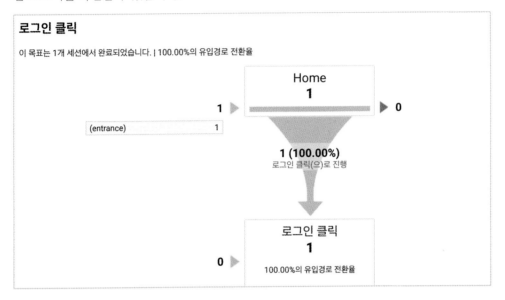

이제 각 퍼널의 전환율을 바탕으로 클릭률을 조사하면 됩니다. 여기에서는 다음과 같은 데이터를 가정해보겠습니다.

단계	퍼널 이름(주소)	유입	퍼널 전환율	이동
1	홈페이지(/home)	1,000	20%	200
2	로그인(/virtual/login/)	200		

홈페이지에 유입된 1,000 세션에서 다음 퍼널인 로그인으로의 전환율은 20%입니다. 이를 통해 로그인 버튼의 클릭률은 20%임을 쉽게 알 수 있습니다.

13.6 실전! 가상 페이지뷰로 사용성 점검하기

<10.3 실전! 사용성 테스트, 회원가입 양식에서 어려운 부분 찾기>에서는 총 7개의 이벤트를 발생시켜 사용자가 어떤 입력을 진행할 때 가장 많이 이탈하는지를 알아봤습니다. 이처럼 많은 수의 이벤트를 사용하거나 사용자의 이탈을 확인할 때는 가상 페이지뷰를 활용한 유입경로 목표가 아주 큰 도움이 됩니다. 이번 절에서도 앞에서와 마찬가지로 이벤트 코드를 가상 페이지뷰 코드로 변경해보고 유입경로 목표 보고서를 만들어보겠습니다.

13.6.1 이벤트 코드를 가상 페이지뷰 코드로 변경하기

이미 동작하고 있는 이벤트 코드를 가상 페이지뷰 코드로 변경하기는 쉽습니다. 가상 페이지뷰의 주소만 잘 설정해서 이벤트 코드를 대신하면 됩니다. 각 클릭이 발생하면 이벤트 코드 대신 가상 페이지뷰 코드가 동작할 것이고 구글 애널리틱스가 해당 데이터를 수집할 것입니다.

표 13-1 동일한 사용자 행동 데이터를 수집하는 이벤트 코드와 가상 페이지뷰 코드

사용자 행동	구분	코드

아이디 입력 클릭	이벤트	gtag('event', '아이디 입력 클릭', {
		    'event_category': '가입 개선',
		    'event_label': '가입 개선_아이디 입력 클릭'
		});

	가상 페이지뷰	gtag('config', 'GA_TRACKING_ID', { 'page_path': '/virtual/join/id/' });

비밀번호 입력 클릭	이벤트	gtag('event', '비밀번호 입력 클릭', {
		    'event_category': '가입 개선',
		    'event_label': '가입 개선_비밀번호 입력 클릭'
		});

	가상 페이지뷰	gtag('config', 'GA_TRACKING_ID', { 'page_path': '/virtual/join/password/' });

비밀번호 확인 클릭	이벤트	gtag('event', '비밀번호 확인 클릭', {
		    'event_category': '가입 개선',
		    'event_label': '가입 개선_비밀번호 확인 클릭'
		});

	가상 페이지뷰	gtag('config', 'GA_TRACKING_ID', { 'page_path': '/virtual/join/password_check/' });

우편번호 찾기 클릭	이벤트	gtag('event', '우편번호 찾기 클릭', {
		  'event_category': '가입 개선',
		  'event_label': '가입 개선_우편번호 찾기 클릭'
		});

	가상 페이지뷰	gtag('config', 'GA_TRACKING_ID', { 'page_path': '/virtual/join/postalcode/' });

상세주소 입력 클릭	이벤트	gtag('event', '상세주소 입력 클릭', {
		  'event_category': '가입 개선',
		  'event_label': '가입 개선_상세주소 입력 클릭'
		});

	가상 페이지뷰	gtag('config', 'GA_TRACKING_ID', { 'page_path': '/virtual/join/address/' });

가입 완료 클릭	이벤트	gtag('event', '가입 완료 클릭', {
		  'event_category': '가입 개선',
		  'event_label': '가입 개선_가입 완료 클릭'
		});

	가상 페이지뷰	gtag('config', 'GA_TRACKING_ID', { 'page_path': '/virtual/join/success/' });

13.6.2 가입 사용성 점검 목표 만들고 확인하기

👤 실습 계정　　　　　　　　　　　　　　📑 전환 > 목표 > 유입경로 시각화

🖼 https://www.turtlebooks.co.kr/ga/13/6

앞에서 만든 가상 페이지뷰를 바탕으로 유입경로 시각화 보고서를 확인하면 쉽게 사용성을 점검할 수 있습니다. 여기에서는 '가입 사용성 점검' 유입경로 목표를 만들고 확인해보겠습니다.

STEP 1 **가상 페이지뷰 주소로 유입경로 목표 만들기**

관리 > 목표 > + 새 목표 화면에서 맞춤 목표를 생성합니다. 목표 이름으로 가입 사용성 점검을 입력하고 유형으로 도착을 선택한 뒤 계속을 클릭합니다.

최종 목표 같음을 정규식으로 설정한 뒤 /virtual/join/success/을 입력합니다.

유입경로 추가하기

유입경로를 해제에서 설정으로 변경합니다. 1단계 유입경로 이름으로 아이디 입력을 입력하고 화면/페이지에 '/virtual/join/id/'을 입력한 뒤 필수 여부를 예로 설정합니다. +다른 단계를 클릭하면서 다음 표를 참고해 경로를 모두 추가합니다.

단계	이름	화면/페이지	필수 여부
1단계	진입	/join/	예
2단계	아이디 입력	/virtual/join/id/	
3단계	비밀번호 입력	/virtual/join/password/	
4단계	비밀번호 확인	/virtual/join/password_check/	
5단계	우편번호 입력	/virtual/join/postalcode/	
6단계	상세 주소 입력	/virtual/join/address/	

입력이 끝난 모습은 다음과 같아야 합니다. 저장을 클릭합니다.

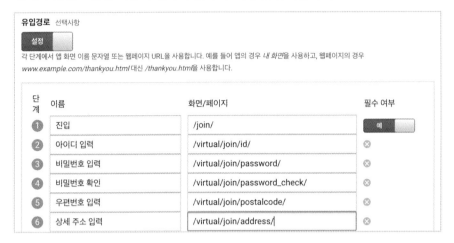

STEP 3 **가상 페이지뷰 발생시키기**

실습 페이지(https://www.turtlebooks.co.kr/ga/13/6/)에 접속합니다. 각자 마음껏 페이지를 새로고침하면서 원하는 만큼 입력 양식을 순서대로 클릭하고 가입 버튼을 클릭합니다. 하루 뒤 전환 > 목표 > 유입경로 시각화 보고서에서 '로그인 클릭' 목표를 확인하면 다음과 같은 보고서를 확인할 수 있습니다.

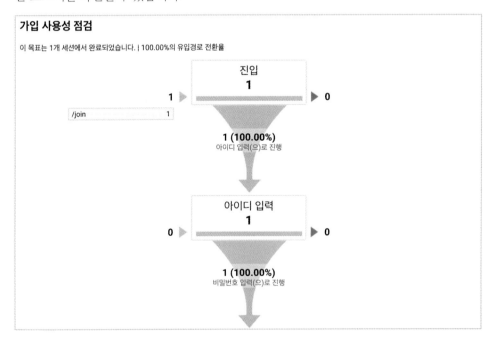

Chapter 14 채널 분석하기

담당자M의 이야기

담당자M은 유튜브, 블로그, 유료 검색 광고 같은 여러 광고 채널에 마케팅을 진행하고 있습니다. 이 광고 채널 모두가 효과적이라면 좋겠지만 그렇지는 않습니다. 담당자M은 각 채널을 살펴봐 구매율이 높은 채널의 마케팅은 강화하고 구매율이 낮은 채널의 마케팅은 중지하려 합니다. 구매 효율이 높은 마케팅을 진행한다면 서비스의 매출을 증대시킬 것입니다.

담당자M을 도와주세요

구글 애널리틱스의 채널 보고서를 활용하면 사용자가 어떤 채널을 통해 홈페이지에 접속했는지 쉽게 확인할 수 있습니다. 이번 장에서는 채널 보고서로 사용자의 어떤 채널에서 사용자 접속이 많이 발생하는지 알아보고 ROAS, ROI를 통해 마케팅 채널의 효율을 분석하는 방법도 알아보겠습니다.

14.1 사용자 접속 트래픽 살펴보기

👤 구글 머천다이즈 스토어 　　　　📖 실시간 > 트래픽 소스

실시간 트래픽 보고서를 활용하면 사용자가 어느 채널을 통해 접속한 것인지, 채널별 접속자 수는 어느 정도인지를 쉽게 확인할 수 있습니다. 이번 절에서는 실시간 트래픽 보고서로 구글 머천다이즈 스토어 홈페이지의 트래픽을 살펴보겠습니다.

STEP 1 **실시간 트래픽 보고서 확인하기**

보고서 및 도움말 검색에서 실시간 트래픽을 입력한 뒤 실시간 > 트래픽 소스를 클릭합니다.

STEP 2 **구글 머천다이즈 스토어에 접속한 사용자들의 접속 정보 확인하기**

실시간 트래픽 보고서를 통해 현재 구글 머천다이즈 스토어 홈페이지에 접속한 사용자들의
접속 정보를 확인할 수 있습니다. 각자의 실습 시간에 따라 다르겠지만 다음 화면을 바탕으
로 볼 때, 현재 홈페이지 사용자 수는 전체 10명입니다. 이 중 홈페이지에 직접 접속(direct)
한 사용자는 4명이고 소셜 매체의 YouTube(유튜브)로 접속한 사용자는 1명입니다.

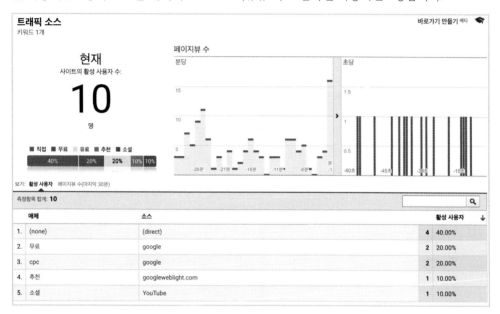

이를 다음과 같이 말할 수도 있습니다.

"현재 트래픽의 40%가량이 다이렉트 채널에서 발생합니다."

"전체 트래픽의 10%가 유튜브에서 발생합니다. 이는 지난주보다 2%가 높아진 수치입니다."

14.2 채널 보고서 살펴보기

👤 구글 머천다이즈 스토어   🔲 획득 > 전체 트래픽 > 채널

🕐 2017. 7. 3. ~ 2017. 7. 9.

사용자 트래픽은 직접(direct) 발생할 수도 있고 유튜브(YouTube)를 통해 발생할 수 있습니다. 혹은 이메일이나 특정 링크를 통해 발생할 수 있습니다. 구글 애널리틱스는 사용자의 다양한 접속 경로를 '채널'로 분류해 관리합니다. 이번 절에서는 채널 보고서를 살펴보겠습니다.

STEP 1 채널 보고서 확인하기
보고서 및 도움말 검색에서 채널을 입력한 뒤 획득 > 전체 트래픽 > 채널을 클릭합니다.

Social 채널의 트래픽 정보 확인하기

보고서에서 Organic, Direct, Social 등의 채널 정보를 확인할 수 있습니다. 사용자 수가
2,045인 Social 채널을 클릭합니다.

YouTube, Facebook, Twitter 와 같은 유명한 SNS 트래픽 정보가 표시되는 것을 확인할 수
있습니다. 이 중 YouTube 트래픽은 1,832입니다.

이처럼 채널 보고서에서는 각 트래픽을 유형별로 확인할 수 있습니다.

STEP 3 채널 보고서에 표시되는 채널 알기

채널 보고서에 표시되는 각 채널을 정리하면 다음과 같습니다.

표 14-1 유형별 트래픽 채널과 그 의미

채널	의미
Organic Search	무료 검색 키워드 트래픽을 나타냅니다. 구글이나 네이버에서 검색을 통해 접속할 경우 Organic Search 채널에 속하게 됩니다. 오가닉, 자연 검색, 무료 검색 채널이라고 부릅니다.
Paid Search	구글 유료 검색 키워드 트래픽을 나타냅니다. 구글 검색 광고를 통해 접속할 경우 Paid Search 채널에 속하게 됩니다. 국내 검색 광고의 경우 Paid Search 채널에 속하지 않고 Organic Search 채널에 속한다는 점을 주의해야 합니다. 해당 부분은 <17장 캠페인 분석하기>에서 다룹니다. 유료 검색 채널이라고 부릅니다.
Direct	홈페이지에 직접 접속한 트래픽을 나타냅니다. 주소창에 직접 주소를 입력하거나 즐겨찾기를 통해 들어오는 등 직접 접속할 경우 Direct 채널에 속하게 됩니다. 다이렉트 채널이라고 부릅니다.
Referral	다른 곳에서 링크를 클릭해 접속하는 트래픽을 나타냅니다. 커뮤니티 사이트 등에서 해당 홈페이지의 링크를 클릭해 접속할 경우 Referral 채널에 속하게 됩니다. 사람에 따라 리퍼러, 레퍼러, 레퍼럴 채널이라고 부릅니다. 종종 추천 채널이라고 부르는 경우도 있습니다.
Social	소셜 네트워크에서 접속하는 트래픽을 나타냅니다. 유튜브나 페이스북에서 접속할 경우 Social 채널에 속하게 됩니다. 소셜 채널이라고 부릅니다.
Email	이메일 트래픽을 나타냅니다. 이메일을 통해 접속할 경우 Email 채널에 속하게 됩니다. 사용하는 이메일 프로그램(앱)에 따라 해당 채널에 속하지 않을 수도 있습니다. 이메일 채널이라고 부릅니다.
Affiliates	제휴 광고 트래픽을 나타냅니다. 제휴, 어필리에이트 채널이라고 부릅니다.
Display	배너 광고 등의 디스플레이 광고 트래픽을 나타냅니다. 디스플레이 채널이라고 부릅니다.
CPC	클릭형 광고 트래픽을 나타냅니다. 씨피씨 채널이라고 부릅니다.

채널 보고서에서는 각 채널의 트래픽 양이 어떻게 변화하는지를 중심으로 데이터를 파악하며 이때 특히 Paid Search, CPC와 같은 유료 채널의 트래픽을 상세히 관찰합니다. 돈을 들이는 마케팅인 만큼 트래픽의 추이를 지켜보는 것입니다. 각자 자신이 운영, 관리하는 서비스에서는 어떤 트래픽을 관찰해야 하는지 살펴보시기 바랍니다.

14.3 실전! 구매 전환율이 가장 높은 채널 찾기

👤 구글 머천다이즈 스토어

🗐 획득 > 전체 트래픽 > 채널

🕐 2017. 7. 3. ~ 2017. 7. 9.

유튜브, 블로그, 유료 검색 광고 등의 채널 중 구매율이 가장 높은 채널을 확인하려면 먼저 트래픽 보고서나 채널 보고서로 각 채널의 트래픽을 확인해야 합니다. 그런 다음 구매 완료 (Purchased Completed) 목표의 전환율을 확인하거나 구매자 세그먼트의 트래픽을 확인합니다.

14.3.1 목표 전환율로 효율 확인하기

채널 보고서는 목표 전환을 바로 확인하는 기능을 제공합니다. 이를 활용하면 미리 설정된 목표의 채널별 전환율을 아주 쉽게 확인할 수 있습니다.

STEP 1 목표 전환율 설정하기

채널 보고서 표 우측 상단의 전환에서 전자상거래를 클릭한 뒤 목표 1: Purchase Completed(구매 완료)로 변경합니다.

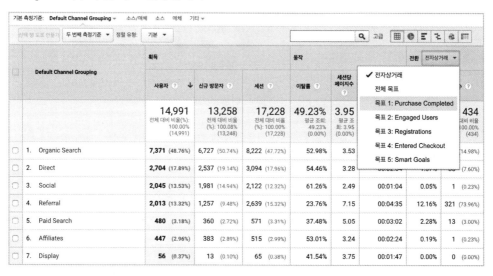

구매 전환율 확인하기

각 채널의 구매 완료 전환율이 표시됩니다. 여기에서는 Referral 채널의 구매 전환율이 12.09%(목표1 완료 수 319 / 세션 2,639 * 100)로 가장 높습니다.

	Default Channel Grouping	획득			동작			전환 목표 1: Purchase Completed ▼		
		사용자 ?	신규 방문자 ?	세션 ?	이탈률 ?	세션당 페이지수 ?	평균 세션 시간 ?	Purchase Completed (목표 1 전환율)	Purchase Completed (목표 1 완료 수)	Purchase Completed (목표 1 가치)
		14,991 전체 대비 비율(%): 100.00% (14,991)	**13,258** 전체 대비 비율(%): 100.08% (13,248)	**17,228** 전체 대비 비율(%): 100.00% (17,228)	**49.23%** 평균 조회: 49.23% (0.00%)	**3.95** 평균 조회: 3.95 (0.00%)	**00:02:25** 평균 조회: 00:02:25 (0.00%)	**2.51%** 평균 조회: 2.51% (0.00%)	**432** 전체 대비 비율(%): 100.00% (432)	**US$0.00** 전체 대비 비율(%): 0.00% (US$0.00)
☐	1. Organic Search	**7,371** (48.76%)	6,727 (50.74%)	8,222 (47.72%)	52.98%	3.53	00:02:09	0.80%	66 (15.28%)	US$0.00 (0.00%)
☐	2. Direct	**2,704** (17.89%)	2,537 (19.14%)	3,094 (17.96%)	54.46%	3.28	00:02:04	1.00%	31 (7.18%)	US$0.00 (0.00%)
☐	3. Social	**2,045** (13.53%)	1,981 (14.94%)	2,122 (12.32%)	61.26%	2.49	00:01:04	0.05%	1 (0.23%)	US$0.00 (0.00%)
☑	4. Referral	**2,013** (13.32%)	1,257 (9.48%)	2,639 (15.32%)	23.76%	7.15	00:04:35	12.09%	319 (73.84%)	US$0.00 (0.00%)
☐	5. Paid Search	**480** (3.18%)	360 (2.72%)	571 (3.31%)	37.48%	5.05	00:03:02	2.45%	14 (3.24%)	US$0.00 (0.00%)
☐	6. Affiliates	**447** (2.96%)	383 (2.89%)	515 (2.99%)	53.01%	3.24	00:02:24	0.19%	1 (0.23%)	US$0.00 (0.00%)
☐	7. Display	**56** (0.37%)	13 (0.10%)	65 (0.38%)	41.54%	3.75	00:01:47	0.00%	0 (0.00%)	US$0.00 (0.00%)

14.3.2 세그먼트로 효율 확인하기

만일 목표가 설정되지 않다면 세그먼트를 설정해 효율을 확인할 수 있습니다. 이번에는 <7.7 실전! 구매 확률이 높은 사용자 알아보기>에서 만든 구매자 세그먼트를 적용해 가장 효율이 좋은 채널을 확인해보겠습니다.

구매자 세그먼트로 변경하기

채널 보고서에 접속한 뒤 모든 사용자 세그먼트를 구매자 세그먼트로 변경합니다. 각 채널별로 구매자 세그먼트에 해당하는 사용자 수를 확인할 수 있습니다.

채널별 사용자 수 확인하기

목표 전환율로 효율을 확인할 때와 마찬가지로 Referral 채널의 사용자가 309, 세션이 319로 모든 채널 중 가장 높습니다.

	Default Channel Grouping	획득		
		사용자 ? ↓	신규 방문자 ?	세션 ?
	구매자	**419** 전체 대비 비율 (%): 2.80% (14,991)	**163** 전체 대비 비율 (%): 1.23% (13,258)	**432** 전체 대비 비율 (%): 2.51% (17,228)
☐	1. Referral	**309** (73.75%)	114 (69.94%)	319 (73.84%)
☐	2. Organic Search	**63** (15.04%)	30 (18.40%)	66 (15.28%)
☐	3. Direct	**31** (7.40%)	16 (9.82%)	31 (7.18%)
☐	4. Paid Search	**14** (3.34%)	2 (1.23%)	14 (3.24%)
☐	5. Affiliates	**1** (0.24%)	1 (0.61%)	1 (0.23%)
☐	6. Social	**1** (0.24%)	0 (0.00%)	1 (0.23%)

선택 행 도표 만들기 두 번째 측정기준 ▼ 정렬 유형: 기본 ▼

14.4 실전! ROAS, ROI로 마케팅 채널 효율 분석하기

👤 구글 머천다이즈 스토어　　　　　▦ 획득 > 전체 트래픽 > 채널

🕐 2017. 7. 3. ~ 2017. 7. 9.

앞에서는 구매 전환율이 가장 높은 채널이 Referral이라는 것을 알아봤습니다. 그런데 여기에는 주의해야 할 점이 있습니다. 구매 전환율이 가장 높은 채널이 마케팅 효율이 가장 높은 채널이 아닐 수도 있다는 점입니다.

마케팅 비용으로 1천만 원을 사용했을 때의 구매 전환율이 10% 발생하는 채널과 마케팅 비용으로 1백만 원으로 사용했을 때의 구매 전환율 7% 발생하는 채널이 있다면 어느 쪽의 마케팅 효율이 좋은 것일까요? 실제 마케팅 채널의 효율을 분석하기 위해서는 마케팅 비용, 판매 비용, 관리 비용 등 여러 가지를 고려해야 합니다. 이번 절에서는 실무에서 마케팅 효율을 측정하기 위해 많이 사용되는 ROAS와 ROI를 살펴보겠습니다.

여기에서는 유료 채널마다 100만 원을 사용했고 구매자마다 10만 원씩 한 건만 구매했다고 가정하겠습니다. 채널에 사용된 마케팅 비용과 구매자 수, 매출액, 수익액을 정리하면 [표 14-2]와 같습니다.

표 14-2 채널에 사용된 마케팅 비용과 수익액

채널	마케팅 비용	구매자 수	매출액 (구매자당 10만 원)	수익액 (매출액 – 마케팅 비용)
Referral	100만 원	30명	300만 원	200만 원
Paid Search	100만 원	1명	10만 원	-90만 원
Affiliates	100만 원	1명	10만 원	-90만 원

14.4.1 ROAS 분석하기

ROAS는 Return On Ad Spend의 약자이며 마케팅 비용 대비 어느 정도의 매출이 발생했는지를 나타냅니다. 이를 계산하는 공식은 다음과 같습니다.

• ROAS = 매출액 / 마케팅 비용 * 100

이 공식을 바탕으로 ROAS를 계산하면 다음과 같습니다.

채널	ROAS	계산식
Referral	300	300 / 100 * 100
Paid Search	10	10 / 100 * 100
Affiliates	10	10 / 100 * 100

Referral 채널의 ROAS는 300입니다. 이는 Referral 채널이 마케팅 비용의 300%에 해당하는 매출을 발생시켰다는 것을 의미합니다. Paid Search와 Affiliates 채널의 ROAS는 10입니다. 이는 해당 채널들이 마케팅 비용의 10%에 해당하는 매출밖에 발생시키지 못했다는 것, 마케팅 비용의 90%를 손해 봤다는 것을 의미합니다.

14.4.2 ROI 분석하기

ROI는 Return Of Investment의 약자이며 마케팅 투자비용으로 얼마의 수익을 발생시켰는지를 알 수 있습니다. 이를 계산하는 공식은 다음과 같습니다.

- ROI = 수익액 / 마케팅 비용 * 100

    = {(매출액 – 마케팅 비용) / 마케팅 비용} * 100

    = (매출액 / 마케팅 비용 * 100) - (마케팅 비용 / 마케팅 비용 *100)

    = ROAS - 100

이 공식을 바탕으로 ROI를 계산하면 다음과 같습니다.

채널	ROI	ROI 계산식	ROAS-100
Referral	200	200/100 * 100	200
Paid Search	-90	-90/100 * 100	-90
Affiliates	-90	-90/100 * 100	-90

Referral 채널의 ROI는 200입니다. 이는 Referral 채널이 마케팅 비용의 200%에 해당하는 수익 발생시켰다는 것을 의미합니다. Paid Search와 Affiliates 채널의 ROI는 -90입니다. 이는 해당 채널들이 마케팅 비용의 90%에 해당하는 손해를 발생시켰다는 것을 의미합니다.

14.4.3 ROAS와 ROI

여기에서는 수익을 계산할 때 마케팅 비용만을 고려했습니다. 하지만 실무에서는 수익액을 계산할 때 마케팅 비용 외에도 기타 비용(원가, 포장, 배송, 파손, 환불, 임금, 시간) 등을 폭넓게 고려합니다. 따라서 매출액이 발생하더라도 수익액이 마이너스를 기록하는 경우가 생길 수 있습니다. 여기에서는 다음과 같은 데이터를 가정해보겠습니다.

구분	마케팅 비용	매출액	수익액
금액	100만 원	350만 원	-50만 원

이를 바탕으로 ROAS와 ROI를 계산하면 다음과 같은 수치를 확인할 수 있습니다.

구분	ROAS	ROI
계산식	350 / 100 * 100	-50 / 100 * 100)
값	350	-50

ROAS 350%만을 살펴보면 해당 마케팅의 효율은 무척 좋아보입니다. 하지만 ROI -50%을 살펴보면 해당 마케팅은 효율이 좋기는커녕 손해 보는 마케팅이 됩니다. 만약 이것이 계획된 손해가 아니라면 해당 마케팅은 중지해야 할 것입니다.

이 경우를 살펴보면 마케팅 효율을 분석할 때 ROAS 분석이 아닌 ROI 분석만 사용해도 될 것처럼 보일 수 있습니다. 그러나 모든 상황에서 ROI를 파악할 수 있는 것은 아닙니다. 사업 초기나 광고 대행업의 경우, ROI 분석을 위한 수익액을 확인할 수 없는 경우가 있기 때문입니다. 이때는 ROI 분석이 아닌 ROAS 분석을 사용하되 기타 비용을 고려해 ROAS 효율 판단의 기준을 300% 이상으로 설정합니다. ROAS 분석 결과가 300% 미만이면 비효율적인 마케팅, 300% 이상이면 효율적인 마케팅이라고 판단하는 것입니다. 앞에서와 같이 ROAS 분석 결과가 350%라면 이는 효율적인 마케팅이라고 할 수 있습니다.

Chapter 15

접속 검색어 분석하기

담당자M의 이야기

담당자M은 사용자가 홈페이지에 기대하는 것이 무엇인지 알고 싶습니다. 담당자M은 이를 확인하기 위해 사용자가 어떤 검색어로 홈페이지에 하는지 확인하려 합니다. 사용자가 홈페이지에 접속할 때 입력한 검색어를 알 수 있다면 사용자가 무엇을 기대하고 홈페이지에 들어왔는지, 사용자가 무엇을 원하는지 확인할 수 있을 것입니다.

담당자M을 도와주세요

구글 애널리틱스는 구글, 네이버, 다음 등 검색엔진을 통해 홈페이지에 접속한 사용자의 검색어를 자동으로 수집합니다. 자연 키워드 보고서와 Search Console 보고서를 활용하면 사용자들이 홈페이지에 접속하기 위해 사용한 검색어를 쉽게 확인할 수 있습니다. 이번 장에서는 기본적인 검색어 분석 방법을 살펴보고 사용자의 검색어로 워드 클라우드를 만들어보겠습니다.

15.1 자연 키워드 보고서 살펴보기

👤 구글 머천다이즈 스토어　　　　　　　　📑 획득 > 캠페인 > 자연 키워드

🕐 2017. 7. 3. ~ 2017. 7. 9.

구글 애널리틱스는 홈페이지에 접속한 사용자의 검색어 분석을 위해 두 종류의 키워드 보고서를 제공합니다. 유료 키워드(Paid Keyword) 보고서는 구글에 집행하고 있는 유료 광고 검색어를 분석할 때 확인합니다. 자연 키워드(Organic Keyword) 보고서는 유료 광고 검색어가 아닌 사용자의 자발적인 검색어를 분석할 때 확인합니다.

이번 절에서는 사용자가 입력한 검색어를 확인할 것이니 자연 키워드 보고서를 활용하겠습니다.

STEP 1 키워드 보고서 확인하기

보고서 및 도움말 검색에서 키워드를 입력한 뒤 획득 > 캠페인 > 자연 키워드를 클릭합니다.

STEP 2 가장 많이 검색한 키워드 찾기

사용자가 가장 많이 검색한 키워드로 (not provided)가 7,111로 표시됩니다. (not provided)는 사용자가 직접 입력한 검색어가 아니라 보안, 개인정보 등의 이유로 구글 애널리틱스에서 정보를 제공하지 않는 검색어를 의미합니다. 키워드 (not set) 또한 이와 마찬가지로 잘못 입력됐거나 유실된 검색어를 의미합니다.

(not provided)와 (not set)을 제외한 검색어를 살펴봅시다. 검색어 youtube로 획득한 사용자가 32명, bag으로 획득한 사용자가 3명입니다.

15.2 Search Console 보고서 살펴보기

아쉽게도 실습을 진행할 수 없습니다

구글 머천다이즈 스토어 계정의 정책 변경으로 해당 내용을 더 이상 실습할 수 없습니다. 실무에서의 활용 방법을 참고한다는 느낌으로 가볍게 학습하시기 바랍니다.

앞에서 살펴본 자연 키워드 보고서에서는 대부분의 검색어가 (not provided)로 표시됐기 때문에 의미 있는 정보를 확인할 수 없었습니다. 이번 절에서는 Search Console 보고서를 통해 (not provided)에 해당하는 검색어를 확인해보겠습니다.

15.2.1 Search Console 데이터 공유 설정하기

👤 실습 계정 　　　　　　　　　📋 획득 > Search Console > 검색어

Search Console 보고서를 사용하기 위해서는 홈페이지 검색어의 데이터를 Search Console에 공유하겠다는 설정을 진행해야 합니다. 이를 진행하기 위해서는 실제 자신이 운영/관리하는 홈페이지가 있어야 합니다. 여기에서는 어떤 방식으로 Search Console 데이터 공유를 설정하는지만 확인해주시기 바랍니다.

STEP 1 **Search Console 데이터 공유 설정하기**

보고서 및 도움말 검색에서 Search를 입력한 뒤 획득 > Search Console > 검색어를 클릭합니다.

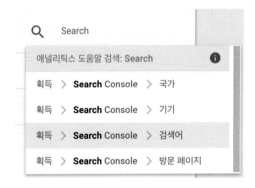

Search Console 통합 설정에 대한 안내가 표시되면 Search Console 데이터 공유 설정을 클릭합니다.

 이 보고서를 실행하려면 Search Console 통합을 설정해야 합니다.

Search Console 데이터 공유 설정

Search Console이란?
Search Console은 Google 검색에서 사이트 실적을 개선하는 데 도움이 되는 데이터와 분석 정보를 제공하는 무료 제품입니다.

애널리틱스에서 Search Console 데이터 사용하기
Search Console 사이트를 애널리틱스 속성에 연결하면 검색엔진 최적화 보고서에 데이터가 표시됩니다. 애널리틱스 계정 관리의 속성 설정 페이지에서 보고서에 표시할 Search Console 사이트의 데이터를 변경하고, 웹 속성의 보기별로 데이터를 볼 수 있는 권한을 부여할 수 있습니다.

애널리틱스에서 Search Console 데이터를 활용하는 방법
Search Console에서는 사용자들이 Google 검색결과의 어떤 내용을 보고 내 사이트 또는 다른 사이트를 클릭하게 되는지 알 수 있는 데이터를 제공합니다. 이 데이터를 활용하면 새로운 기회를 파악하고 개발 우선순위를 결정하여 사이트 방문자를 늘릴 수 있습니다. 예를 들면 다음과 같습니다.

- 사이트에서 클릭률(CTR)은 높지만 검색결과의 평균 게재순위는 낮은 방문 페이지를 찾을 수 있습니다. 사용자에게 필요한 정보를 제공하지만 찾기 쉽지 않은 페이지가 여기에 해당됩니다.
- 귀하의 사이트에서 평균 게재순위는 높지만 클릭률은 낮은 검색어(키워드)를 찾아보십시오. 웹페이지 노출이 잘 되고 있지만 콘텐츠를 개선할 경우 방문자가 더욱 많아질 수 있는 검색어입니다.

STEP 2 Search Console site 확인 후 저장하기

Search Console 데이터 공유 설정을 클릭하면 속성 설정 페이지로 자동 이동하게 됩니다. 화면을 아래로 스크롤한 뒤 Search Console 조정을 클릭합니다.

Search Console 설정 페이지가 표시되면 추가를 클릭합니다.

Search Console 데이터 사용 페이지가 표시되면 취소 버튼 옆의 Search Console에 사이트 추가를 클릭합니다.

Search Console 시작하기 페이지가 표시되면 웹사이트 주소로 https://www.example.com 입력하고 속성 추가를 클릭합니다.

이후로는 웹사이트의 소유권을 확인하는 과정이 시작됩니다. 권장 방법과 대체 방법을 확인한 뒤 자신에게 적합한 과정을 진행합니다.

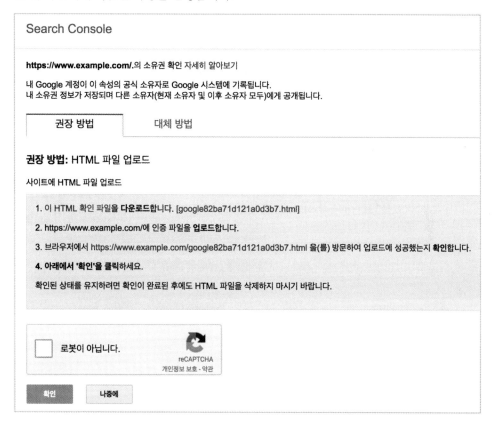

이 과정을 모두 진행한 뒤 관리 > 속성 설정 > Search Console 조정 > 추가에 접속하면 다음과 같이 자신의 홈페이지가 표시됩니다. 저장을 클릭하면 Search Console 사이트 연결이 완료됩니다.

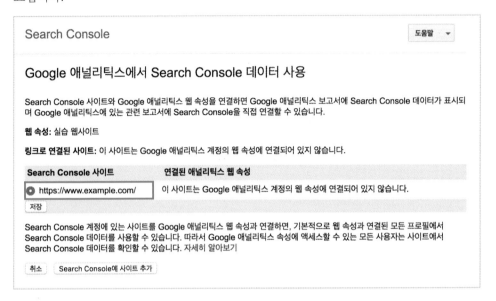

STEP 3 Search Console 보고서 활성화 확인하기

다시 획득 > Search Console > 검색어 보고서에 접속하면 Search Console 보고서가 활성화된 것을 확인할 수 있습니다.

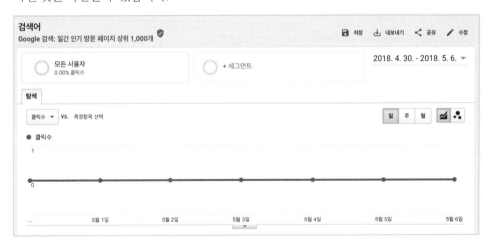

15.2.2 Search Console 검색어 보고서 살펴보기

👤 구글 머천다이즈 스토어   📋 획득 > Search Console > 검색어

이번에는 '구글 머천다이즈 스토어' 계정의 Search Console 보고서를 확인해보겠습니다. 키워드 보고서의 (not provided)에 어떤 검색어가 있는지 잘 살펴보시기 바랍니다.

STEP 1 일정 설정하기

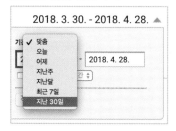

일정을 지난 30일로 설정하고 적용을 클릭합니다. Search Console 보고서에는 당일을 기준으로 지난 90일까지의 데이터만 표시되기 때문에 더 이전 날짜를 선택하면 데이터가 정상적으로 표시되지 않습니다.

STEP 2 Search Console 보고서에서 검색어 확인하기

키워드 보고서에서는 (not provided)로 표시되던 검색어가 표시되는 것을 확인할 수 있습니다. 검색어를 살펴보면 youtube merch, youtube merchandise, youtube shop과 같이 유튜브 상품이나 기념품이라는 검색어로 홈페이지에 접속하는 사람이 많습니다.

그런데 아쉽게도 해당 보고서 역시 모든 검색어가 표시되는 것은 아닙니다. 개인 정보 등의 이유로 (other)와 같이 표시되지 않는 검색어들이 있습니다. 이 부분은 어쩔 수 없는 부분이니 너무 개의치 말고 넘어가시기 바랍니다.

기본 측정기준: 검색어

두 번째 측정기준 ▼

검색어	클릭수	↓ 노출수	클릭률(CTR)	평균 게재순위
	17,199 전체 대비 비율(%): 100.00% (17,199)	1,009,583 전체 대비 비율(%): 100.00% (1,009,583)	1.70% 평균 조회: 1.70% (0.00%)	13 평균 조회: 13 (0.00%)
1. (other)	5,773 (33.57%)	142,523 (14.12%)	4.05%	16
2. youtube merch	1,165 (6.77%)	3,873 (0.38%)	30.08%	1.5
3. youtube merchandise	492 (2.86%)	1,358 (0.13%)	36.23%	1.0
4. youtube shop	492 (2.86%)	1,191 (0.12%)	41.31%	1.1
5. google t shirt	462 (2.69%)	1,651 (0.16%)	27.98%	1.0
6. youtube store	387 (2.25%)	1,075 (0.11%)	36.00%	1.0
7. google backpack	326 (1.90%)	1,592 (0.16%)	20.48%	1.2
8. google merchandise store	287 (1.67%)	8,387 (0.83%)	3.42%	1.0
9. google stickers	269 (1.56%)	1,114 (0.11%)	24.15%	1.0
10. google shirt	267 (1.55%)	1,051 (0.10%)	25.40%	1.0

Search Console 보고서에는 검색어 클릭수뿐만 아니라 해당 검색어가 구글 검색 결과에서 어느 정도의 효율을 나타냈는지 정보도 표시됩니다. 표의 열에는 각각 클릭수, 노출수, 클릭률(CTR), 평균 게재순위가 표시됩니다. 이를 통해 검색어의 효율을 확인할 수 있습니다.

검색어 youtube merch의 경우(❶) 클릭수가 1,165로 굉장히 높습니다. 그런데 이 클릭은 검색어가 화면에 3,873번 표시됐을 때의 클릭수입니다. 검색어 youtube는 30.08%의 클릭률을 기록하고 있습니다. 검색어 youtube shop의 경우(❷) 클릭수는 492, 노출수는 1,191, 클릭률은 41.31%입니다. 또한 사용자가 해당 검색어로 검색을 진행하면 해당 검색어의 평균 게재순위가 1.0으로 글 검색 창의 최상단에 표시된다는 것을 알 수 있습니다.

Search Console 보고서는 이런 방식으로 서로 다른 키워드의 클릭수, 클릭률, 게재순위 등을 비교해 더 효율적인 키워드를 발굴하는 데 주로 사용합니다.

> **NOTE 키워드 보고서와 Search Console 보고서를 모두 활용하기**
>
> 검색어를 확인하기 위해서는 키워드 보고서와 Search Console 보고서를 모두 확인해야 합니다. 키워드 보고서를 통해 국내 검색엔진의 검색어 데이터를 확인할 수 있고 Search Console 보고서를 통해 구글 검색엔진의 검색어 데이터를 확인할 수 있습니다.
>
> Search Console 보고서는 당일을 기준으로 지난 90일까지의 검색어를 표시합니다. 주기적으로 Search Console 보고서 데이터를 저장해 연간 검색어 데이터를 확보할 수 있도록 노력하시기 바랍니다

15.3 실전! 사용자 검색어로 워드 클라우드 만들기

👤 구글 머천다이즈 스토어 　　　　📑 획득 > Search Console > 검색어

🖥 https://www.turtlebooks.co.kr/ga/15/3

사용자의 검색어를 분석하는 이유는 무엇일까요? 크게 다음 세 가지를 생각할 수 있습니다.

첫째, 서비스가 제공하는 정보와 가치가 사용자의 관심사와 일치하는가?

둘째, 서비스가 놓치고 있는 사용자의 관심사가 있지는 않은가?

셋째, 사용자의 새로운 요구(Needs)를 발굴할 수 있지 않을까?

Search Console 보고서에 표시되는 사용자의 검색어를 직접 살펴보면 이를 간단하게 파악할 수 있습니다만 여기에는 생각보다 고려해야 할 것들이 많습니다. 만약 사용자의 검색어가 google backpack, google stickers, google shirt 등이라고 할 때 실제 사용자가 관심을 갖고 있는 것은 검색어에 공통적으로 포함된 google일까요? backpack, stickers, shirt일까요? 이를 제대로 파악하기 위해서는 검색어가 포함하고 있는 단어들을 모두 살펴봐야 합니다.

이번 절에서는 워드 클라우드를 활용해 Search Console 보고서에 표시되는 검색어를 시각화해보겠습니다. 검색어가 포함하고 있는 단어들을 시각화해 중요하면 살펴봐야 할 단어를 쉽게 찾을 것입니다.

STEP 1 키워드 복사하기

Search Console 보고서에 접속한 뒤 행 표시를 100으로 변경합니다.

검색어	클릭수	노출수	클릭률(CTR)	평균 게재순위
	17,199 전체 대비 비율(%): 100.00% (17,199)	1,009,583 전체 대비 비율(%): 100.00% (1,009,583)	1.70% 평균 조회: 1.70% (0.00%)	13 평균 조회: 13 (0.00%)
1. (other)	5,773 (33.57%)	142,523 (14.12%)	4.05%	16
2. youtube merch	1,165 (6.77%)	3,873 (0.38%)	30.08%	1.5
3. youtube merchandise	492 (2.86%)	1,358 (0.13%)	36.23%	1.0
4. youtube shop	492 (2.86%)	1,191 (0.12%)	41.31%	1.1
5. google t shirt	462 (2.69%)	1,651 (0.16%)	27.98%	1.0
6. youtube store	387 (2.25%)	1,075 (0.11%)	36.00%	1.0
7. google backpack	326 (1.90%)	1,592	20.48%	1.2
8. google merchandise store	287 (1.67%)	8,387	3.42%	1.0
9. google stickers	269 (1.56%)	1,114	24.15%	1.0
10. google shirt	267 (1.55%)	1,051	25.40%	1.0

행 표시: 10 ▾ 이동: 1 전체 17884개 중 1~10 ‹ ›

내보내기를 클릭한 뒤 Google 스프레드시트를 클릭합니다.

스프레드시트에 검색어가 표시되면 (other)를 제외한 키워드를 모두 복사합니다.

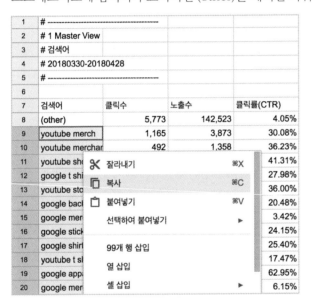

STEP 2 워드 클라우드 생성하기

워드 클라우드 생성 페이지(https://www.turtlebooks.co.kr/ga/15/3)에 접속합니다. 텍스트 입력란에 검색어를 붙여넣기하고 Go!를 클릭합니다.

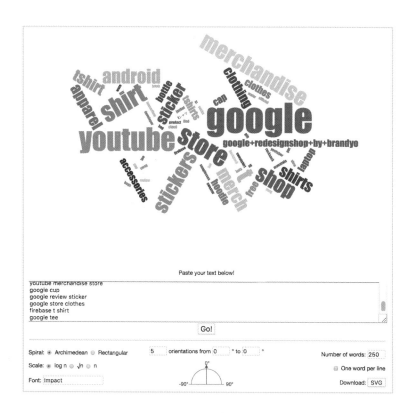

워드 클라우드가 생성됩니다. 단어를 확인하기 불편하니 워드 클라우드의 각도를 0으로 조정하고 다시 Go!를 클릭합니다.

생성된 워드 클라우드에서 google, youtube, store 등 일반적인 단어를 제외하고 나머지를 살펴보면 사용자의 관심사를 파악할 수 있습니다.

여기에서는 shirt, tshirts, apparel, clothing 등 옷에 관련된 키워드가 많습니다. 구글 머천다이즈 스토어의 메인은 옷을 중심으로 구성됐기 때문에 사용자의 관심사와 홈페이지의 의도가 일치한다고 볼 수 있습니다.

옷 이외의 단어를 살펴보면 stickers, bottle, laptop 등의 키워드가 있습니다. 구글 머천다이즈 스토어는 해당 키워드 관련 상품들도 판매하고 있지만 메인에는 표시하지 않고 있습니다. 이번 기회에 구글 머천다이즈 스토어의 메인에 해당 상품들을 표시해보는 것은 어떨까요? 기대 이상으로 판매율이 좋으면 구글 머천다이즈 스토어의 새로운 주력 아이템이 될 수도 있습니다.

Chapter 16 리퍼러 분석하기

담당자M의 이야기

담당자M은 사용자가 어떤 곳에서 홈페이지에 접속하는지 알고 싶습니다. 담당자M은 이를 확인하기 위해 사용자가 홈페이지의 링크를 클릭한 곳이 어디인지 확인하려 합니다. 사용자가 어떤 곳에서 홈페이지에 접속했는지 알 수 있다면 해당 사용자가 어떤 성향인지, 무엇에 관심이 있는지를 확인할 수 있을 것입니다.

담당자M을 도와주세요

브라우저는 사용자가 링크를 클릭해 웹페이지를 이동할 때 리퍼러(Referrer)라는 이름으로 링크를 클릭한 웹페이지의 주소를 저장합니다. 구글 애널리틱스는 리퍼러를 수집해 사용자가 어떤 곳에서 홈페이지에 접속했는지에 대한 데이터를 저장합니다. 이번 장에서는 리퍼러 분석 방법을 살펴보겠습니다. 또한, 웹에서 자신의 홈페이지와 관련된 정보를 검색하고 구독하는 방법도 알아보겠습니다.

16.1 리퍼러 살펴보기

리퍼러(Referrer)는 사용자가 현재 홈페이지에 접속하는 링크를 클릭한 페이지의 주소를 말합니다. 이번 절에서는 크롬 브라우저의 개발자 도구를 활용해 리퍼러 주소를 확인해보겠습니다.

STEP 1 링크를 클릭해 접속하기

https://creatoracademy.youtube.com/ 페이지에 접속합니다. 화면 하단의 상품을 클릭합니다. 상품을 클릭하면 구글 머천다이즈 스토어 홈페이지로 이동합니다.

페이지의 빈 곳에서 마우스 오른쪽 버튼을 클릭한 뒤 검사를 클릭합니다.

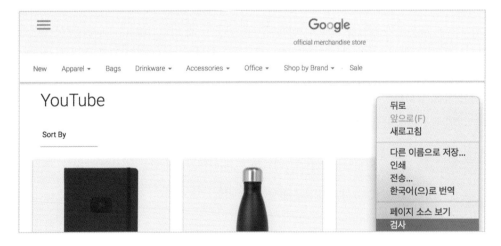

브라우저 하단에 개발자 도구가 표시되면 Console을 클릭합니다. 코드 입력란이 나옵니다. 코드 입력란에 document.referrer를 입력합니다.

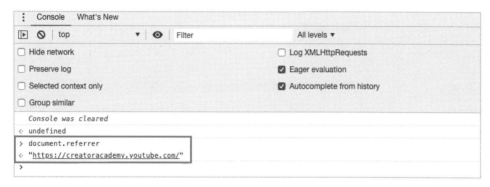

https://creatoracademy.youtube.com/라는 주소가 표시됩니다. 이 주소는 우리가 처음 접속했던 페이지의 주소입니다. 이처럼 현재 페이지에 접속하는 링크를 클릭했던 페이지의 주소를 리퍼러라고 합니다.

STEP 2 주소를 입력해 접속하기

이번에는 브라우저의 주소 입력란에 https://shop.googlemerchandisestore.com/를 직접 입력해 홈페이지에 접속합니다. 마우스 오른쪽 버튼을 클릭한 뒤 검사를 클릭해 개발자 도구를 표시합니다.

Console에서 document.referrer를 입력합니다. 이번에는 리퍼러가 표시되지 않습니다. 링크를 클릭하지 않고 직접 주소를 입력해 접속했기 때문입니다.

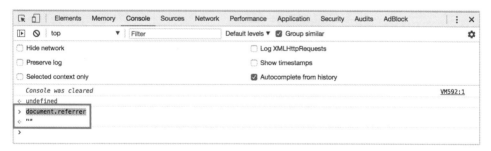

16.2 추천 보고서 살펴보기

👤 구글 머천다이즈 스토어　　　　　　　🗄 획득 > 전체 트래픽 > 추천
🕐 2017. 7. 3. ~ 2017. 7. 9.

구글 애널리틱스는 리퍼러 정보를 자동으로 수집합니다. 이번 절에서는 추천 보고서 (Referral Report)를 통해 구글 머천다이즈 스토어로 이동이 많이 발생하는 페이지를 살펴보 겠습니다.

STEP 1 리퍼러 확인하기

보고서 및 도움말 검색에서 추천을 입력한 뒤 획 득 > 전체 트래픽 > 추천을 클릭합니다.

추천 보고서에는 사용자들이 어떤 홈페이지를 통해 구글 머천다이즈 스토어에 접속했는지 가 표시됩니다. youtube.com을 통해 사용자 1,813명이 홈페이지에 접속했습니다.

	소스	획득			동작			전환 전자상거래	
		사용자 ↓	신규 방문자	세션	이탈률	세션당 페이지수	평균 세션 시간	전자상거래 전환율	거래수
		4,050 전체 대비 비율(%): 27.02% (14,991)	3,238 전체 대비 비율 (%): 24.44% (13,248)	4,761 전체 대비 비율 (%): 27.64% (17,228)	40.47% 평균 조회: 49.23% (-17.79%)	5.07 평균 조회: 3.95 (28.27%)	00:03:01 평균 조회: 00:02:25 (25.06%)	6.76% 평균 조회: 2.52% (168.47%)	322 전체 대비 비율 (%): 74.19% (434)
☐	1. youtube.com	1,813 (43.86%)	1,779 (54.94%)	1,872 (39.32%)	62.23%	2.48	00:01:03	0.00%	0 (0.00%)
☐	2. mall.googleplex.com	898 (21.72%)	480 (14.82%)	1,118 (23.48%)	13.42%	8.48	00:05:15	10.91%	122 (37.89%)
☐	3. analytics.google.com	364 (8.81%)	280 (8.65%)	449 (9.43%)	52.56%	2.72	00:03:03	0.00%	0 (0.00%)
☐	4. gdeals.googleplex.com	344 (8.32%)	170 (5.25%)	499 (10.48%)	9.42%	9.90	00:05:49	28.26%	141 (43.79%)
☐	5. sites.google.com	219 (5.30%)	117 (3.61%)	276 (5.80%)	17.75%	7.34	00:04:29	18.48%	51 (15.84%)
☐	6. m.facebook.com	80 (1.94%)	76 (2.35%)	86 (1.81%)	63.95%	2.35	00:01:18	1.16%	1 (0.31%)
☐	7. google.com	76 (1.84%)	69 (2.13%)	87 (1.83%)	54.02%	3.20	00:01:43	0.00%	0 (0.00%)
☐	8. facebook.com	50 (1.21%)	42 (1.30%)	55 (1.16%)	50.91%	3.00	00:02:05	0.00%	0 (0.00%)
☐	9. qiita.com	33 (0.80%)	32 (0.99%)	37 (0.78%)	45.95%	4.76	00:04:15	0.00%	0 (0.00%)
☐	10. reddit.com	30 (0.73%)	28 (0.86%)	31 (0.65%)	35.48%	3.13	00:01:06	0.00%	0 (0.00%)

상세 리퍼러 확인하기

youtube.com을 통해 사용자 1,813명이 홈페이지에 접속한다는 정보는 너무 막연합니다.
이번에는 구체적으로 youtube.com의 어느 페이지에서 접속이 발생하는지 확인해보겠습니
다. youtube.com을 클릭합니다.

	소스 ⍰	획득		
		사용자 ⍰ ↓	신규 방문자 ⍰	세션 ⍰
		4,050 전체 대비 비율(%): 27.02% (14,991)	**3,238** 전체 대비 비율 (%): 24.44% (13,248)	**4,761** 전체 대비 비율 (%): 27.64% (17,228)
☐	1. youtube.com	**1,813** (43.86%)	1,779 (54.94%)	1,872 (39.32%)
☐	2. mall.googleplex.com	**898** (21.72%)	480 (14.82%)	1,118 (23.48%)
☐	3. analytics.google.com	**364** (8.81%)	280 (8.65%)	449 (9.43%)

다음과 같이 yotube.com의 어느 페이지에서 접속이 발생했는지 표시됩니다.

	추천 경로 ⍰	획득		
		사용자 ⍰ ↓	신규 방문자 ⍰	세션 ⍰
		1,813 전체 대비 비율 (%): 12.09% (14,991)	**1,779** 전체 대비 비율 (%): 13.43% (13,248)	**1,872** 전체 대비 비율 (%): 10.87% (17,228)
☐	1. / ⧉	**369** (20.26%)	367 (20.63%)	383 (20.46%)
☐	2. /mobile ⧉	**244** (13.40%)	242 (13.60%)	250 (13.35%)
☐	3. /yt/about/ ⧉	**183** (10.05%)	176 (9.89%)	185 (9.88%)
☐	4. /yt/about/copyright/ ⧉	**161** (8.84%)	157 (8.83%)	167 (8.92%)
☐	5. /yt/about/press/ ⧉	**90** (4.94%)	90 (5.06%)	94 (5.02%)

두 번째 측정기준(보조 측정기준)을 전체 추천자로 변경하면 접속 주소를 더 상세하게 확인할 수 있습니다.

youtube.com/mobile에서 244명이 접속했고 youtube.com/yt/about에서 183명이 접속했습니다.

	추천 경로 ⓘ		전체 추천자 ⓘ ⊗	획득		
				사용자 ⓘ ↓	신규 방문자 ⓘ	세션 ⓘ
				1,813 전체 대비 비율 (%): 12.09% (14,991)	**1,779** 전체 대비 비율 (%): 13.43% (13,248)	**1,872** 전체 대비 비율 (%): 10.87% (17,228)
☐	1. /	⧉	youtube.com/	**369** (20.26%)	367 (20.63%)	383 (20.46%)
☐	2. /mobile	⧉	youtube.com/mobile	**244** (13.40%)	242 (13.60%)	250 (13.35%)
☐	3. /yt/about/	⧉	youtube.com/yt/about/	**183** (10.05%)	176 (9.89%)	185 (9.88%)

보고서 우측 상단의 모두를 클릭하면 원본 보고서로 돌아갈 수 있습니다.

리퍼러 주소의 한계

다음 화면은 m.facebook.com(모바일 페이스북)의 리퍼러 주소를 확인한 모습입니다. 그런데 특이하게 m.facebook.com의 전체 추천자가 m.facebook.com/과 m.facebook.com/l.php만 표시됩니다. 이는 페이스북 링크가 리퍼러 주소를 노출하지 않는 방법을 사용하기 때문입니다. 이런 경우에는 상세 리퍼러를 확인할 수 없습니다.

이때, 백링크를 확인하면 상세 리퍼러를 확인할 수 있습니다. 백링크 확인 방법은 다음 절에서 자세히 다루겠습니다.

`STEP 3` **목표 전환율이 높은 리퍼러 확인하기**

표의 오른쪽에는 목표 전환율이 표시됩니다. 전환 전자상거래를 클릭한 뒤 목표 1: Purchase Completed(구매 완료)로 변경합니다. 채널별 목표1 전환율이 표시됩니다.

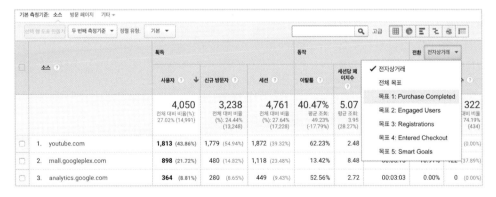

Purchase Completed(목표 1 완료 수)를 클릭해 내림차순 정렬을 진행합니다. gdeals.
googleplex.com 를 보면 홈페이지에 접속한 사용자들의 구매 완료수가 가장 높은 것을 확
인할 수 있습니다. 해당 페이지 주소에 접속하면 구글 직원들만 접속 가능한 사내 홈페이지
로 이동하게 됩니다.

	소스	획득			동작			전환 목표 1: Purchase Completed		
		사용자	신규 방문자	세션	이탈률	세션당 페이지 수	평균 세션 시간	Purchase Completed (목표 1 전환율)	Purchase Completed (목표 1 완료 수)	Purchase Completed (목표 1 가치)
		4,050 전체 대비 비율 (%): 27.02% (14,991)	3,238 전체 대비 비율 (%): 24.44% (13,248)	4,761 전체 대비 비율 (%): 27.64% (17,228)	40.47% 평균 조회: 49.23% (-17.79%)	5.07 평균 조회: 3.95 (28.27%)	00:03:01 평균 조회: 00:02:25 (25.06%)	6.72% 평균 조회: 2.51% (168.04%)	320 전체 대비 비율(%): 74.07% (432)	US$0.00 전체 대비 비율(%): 0.00% (US$0.00)
☐	1. gdeals.googleplex.com	344 (8.32%)	170 (5.25%)	499 (10.48%)	9.42%	9.90	00:05:49	27.45%	137 (42.81%)	US$0.00 (0.00%)
☐	2. mail.googleplex.com	898 (21.72%)	480 (14.82%)	1,118 (23.48%)	13.42%	8.48	00:05:15	11.09%	124 (38.75%)	US$0.00 (0.00%)
☐	3. sites.google.com	219 (5.30%)	117 (3.61%)	276 (5.80%)	17.75%	7.34	00:04:29	18.48%	51 (15.94%)	US$0.00 (0.00%)

지금까지 추천 보고서로 구매 전환이 가장 많이 발생하는 리퍼러를 확인해봤습니다. 여기에
서는 구글의 사내 홈페이지에서 구매 전환이 가장 많이 발생됐기 때문에 유용한 정보를 얻지
는 못했습니다.

만약 실무에서 구매 전환이 가장 많이 발생하는 리퍼러가 특정 홈페이지에서 발생했다면 해
당 홈페이지를 조사해봐야 할 것입니다. 해당 홈페이지의 어떤 페이지에서 사용자가 유입됐
는지, 해당 페이지의 내용은 어떠했고 반응은 어떠했는지를 살펴본다면 자신의 서비스에 적
용할 수 있는 여러 인사이트를 얻을 수 있을 것입니다.

> **NOTE 리퍼러 주소로 사용자를 파악하기**
>
> 만약 사용자 대부분이 튼튼한 가방을 고르는 법에 대한 블로그 포스팅에서 유입된다면 이는 사용자들이
> 실제로 튼튼한 가방에 관심이 많다는 것을 의미합니다. 가방 디자인만 중점에 두고 상품을 구성했다면 가
> 방의 내구성 등도 상품 구성 기준으로 고려해봐야 할 것입니다.

16.3 실전! 백링크 확인하기

앞에서는 모바일 페이스북의 전체 추천자가 m.facebook.com/으로 표시되는 것을 확인했습니다. 이때 단순히 모바일 페이스북에서 많이 접속하는구나 하고 넘어갈 수도 있지만, 조금만 더 노력을 하면 모바일 페이스북의 어느 페이지에서 사용자 접속이 많이 발생하는지 확인할 수 있습니다.

추천 보고서에 m.facebook.com이 표시된다는 것은 페이스북의 누군가가 포스팅에 홈페이지로 향하는 링크를 포함시켰다는 의미입니다. 이때, 다른 홈페이지에서 자신의 홈페이지에 접속할 수 있도록 게시한 링크를 백링크(Backlink) 혹은 인바운드 링크(Inboundlink)라고 합니다.

이번 절에서는 구글로 m.facebook.com에 게시된 구글 머천다이즈 스토어의 백링크를 직접 찾아보겠습니다.

구글(https://www.google.co.kr)에 접속합니다. 먼저 검색란에 site:m.facebook.com을 입력합니다. 이는 m.facebook.com를 대상으로 검색하겠다는 것을 의미합니다.

추가로 "shop.googlemerchandisestore.com"을 입력합니다. 이때 반드시 따옴표를 입력해야 합니다. 이는 m.facebook.com 사이트에서 shop.googlemerchandisestore.com과 정확히 일치하는 데이터가 포함된 게시물을 검색하겠다는 것을 의미합니다. m.facebook.com에 shop.googlemerchandisestore.com이 포함된 포스팅이 검색됩니다.

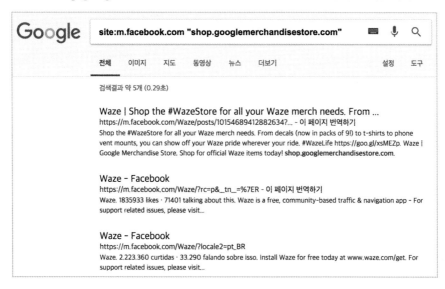

16.4 실전! 구글 알리미 사용하기

구글은 검색 데이터를 제공하기 위해 인터넷의 수많은 게시물들을 수집합니다. 이렇게 수집되는 게시물에는 백링크나 서비스에 대한 언급도 포함됐을 것입니다.

만약 이런 게시물이 수집됐을 때 자동으로 알림을 받을 수 있다면 매번 정기적으로 백링크나 서비스를 검색하는 수고를 덜 수 있을 것입니다. 이번 절에서는 구글 알리미를 활용해 '구글 애널리틱스'와 관련된 게시물에 대해 정기적으로 알림을 받도록 설정해보겠습니다.

STEP 1 구글 알리미에서 구글 애널리틱스 알림 설정하기

구글 알리미(https://www.google.co.kr/alerts)에 접속합니다.

다음에 대한 알림 만들기에 구글 애널리틱스를 입력하고 알림을 받을 이메일 주소를 입력합니다. 옵션 표시를 클릭해 수신 빈도, 출처 등을 설정하고 알림 만들기를 설정하면 구글 알리미 설정이 완료됩니다.

STEP 2 **알림 설정 확인하기**

'구글 애널리틱스'가 포함된 게시물이 수집되면 구글 알리미는 다음과 같은 이메일을 전송해 줍니다.

Chapter 17 캠페인 분석하기

담당자M의 이야기

담당자M은 '회원가입 시 500원 적립금 제공'이라는 이벤트를 진행하고 있습니다. 담당자M은 해당 이벤트 링크를 페이스북에 게시하고 해당 링크의 반응을 확인하려 합니다. 사용자가 해당 링크를 얼마나 클릭하는지, 해당 링크를 통해 접속한 사용자가 무슨 행동을 하는지 확인할 수 있다면 앞으로 이벤트를 진행할 때 더욱 반응이 좋은 이벤트를 만들 수 있을 것입니다.

담당자M을 도와주세요

구글 애널리틱스는 외부에 게시하는 링크의 분석을 위해 캠페인 링크라는 기능을 제공합니다. 캠페인 링크에 분석을 위한 정보를 담아 사용자가 해당 링크에 어떻게 반응하는지 확인하는 것입니다. 이번 장에서는 캠페인 링크를 작성하고 게시하는 방법을 알아보겠습니다.

17.1 캠페인 링크 살펴보기

📇 실습 계정   📋 실시간 > 트래픽 소스

📁 https://www.turtlebooks.co.kr/ga/17/1

네이버, 구글, 페이스북에서 검색 광고를 클릭하면 홈페이지로 이동합니다. 광고를 진행하는 입장에서는 광고 클릭으로 홈페이지 유입이 얼마나 발생하는지, 원하는 목적이 얼마나 달성되는지를 알아야 합니다.

캠페인 링크는 페이지 주소에 구글 애널리틱스가 인식할 수 있는 부가 정보를 추가해 링크를 통해 접속한 사용자를 분석할 수 있도록 도와줍니다. 이번 절에서는 캠페인 링크가 무엇인지 간단하게 살펴보겠습니다.

STEP 1 **캠페인 링크 확인하기**

실습 페이지(https://www.turtlebooks.co.kr/ga/17/1/)에 접속합니다. 구매하러 가기 버튼을 클릭합니다.

캠페인 링크 살펴보기

1. 아래는 '고객이 보이는 구글 애널리틱스'의 홍보문구입니다. 홍보문구 끝의 '구매하러 가기'를 클릭해주세요.
2. '구매하러 가기'를 클릭하면 캠페인 URL이 동작합니다.

구매하러 가기

브라우저에 표시된 구매 페이지의 주소를 살펴보면 다음과 같은 부가 정보가 표시됩니다.

• https://www.turtlebooks.co.kr/ga/17/1/campaign.html?utm_campaign=whatIsCampaign&utm_source=practicePage&utm_medium=link&gaId=UA-110566751-1

STEP 2 **캠페인 트래픽 확인하기**

실시간 > 트래픽 소스 보고서에 접속합니다. 현재 트래픽이 발생하고 있는 페이지의 정보로
매체 : link, 소스 : practicePage가 표시됩니다.

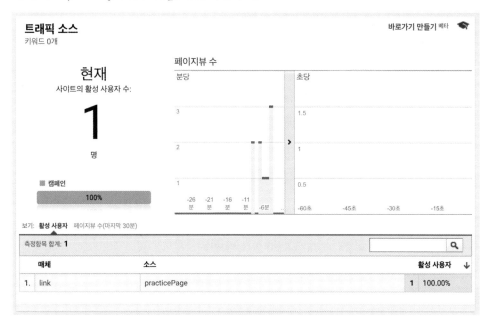

이때 매체 정보(link)는 구매하러 가기 페이지에 접속했을 때 확인한 주소의 utm_
medium=link와 일치하고 소스 정보(practicePage)는 캠페인 페이지 주소의 utm_
source=practicePage와 일치합니다.

17.2 캠페인 링크 구성 이해하기

구글 애널리틱스는 페이지 주소에 캠페인 분석에 사용할 수 있는 부가적인 정보가 담겨 있을 경우 이를 자동으로 수집합니다. 이 부가적인 정보를 이해할 수 있다면 캠페인 링크를 쉽게 이해할 수 있습니다. 이번 절에서는 캠페인 링크가 어떻게 구성되는지 알아보겠습니다.

17.2.1 파라미터란

캠페인 링크의 구성을 이해하기 위해서는 파라미터가 무엇인지부터 이해해야 합니다. 여기에서는 네이버에서 구글 애널리틱스를 검색하는 페이지의 URL을 바탕으로 파라미터가 무엇인지 알아보겠습니다.

STEP 1 네이버 검색 페이지 URL에 접속하기

네이버 검색 페이지 URL(https://search.naver.com/search.naver)에 직접 접속합니다. 검색 페이지에 접속은 되지만 검색 결과는 표시되지 않습니다.

STEP 2 **부가 정보를 추가한 URL에 접속하기**

이번에는 네이버 검색 페이지 URL에 '?query=구글 애널리틱스'를 덧붙여서, https://
search.naver.com/search.naver?query=구글 애널리틱스에 직접 접속합니다. 구글 애널
리틱스 검색 결과가 표시되는 것을 확인할 수 있습니다.

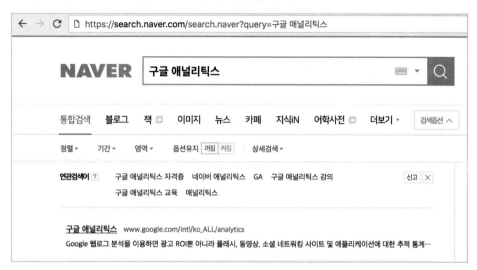

처음 접속한 URL(https://search.naver.com/search.naver)은 네이버 검색 페이지의 실제
URL입니다. 이때 검색 결과가 표시되지 않는 것은 해당 URL에 검색을 위한 부가 정보가 제
공되지 않았기 때문입니다.

다음으로 접속한 URL(https://search.naver.com/search.naver?query=구글 애널리틱스)
은 첫 단계의 URL에 검색을 위한 부가 정보로 ?query=구글 애널리틱스를 덧붙였습니다. 해
당 URL로 접속하면 검색 페이지에 구글 애널리틱스를 검색한 결과가 표시됩니다. 이를 통해
우리는 URL이 주소와 부가 정보로 구성됨을 알 수 있습니다. 이 중 부가 정보(?query=구글
애널리틱스)를 파라미터라고 부릅니다.

URL을 다시 한번 살펴보면 검색어를 뜻하는 파라미터인 query의 앞에 물음표(?)가 붙어 있
습니다. URL에 포함된 물음표(?)는 이 부분부터 파라미터가 시작됨을 알리는 역할을 합니다.

상황에 따라 URL에 여러 개의 파라미터가 필요할 수 있습니다. 이럴 때에는 파라미터와 파
라미터 사이를 앰퍼샌드(&, 그리고)로 연결합니다. 검색어(query)와 날짜(date)를 파라미터
로 덧붙이고 싶다면 (동작하지는 않지만) https://search.naver.com/search.naver?query=
구글 애널리틱스&date=2017-07-03와 같은 형식으로 URL을 작성할 수 있습니다.

17.2.2 캠페인 파라미터 (UTM 파라미터)

[표 17-1]은 앞절에서 사용한 캠페인 링크의 파라미터를 정리한 것입니다.

표 17-1 앞절에서 사용된 캠페인 링크의 파라미터와 파라미터 값

파라미터	파라미터 값
utm_campaign	whatIsCampaign
utm_source	practicePage
utm_medium	link

파라미터를 자세히 살펴보면 모두 파라미터가 모두 utm_으로 시작합니다. Utm은 Urchin Tracking Module의 약자이며 구글 애널리틱스의 전신이었던 웹 분석 소프트웨어 회사인 Urchin에서 일반 파라미터와 캠페인 파라미터를 구분하기 위해 사용한 접두사입니다. 간혹 이를 UTM 파라미터라고 부르는 경우도 있으니 알아두시기 바랍니다.

17.2.3 소스, 미디엄, 캠페인

지금까지 파라미터가 무엇인지, 파라미터가 여럿일 때는 URL을 어떻게 작성하는지, UTM 파라미터가 무엇인지 알아봤습니다. 이제 각각의 UTM 파라미터가 나타내는 의미만 파악하면 캠페인 링크의 구성을 모두 이해한 것이 됩니다.

[표 17-2]는 앞절에서 사용한 캠페인 링크의 UTM 파라미터를 정리한 표입니다.

표 17-2 UTM 파라미터의 의미와 값

UTM	의미	값
소스(source)	어디에서?	practicePage(실습 페이지)
매체(medium)	무엇을 통해? 혹은 어떤 광고로?	link(링크)
캠페인(campaign)	이 캠페인 링크의 이름은?	whatIsCampaign(캠페인이란?)

이를 참고하면 다음과 같이 캠페인 링크를 읽을 수 있습니다.

> "실습 페이지(소스, source, 어디에서)에서 링크(매체, medium, 무엇을 통해? 혹은 어떤 광고로?)를 통한 유입을 추적하는 캠페인이란?의 링크입니다."

캠페인 링크는 각각의 UTM 파라미터가 무엇을 의미하는지를 이해하는 것이 중요합니다. 인터넷 서핑 중에 UTM 파라미터를 사용한 URL을 발견하면 어떤 UTM 파라미터가 사용되고 있는지 자세히 살펴보시기 바랍니다.

17.3 캠페인 보고서 살펴보기

👤 구글 머천다이즈 스토어　　　　　　　🖼 획득 > 캠페인 > 모든 캠페인

🕐 2017. 7. 3. ~ 2017. 7. 9.

구글 애널리틱스는 캠페인 링크에 포함된 UTM 파라미터의 정보를 자동으로 수집합니다. 이번 절에서는 캠페인 보고서를 활용해 구글 머천다이즈 스토어에서 사용하고 있는 캠페인 링크의 현황을 파악해보겠습니다.

STEP 1　캠페인 보고서 살펴보기

보고서 및 도움말 검색에서 캠페인을 입력한 뒤 획득 > 캠페인 > 모든 캠페인을 클릭합니다.

2017. 7. 3. ~ 2017. 7. 9.에 구글 머천다이즈 스토어에서는 네 가지 캠페인을 운영했습니다. Data Share Promo를 클릭해 해당 캠페인이 어떻게 운영되고 있는지 살펴보겠습니다.

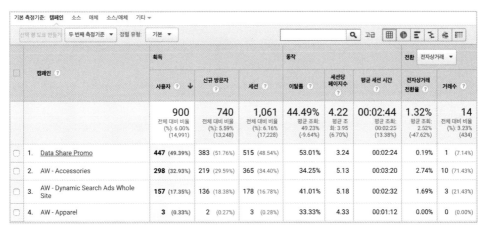

Data Share Promo의 소스/매체로 Partners / affilate(제휴 광고)가 표시됩니다. 이는 Partners 홈페이지(소스, 어디에서)에서 제휴 광고(매체, 무엇을 통해서)를 통해 운영되는 캠페인의 데이터임을 나타냅니다. 이 캠페인 링크로 사용자 447명이 접속했습니다.

왼쪽 상단에 모두를 클릭해 원본 보고서로 돌아가 다른 캠페인을 살펴보겠습니다.

AW – Accessories를 클릭하면 소스/매체로 google / cpc(클릭형 광고, Cost Per Click)가 표시됩니다. 이는 google 홈페이지(소스, 어디에서)에 올린 에서 CPC 광고(매체, 무엇을 통해서)를 통해 운영되는 캠페인의 데이터임을 나타냅니다. 이 캠페인 링크로 사용자 298명이 접속했습니다.

17.4 실전! 캠페인 링크 작성하고 게시하기

👤 실습 계정   📋 실시간 > 트래픽 소스
🖼 https://www.turtlebooks.co.kr/ga/17/4

캠페인 링크는 특정 링크에 대한 사용자 반응을 확인할 때 유용합니다. 예를 들어, 페이스북에 '회원가입 시 500원 적립금 제공' 링크를 게시하고 사용자 반응을 확인할 때 캠페인 링크를 작성합니다. 이번 절에서는 실제 캠페인 링크를 작성하는 방법과 캠페인 링크를 SNS에 게시할 때 꼭 확인해야 하는 사항들을 알아보겠습니다.

17.4.1 캠페인 링크 작성하기

캠페인 링크는 UTM 파라미터가 어떻게 구성돼야 하는지 생각해보면 쉽게 만들 수 있습니다. 해당 캠페인은 페이스북 타임라인에 게시하려는 회원가입 시 500원 적립금 지급 캠페인입니다. 이를 바탕으로 UTM 파라미터를 구성해보면 [표 17-3]과 같습니다.

표 17-3 작성할 캠페인 링크의 UTM

UTM	의미	값
소스(source)	어디에서?	facebook
매체(medium)	무엇을 통해? 혹은 어떤 광고로?	timeline
캠페인(campaign)	이 캠페인 링크의 이름은?	join500

UTM 파라미터의 구성이 완료되면 이를 파라미터로 연결하면 됩니다. 파라미터는 물음표(?)로 시작하고 앰퍼샌드(&)로 덧붙인다는 것만 기억하면 쉽게 캠페인 링크를 만들 수 있습니다.

여기에서는 다음과 같은 캠페인 링크를 만들었다고 가정하겠습니다.

- https://www.example.com/?utm_campaign=join500&utm_source=facebook&utm_medium=timeline

이는 다음과 같이 읽을 수 있습니다.

"페이스북(소스, source, 어디에서)에서 타임라인 포스트(매체, medium, 무엇을 통해 혹은 어떤 광고로)를 통한 유입을 추적하는 회원가입 시 500원 적립금 지급 join500(캠페인)의 링크입니다."

17.4.2 캠페인 링크 게시하기

캠페인 링크 작성이 완료됐다고 이를 무턱대고 웹페이지에 게시해서는 안 됩니다. 반드시 캠페인 링크가 잘 동작하는지, 캠페인 링크의 썸네일 이미지가 제대로 표시되고 있는지 확인해야 합니다.

STEP 1 캠페인 링크 동작 확인하기

실습 페이지(https://www.turtlebooks.co.kr/ga/17/4/)에 접속합니다. 페이스북 URL 복사하기를 클릭하면 자신의 구글 애널리틱스 계정과 연동된 캠페인 링크를 복사할 수 있습니다.

브라우저 주소 창에 해당 URL을 붙여넣은 뒤 접속합니다.

실시간 > 트래픽 소스 보고서에 접속했을 때 다음과 같이 캠페인 정보(소스 facebook, 매체 timeline)가 표시된다면 캠페인 링크가 잘 동작하는 것입니다.

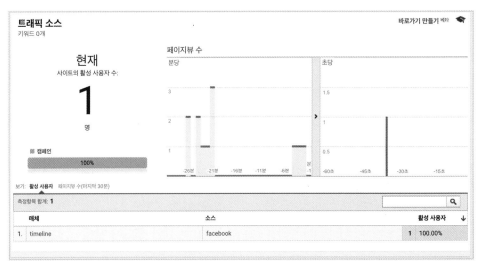

썸네일 이미지 확인하기

페이스북 디버거 페이지(https://developers.facebook.com/tools/debug/)에 접속합니다. 주소 입력란에 복사한 주소를 붙여넣고 디버그를 클릭합니다.

다음과 같이 썸네일 이미지가 표시됩니다.

> **NOTE OG 태그**
>
> 링크의 썸네일 이미지는 웹 페이지에 설정된 og:image 태그가 설정됐을 경우에만 표시됩니다. 자신이 운영하고 있는 페이지의 링크 썸네일이 표시되지 않는다면 og:image 태그를 사용하는지 확인하시기 바랍니다.

STEP 3 캠페인 링크 게시하기

캠페인 링크의 정상 동작과 썸네일 이미지 확인이 완료되면 안심하고 캠페인 링크를 게시해도 좋습니다. 자신의 페이스북 타임라인에 캠페인 링크를 게시합니다. 페이스북을 사용하지 않는다면 SMS나 카카오톡 등을 통해 실제 사람들에게 캠페인 링크를 전달해보세요.

STEP 4 실시간 트래픽 확인하기

캠페인 링크가 게시되면 다음과 같이 실시간 > 트래픽 소스 보고서에서 실시간으로 캠페인 링크의 클릭 현황을 확인할 수 있습니다.

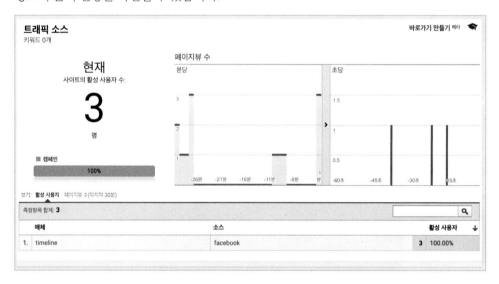

17.5 실전! 캠페인 URL 작성도구 사용하기

👤 실습 계정 　　　　　　　　　　📑 실시간 > 트래픽 소스

🖼 https://www.turtlebooks.co.kr/ga/17/5

캠페인 링크의 UTM 파라미터를 작성할 때는 오타가 포함되지 않도록 조심해야 합니다. utm_campaign을 utm_canpaign으로 작성하는 사소한 실수가 캠페인 링크를 동작하지 않게 할 수 있습니다. 실무에서는 캠페인 링크를 직접 작성하기보다 캠페인 URL 작성도구 같은 안전한 캠페인 링크 생성을 위한 보조 도구를 사용하는 것이 좋습니다. 이번 절에서는 구글에서 제공하는 캠페인 작성도구(Campaign Url Builder)를 사용해보겠습니다.

STEP 1 실습 주소 복사하기

실습 페이지(https://www.turtlebooks.co.kr/ga/17/5/)에 접속해 URL 복사하기를 클릭합니다.

캠페인 URL 작성도구(https://ga-dev-tools.appspot.com/campaign-url-builder/)에 접속한 뒤 Website URL에 위에서 복사한 주소를 붙여넣습니다. 소스(Campaign Source)로 google을 입력합니다. 매체(Campaign Medium)로 cpc를 입력하고 캠페인 이름 (Campaign Name)으로 spring_sale을 입력합니다.

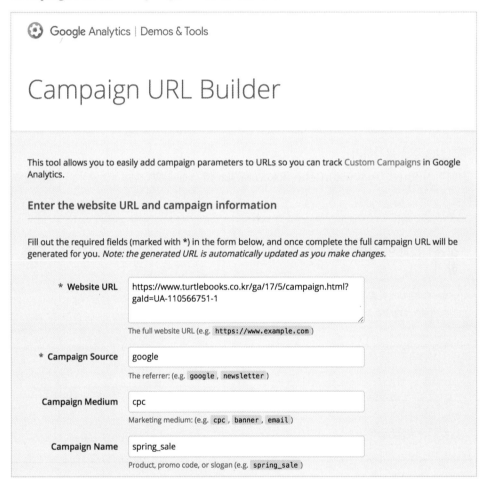

생성된 캠페인 링크 확인하기

입력이 완료되면 Share the generated campaign URL 부분에서 생성된 캠페인 링크를 확인할 수 있습니다. Copy URL을 클릭하면 생성된 캠페인 링크를 복사할 수 있습니다. 앞절에서 진행한 것처럼 캠페인 링크의 정상 동작과 썸네일 이미지의 정상 표시를 확인한 뒤 웹 페이지에 게시합니다.

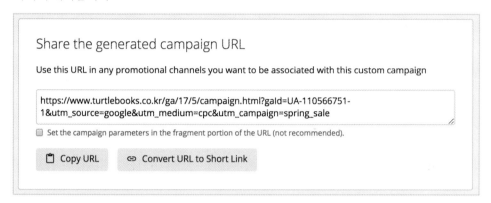

캠페인 링크가 게시되면 다음과 같이 실시간 > 트래픽 소스 보고서에서 실시간으로 캠페인 링크의 클릭 현황을 확인할 수 있습니다.

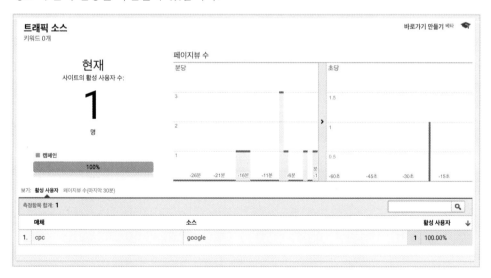

실무에서는 캠페인 URL 작성도구 외에도 엑셀 시트를 활용해 캠페인 링크를 만들기도 합니다. 어떤 방식으로 캠페인 링크를 만들고 관리하는지 궁금하다면 지금 바로 인터넷에 '캠페인 URL 엑셀 템플릿'을 검색해보세요.

NOTE 단축 URL 만들기

단축 URL은 긴 URL을 짧게 만들어주는 서비스입니다. 캠페인 링크가 지나치게 길다면 단축 URL을 만들어보는 것도 좋습니다.

캠페인 URL 작성도구의 Convert URL to Short Link를 클릭하면 캠페인 링크의 goo.gl 단축 URL을 만들 수 있습니다. 아쉽게도 goo.gl은 2019년 4월 서비스를 종료하였습니다. 따라서 단축 URL을 만들고 싶다면 bitly(https://bit.ly)와 같은 다른 단축 URL 서비스를 찾아보시기 바랍니다.

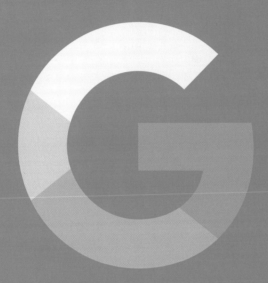

고급 분석 따라 배우기

이번에는 구글 애널리틱스를 활용한 고급 웹 로그 분석을 배워보겠습니다.
사용자 개개인의 행동을 중심으로 웹 로그를 확인하는 방법과
사용자를 여러 집단으로 나누어 관리하는 방법 그리고 홈페이지 외부에서
구글 애널리틱스 웹 로그를 수집하는 방법을 알아보겠습니다.
또한, 구글 애널리틱스의 데이터를 더 편리하게 하는 방법도 알아보겠습니다.

Chapter

18 사용자 탐색기 사용하기

담당자M의 이야기

담당자M은 특정 행동을 수행하거나 수행하지 않은 사용자 개개인을 찾으려 합니다. '장바구니에 상품을 담았지만 구매는 진행하지 않은 사용자'처럼 실제 상품을 구매할 의사가 있는 사용자를 찾고 싶습니다. 이런 사용자들에게 할인 쿠폰을 제공하거나 구매 의사를 묻는 이메일을 발송한다면 매출을 올리는 데 도움이 될 것 같기 때문입니다. 이처럼 특정 행동을 한 사용자를 찾는 방법이 있을까요?

담당자M을 도와주세요

구글 애널리틱스의 사용자 탐색기는 개별 사용자의 홈페이지 내 행동 데이터를 수집/분석합니다. 사용자 탐색기를 활용하면 사용자 개개인이 홈페이지 내에서 무슨 행동을 했는지 상세히 확인할 수 있습니다. 이번 장에서는 사용자 탐색기로 특정 행동을 하거나 특정 행동을 하지 않은 사용자를 찾는 방법을 알아보겠습니다.

18.1 사용자 탐색기 살펴보기

👤 구글 머천다이즈 스토어   🗔 잠재고객 > 사용자 탐색기

🕐 2017. 7. 3. ~ 2017. 7. 9.

아쉽게도 실습을 진행할 수 없습니다

구글 머천다이즈 스토어 계정의 정책 변경으로 해당 내용을 더 이상 실습할 수 없습니다. 실무에서의 활용 방법을 참고한다는 느낌으로 가볍게 학습하시기 바랍니다.

사용자 탐색기는 개별 사용자가 홈페이지를 어떻게 사용했는지에 대한 상세한 데이터를 표시합니다. 이번 절에서는 사용자 탐색기로 구글 머천다이즈 스토어의 사용자 한 명을 특정해 어느 시점에 어떤 행동을 했는지 살펴보겠습니다.

STEP 1 사용자 탐색기 확인하기

보고서 및 도움말 검색에서 사용자 탐색기를 입력한 뒤 잠재고객 > 사용자 탐색기를 클릭합니다.

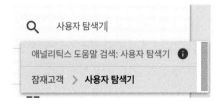

보고서에 고객 ID, 세션 수, 평균 세션 시간, 이탈률 등 여러 정보가 표시됩니다.

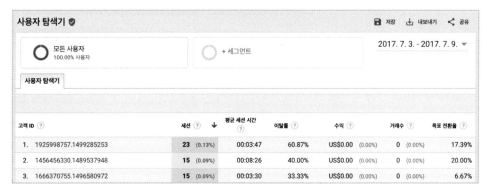

1번 행에 표시되는 고객 ID 1925998757.1499285253를 클릭합니다. 이 사용자가 몇 월 며칠에 어떤 행동을 했는지 상세하게 확인할 수 있습니다. 이 사용자의 경우 2017년 7월 9일 오전 9시 49분부터 오후 6시 19분까지 홈페이지를 이용했습니다.

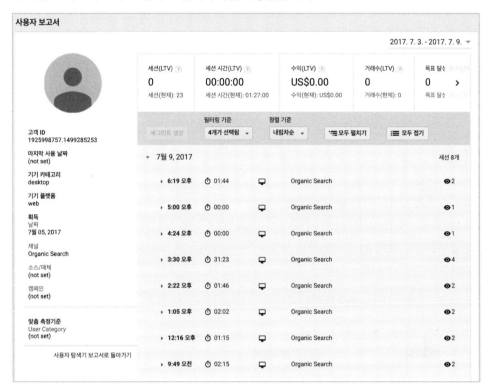

고객 ID는 구글 애널리틱스가 사용자를 구분하는 일종의 이름, 별명입니다. 구글 애널리틱스 고객 ID를 바탕으로 각각의 사용자가 홈페이지를 어떻게 사용하고 있는지에 대한 데이터를 저장하고 있기 때문에 사용자 탐색기에서 개별 사용자의 상세한 데이터를 확인할 수 있습니다.

18.2 고객 ID를 로그인 ID로 표시하기

👤 실습 계정　　　　　　　　　　　　📘 잠재고객 > 사용자 탐색기

🖼 https://www.turtlebooks.co.kr/ga/18/2

기본적으로 사용자 탐색기는 구글 애널리틱스가 자동으로 생성하는 '1925998757. 1499285253'와 같은 형식의 고객 ID를 바탕으로 데이터를 수집하고 표시합니다. 개별 사용자의 행동만을 살펴보는 것이 목적이라면 이로도 충분합니다만, 특정 행동을 하거나 하지 않은 개별 사용자를 찾아내는 것이 목적이라면 고객 ID를 'adam', 'eve' 처럼 실제 로그인 ID로 표시해야 합니다. 이번 절에서는 고객 ID를 로그인 ID로 표시하는 방법을 알아보겠습니다.

18.2.1 User-ID 기능 활성화하기

고객 ID를 로그인 ID로 표시하기 위해서는 User-ID 기능을 활성화해야 합니다. User-ID 기능을 활성화하면 고객 ID를 사용하는 사용자 탐색기와 로그인 ID를 사용하는 사용자 탐색기 양쪽에 모두 접속할 수 있습니다.

관리 > 추적정보 > User-Id를 클릭합니다.

User-ID 정책 검토 부분의 내용을 잘 읽어본 뒤 User-ID 정책 동의를 해제에서 설정으로 변경한 뒤 다음 단계를 클릭합니다.

User-ID 기능 사용

User-ID를 사용하면 다양한 기기 및 세션의 참여도 데이터를 연결할 수 있으므로 사용자가 장시간에 걸쳐 콘텐츠와 어떻게 상호작용하는지 파악할 수 있습니다.

이 기능을 사용하려면 아래 단계에서 정책에 동의하고 추적 코드에 User-ID를 설정 및 구성한 다음 User-ID 보기를 만들어 데이터를 분석해야 합니다. User-ID에 대해 자세히 알아보세요.

1 **User-ID 정책 검토**

기능을 사용하려면 User-ID 정책에 동의해야 합니다.

전체 정책 보기

- 귀하는 이 서비스를 사용하고, 데이터를 업로드하고, Google 애널리틱스 계정에서 데이터를 사용할 수 있는 권한이 있어야만 합니다.
- 최종 사용자에게 사용하는 Google 애널리틱스의 구현 및 기능(예: Google 애널리틱스를 통해 수집되는 데이터, 수집된 데이터를 최종 사용자에 대한 다른 데이터와 연결하는지 여부 등)에 대해 알립니다. 최종 사용자의 동의를 구하거나 사용하는 구현 및 기능을 차단할 기회를 제공합니다.
- Google은 개인을 식별할 수 있는 데이터(예: 이름, 주민등록번호, 이메일 주소, 기타 유사 데이터) 또는 특정 기기를 영구적으로 식별하는 데이터(예: 휴대전화의 고유하고 재설정이 불가능한 기기 식별자)를 업로드하지 않습니다.
- Google에서 개인을 식별할 수 있는 데이터를 업로드하는 경우 Google 애널리틱스 계정이 해지될 수 있으며 Google 애널리틱스 데이터가 손실될 수 있습니다.
- 최종 사용자의 인증 세션과 비인증 세션간의 세션 결합은 최종 사용자가 세션 결합에 동의한 경우 또는 관련 법규나 규칙에서 이러한 결합이 허용되는 경우에만 가능합니다.

User-ID 정책에 동의합니다.

설정

다음 단계

NOTE 사내 개인 정보 보호 정책과 보안 정책을 확인하세요

실무에서는 사내 개인 정보 보호 정책과 보안 정책에 따라 User-ID 기능을 활용하지 못할 수도 있습니다. User-ID를 적용하기 전에 반드시 사내 개인 정보 보호 정책과 보호 정책이 어떻게 적용되고 있는지 확인해보시기 바랍니다.

User-ID 설정 부분의 세션 통합을 설정으로 변경한 뒤 다음 단계를 클릭합니다.

 User-ID 설정

User-ID를 설정하려면 추적 코드를 변경해야 하고 개발자가 완료해야 합니다. User-ID에 대해 자세히 알아보세요.

추적 코드에 User-ID를 구현하는 방법

Google 애널리틱스는 User-ID로 지정되는 고유한 ID를 생성, 할당 또는 관리할 수 없습니다. 이 기능을 사용하려면 ID를 만든 후 데이터와 지속적으로 연결할 수 있어야 합니다. 일반적인 시나리오에서는 인증 시스템을 통해 이 ID를 생성한 후 로그인 시 계정에 전달한 다음 Google 애널리틱스에 전송할 수 있습니다.

추적 코드에 아래 줄을 추가하여 User-ID 데이터를 Google 애널리틱스에 전송하세요.

범용 사이트 태그 추적 코드(gtag.js):

```
gtag('set', {'user_id': 'USER_ID'}); // 로그인한 User-ID를 사용하여 User-ID를 설정합니다.
```

유니버설 애널리틱스 추적 코드(analytics.js):

```
ga('set', 'userId', 'USER_ID'); // 로그인한 User-ID를 사용하여 User-ID를 설정합니다.
```

USER_ID 값은 문자열로서 시스템에서 가져온 안정적이고 고유한 ID를 나타냅니다.

세션 통합

세션 통합을 사용하는 경우, ID 값이 처음으로 할당된 시점의 세션에서 발생했다면 User-ID가 할당되기 전에 발생한 조회수도 ID와 연결할 수 있습니다. 세션 통합을 사용하지 않으면 User-ID에 연결된 데이터만 수집됩니다. 세션 통합에 대해 자세히 알아보기

[설정 ⬤]

User-ID 보기 만들기가 표시되면 만들기를 클릭합니다.

 User-ID 보기 만들기

User-ID 보기를 만들어 User-ID가 감지된 세션의 데이터를 분석합니다. 이 보기에는 여러 세션 동안 다양한 기기에 대한 사용자 참여도 데이터를 볼 수 있는 교차 기기 보고서가 포함되어 있습니다.

User-ID 보기는 필터링됩니다. 이 보기의 모든 보고서에는 User-ID가 감지된 세션의 데이터가 표시됩니다. User-ID가 감지되지 않은 세션의 데이터를 보려면 다른 보기를 사용하세요.

새 User-ID 보기를 만들려면 계정에서 새 보기를 만드는 일반적인 방법을 사용하시기 바랍니다. 이 작업에서 나와 새 보기 만들기를 시작하려면 *만들기*를 클릭하세요.

[만들기]

보고서 속성 보기 이름으로 User-ID 보기를 입력하고 보고 시간대를 대한민국으로 설정합니다. 사용자 ID 보고서 표시를 설정으로 변경하고 보기 만들기를 클릭합니다.

새 보고서 속성 보기

새 보고서 속성 보기를 만들어 추적 ID로 수집한 모든 데이터를 필터링하지 않고 표시합니다.

추적한 데이터 중 특정 데이터만 이 보고서 속성 보기에서 확인하려는 경우, 하나 이상의 속성 보기 필터를 만들어 데이터에 적용해야 합니다.

이 보기에서 추적할 데이터 선택

웹사이트	모바일 앱

내 보기 설정

보고서 속성 보기 이름

User-ID 보기

보고 시간대

대한민국 ▾ (그리니치 표준시 +09:00) 서울

사용자 ID 보기

사용자 ID 보고서 표시

User-ID 및 관련 데이터를 Google 애널리틱스로 전송하는 세션에서 데이터를 가져옵니다. 이 보기에는 교차 기기 보고서가 포함됩니다. 이 보기에서 데이터를 보려면 User-ID를 사용 설정 및 구현해야 합니다. 보기를 생성한 후에는 이 설정을 변경할 수 없습니다. **User-ID**에 대해 자세히 알아보기

설정

이 속성은 보기가 3개입니다. 최대 25개입니다.

보기 만들기   취소

보기 만들기가 완료된 뒤 화면의 좌측 상단을 살펴보면 현재 보고서가 User-ID 보기로 설정된 것을 확인할 수 있습니다.

이제 로그인 ID를 표시할 사용자 탐색기가 마련됐습니다. 바로 다음 절에서는 로그인 ID 설정 코드를 작성해보겠습니다.

18.2.2 로그인 ID 설정 코드 작성하기

기본 상태에서 구글 애널리틱스는 고객 ID를 '1925998757.1499285253'와 같은 형식으로 설정합니다. 고객 ID를 로그인 ID로 설정하기 위해서는 고객 ID 설정 코드를 직접 작성해야 합니다.

STEP 1 추적 ID와 고객 ID 설정하기

실습 페이지(https://www.turtlebooks.co.kr/ga/18/2/)에 접속합니다. 화면 왼쪽 상단에 코드 영역의 GA_TRACKING_ID를 자신의 추적 ID로 변경하고 고객 ID 설정하기에 원하는 ID를 입력합니다. 여기에서는 고객 ID를 'HelloWorld'로 입력하겠습니다.

```
gtag('config','GA_TRACKING_ID',{
  'user_id':'HelloWorld'
});
```

완성된 코드의 모습은 다음과 같아야 합니다.

```
/*
User-ID 추적 코드 입력
1. 아래 GA_TRACKING_ID를 자신의 추적 코드로 변경해주세요.
2. USER_ID를 'HelloWorld'로 변경해주세요.
*/
gtag('config', 'UA-110566751-1', {
  'user_id': 'HelloWorld'
});
```

메뉴에서 Run을 클릭한 뒤 실시간 > 개요 보고서에 다음과 같이 사용자 정보가 표시되면 추적 ID와 고객 ID가 바르게 설정된 것입니다.

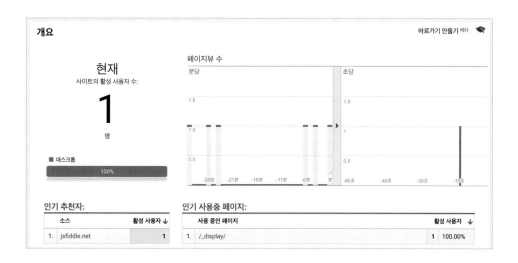

STEP 2 **사용자 탐색기 확인하기**

하루 뒤 User-ID 보기에 접속합니다.

잠재고객 > 사용자 탐색기에 접속하면 다음과 같이 로그인 ID 'HelloWorld' 사용자가 실습
페이지에 접속했다는 것을 확인할 수 있습니다.

NOTE 개발자와 협업하세요

실무에서 사용자 USER ID 설정 부분은 개발자와의 협업이 꼭 필요합니다. 개발자에게 사용자가 로그인 중일 때 user_id에 로그인 ID를 입력하는 자바스크립트 개발을 부탁하면 이번 실습에서와 동일한 기능을 하는 코드를 작성해줄 것입니다. 무턱대고 실습과 동일하게 user_id를 'HelloWorld'로 입력하면 모든 사용자의 데이터가 HelloWorld 사용자 데이터로 저장되니 반드시 개발자와 협업하시기 바랍니다.

18.3 실전! 장바구니 리마인드가 필요한 사용자 확인하기

👤 구글 머천다이즈 스토어   📋 잠재고객 > 사용자 탐색기

🕐 2017. 7. 3. ~ 2017. 7. 9.

> **아쉽게도 실습을 진행할 수 없습니다**
>
> 구글 머천다이즈 스토어 계정의 정책 변경으로 해당 내용을 더 이상 실습할 수 없습니다. 실무에서의 활용
> 방법을 참고한다는 느낌으로 가볍게 학습하시기 바랍니다.

사용자 탐색기에 세그먼트를 적용하면 특정 행동을 하거나 하지 않은 사용자 개개인을 파악
할 수 있습니다. 이번 절에서는 사용자 탐색기를 활용해 상품을 장바구니에 담았지만 구매는
진행하지 않은 사용자를 파악하는 방법을 배워보겠습니다.

구글 머천다이즈 스토어는 구글 애널리틱스의 고급 분석 기능 중 하나인 향상된 전자상거래
Enhanced Ecommerce) 기능을 활용해 사용자의 쇼핑 과정을 수집/분석합니다. 24장과 25
장에서 다룹니다만 여기에서도 천천히 실전 예제를 따라 하다 보면 어떤 방식으로 장바구니
리마인드가 필요한 사용자를 구분할 수 있는지 학습할 수 있을 것입니다.

STEP 1 장바구니 리마인드 세그먼트 만들기

구글 머천다이즈 스토어는 사용자가 장바구니에 물건을 담았을 때 Enhanced Ecommerce
의 ADD_TO_CART 액션을 발생시키고 사용자가 결제를 진행했을 때 CHECKOUT 액션을
발생시킵니다. 이를 활용하면 장바구니에 물건을 담았지만 결제를 진행하지 않았다는 세그
먼트를 만들 수 있습니다. 이 세그먼트가 바로 '장바구니 리마인드'가 필요한 사용자 세그먼
트입니다. 잠재고객 > 사용자 탐색기 보고서에 접속한 뒤 + 새 세그먼트를 클릭합니다.

세그먼트 이름으로 장바구니 리마인드를 입력합니다. 고급 > 조건을 클릭한 뒤 쇼핑 단계의 값으로 ADD_TO_CART를 입력합니다. AND를 클릭하고 쇼핑 단계의 값으로 CHECKOUT을 입력하고 포함을 제외로 변경합니다.

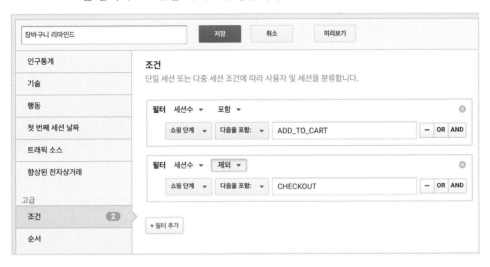

> **NOTE   향상된 전자상거래**
>
> 구글 애널리틱스는 쇼핑몰 홈페이지에 특화된 데이터 수집/분석하기 위해 향상된 전자상거래 기능을 제공합니다. 해당 기능을 활용해 프로그래밍 코드를 작성하면 사용자가 어떤 상품을 봤는지, 어떤 상품을 장바구니에 담았는지 혹은 어떤 상품을 장바구니에서 제거했는지, 결제를 진행했는지 등 더 자세하게 데이터를 분석할 수 있습니다.

장바구니 리마인드 필요 고객 ID 확인하기

장바구니 리마인드 세그먼트가 적용되면 장바구니 리마인드가 필요한 고객 ID가 표시됩니다.

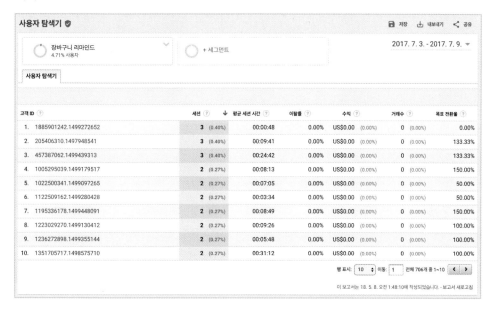

첫 번째 행의 고객 ID 1885901242.1499272652를 클릭해봅시다. 이 사용자의 행동을 자세히 살펴보면 상품을 장바구니에 추가했지만 결제는 하지 않았다는 것을 확인할 수 있습니다.

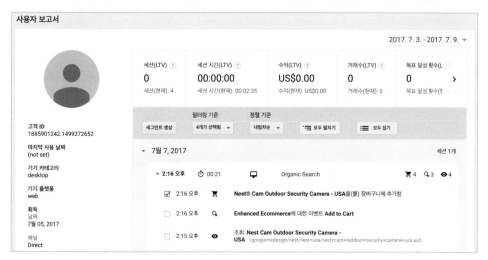

이번 실전 예제에서는 향상된 전자상거래의 ADD_TO_CART 액션과 CHECKOUT 액션을 활용해 세그먼트를 만들었습니다. 그런데 이는 조금만 생각해보면 사용자의 행동에 각각 대응하는 액션이 발생하는 것에 지나지 않습니다. Enhanced Ecommerce를 사용하지 않고 직접 장바구니 버튼 클릭에 ADD_TO_CART 이벤트를 추가하고 결제 버튼 클릭에 CHECKOUT 이벤트를 추가하면 향상된 전자상거래와 비슷한 수집, 분석을 진행할 수 있습니다. 각자 자신의 서비스에 어떤 식으로 장바구니 리마인드 세그먼트를 만들 수 있을지 생각해보시기 바랍니다.

또한 이 예제에서는 구글 머천다이즈 스토어의 보고서를 사용했기 때문에 실제 사용자 로그인 ID를 확인할 수는 없었습니다. 만일 이번 예제를 User-ID 기능이 활성화된 사용자 탐색기에서 진행했다면 장바구니 리마인드가 필요한 사용자들의 로그인 ID를 바로 확인할 수 있습니다. 그러면 해당 사용자들에게 상품 구매를 유도하는 이메일이나 푸시 메시지를 발송할 수도 있습니다.

사용자 탐색기는 일반 보고서와 다르게 전체 사용자가 아닌 개인 사용자의 행동을 추적하는 데 가장 적합합니다. 우리가 개인 사용자의 행동에 맞추어 다양한 전략을 세우고 행동할 수 있게 도와줍니다. 각자 어떻게 하면 사용자 탐색기를 알차게 활용할 수 있을지 생각해보시기 바랍니다.

Chapter 19 동질 집단 분석하기

담당자M의 이야기

담당자M은 최근 한 달 동안 사용자 수가 지속적으로 감소하고 있는 것을 발견했습니다. 담당자M은 이 문제를 더 자세히 파악하고 싶습니다. 일별 사용자가 어떻게 감소하는지, 주별 사용자가 어떻게 감소하는지 그리고 월별 사용자가 어떻게 감소하는지 확인할 수 있다면 사용자가 감소할 것이라 예상되는 시점에 미리 대응할 수 있을 것입니다.

담당자M을 도와주세요

구글 애널리틱스의 동질 집단 분석 보고서를 활용하면 사용자의 일별, 주별, 월별 접속 현황을 쉽게 확인할 수 있습니다. 이번 장에서는 동질 집단 분석 보고서로 특정 기간의 사용자 유지율, 페이지뷰 수 유지율을 확인해보고 이를 바탕으로 이메일이나 푸시를 발송하는 시점을 가늠하는 방법을 배워보겠습니다.

19.1 동질 집단 분석 보고서 살펴보기

👤 구글 머천다이즈 스토어　　　　　📋 잠재고객 > 동질 집단 분석

[그림 19-1]은 동질 집단 분석 보고서의 모습입니다. 동질 집단 분석 보고서는 지금까지 살펴본 보고서와는 전혀 다른 형태를 지니고 있기 때문에 당황하기 쉽습니다. 동질 집단이란 무엇인지를 다루기보다 보고서 자체를 천천히 살펴보며 읽어보겠습니다.

그림 19-1　잠재고객 > 동질 집단 분석 보고서

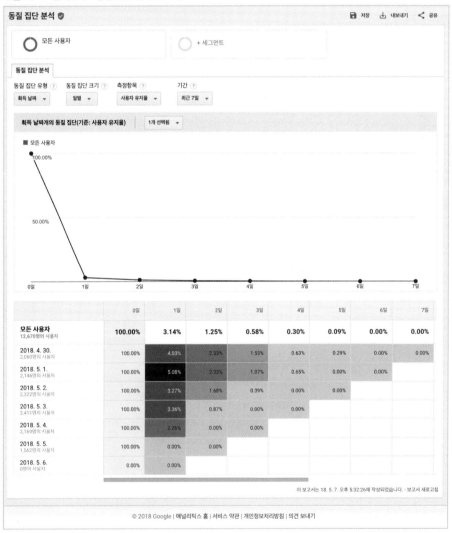

[그림 19-1]의 표는 일주일간 사용자 유지율에 대한 데이터입니다. 먼저 표의 가장 첫 번째 행인 2018년 4월 30일을 살펴보겠습니다.

첫 번째 행은 2018년 4월 30일에 접속을 시작한 사용자가 2018년 5월 6일까지 매일 접속하느냐, 접속하지 않느냐 즉, 사용자가 접속을 매일 유지하고 있느냐를 다룹니다. 2018년 4월 30일 2,060명의 사용자가 처음으로 홈페이지를 이용했습니다. 이 사용자들 중 얼마나 되는 사용자가 1일 뒤인 2018년 5월 1일에도 홈페이지를 이용할까요? 2018년 4월 30일의 바로 오른쪽 블록을 살펴보면 4.03%의 사용자가 홈페이지를 이용한다는 것을 알 수 있습니다. 2018년 4월 30일 사용자들 중 얼마나 되는 사용자가 2일 뒤인 2018년 5월 2일에는 홈페이지를 이용할까요? 마찬가지 방식으로 살펴보면 2.33%의 사용자가 홈페이지를 이용한다는 것을 알 수 있습니다.

이와 같은 방식으로 표의 모든 행을 살펴보면 평균적으로 이용자의 3.14%가 1일 뒤에도 이용하고, 최초 이용자의 1.25%가 2일 뒤에도 홈페이지를 이용한다는 것을 알 수 있습니다.

동질 집단 보고서 가운데의 표 각 행은 '사용자의 최초 이용일'이라는 사용자의 동일한 성질을 기준으로 나뉘어 있습니다. 이 때문에 해당 보고서를 동질 집단 보고서라고 부릅니다. 만일 위 보고서의 설정에 유튜브를 통한 접속이라는 세그먼트를 적용하면 '유튜브를 통해 접속한 사용자의 최초 이용'이라는 동일 성질을 바탕으로 사용자 유지율을 확인할 수 있고 남성이라는 세그먼트를 적용하면 '남성 사용자의 최초 이용'이라는 동일 성질을 바탕으로 사용자 유지율을 확인할 수 있을 것입니다.

19.2 동질 집단 분석 보고서 분석하기

구글 머천다이즈 스토어   **잠재고객 > 동질 집단 분석**

동질 집단 분석 보고서에 세그먼트를 적용하면 더 상세하게 설정된 동질 집단의 데이터를 확인할 수 있습니다. 이번 절에서는 동질 집단 분석 보고서에 데스크톱 트래픽 세그먼트와 모바일 트래픽 세그먼트를 적용한 뒤 페이지뷰를 비교해보겠습니다.

STEP 1 세그먼트, 측정항목 설정하기

잠재고객 > 동질 집단 분석 보고서에 접속한 뒤 데스크톱 트래픽 세그먼트와 모바일 트래픽 세그먼트를 적용합니다. 동질 집단 크기를 일별로 설정하고 측정항목을 페이지뷰 수로 설정합니다.

STEP 2 데이터 확인하기

이 보고서는 데스크톱으로 처음 홈페이지를 이용한 사용자와 모바일로 처음 홈페이지를 이용한 사용자의 페이지뷰 수가 일별로 어떻게 변하는지 보여줍니다.

	0일	1일	2일	3일	4일	5일	6일	7일
데스크톱 트래픽 9,618명의 사용자	43,623	1,843	846	269	117	84	0	0
2018. 4. 30. 1,559명의 사용자	7,678	321	185	140	76	84	0	0
2018. 5. 1. 1,625명의 사용자	7,232	520	308	56	41	0	0	
2018. 5. 2. 1,743명의 사용자	7,770	393	210	73	0	0		
2018. 5. 3. 1,940명의 사용자	9,001	386	143	0	0			
2018. 5. 4. 1,695명의 사용자	7,579	223	0	0				
2018. 5. 5. 1,056명의 사용자	4,363	0	0					
2018. 5. 6. 0명의 사용자	0	0						
모바일 트래픽 4,035명의 사용자	14,144	530	119	38	18	0	0	0
2018. 4. 30. 621명의 사용자	2,133	140	45	9	2	0	0	0
2018. 5. 1. 693명의 사용자	2,541	106	30	28	16	0	0	
2018. 5. 2. 777명의 사용자	2,532	85	24	1	0	0		
2018. 5. 3. 677명의 사용자	2,332	135	20	0	0			
2018. 5. 4. 667명의 사용자	2,407	64	0	0				
2018. 5. 5. 600명의 사용자	2,199	0	0					
2018. 5. 6. 0명의 사용자	0	0						

여기에서 중점적으로 확인해야 하는 것은 데스크톱 트래픽과 모바일 트래픽 중 어느 세그먼트의 페이지뷰 수가 많은지가 아닙니다. 각 동질 집단의 페이지뷰 수가 시간이 지남에 따라 어떻게 감소하는가를 확인해야 합니다.

[표 19-1]은 2018년 4월 30일을 기준으로 데스크톱과 모바일의 페이지뷰 수를 정리한 것입니다. 당일(0일)의 데스크톱 페이지뷰 수는 7,232이며 모바일 페이지뷰 수는 2,133입니다. 1일 뒤 페이지뷰 수는 각각 520(7.19%)과 140(6.56%)으로 감소하고 2일 뒤 페이지뷰 수는 각각 308(4.25%)과 45(2.10%)로 감소합니다.

우리는 이를 통해 모바일 세그먼트의 페이지뷰 유지 비율이 데스크톱 세그먼트의 페이지뷰 유지 비율보다 큰 폭으로 감소한다는 것을 알 수 있습니다. 왜 이런 것일까요? 혹시 모바일 페이지가 사용하기 불편한 것은 아닐까요? 모바일 페이지뷰의 유지율 데스크톱 페이지뷰 수의 유지율 수준으로 끌어올리기 위해서 무엇을 할 수 있을지 생각해봐야 할 것입니다.

표 19-1 2018년 4월 30일 데이터

일자	구분	0일	1일	2일
2018. 4. 30.	데스크톱	7232	520 (7.19%)	308(4.25%)
	모바일	2133	140 (6.56%)	45(2.10%)

이번에는 [표 19-2]를 살펴봅시다. [표 19-2]는 2018년 4월 30일 ~ 5월 4일의 데스크톱 세그먼트 페이지뷰 유지율을 정리한 것입니다. 데스크톱 세그먼트의 1일 뒤의 페이지뷰 유지율이 대략 4~5%라는 것을 알 수 있습니다. 그런데 2018년 5월 1일의 1일 뒤 페이지뷰 유지율은 7.17%로 다른 날짜보다 50%가량 높습니다. 5월 1일의 1일 뒤 페이지뷰 유지율은 왜 다른 날짜보다 높은 것일까요? 혹시 5월 1일에 다른 날에는 진행하지 않았던 이벤트를 진행했다거나 메인의 상품 구성을 달리한 것은 아닐까요?

이런 방식으로 특정 수치가 높거나 낮은 날을 다른 날과 비교해 조사하면 우리는 어떤 행동을 했을 때 수치가 높게 혹은 낮게 나온다는 것을 학습할 수 있습니다. 이렇게 학습된 사항들을 서비스에 꾸준히 적용하면 나날이 발전하는 서비스를 만들 수 있을 것입니다.

표 19-2 2018년 4월 30일 ~ 5월 4일까지의 데스크톱 세그먼트 페이지뷰 유지율

일자	0일	1일
2018. 4. 30.	7,678	321(4.18%)
2018. 5. 1.	7,232	520(7.19%)
2018. 5. 2.	7,770	393(5.05%)
2018. 5. 3.	9,001	386(4.08%)
2018. 5. 4.	7,579	223(2.94%)

> **NOTE 코호트 분석과 동질 집단 보고서**
>
> 실무에서는 동질 집단 분석이라는 용어보다는 코호트(Cohort) 분석이라는 용어를 많이 사용합니다. 코호트 보고서를 살펴보라는 이야기가 나온다면 당황하지 말고 동질 집단 분석 보고서를 살펴보면 됩니다.

19.3 실전! 최적의 이메일 발송 시점 찾기

👤 구글 머천다이즈 스토어   📋 잠재고객 > 동질 집단 분석

담당자M은 사용자가 홈페이지에 꾸준히 방문할 수 있도록 정기적으로 이메일을 발송하려 합니다. 이때 지나친 이메일 발송은 오히려 사용자를 귀찮게 해 방문이 늘어나게 하는 것이 아니라 줄어들게 할 수 있습니다. 이번 절에서는 동질 집단 분석 보고서를 활용해 일별, 주별, 월별로 사용자 유지율이 크게 감소하는 구간을 확인해 최적의 이메일 발송 시점을 찾아보겠습니다.

STEP 1 일별 이메일 발송 시점 찾기

잠재고객 > 동질 집단 분석 보고서에 접속한 뒤 모든 트래픽 세그먼트의 일별 사용자 유지율을 확인합니다.

일별 사용자 유지율을 확인해보면 1일차에서 2일차로 넘어가는 구간이 2일차에서 3일차, 3일차에서 4일차로 넘어갈 때보다 사용자 유지율이 크게 감소하는 것을 확인할 수 있습니다. 여기에서는 1일차에서 2일차로 넘어가는 시점을 일별 이메일 발송 시점으로 결정하겠습니다.

	0일	1일	2일	3일	4일	5일	6일	7일
모든 사용자 12,670명의 사용자	**100.00%**	**3.14%**	**1.25%**	**0.58%**	**0.30%**	**0.09%**	**0.00%**	**0.00%**
2018. 4. 30. 2,060명의 사용자	100.00%	4.03%	2.33%	1.55%	0.63%	0.29%	0.00%	0.00%
2018. 5. 1. 2,146명의 사용자	100.00%	5.08%	2.33%	1.07%	0.65%	0.00%	0.00%	
2018. 5. 2. 2,322명의 사용자	100.00%	3.27%	1.68%	0.39%	0.00%	0.00%		
2018. 5. 3. 2,411명의 사용자	100.00%	3.36%	0.87%	0.00%	0.00%			
2018. 5. 4. 2,169명의 사용자	100.00%	2.26%	0.00%	0.00%				
2018. 5. 5. 1,562명의 사용자	100.00%	0.00%	0.00%					
2018. 5. 6. 0명의 사용자	0.00%	0.00%						

STEP 2 **주별 이메일 발송 시점 찾기**

동질 집단 크기를 주별로 변경합니다.

주별 사용자 유지율을 확인해보면 1주차에서 2주차로 넘어가는 구간이 다른 주차의 사용자
유지율 감소보다 큰 것을 확인할 수 있습니다. 여기에서는 1주차에서 2주차로 넘어가는 시점
을 주별 이메일 발송 시점으로 결정하겠습니다.

	0주	1주	2주	3주	4주	5주	6주
모든 사용자 89,602명의 사용자	**100.00%**	**3.47%**	**1.77%**	**1.19%**	**0.92%**	**0.49%**	**0.00%**
2018. 3. 25. - 2018. 3. 31. 16,220명의 사용자	100.00%	4.49%	2.37%	1.68%	1.55%	0.94%	0.00%
2018. 4. 1. - 2018. 4. 7. 14,982명의 사용자	100.00%	3.85%	2.02%	1.50%	1.15%	0.00%	
2018. 4. 8. - 2018. 4. 14. 14,970명의 사용자	100.00%	4.17%	2.02%	1.48%	0.00%		
2018. 4. 15. - 2018. 4. 21. 14,489명의 사용자	100.00%	4.02%	2.34%	0.00%			
2018. 4. 22. - 2018. 4. 28. 14,560명의 사용자	100.00%	4.07%	0.00%				
2018. 4. 29. - 2018. 5. 5. 14,381명의 사용자	100.00%	0.00%					

STEP 3 **월별 이메일 발송 시점 찾기**

동질 집단 크기를 월별로 변경합니다.

월별 사용자 유지율을 확인해보면 1개월차에서 2개월차로 넘어가는 구간이 다른 월차의 사용자 유지율 감소보다 큰 것을 확인할 수 있습니다. 여기에서는 1개월차에서 2개월차로 넘어가는 시점을 월별 이메일 발송 시점으로 결정하겠습니다.

	0월	1월	2월	3월	4월	5월	6월
모든 사용자 198,962명의 사용자	100.00%	3.89%	1.00%	0.23%			
2018. 2. 1. - 2018. 2. 28. 64,260명의 사용자	100.00%	4.66%	1.49%	0.23%			
2018. 3. 1. - 2018. 3. 31. 72,324명의 사용자	100.00%	4.96%	0.57%				
2018. 4. 1. - 2018. 4. 30. 62,378명의 사용자	100.00%	1.85%					

STEP 4 이메일 발송 시점 정리하기

각각 1일차에서 2일차로 넘어갈 때, 1주차에서 2주차로 넘어갈때, 1개월차에서 2개월차로 넘어갈 때 사용자 유지율이 크게 감소한다는 것을 확인했습니다. 이 정보를 바탕으로 각각의 시점에 다음과 같은 이메일, 푸시를 발송할 수 있을 것입니다.

시점	내용
1일차 21시	"서비스는 잘 이용하고 계시나요?"
7일차 21시(1주차 마지막날)	"이런 상품은 어떠세요?"
30일차 21시(1개월차 마지막날)	"요즘 가장 잃기 많은 상품을 소개합니다"

여기에서는 동질 집단 분석 보고서를 활용해 일별, 주별, 월별 사용자 유지율이 크게 감소하는 시점을 찾아 이메일 발송 시점으로 선정했습니다. 각자 자신의 서비스가 어느 시점에 사용자 유지율이 크게 감소하는지 파악하면 이를 보완하기 위한 다양한 전략을 세우고 행동할 수 있을 것입니다.

Chapter 20 측정 프로토콜 분석하기

담당자M의 이야기

담당자M은 사용자에게 상품 구매 이메일을 발송할 예정입니다. 담당자M은 사용자가 해당 이메일을 얼마나 읽어보는지 확인하려 합니다. 사용자가 이메일을 읽어보는 비율을 확인할 수 있다면 이메일 마케팅 비용을 추정하거나 보다 반응이 좋은 이메일을 작성할 때 큰 도움이 될 것입니다.

담당자M을 도와주세요

구글 애널리틱스는 이메일이나 블로그 같은 구글 애널리틱스를 설치할 수 없는 환경의 데이터 수집과 분석을 위해 측정 프로토콜이라는 기능을 제공하고 있습니다. 이번 장에서는 측정 프로토콜을 만드는 방법을 알아보고 실제 이메일에 측정 프로토콜을 추가해 이메일 마케팅 효율을 측정하는 간단한 방법을 살펴보겠습니다.

20.1 측정 프로토콜 살펴보기

👤 실습 계정　　　　　　　　　　🖥 실시간 > 개요
🖵 https://www.turtlebooks.co.kr/ga/20/1

측정 프로토콜을 사용하면 홈페이지 외부에서 일어나는 사용자는 행동을 분석할 수 있습니다. 이번 절에서는 자신의 이메일에 직접 측정 프로토콜이 포함된 이메일을 전송한 뒤 측정 프로토콜이 실제로 동작하는지 확인해보겠습니다.

이번 실습을 진행하기 위해서는 HTML 메일 발송 기능을 지원하는 이메일을 사용해야 합니다. 여기에서는 네이버 메일로 실습을 진행하겠습니다.

STEP 1 측정 프로토콜 살펴보기

실습 페이지(https://www.turtlebooks.co.kr/ga/20/1/)에 접속합니다. 이메일 HTML 복사하기 버튼을 클릭합니다.

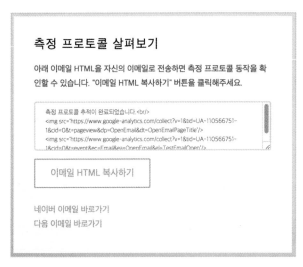

네이버 메일 작성 페이지(https://mail.naver.com/write)에 접속합니다. 오른쪽 하단의 HTML을 클릭하고 복사한 이메일 내용을 붙여넣습니다.

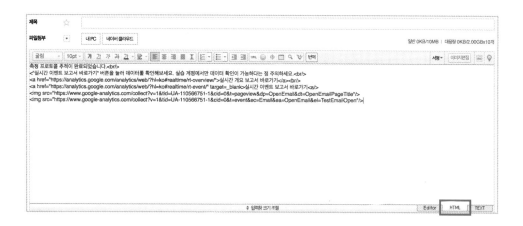

복사한 이메일 내용을 자세히 살펴보면 <img src="https://www.google-analytics.com/
collect?..."/> 형태의 프로그래밍 코드를 확인할 수 있습니다. 이는 사용자가 이메일을 열었
을 때 https://www.google-analytics.com/collect?... 주소에서 이미지(img)를 불러오겠
다는 것을 의미합니다. 바로 이 순간, 사용자가 이메일을 열어 이미지를 불러오는 순간, 측정
프로토콜은 파라미터 정보를 구글 애널리틱스 서버에 직접 저장해 우리가 원하는 데이터를
수집하게 됩니다.

STEP 2 이메일 발송하고 확인하기

이메일을 자신에게 발송한 뒤 받은 이메일을 열어봅니다. 그다음 실시간 개요 보고서와 실시
간 이벤트 보고서를 확인합니다.

실시간 > 개요 보고서에 접속합니다. OpenEmail이라는 페이지뷰가 발생했습니다.

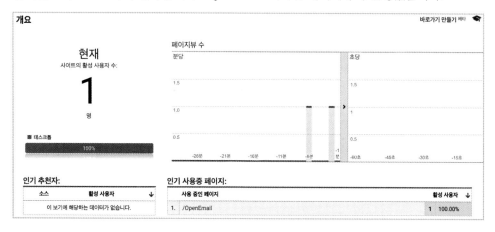

실시간 > 이벤트 보고서에도 OpenEmail이라는 이벤트가 발생했습니다.

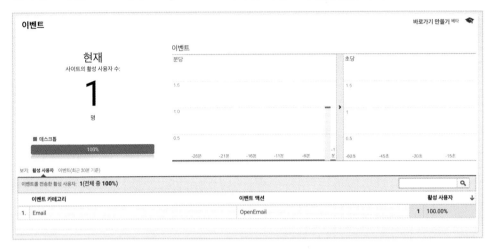

20.2 측정 프로토콜 파라미터 구성 이해하기

측정 프로토콜도 캠페인 링크와 마찬가지로 여러 파라미터를 조합해 수집할 데이터를 설정합니다. 이번 절에서는 페이지뷰 측정 프로토콜과 이벤트 측정 프로토콜을 살펴보도록 하겠습니다.

20.2.1 페이지뷰 측정 프로토콜 구성 이해하기

앞에서 발송한 이메일에 포함된 페이지뷰 측정 프로토콜은 다음과 같습니다. 해당 프로토콜에 포함된 파라미터를 하나씩 확인해보면 측정 프로토콜이 어떻게 동작하는지 이해할 수 있습니다.

- https://www.google-analytics.com/collect?v=1&tid=UA-110566751-1&cid=0&t=pageview&dp=OpenEmail&dt=OpenEmailPageTitle

표 20-1 페이지뷰 측정 프로토콜을 구성하는 각 파라미터의 의미와 입력값

파라미터	의미	입력값
v	구글 애널리틱스 버전	1 입력
tid	추적 ID (Tracking id)	구글 애널리틱스 계정 추적 ID 입력
cid	클라이언트 ID (Client id)	프로그래밍을 통해 브라우저별 클라이언트 ID를 수집해서 입력. 0으로 입력해도 무방
t	타입 (Type)	해당 측정 프로토콜이 페이지뷰를 수집하는지 이벤트를 수집하는지 입력 페이지뷰 측정 프로토콜이므로 'pageview' 입력
dp	페이지 경로, URL (Document Path)	OpenEmail
dt	페이지 타이틀 (Document Title)	OpenEmailPageTitle

측정 프로토콜은 https://www.google-analytics.com/collect/collect? 뒷부분의 파라미터를 조합한 뒤 구글 애널리틱스 서버에 데이터를 저장합니다. 앞에서의 파라미터를 조합하면 해당 측정 프로토콜은 다음과 같은 의미가 됩니다.

UA-110566751-1 구글 애널리틱스 계정(tid)에 페이지뷰(t=pageview) 데이터를 저장합니다. 페이지뷰의 경로(dp)는 OpenEmail이고 페이지뷰 타이틀(dt)은 OpenEmailPageTitle 입니다.

20.2.2 이벤트 측정 프로토콜 구성 이해하기

이벤트 측정 프로토콜도 페이지뷰 측정 프로토콜과 동일하게 동작합니다. 파라미터의 의미를 알면 쉽게 이해할 수 있습니다.

- https://www.google-analytics.com/collect?v=1&tid=UA-110566751-1&cid=0&t=event&ec=Email&ea=OpenEmail&el=TestEmailOpen

표 20-2 이벤트 측정 프로토콜을 구성하는 각 파라미터의 의미와 입력값

파라미터	의미	입력값
v	구글 애널리틱스 버전	1 입력
tid	추적 ID (Tracking id)	구글 애널리틱스 계정 추적 ID 입력
cid	클라이언트 ID (Client id)	프로그래밍을 통해 브라우저별 클라이언트 ID를 수집해서 입력. 0으로 입력해도 무방.
t	타입 (Type)	해당 측정 프로토콜이 페이지뷰를 수집하는지 이벤트를 수집하는지 입력. 페이지뷰 측정 프로토콜이므로 'event' 입력
ec	이벤트 카테고리 (Event Category)	Email
ea	이벤트 액션 (Event Action)	OpenEmail
el	이벤트 라벨 (Event Label)	TestEmailOpen

이 측정 프로토콜은 다음과 같은 의미가 됩니다.

- UA-110566751-1 구글 애널리틱스 계정(tid)에 이벤트(t=event) 데이터를 저장합니다. 이벤트 카테고리(ec)는 Email이고 이벤트 액션(ea)는 TestEmailOpen이고 이벤트 라벨(el)은 TestEmailOpen입니다.

측정 프로토콜은 파라미터에 포함된 구글 애널리틱스 계정 정보와 수집 데이터 정보를 기반으로 동작합니다. 캠페인 링크와 마찬가지로 파라미터가 아주 큰 역할은 하고 있습니다. 만일 파라미터가 잘 기억나지 않는다면 <17.2 캠페인 링크 구성 이해하기>를 확인하시기 바랍니다.

20.3 실전! 장바구니 리마인드 이메일 분석하기

👤 실습 계정

🖥 https://www.turtlebooks.co.kr/ga/20/3/protocol.html

<18.3 실전! 장바구니 리마인드 필요한 사용자 확인하기>에서는 상품을 장바구니에 담고 결제하지 않은 사용자를 찾아봤습니다. 이번 절에서는 해당 사용자 100명에게 장바구니 리마인드 이메일을 발송한다고 가정하겠습니다.

장바구니 리마인드 이메일에는 자신이 장바구니에 담아 놓은 상품들의 이미지와 링크가 표시됩니다. 사용자는 장바구니 리마인드 이메일을 열어보고 해당 링크를 통해 홈페이지에 접속해 구매 진행을 계속할 수 있습니다.

이때 우리가 분석해야 할 것은 다음과 같습니다.

> 첫째, 장바구니 리마인드 이메일 대상자 100명 중 몇 명이 장바구니 리마인드 이메일을 확인할 것인가?
>
> 둘째, 장바구니 리마인드 이메일 대상자가 이메일 내의 링크를 몇 번이나 클릭할 것인가?
>
> 셋째, 장바구니 리마인드 이메일 내의 링크를 통해 접속한 사용자가 실제로 상품을 구매할 것인가?

이번 절에서는 지금까지 배운 여러 분석 방법을 종합적으로 활용합니다. 예제를 진행하는 동안 기억나지 않는 부분이 있다면 다시 한번 앞 내용들을 살펴보며 진행해보시기 바랍니다.

20.3.1 장바구니 리마인드 이메일을 확인한 사용자 수 찾기

먼저 장바구니 리마인드 이메일 대상자 100명 중 몇 명이 장바구니 리마인드 이메일을 확인할지 분석해야 합니다. 이를 위해서는 측정 프로토콜을 활용해 페이지뷰나 이벤트 발생을 측정해야 합니다.

STEP 1 **측정 프로토콜 만들기**

'사용자가 이메일을 봤는가? 보지 않았는가?'는 VIEW OR NOT의 문제이므로 페이지뷰 측정 프로토콜을 만들어 사용한다고 쉽게 결정할 수도 있습니다. 하지만 여기에서는 실제 홈페이지의 페이지뷰 수와 장바구니 리마인드 이메일의 페이지뷰 수가 뒤섞이는 것을 방지하기 위해 이벤트를 측정하는 프로토콜을 만들어 사용하도록 하겠습니다.

여기에서는 사용자가 이메일을 열었을 때 다음과 같은 측정 프로토콜이 동작한다고 가정하겠습니다.

표 20-3 측정 프로토콜 작성을 위한 각 파라미터의 의미와 입력값

파라미터	의미	입력값
v	구글 애널리틱스 버전	1 입력
tid	추적 ID	UA-*********-* 자기 계정의 추적 ID 입력
cid	클라이언트 ID	프로그래밍을 통해 브라우저별 클라이언트 ID를 수집해서 입력. 0으로 입력해도 무방.
t	타입	event
ec	이벤트 카테고리	CartRemindMail
ea	이벤트 액션	Open
el	이벤트 라벨	CartRemindMailOpen

[표 20-3]의 측정 프로토콜은 다음과 같은 의미가 됩니다.

- 구글 애널리틱스 계정(tid) UA-*********-*에 이벤트(t=event) 데이터를 저장합니다. 이벤트 카테고리(ec)는 CartRemindMail이고 이벤트 액션(ea)은 Open 이고 이벤트 라벨(el)은 CartRedmindMailOpen입니다.

이를 바탕으로 다음과 같은 측정 프로토콜을 작성할 수 있습니다.

- https://www.google-analytics.com/collect?v=1&tid=UA-*********-*&cid=0&t=event&ec=CartRemindMail&ea=Open&el=CartRemindMailOpen

STEP 2 측정 프로토콜 동작 확인하기

측정 프로토콜 작성이 완료되면 해당 측정 프로토콜 주소에 직접 접속해 측정 프로토콜이 정상 동작하는지 확인해야 합니다.

실습 페이지(https://www.turtlebooks.co.kr/ga/20/3/protocol.html)에 접속한 뒤 측정 프로토콜 동작 확인하기 버튼을 클릭합니다.

실시간 > 이벤트 보고서에 접속했을 때 CartRemindMail 카테고리의 이벤트가 표시되면 측정 프로토콜이 정상 동작하는 것입니다.

20.3.2 장바구니 리마인드 이메일 속 링크의 클릭 여부 확인하기

다음으로 분석해야 할 것은 사용자가 장바구니 리마인드 이메일의 링크를 클릭할지입니다. 캠페인 링크를 활용하면 이를 쉽게 분석할 수 있습니다.

STEP 1 캠페인 링크 만들기

캠페인 링크를 만드는 것은 아주 쉽습니다. 해당 캠페인 링크의 이름(utm_campaign)을 무엇으로 할지, 캠페인 링크가 어디에서(utm_source) 무엇을 통해(utm_medium) 클릭될지를 생각한 뒤 [표 20-4]와 같은 형태로 옮기면 됩니다.

표 20-4 장바구니 리마인드 이메일에 사용될 캠페인 링크의 파라미터와 파라미터 값

파라미터	의미	파라미터 값
utm_campaign	이 캠페인 링크의 이름은?	CartRemindMail
utm_source	어디에서?	mail
utm_medium	무엇을 통해?	link

[표 20-4]의 UTM 파라미터를 바탕으로 다음과 같은 링크를 만들 수 있습니다.

- https://www.turtlebooks.co.kr/ga/20/3/ordercompleted.html?utm_campaign=CartRemindMail&utm_source=mail&utm_medium=link&gaId=UA-*********-*

이는 다음과 같이 읽을 수 있습니다.

- 이메일(소스, source, 어디에서)에서 링크(매체, medium, 무엇을 통해)를 통한 유입을 추적하는 장바구니 리마인드 이메일(CartRemindMail, campaign)의 링크입니다.

캠페인 링크 작성이 완료되면 해당 링크에 직접 접속해 UTM 파라미터가 정상 수집되는 지 확인해야 합니다. 실습 페이지(https://www.turtlebooks.co.kr/ga/20/3/campaign. html)에 접속한 뒤 캠페인 링크 동작 확인하기 버튼을 클릭합니다.

실시간 > 트래픽 소스 보고서에 접속했을 때 매체: link, 소스: mail이 표시되면 캠페인 링크가 정상 동작하는 것입니다.

20.3.3 장바구니 리마인드 이메일 발송하기

측정 프로토콜과 캠페인 링크의 작성과 확인이 완료되면 해당 내용을 바탕으로 장바구니 리마인드 이메일을 작성하고 발송합니다.

실습 페이지(https://www.turtlebooks.co.kr/ga/20/3/mail.html)에 접속한 뒤 이메일 내용 복사하기 버튼을 클릭합니다.

해당 이메일 내용을 HTML 이메일로 발송하면 다음과 같은 장바구니 리마인드 이메일을 확인할 수 있습니다. 장바구니 리마인드 이메일의 성과 분석을 위해 구매하러 가기 링크를 클릭합니다.

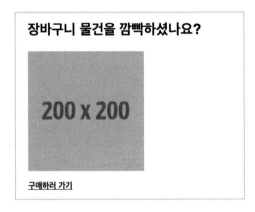

구매하러가기 링크를 클릭하면 다음과 같이 장바구니 리마인드 이메일 캠페인 링크 추적이 완료됐다는 내용을 확인할 수 있습니다.

구매가 완료되었습니다.

장바구니 리마인드 이메일 캠페인 링크 추적이 완료되었습니다.

바로 다음에서는 장바구니 리마인드 이메일 성과 분석을 진행하게 됩니다. 성과 분석을 진행할 수 있도록 장바구니 리마인드 이메일을 몇 번 더 열어보고 구매하러 가기 링크도 몇 번 더 클릭해주세요.

20.3.4 장바구니 리마인드 이메일 성과 분석하기

지금까지 장바구니 리마인드 이메일을 분석하기 위해 측정 프로토콜과 캠페인 링크를 만들어봤습니다. 여기에서는 이를 활용해 간단한 성과 분석을 진행해보겠습니다.

STEP 1 장바구니 리마인드 이메일 읽은 사용자 수 확인하기

행동 > 이벤트 > 인기 이벤트 보고서에 접속해 이벤트 라벨을 클릭하고 CartRemindMail
Open 이벤트를 확인합니다. 이는 사용자가 장바구니 리마인드 이메일을 열었을 때 측정 프
로토콜에서 수집되도록 설정한 이벤트 데이터입니다.

위 데이터를 살펴보면 CartRemindMailOpen의 총 이벤트 수가 3이고 순 이벤트 수가 1인 것을 확인할 수 있습니다. 여기에서는 분석의 목적에 맞게 총 이벤트 수와 순 이벤트 수를 확인할 줄 아는 것이 중요합니다.

사용자들이 장바구니 리마인드 이메일을 총 몇 회 읽었는지를 분석하고자 한다면 총 이벤트 수를 확인합니다. 총 이벤트 수는 장바구니 리마인드 이메일 내의 측정 프로토콜이 동작한 횟수 그 자체를 나타냅니다. 사용자 1명이 장바구니 리마인드 이메일을 100번 열어봤다고 가정할 경우 총 이벤트 수는 해당 사용자가 이메일을 한 번씩 열어볼 때마다 1씩 증가해 최종

적으로 100이 될 것입니다.

장바구니 리마인드 이메일을 읽은 사용자 수를 분석하고자 한다면 순 이벤트 수를 확인합니다. 순 이벤트 수는 장바구니 리마인드 이메일 내의 측정 프로토콜을 동작시킨 사용자의 수를 나타냅니다. 사용자 1명이 장바구니 리마인드 이메일을 100번 열어봤다고 하더라도 순 이벤트 수는 1을 유지할 것입니다.

STEP 2 장바구니 리마인드 이메일 캠페인 링크 클릭한 사용자 수 확인하기

획득 > 캠페인 > 모든 캠페인 보고서에 접속해 CartRemindMail 캠페인을 확인합니다. 해당 캠페인으로 사용자 1명이 획득됐다는 것을 쉽게 확인할 수 있습니다.

기본 측정기준: **캠페인** 소스 매체 소스/매체 기타 ▼						
		획득			**동작**	
캠페인 ❓		**사용자** ❓ ↓	**신규 방문자** ❓	**세션** ❓	**이탈률** ❓	**세션당 페이지 지수** ❓	**평균 세션 시간** ❓
		1 전체 대비 비율(%): 33.33% (3)	**0** 전체 대비 비율(%): 0.00% (0)	**1** 전체 대비 비율(%): 16.67% (6)	**0.00%** 평균 조회: 16.67% (-100.00%)	**6.00** 평균 조회: 2.17 (176.92%)	**00:15:24** 평균 조회: 00:10:07 (52.31%)
☐ 1. CartRemindMail		1(100.00%)	0 (0.00%)	1(100.00%)	0.00%	6.00	00:15:24

STEP 3 장바구니 리마인드 이메일을 읽고 상품을 구매한 사용자 수 확인하기

이번에는 장바구니 리마인드 이메일을 읽고 홈페이지에 접속해 상품을 구매한 사용자의 수를 확인해보겠습니다.

잠재고객 > 개요 보고서에 접속해 세그먼트를 추가합니다. 세그먼트의 이름으로 장바구니 리마인드 구매 완료를 입력합니다. 고급 > 조건을 클릭하고 캠페인의 포함 값으로 CartRemind를 입력합니다. AND를 눌러 조건을 추가하고 페이지의 포함 값으로 ordercompleted.html을 입력한 뒤 저장을 클릭합니다.

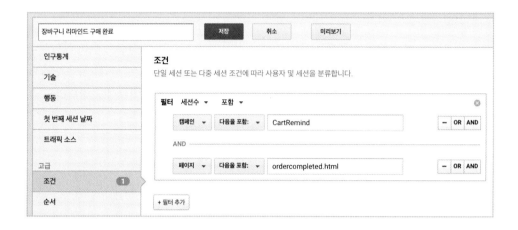

잠재고객 개요 보고서에 장바구니 리마인드 구매 완료 세그먼트가 추가되면 다음과 같이 사용자 수를 확인할 수 있습니다.

장바구니 리마인드 이메일 성과 분석하고 활용하기

지금까지 진행한 실전 예제는 혼자 이메일을 발송하고 캠페인 링크를 클릭하고 구매 완료 페이지에 도달한 것이기 때문에 이벤트 발생 수, 캠페인을 통한 획득 사용자 수, 세그먼트 사용자 수가 대부분은 1을 표시할 것입니다. 이는 성과 분석에 적합한 데이터가 아니기 때문에 여기에서는 장바구니 리마인드 이메일을 통해 확인한 각종 데이터가 [표 20-5]와 같다고 가정하고 성과 분석을 진행해보겠습니다.

표 20-5 장바구니 리마인드 이메일을 통해 확인한 각종 데이터

항목	의미	수치	발송 수 대비 비율
이메일 발송 수	전체 발송한 장바구니 리마인드 이메일 발송 수	1,000	
측정 프로토콜 순 이벤트 수	장바구니 리마인드 이메일을 읽은 사용자 수	400	40%
캠페인 획득 사용자 수	장바구니 리마인드 이메일 내의 캠페인 링크를 클릭한 수	100	10%
장바구니 리마인드 구매 완료 사용자 수	장바구니 리마인드 구매 완료 세그먼트 해당 사용자 수	50	5%

발송된 1,000통의 장바구니 리마인드 이메일을 읽고 캠페인 링크를 클릭한 뒤 상품을 구매한 사용자는 총 50명입니다. 우리는 이를 통해 장바구니 리마인드 이메일 대상자의 5%가 상품을 구매한다는 알 수 있습니다.

이제 우리는 장바구니 리마인드 이메일 대상자의 5%가 상품을 구매한다는 정보를 알게 됐습니다. 앞으로 장바구니 리마인드 이메일을 발송할 때는 해당 정보를 바탕으로 구매 완료 사용자 수를 쉽게 추정할 수 있습니다. 장바구니 리마인드 이메일의 대상자가 100명이라면 구매 완료 사용자 수가 5명이 될 것임을, 장바구니 리마인드 이메일의 대상자가 10,000명이라면 구매 완료 사용자 수가 500명이 될 것임을 쉽게 추정할 수 있습니다.

20.4 실전! 측정 프로토콜 작성도구(Hit Builder) 사용하기

구글에서는 캠페인 작성도구와 마찬가지로 측정 프로토콜을 쉽게 작성할 수 있는 도구를 제공하고 있습니다. 이번 절에서는 측정 프로토콜 작성도구인 Hit Builder를 사용해보겠습니다.

STEP 1 **Hit Builder 페이지에 접속하기**

Hit Builder 페이지(https://ga-dev-tools.appspot.com/hit-builder/)에 접속합니다.

STEP 2 **측정 프로토콜 작성하기**

Hit parameter details 부분에 파라미터를 추가하며 측정 프로토콜을 작성하게 됩니다. 이미 v, t, tid, cid 등 앞에서 살펴본 파라미터가 표시된 것을 확인할 수 있습니다. 타입(t)을 클릭해 pageview를 event로 변경하고 추적 ID(tid)에 실습 계정(실습 웹사이트)을 선택합니다. 추적 ID가 자동으로 입력됩니다. 클라이언트 ID(cid)는 0을 입력합니다.

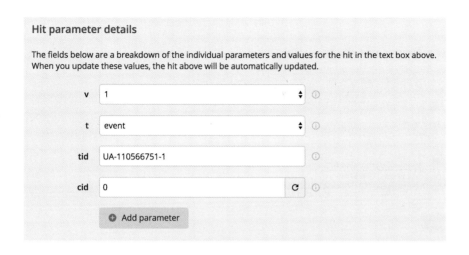

Add parameter를 클릭하고 추가된 입력란의 파라미터로 이벤트 카테고리(ec)를 입력한 뒤 내용으로 CartRemindMail을 입력합니다. 이 과정을 반복해, 다음과 같이 이벤트 액션(ea) : Open과 이벤트 라벨(el) : CartRemindMailOpen을 입력합니다.

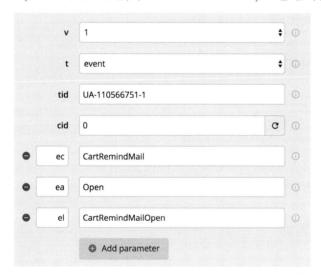

STEP 3 측정 프로토콜 동작 확인하기

Hit parameter details 윗부분의 Validate hit 버튼을 눌러 해당 측정 프로토콜이 정상 동작 하는지 확인할 수 있습니다.

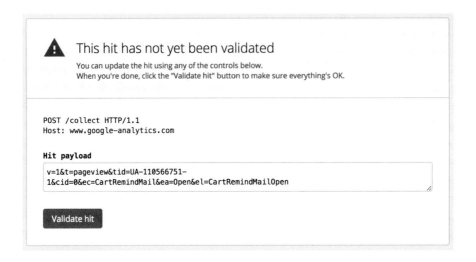

녹색으로 Hit is valid!가 표시되면 측정 프로토콜이 정상적으로 만들어진 것입니다.

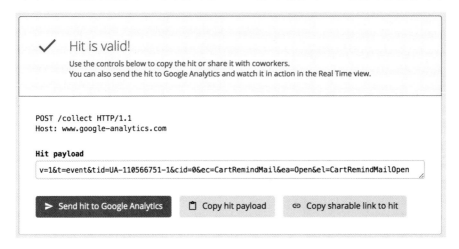

Copy hit payload를 누르면 입력한 다음의 주소가 복사됩니다.

- v=1&t=event&tid=UA-110566751-1&cid=0&ec=CartRemindMail&ea=Open&el=CartRemindMailOpen

이를 활용해 다음과 같은 측정 프로토콜을 사용할 수 있습니다.

- <img src="https://www.google-analytics.com/collect?v=1&t=event&tid=UA-110566751-1&cid=0&ec=
  CartRemindMail&ea=Open&el=CartRemindMailOpen"/>

Chapter 21 알림과 맞춤

담당자M의 이야기

담당자M은 매일 아침 회원가입 목표 전환 수가 100을 넘었는지 혹은 우수 참여 고객의 사용 수가 늘었는지 줄었는지 확인합니다. 담당자M은 이와 같은 단순 데이터나 주기적으로 확인 해야 하는 데이터를 더 쉽게 확인하는 방법을 찾고 있습니다.

담당자M을 도와주세요

구글 애널리틱스는 이와 같은 단순 반복 업무를 줄이기 위해 알림, 맞춤 기능을 제공합니다. 알림을 활용하면 회원 가입 목표 전환 수가 100명을 넘었을 때 이메일 알림을 받을 수 있고 맞춤 기능을 활용하면 회원 가입자 목표와 우수 참여 고객의 방문을 한 번에 확인할 수 있는 화면 혹은 보고서를 만들 수 있습니다. 이번 장에서는 알림과 맞춤을 통해 단순 반복 업무를 줄이는 방법을 알아보겠습니다.

21.1 알림 설정하기

구글 머천다이즈 스토어	우수 참여 고객

알림 기능을 활용하면 특정 조건이 충족됐을 때 관련 데이터를 이메일로 수신할 수 있습니다. 이번 절에서는 회원가입 목표 알림과 우수 고객 방문 증가 알림을 설정해보겠습니다.

STEP 1 회원가입 목표 알림 설정하기

관리를 클릭한 뒤 오른쪽 하단의 맞춤 알림을 클릭합니다.

+ 새 알림을 클릭합니다.

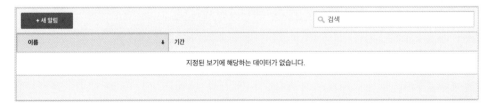

알림 이름으로 회원 가입 10 초과를 입력하고 기간을 일로 선택합니다. 이 알림이 실행될 때 이메일 수신을 체크하고 자신의 이메일을 추가합니다.

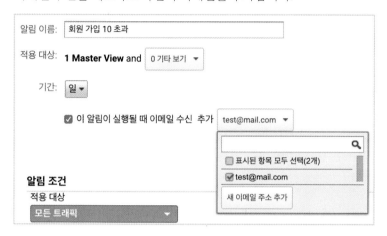

알림이 표시되는 경우로 Registrations (목표 3 전환율)를 선택합니다. 조건을 초과로 선택하고 값으로 100을 입력한 뒤 알림 저장을 클릭합니다.

STEP 2 우수 참여 고객 방문 증가 알림 받기

+ 새 알림을 클릭합니다.

알림 이름으로 우수 참여 고객 방문 1% 증가를 입력하고 매일 해당 알림이 자신의 이메일로 수신되도록 설정합니다. 적용 대상으로 <11.8 실전! 우수 참여 고객 알아보기>에서 만든 우수 참여 고객 세그먼트를 선택하고 세션의 증가 비율(%, 이상)이 전일 대비 1% 이상일 때 알림이 발생하도록 설정하고 알림 저장을 클릭합니다.

STEP 3 알림 확인하기

알림 설정이 완료된 뒤 실제 알림 조건이 충족되면 다음과 같은 이메일을 확인할 수 있습니다.

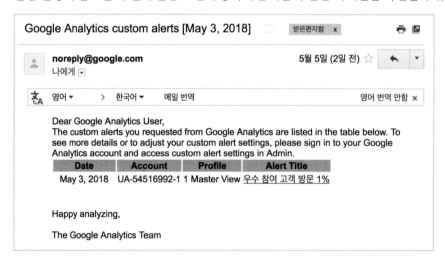

NOTE '감소' 알림 활용하기

알림 조건에서 '감소'를 잘 활용하면 서비스 운영에 큰 도움이 됩니다. '지난달 대비 회원 가입 수 5% 감소' 혹은 '지난달 대비 구매자수 5%' 감소와 같은 알림을 설정하면 서비스 성장이 정체되는 것을 신속하게 파악하고 대응할 수 있을 것입니다.

21.2 맞춤 대시보드 설정하기

👤 구글 머천다이즈 스토어　　　　　　　　▥ 맞춤설정 > 대시보드

구글 애널리틱스의 홈에는 지난 7일 동안의 사용자 현황, 실시간 사용자 현황 등 자주 확인하는 데이터들이 표시됩니다. 해당 페이지에 자신이 자주 확인하는 데이터를 추가할 수 있다면 좋겠지만 아쉽게도 홈에는 사용자가 원하는 데이터를 추가할 수 없습니다.

구글 애널리틱스는 사용자가 원하는 데이터로 화면을 구성할 수 있도록 하기 위해 맞춤 대시보드라는 기능을 제공합니다. 이번 절에서는 맞춤 대시보드를 활용해 자신이 원하는 데이터로 화면을 구성하는 방법을 알아보겠습니다.

STEP 1 맞춤 대시보드 만들기

보고서 및 도움말 검색에서 맞춤 대시보드를 입력한 뒤 맞춤설정 > 대시보드를 클릭합니다.

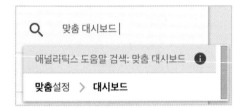

이미 작성된 대시보드가 여럿 있습니다. 만들기를 클릭합니다.

이름	생성일 ↑	유형
Device	2015. 3. 4.	공유됨
Real-Time	2015. 2. 28.	공유됨
SEO Performance	2015. 2. 28.	공유됨
Ecommerce	2015. 2. 28.	공유됨
Site Performance Dashboard	2015. 2. 28.	공유됨
Audience Snapshot	2015. 2. 27.	공유됨

Dashboards

만들기　　　　　전체　공유됨　비공개　🔍 검색

행 표시 10 ▾　　6 중 1 ~ 6 ‹ ›

둘 중 오른쪽인 초보자용 대시보드를 클릭합니다. 대시보드 이름으로 내 대시보드를 입력한 뒤 대시보드 만들기를 클릭합니다. 이제 이 대시보드에 우리가 원하는 데이터들을 표시해보 겠습니다.

STEP 2 위젯 추가하기

맞춤 대시보드는 자신이 원하는 데이터를 확인할 수 있는 위젯을 하나씩 추가하며 만들어갑 니다. 보고서 좌측 상단의 + 위젯 추가를 클릭합니다.

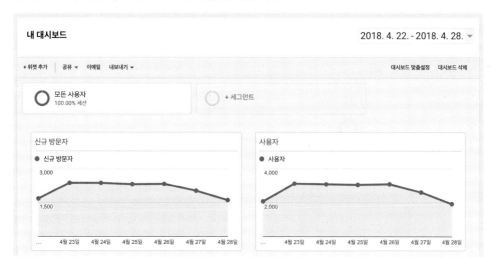

위젯 이름으로 실시간 활성 사용자 위젯을 입력하고 실시간의 카운터를 클릭하고 저장을 클릭합니다.

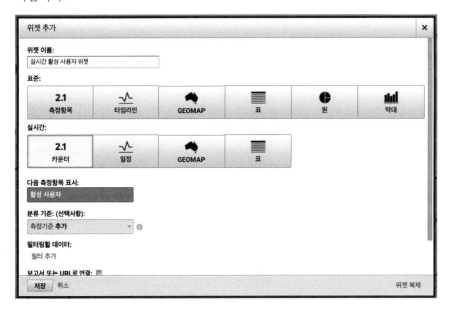

화면 아래에 실시간 활성 사용자 위젯이 추가됐습니다.

생성된 실시간 사용자 위젯의 제목 부분을 클릭한 채 원하는 위치로 끌어다 옮기면 위젯의
위치가 변경됩니다.

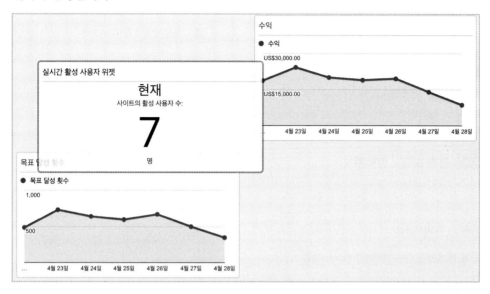

21.3 맞춤 보고서 설정하기

👤 구글 머천다이즈 스토어 　　　　　 📑 맞춤설정 > 맞춤 보고서

간혹 보고서를 확인하며 '이런 데이터가 표시되면 좋을텐데'라고 생각할 때가 있습니다. 이번 절에서는 맞춤 보고서 기능을 활용해 원하는 데이터를 바로 확인할 수 있는 보고서를 만들어보겠습니다.

STEP 1 맞춤 보고서 만들기

보고서 및 도움말 검색에서 맞춤 보고서를 입력한 뒤 맞춤설정 > 맞춤 보고서를 클릭합니다.

+ 새 맞춤 보고서를 클릭합니다.

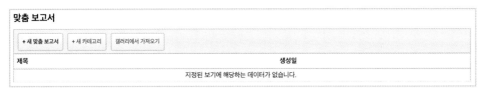

제목으로 안드로이드 사이트 콘텐츠 보고서를 입력합니다. 보고서 탭의 이름으로 탐색기를 입력합니다.

앞에서는 보고서의 이름을 설정했습니다. 이번에는 보고서에 표시할 내용을 설정해보겠습니다. 보고서의 내용은 측정항목과 측정기준을 조합하는 방식으로 진행됩니다.

다음 세 가지 내용을 입력하겠습니다.

- 먼저 측정항목 그룹의 이름으로 페이지를 입력하고 + 측정항목 추가를 클릭해 페이지뷰 수를 추가합니다.

- 다음으로 + 측정기준 추가를 클릭해 페이지를 추가합니다.

- 마지막으로 + 필터 추가를 클릭해 운영체제를 추가한 뒤 일치검색으로 Android를 입력하고 저장을 클릭합니다.

맞춤 보고서 확인하기

'안드로이드 사이트 콘텐츠 보고서'라는 이름에 맞게 안드로이드 운영체제 사용자의 페이지
뷰 수가 표시되는 것을 확인할 수 있습니다.

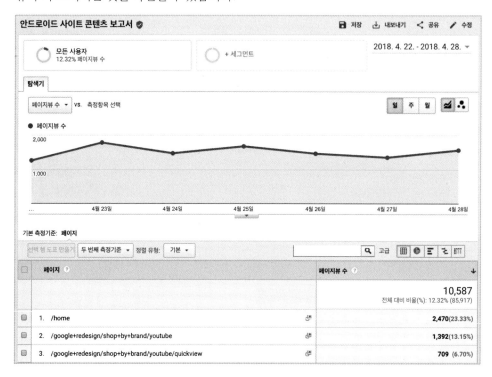

Chapter
22
필터와 보기

담당자M의 이야기

담당자M은 홈페이지 방문자를 데스크톱 방문자와 모바일 방문자로 구분해 분석하기 위해 매번 보고서에 데스크톱 세그먼트와 모바일 세그먼트를 직접 적용하고 있습니다. 담당자M은 데스크톱 데이터와 모바일 데이터를 구분해 확인할 수 있는 더 좋은 방법을 찾고 있습니다.

담당자M을 도와주세요

구글 애널리틱스는 필터, 보기 기능을 활용하면 담당자가 원하는 데이터만 수집되고 표시되도록 설정할 수 있습니다. 이번 장에서는 필터, 보기를 활용해 모바일 데이터만 수집되고 표시되는 보기를 만들어보겠습니다. 또한 가상 페이지뷰 데이터를 수집하지 않고 표시하지 않는 보기도 만들어보겠습니다.

22.1 필터 설정하기

👤 실습 계정 🖥 실시간 > 콘텐츠

🖼 https://www.turtlebooks.co.kr/ga/22/1/set-filter.html

필터를 활용하면 구글 애널리틱스가 수집, 표시하는 데이터를 제한할 수 있습니다. 이번 절에서는 필터를 설정해 실습 페이지 데이터가 수집, 표시되지 않도록 제한해보겠습니다.

STEP 1 **필터가 적용되지 않은 보고서 확인하기**

실습 페이지(https://www.turtlebooks.co.kr/ga/22/1/set-filter.html)에 접속합니다.

> # 필터 설정하기
>
> "관리 > 필터 추가"에서 실습 페이지의 URI를 제외 처리하세요.

실시간 > 콘텐츠 보고서를 확인하면 사용 중인 페이지에 실습 페이지의 URL이 표시되는 것을 확인할 수 있습니다.

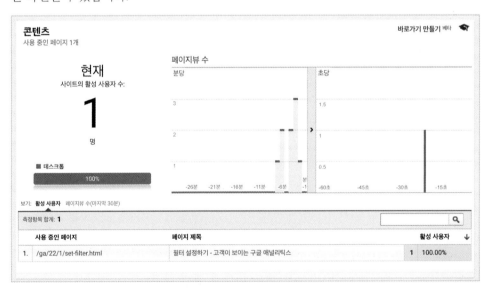

필터 추가하기

관리 > 필터를 클릭합니다.

+ 필터 추가를 클릭합니다.

필터 이름으로 필터 설정 페이지 수집 제외를 입력하고 맞춤을 클릭합니다.

필터 입력란을 요청 URI로 변경하고 필터 패턴으로 set-filter.html을 입력한 뒤 저장을 클릭합니다.

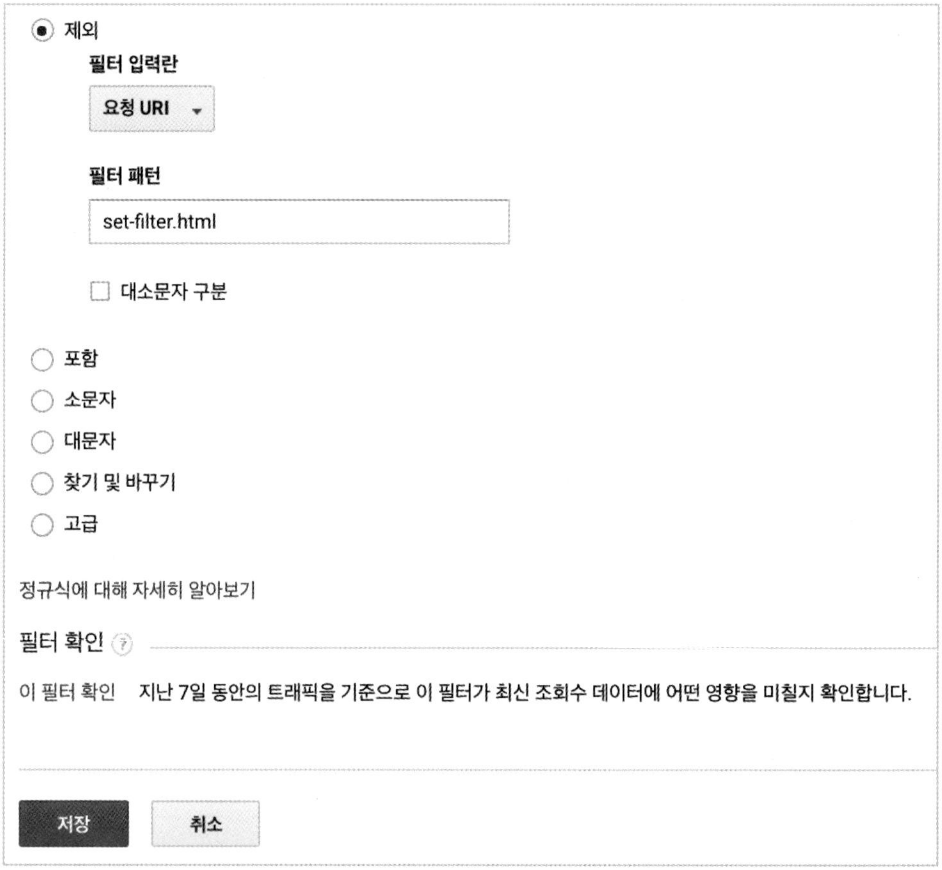

제외

필터 입력란

요청 URI ▾

필터 패턴

set-filter.html

☐ 대소문자 구분

○ 포함
○ 소문자
○ 대문자
○ 찾기 및 바꾸기
○ 고급

정규식에 대해 자세히 알아보기

필터 확인 ⑦

이 필터 확인   지난 7일 동안의 트래픽을 기준으로 이 필터가 최신 조회수 데이터에 어떤 영향을 미칠지 확인합니다.

저장   **취소**

필터가 적용된 보고서 확인하기

다시 실습 페이지(https://www.turtlebooks.co.kr/ga/22/1/set-filter.html)에 접속한 뒤
실시간 > 콘텐츠 보고서를 확인합니다.

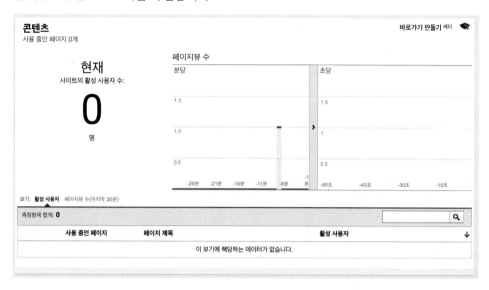

처음과는 다르게 실습 페이지 URL이 표시되지 않는 것을 확인할 수 있습니다. 앞에서 생성
한 필터에 의해 실습 페이지 접속 데이터가 표시되지 않는 것입니다.

STEP 4 **필터 제거하기**

다시 관리 > 필터에 접속한 뒤 '필터 설정 페이지 수집 제외'를 제거합니다.

다시 실습 페이지(https://www.turtlebooks.co.kr/ga/22/1/set-filter.html)에 접속한 뒤 실시간 > 콘텐츠 보고서를 확인하면 실습 페이지 접속 데이터가 수집되는 것을 확인할 수 있습니다.

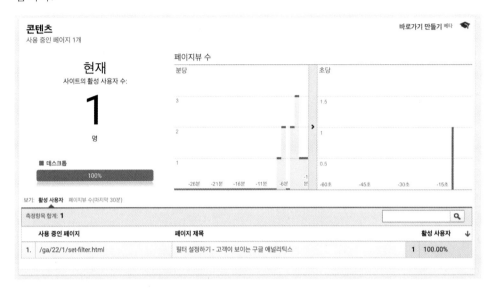

22.2 보기 추가하기

👤 실습 계정

🖥 https://www.turtlebooks.co.kr/ga/22/1/set-filter.html

앞에서는 필터를 설정하면 특정 데이터가 수집되지 않음을 알아봤습니다. 만일 특정 데이터가 수집되는 보고서와 특정 데이터가 수집되지 않는 보고서를 확인하고 싶다면 어떻게 해야 할까요? 이번 절에서는 보기를 추가해 서로 다른 설정이 적용되는 보고서를 만들어보겠습니다.

STEP 1 **보기 추가하기**

관리를 클릭합니다. 보기 옆에 있는 + 보기 만들기를 클릭합니다.

보고서 속성 보기 이름으로 필터 설정 페이지 제외 보기를 입력하고 보고서 시간대로 대한민국을 선택합니다. 보기 만들기를 클릭합니다.

화면 좌측 상단에서 필터 설정 페이지 제외 보기가 표시되면 정상적으로 보기가 추가된 것입니다.

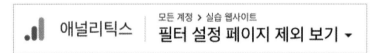

관리 > 필터에서 + 필터 추가를 클릭합니다.

기존 필터 적용을 클릭합니다. 사용 가능 필터에서 필터 설정 페이지 제외를 클릭하고
추가>>를 클릭한 뒤 저장합니다.

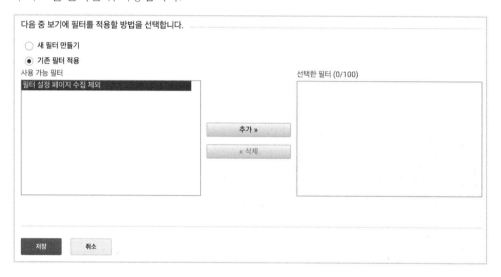

실습 페이지(https://www.turtlebooks.co.kr/ga/22/1/set-filter.html)에 접속하고 실시
간 > 콘텐츠 보고서를 확인하면 실습 페이지 URL이 표시되지 않는 것을 확인할 수 있습니다.

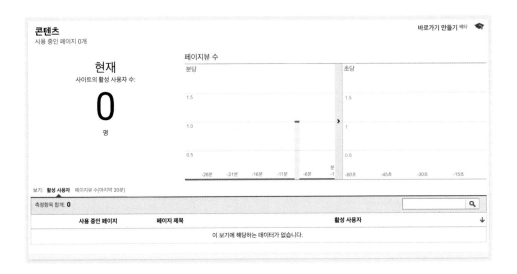

STEP 3 보기 변경하기

화면 좌측 상단에서 필터 설정 페이지 제외 보기를 클릭하고 전체 웹사이트 데이터로 변경합니다.

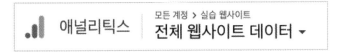

관리 > 필터를 확인하면 필터 설정 페이지 제외 필터가 적용되지 않은 것을 확인할 수 있습니다. 필터 설정 페이지 제외 보기와 전체 웹사이트 데이터 보기가 서로 다른 설정을 유지하고 있기 때문입니다.

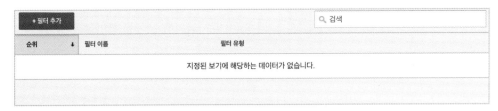

22.3 실전! 모바일 트래픽 보기 추가하기

👤 실습 계정   📋 실시간 > 콘텐츠

✉ https://www.turtlebooks.co.kr/ga/22/3

웹 분석을 진행할 때는 데스크톱 트래픽과 모바일 트래픽을 구분하는 것이 아주 중요합니다. 데스크톱 사용자와 모바일 사용자의 행동 양식이 서로 크게 다르기 때문입니다. 이번 절에서는 필터와 보기를 활용해 모바일 트래픽 보기를 추가해보겠습니다.

STEP 1 모바일 트래픽 보기 만들기

관리를 클릭합니다. 보기의 + 보기 만들기를 클릭합니다. 보고서 속성 보기 이름으로 모바일 트래픽 보기를 입력하고 보고서 시간대로 대한민국을 선택한 뒤 보기 만들기를 클릭합니다.

새 보고서 속성 보기

새 보고서 속성 보기를 만들어 추적 ID로 수집한 모든 데이터를 필터링하지 않고 표시합니다.

추적한 데이터 중 특정 데이터만 이 보고서 속성 보기에서 확인하려는 경우, 하나 이상의 속성 보기 필터를 만들어 데이터에 적용해야 합니다.

이 보기에서 추적할 데이터 선택

웹사이트	모바일 앱

내 보기 설정

보고서 속성 보기 이름

> 모바일 트래픽 보기

보고 시간대

대한민국 ▾　(그리니치 표준시 +09:00) 서울

사용자 ID 보기

사용자 ID 보고서 표시
User-ID 및 관련 데이터를 Google 애널리틱스로 전송하는 세션에서 데이터를 가져옵니다. 이 보기에는 교차 기기 보고서가 포함됩니다. 이 보기에서 데이터를 보려면 User-ID를 사용 설정 및 구현해야 합니다. 보기를 생성한 후에는 이 설정을 변경할 수 없습니다. **User-ID**에 대해 자세히 알아보기

　해제

이 속성은 보기가 **5개**입니다. 최대 **25개**입니다.

보기 만들기　　취소

STEP 2 **모바일 필터 추가하기**

관리 > 필터를 클릭합니다. + 필터 추가를 클릭한 뒤 필터 이름으로 기기 카테고리 – 휴대기기만을 입력합니다.

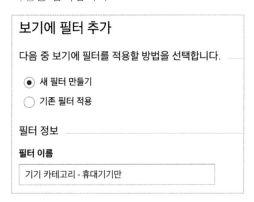

필터 유형으로 맞춤을 클릭하고 포함을 선택합니다. 필드 입력란에서 기기 카테고리를 선택하고 기기 카테고리로 휴대기기를 선택한 뒤 저장합니다. 이렇게 필터를 포함으로 설정하면 휴대기기 트래픽 데이터만 수집되고 나머지 트래픽은 전부 수집하지 않습니다.

STEP 3 **보기, 필터 동작 확인하기**

데스크톱으로 실습 페이지(https://www.turtlebooks.co.kr/ga/22/3/)에 접속합니다.

> ## 실전! 데스크톱 보기와 모바일 보기로 데이터 관리하기
>
> 1. 마우스 오른쪽 버튼을 누르고 "검사"를 클릭합니다.
> 2. "디바이스" 아이콘을 클릭해 "iPhone X"를 선택하고 페이지를 새로고침 합니다.

실시간 > 콘텐츠 보고서를 확인하면 페이지뷰가 발생하지 않는 것을 확인할 수 있습니다.

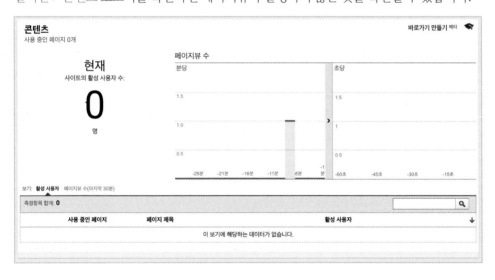

마우스 오른쪽 버튼을 클릭한 뒤 검사를 클릭합니다.

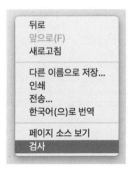

브라우저 하단에 개발자 도구가 표시되면 왼쪽 상단의 디바이스 아이콘을 클릭합니다.

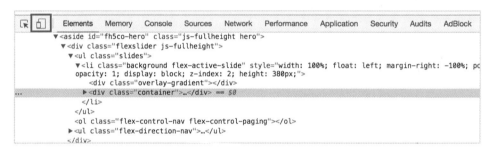

디바이스 아이콘을 클릭하면 브라우저를 모바일로 설정할 수 있습니다. 브라우저 상단 가운데의 기기 설정을 iPhone X로 변경합니다.

페이지를 새로고침하고 실시간 > 콘텐츠 보고서를 확인하면 페이지뷰가 발생하는 것을 확인할 수 있습니다.

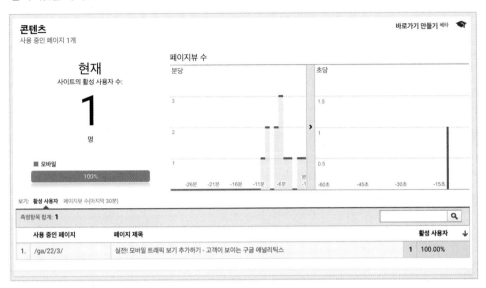

22.4 실전! 가상 페이지뷰 제외 보기 추가하기

👤 실습 계정　　　　　　　　　　　🗄 실시간 > 콘텐츠

↖ https://www.turtlebooks.co.kr/ga/22/4

<13.4 가상 페이지뷰 사용의 장단점>에서는 가상 페이지뷰를 무분별하게 사용하면 홈페이지 전체의 페이지뷰 수치가 실제 페이지뷰 수치보다 높게 표시될 수 있다는 것을 알아봤습니다. 이는 가상 페이지뷰 데이터가 수집되지 않도록 필터와 보기를 설정하면 쉽게 해결할 수 있습니다. 이번 절에서는 가상 페이지뷰 제외 보기를 추가해보겠습니다.

STEP 1 가상 페이지뷰 제외 보기 만들기

관리를 클릭합니다. 보기의 + 보기 만들기를 클릭합니다. 보고서 속성 보기 이름으로 가상 페이지뷰 제외 보기를 입력하고 보고서 시간대로 대한민국을 선택한 뒤 보기 만들기를 클릭합니다.

새 보고서 속성 보기

새 보고서 속성 보기를 만들어 추적 ID로 수집한 모든 데이터를 필터링하지 않고 표시합니다.

추적한 데이터 중 특정 데이터만 이 보고서 속성 보기에서 확인하려는 경우, 하나 이상의 속성 보기 필터를 만들어 데이터에 적용해야 합니다.

이 보기에서 추적할 데이터 선택

| 웹사이트 | 모바일 앱 |

내 보기 설정

보고서 속성 보기 이름

> 가상 페이지뷰 제외 보기

보고 시간대

대한민국 ▾　(그리니치 표준시 +09:00) 서울

사용자 ID 보기

사용자 ID 보고서 표시

User-ID 및 관련 데이터를 Google 애널리틱스로 전송하는 세션에서 데이터를 가져옵니다. 이 보기에는 교차 기기 보고서가 포함됩니다. 이 보기에서 데이터를 보려면 User-ID를 사용 설정 및 구현해야 합니다. 보기를 생성한 후에는 이 설정을 변경할 수 없습니다. User-ID에 대해 자세히 알아보기

　해제

이 속성은 보기가 6개입니다. 최대 25개입니다.

보기 만들기　　취소

가상 페이지뷰 제외 필터 만들기

관리 > 필터를 클릭합니다. + 필터 추가를 클릭한 뒤 필터 이름으로 가상 페이지뷰 제외를 입력합니다.

필터 유형으로 맞춤을 클릭하고 제외를 선택합니다. 필드 입력란에서 요청 URI를 선택하고 필터 패턴으로 /virtual/을 입력한 뒤 저장합니다. 이렇게 설정하면 가상 페이지뷰의 주소에 포함된 /virtual/ 때문에 가상 페이지뷰 접속 데이터가 수집되지 않습니다.

실습 페이지(https://www.turtlebooks.co.kr/ga/22/4/)에 접속한 뒤 로그인 버튼을 클릭합니다.

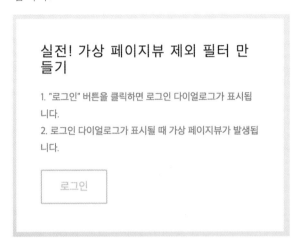

로그인 버튼을 클릭하면 가상 페이지뷰를 활용한 로그인 다이얼로그가 표시됩니다.

실시간 > 콘텐츠 보고서를 확인하면 로그인 버튼을 아무리 클릭해도 가상 페이지뷰가 발생하지 않는 것을 확인할 수 있습니다.

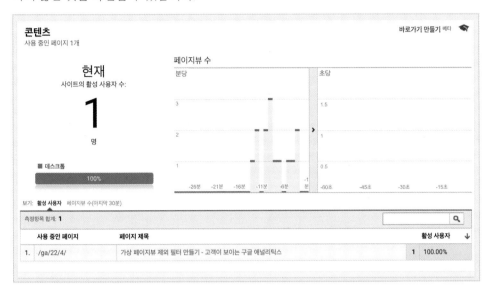

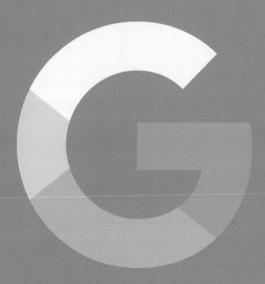

전자상거래 추적하기

구글 애널리틱스에는 전자상거래(Ecommerce) 분석 기능이 있습니다.
이 기능을 사용하면 쇼핑몰의 매출 현황은 물론 사용자의 쇼핑 행동과 결제 행동까지
쉽게 분석할 수 있습니다. 이번에는 기본 전자상거래 추적과
향상된 전자상거래 추적의 사용 방법을 알아보겠습니다.

01010

01010

10101

Chapter 23 기본 전자상거래 추적하기

담당자M의 이야기

담당자M은 쇼핑몰 운영을 맡게 되었습니다. 담당자M은 판매된 상품의 정보를 확인하고 싶습니다. 구매 완료된 상품의 이름을 수집하는 이벤트 코드를 사용해 판매된 상품 이름은 확보했습니다. 이제 수익을 계산해야 합니다. 이를 더 쉽게 확인하는 방법은 없을까요?

담당자M을 도와주세요

구글 애널리틱스는 기본 전자상거래 추적(Standard Ecommerce Tracking)으로 쇼핑몰에 사용할 기본 분석 기능을 제공합니다. 이번 장에서는 기본 전자상거래 추적이 무엇인지, 기본 전자상거래 추적 코드가 어떻게 구성되었는지 살펴보고 향상된 전자상거래 추적(Enhanced Ecommerce Tracking)을 준비해보겠습니다.

23.1 기본 전자상거래 추적 살펴보기

👤 실습 계정   🗔 전환 > 전자상거래 > 개요

🖼 https://www.turtlebooks.co.kr/ga/23/order

기본 전자상거래 추적 기능을 활용하면 홈페이지에서 발생한 거래 정보를 쉽게 확인할 수 있습니다. 이번 절에서는 가상의 쇼핑몰 페이지를 바탕으로 기본 전자상거래 추적을 살펴보겠습니다.

STEP 1 구매하기

실습 페이지(https://www.turtlebooks.co.kr/ga/23/order/)에 접속합니다. 카메라와 키보드를 판매하는 쇼핑몰 페이지라고 가정하겠습니다. 모두 구매하기 버튼을 클릭해 카메라와 키보드를 구매합니다.

실시간 > 이벤트 보고서에 접속합니다. 이벤트 카테고리(ecommerce)에 이벤트 액션 (purchase)이 발생하는 것을 확인할 수 있습니다.

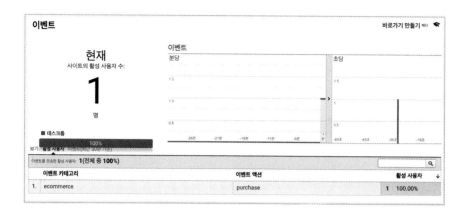

전자상거래 추적은 상품 거래에 특화된 이벤트입니다. 사용자가 상품을 구매 완료하면 구글 애널리틱스는 'A상품, B상품에 구매가 발생하였다'는 이벤트 정보를 수집, 정리합니다. 이를 전자상거래 보고서로 확인하며 수익을 개선해가는 과정이 바로 전자상거래 분석입니다.

STEP 2 전자상거래 보고서 확인하기

전환 > 전자상거래 > 개요 보고서에서는 실습 페이지에서 발생한 전자상거래 정보를 확인할 수 있습니다.

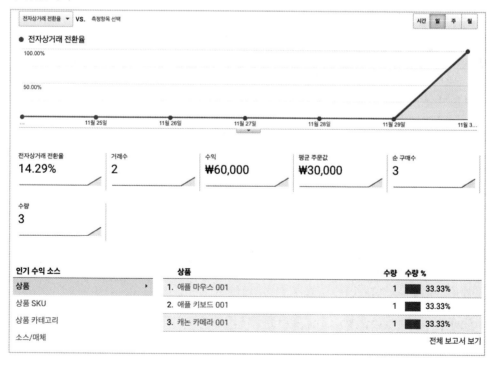

거래 2건, 수익 60,000원이 발생하였고 총 3개의 상품이 팔렸음을 확인할 수 있습니다. 또한 애플 마우스 001, 애플 키보드 001, 캐논 카메라 001이 각 1개씩 판매된 것도 확인할 수 있습니다.

NOTE 정산 자료로 사용하지 마세요

구글 애널리틱스 전자상거래 추적에 의해 수집된 데이터는 인터넷 상태 이상 등의 이유로 유실될 수 있습니다. 매출 정산이나 세금 계산과 같이 금액이 정확해야 하는 작업에는 반드시 실제 판매 내역을 바탕으로 계산해야 합니다.

23.2 기본 전자상거래 추적 코드 이해하기

전자상거래 추적 코드는 어떤 데이터를 수집할까요? 이번 절에서는 기본 전자상거래 추적 코드를 살펴보겠습니다.

'모두 구매하기' 버튼을 눌렀을 때 동작하는 전자상거래 추적 코드입니다. 천천히 코드를 살펴보겠습니다. <9.4 이벤트 코드 이해하기>와 마찬가지로 왼쪽에서 오른쪽으로 천천히 읽습니다.

```
gtag('event, 'purchase', …
```

가장 먼저 'event', 'purchase'가 눈에 띕니다. 이는 9장에서 살펴보았던 이벤트 코드와 유사합니다. 전자상거래 추적 코드 또한 구글 애널리틱스에서 미리 지정해둔 'purchase'라는 유형의 이벤트이기 때문입니다. 매출 정보를 수집하려면 주문과 각 상품 정보를 수집해야 하기 때문에 지금까지 살펴본 이벤트 코드보다 어려워 보이는 것뿐입니다.

전자상거래 추적 코드는 주문 정보와 사용자가 주문한 상품들의 정보로 나누어 확인하면 쉽게 이해할 수 있습니다.

먼저 주문 정보를 정리하면 [표 23-1]과 같습니다. 주문 번호 201911150001은 고객이 보이는 구글 애널리틱스 상점에서 발생한 주문입니다. 사용자가 지불한 전체 상품의 주문 가격은 3만 원(세금 0원, 배송비 0원)이고 주문한 상품은 items(다음 표에서 다룹니다)와 같습니다.

표 23-1 주문 번호

용어	의미	데이터
transaction_id	주문 번호	201911150001
affiliation	제휴처 (혹은 상점명)	고객이 보이는 구글 애널리틱스 상점
value	총 가격	30000
currency	통화	KRW (원)
tax	세금	0
shipping	배송비	0
items	주문한 상품들	(다음 표에서 다룹니다)

주문 번호 201911150001에서 주문한 상품(items)은 2개입니다. 사용자가 주문한 상품은 캐논 카메라 001(camera-001)와 애플 키보드 001(keyboard-001)입니다. 상품 중 카메라를 살펴보면 [표 23-2]와 같습니다.

표 23-2 주문 번호 201911150001의 items 정보 중 카메라 관련 정보

용어	의미	데이터
id	상품 번호	camera-001
name	상품명	캐논 카메라 001
brand	브랜드	캐논
category	카테고리	전자기기/카메라
quantity	수량	1
price	가격	20000

캐논 카메라 001은 쇼핑몰 내부에서 camera-001이라는 상품 번호로 관리합니다. 브랜드는 캐논이며 카테고리는 전자기기/카메라에 속합니다. 사용자는 해당 카메라를 1대 구매하였고 가격은 2만 원입니다.

다시 전자상거래 추적 코드를 살펴보면 표로 정리한 내용이 눈에 보일 것입니다. 주문 정보와 주문이 발생한 상품들의 정보를 코드로 정리하여 구글 애널리틱스에 'purchase' 이벤트로 전달하는 것, 이것이 바로 전자상거래 추적입니다.

NOTE 전자상거래 추적은 개발자와의 협업이 반드시 필요합니다

온라인 쇼핑의 가격 정보는 수시로 변경됩니다. 동일한 상품을 정가인 1만 원에 구매할 수도 있고, 2천 원 할인 쿠폰을 적용하여 8천 원에 구매할 수도 있습니다. 혹은 최저가를 검색해 7천 원에 구매할 수도 있습니다. 가격만 달라질까요? 그렇지 않습니다. 배송비를 포함해 다양한 정보가 변경됩니다.

상황에 따라 변경되는 전자상거래 데이터를 수집하기 위해서는 개발자와의 협업이 필수입니다. PART 04를 통해 쇼핑의 어떤 부분에서 전자상거래 추적이 이루어지는지 익히고 이를 바탕으로 개발자와 협업한다면 훌륭하게 전자상거래 데이터를 수집할 수 있을 것입니다.

23.3 기본 전자상거래 추적과 향상된 전자상거래 추적

기본 전자상거래 추적은 구매 완료된 상품 데이터만 다룬다는 한계가 있습니다. 구매가 완료된 상품은 확인할 수 있지만 구매가 완료되지 않은 상품은 데이터를 확인할 수 없습니다.

[표 23-3]은 사용자A가 쇼핑몰을 사용할 때 행동한 내용을 기록한 표입니다. 이번 절에서는 기본 전자상거래 추적의 한계를 알아보고 다음 장에서 설명할 향상된 전자상거래 추적의 필요성을 살펴보겠습니다.

표 23-3 사용자A가 쇼핑몰을 사용할 때 행동한 내용

순서	행동
1	사용자A는 '가방 특가 할인 프로모션'을 보았지만 선택(클릭)하지 않았습니다.
2	사용자A는 '신발'을 검색합니다.
3	사용자A는 신발 검색 목록에서 제일 첫 번째 나이키 신발을 선택했습니다.
4	사용자A는 나이키 신발을 장바구니에 추가했습니다.
5	사용자A는 나이키 신발을 구매했습니다.

⚙ 기본 전자상거래 추적의 단점

<23.2 기본 전자상거래 추적 코드 살펴보기>에서 기본 전자상거래 추적은 구매 완료된 상품 데이터만을 수집한다는 것을 알아보았습니다. 따라서 우리는 사용자A의 쇼핑 행동 중 5번에 해당하는 정보만 확인할 수 있었습니다.

쇼핑몰을 운영하는 입장에서는 "사용자가 '가방 특가 할인 프로모션'을 몇 번이나 보았고 몇 번이나 클릭했을까?" 혹은 "나이키 신발은 장바구니에 몇 번 추가되었을까?"와 같은 데이터가 무척 궁금할 것입니다.

⚙ 향상된 전자상거래 추적을 사용하면

향상된 전자상거래 추적을 사용하면 사용자A의 행동을 [표 23-4]와 같이 수집할 수 있습니다.

표 23-4 사용자A의 쇼핑몰 사용

사용자A의 쇼핑 행동	향상된 전자상거래 추적의 동작
사용자A는 커다란 '가방 특가 할인 프로모션'을 보았습니다.	'프로모션이 노출되었음'을 추적합니다. 만약 사용자가 프로모션을 선택했다면 '프로모션을 선택하였음'을 추적했을 것입니다.
사용자A는 '신발'을 검색합니다	검색어는 전자상거래 추적이 아닌 이벤트 분석이나 검색어 분석을 활용합니다.
사용자A는 신발 검색 목록에서 제일 첫 번째 나이키 신발을 선택했습니다.	'신발 검색 목록이 노출되었음'과 '신발 검색 목록에서 첫 번째 상품인 나이키 신발을 선택했음'을 추적합니다.
사용자A는 나이키 신발을 장바구니에 추가했습니다.	'나이키 신발을 보고 있음'과 '나이키 신발을 장바구니에 추가했음'을 추적합니다.
사용자A는 나이키 신발을 구매했습니다.	'나이키 신발을 구매했음'을 추적합니다.

기본 전자상거래 추적은 구매 완료된 상품 데이터만 수집합니다. 그에 비해, 향상된 전자상거래 추적은 상품의 노출과 선택, 장바구니 담기 혹은 제거, 구매 완료 등의 데이터도 수집합니다.

따라서 향상된 전자상거래 추적을 이용하면 더 깊은 수준으로 분석할 수 있습니다. 예를 들어 '가방 특가 프로모션'의 클릭률이 얼마인지, '신발' 검색 목록에서 가장 선택이 많은 상품은 무엇인지, 나이키 신발이 장바구니에 몇 번 추가되었는지 알 수 있습니다.

> **NOTE** **반드시 향상된 전자상거래 추적을 사용해야 하는 것은 아닙니다**
>
> 반드시 향상된 전자상거래 추적을 사용해야 하는 것은 아닙니다. 구독 서비스를 판매하거나 판매하는 상품 수가 적거나 더 깊이 있게 분석할 필요가 없다면 기본 전자상거래 추적만으로도 효율적인 분석이 가능합니다.

Chapter 24
향상된 전자상거래 추적하기

담당자M의 이야기

담당자M은 기본 전자상거래 추적을 사용해 쇼핑몰의 전반적인 수익을 확인할 수 있었습니다. 이제 담당자M은 사용자의 행동을 바탕으로 수익을 개선할 수 있다면 좋겠다고 생각합니다. 사용자의 행동을 분석할 수 있다면 수익을 개선할 수 있지 않을까요? 어떤 상품이 장바구니에 많이 담기는지, 어떤 상품이 실제 판매가 많이 이루어지는지 알 수 있다면 수익을 개선할 수 있지 않을까요?

담당자M을 도와주세요

향상된 전자상거래 추적은 기본 전자상거래 추적보다 더 자세히 분석할 수 있는 기능입니다. 이번 장에서는 구글 애널리틱스에서 제공하는 전자상거래 데모 페이지에서 향상된 전자상거래 추적을 구현해보겠습니다.

24.1 향상된 전자상거래 추적 활성화하기

👤 실습 계정   📱 전환 > 전자상거래 > 개요

향상된 전자상거래 추적 기능을 사용하기 위해서는 구글 애널리틱스의 전자상거래 설정을 변경해야 합니다. 이번 절에서는 향상된 전자상거래 추적을 활성화하여 다음 실습을 준비하겠습니다.

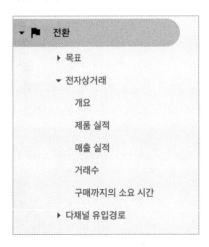

초기 구글 애널리틱스는 향상된 전자상거래 추적 기능이 해제되어 있습니다. 이 상태에서는 '전환 > 전자상거래'의 하위 메뉴로 기본 전자상거래 추적 기능만 제공합니다.

왼쪽 하단의 관리를 클릭합니다. 보기 > 전자상거래 설정을 클릭합니다.

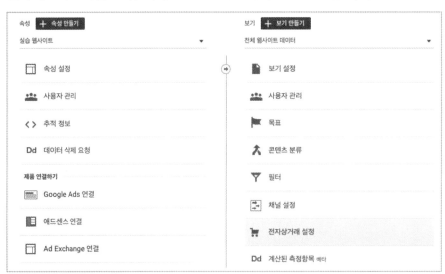

향상된 전자상거래 보고서 사용이 '해제' 상태입니다.

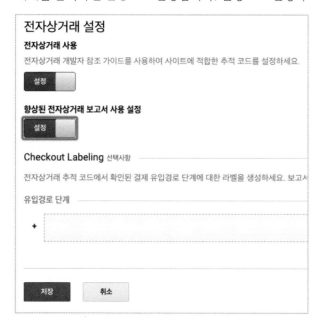

해제를 클릭하면 설성으로 변경됩니다. 설정으로 변경 후 저장을 클릭합니다.

브라우저를 새로고침하면 '전환 > 전자상거래' 하위 메뉴에 쇼핑 행동, 결제 행동, 마케팅 등이 보입니다. 향상된 전자상거래 추적이 활성화되어 기본 전자상거래 추적으로는 확인할 수없는 보고서까지 추가된 것입니다.

이번 절을 시작하며 확인한 메뉴와 비교해보면 어느 보고서가 추가된 것인지 바로 알 수 있습니다.

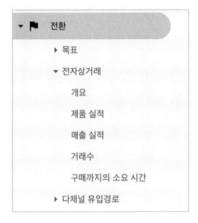
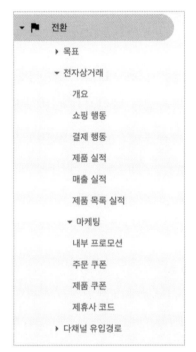

24.2 향상된 전자상거래 추적 살펴보기

https://enhancedecommerce.appspot.com

기본 전자상거래 추적은 구매 완료 시점의 데이터만 수집합니다. 그에 비해, 향상된 전자상거래 추적은 쇼핑의 시작부터 끝까지 모든 시점의 데이터를 수집합니다. 이번 절에서는 구글 애널리틱스에서 제공하는 전자상거래 데모 페이지를 통해 향상된 전자상거래 추적의 데이터 수집을 살펴보겠습니다.

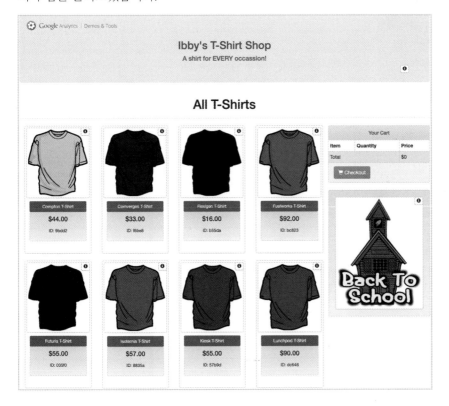

전자상거래 데모 페이지(https://enhancedecommerce.appspot.com/)에 접속합니다. 해당 실습 페이지는 구글 애널리틱스에서 향상된 전자상거래 추적의 학습을 위해 준비한 것입니다. 상품 목록의 표시, 프로모션 배너의 표시 등 각각의 상황에 어떠한 방식으로 전자상거래 추적 코드를 구현하는지 확인할 수 있습니다.

각각의 상품, 배너 등에는 ⓘ 버튼이 있습니다. 상품 목록의 첫 상품으로 전시된 노란색 Compton T-Shirt의 ⓘ 버튼을 클릭합니다.

ⓘ 버튼을 클릭하면 [그림 24-1]과 같이 select_content(콘텐츠를 선택함) 전자상거래 추적 코드(이벤트 코드)를 표시합니다.

그림 24-1 향상된 전자상거래 추적 코드

향상된 전자상거래 추적은 상품 선택(콘텐츠 선택) 외에도 여러 경우를 지원합니다. 앞으로 이에 대해 살펴보겠습니다.

24.3 향상된 전자상거래 추적에 앞서

향상된 전자상거래 추적을 위해서는 사용자의 쇼핑 행동에 대한 상세한 데이터 수집 방법을 배워야 합니다. 이번 절에서는 향상된 전자상거래 추적의 데이터 수집이 어느 지점에서 이루어지는지 알아보겠습니다.

사이트 콘텐츠 보고서에서 사용자의 페이지 조회수(사용자가 페이지를 본다)를 분석하고 이벤트 보고서에서 사용자의 행동(사용자가 버튼을 누른다)을 분석합니다. 분석한다는 것은 사용자가 '보고', '행동한다'는 것을 수집했음을 말합니다. 향상된 전자상거래 추적에서도 '본다'와 '행동한다'를 추적하는 것이 핵심입니다.

23.3절에서 살펴본 [표 23-3] 사용자A의 쇼핑 행동을 다시 한 번 살펴보겠습니다.

표 23-3 사용자A가 쇼핑몰을 사용할 때 행동한 내용

순서	행동
1	사용자A는 '가방 특가 할인 프로모션'을 보았지만 선택(클릭)하지 않았습니다.
2	사용자A는 '신발'을 검색합니다.
3	사용자A는 신발 검색 목록에서 제일 첫 번째 나이키 신발을 선택했습니다.
4	사용자A는 나이키 신발을 장바구니에 추가했습니다.
5	사용자A는 나이키 신발을 구매했습니다.

순서 1에서 사용자A는 '가방 특가 할인 프로모션'을 보았습니다. 이는 본다에 속합니다. view_promotion(프로모션을 봄) 이벤트를 수집합니다. 만약 사용자A가 '가방 특가 할인 프로모션'을 클릭했다면, 이는 행동한다에 속하며 select_promotion(프로모션을 선택함) 이벤트를 수집할 것입니다.

⚙ 본다

향상된 전자상거래 추적은 사용자가 '프로모션을 봄', '상품 목록을 봄'과 같은 본다에 해당하는 데이터를 수집합니다.

본다는 것은 사용자 입장이 아닌 쇼핑몰 입장에서 파악하는 것이 좋습니다. 사용자 입장에서는 프로모션을 보고 싶어서 본 것이 아니라 쇼핑몰에 가장 커다랗게 등장해, 볼 수밖에 없었던 것입니다. 이를 고려한다면 본다를 수집한다는 것은 보여주었음을 수집하는 것입니다.

쇼핑몰 입장에서 사용자A의 쇼핑 행동을 살펴보면 '프로모션을 보여주었음', '신발 검색 목록을 보여주었음'이 데이터 수집의 시점이 될 것입니다.

⚙ 행동한다

쇼핑몰이 보여준 프로모션에 관심이 생기면 사용자는 해당 프로모션을 클릭하는 행동을 할 것입니다. 프로모션은 사용자를 특정 페이지로 이동시킬 것이고 사용자는 프로모션의 내용을 살펴보는 행동을 할 것입니다.

행동한다는 것은 사용자 입장에서 파악하는 것이 좋습니다. 마음에 들어서 클릭하고, 마음에 들어서 보는 것입니다.

사용자A의 행동 '프로모션이 마음에 들어서 클릭했음', '신발이 마음에 들어서 장바구니에 담았음', '마음이 변해서 장바구니에서 신발을 제거했음' 등은 행동하는 순간 그 자체가 데이터 수집의 시점이 됩니다.

⚙ 본다와 행동한다

'본다'와 '행동한다'의 관점에서 데이터 수집이 이루어진다면 '본다 * 행동한다'의 데이터를 확인할 수 있습니다.

본다	행동한다	본다 * 행동한다
프로모션 배너를 봄	프로모션 배너를 클릭함	프로모션 배너의 클릭률(%)을 알 수 있다.
프로모션 배너를 봄	프로모션 배너를 클릭하지 않음	
상품 목록을 봄	상품을 클릭함	상품 목록의 클릭률(%)을 알 수 있다.
상품 목록을 봄	상품을 클릭하지 않음	

이처럼 향상된 전자상거래 추적은 '본다'와 '행동한다'를 중심으로 데이터 수집 계획을 수립하고 데이터 수집 코드를 적용함으로써 이루어집니다. 바로 다음 절에서 실습 페이지를 바탕으로 데이터 수집 계획을 세워보겠습니다.

24.4 향상된 전자상거래 추적 데이터 수집 계획하기

https://enhancedecommerce.appspot.com

쇼핑몰과 사용자의 각 입장을 고려해, 본다와 행동한다를 정리하는 것이 향상된 전자상거래 추적의 첫걸음입니다. 이번 절에서는 구글 애널리틱스의 전자상거래 데모 페이지를 바탕으로 살펴봅니다.

데모 페이지는 첫 페이지, 상품 상세 페이지로 구성되었습니다. 각각의 페이지 구성을 살펴보며 데이터 수집 계획을 수립해보겠습니다.

STEP 1 첫 페이지 추적 계획하기

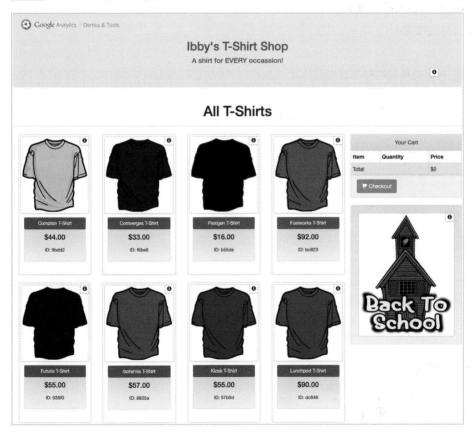

⚙ 본다

쇼핑몰이 첫 페이지에서 사용자에게 보여주려는 것을 '본다'의 관점으로 살펴보겠습니다.

> 1) 상품 목록이 보입니다. 상품 목록에는 각종 티셔츠가 보입니다.
>
> 2) 프로모션 배너가 보입니다. 프로모션 배너는 첫 페이지 오른쪽에 위치합니다.
>
> 3) 추천 상품 목록이 보입니다. 추천 상품 목록에는 각종 티셔츠가 보입니다.

⚙ 행동한다

사용자가 쇼핑몰 첫 페이지에서 할 수 있는 '행동한다'의 관점으로 살펴보겠습니다.

> 1) 사용자는 상품 목록의 상품을 선택할 수 있습니다.
>
> 2) 사용자는 오른쪽에 위치한 프로모션 배너를 선택할 수 있습니다.

이러한 식으로 각 페이지마다 보고 행동하는 것을 중심으로 추적 계획을 수립합니다. 추적 계획 수립이 완료되면 남는 것은 추적 코드를 작성하는 것뿐입니다. 이는 추적 계획을 세운 뒤에 살펴보겠습니다.

STEP 2 상품 상세 페이지 추적 계획하기

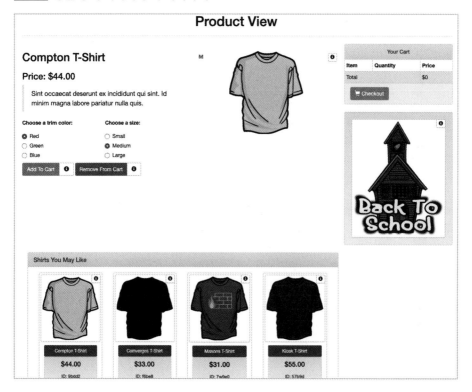

⚙ 본다

1) 페이지에 접속하면 상품 내용이 보입니다.

2) 프로모션 배너가 보입니다. 프로모션 배너는 상품 상세 페이지 오른쪽에 위치합니다.

3) 추천 상품 목록이 보입니다. 추천 상품 목록에는 각종 티셔츠가 보입니다.

⚙ 행동한다

1) 사용자는 상품을 장바구니에 담을 수 있습니다.

2) 사용자는 상품을 장바구니에서 제거할 수 있습니다.

3) 사용자는 오른쪽에 위치한 프로모션 배너를 선택할 수 있습니다.

4) 사용자는 추천 상품 목록에서 추천 상품을 선택할 수 있습니다.

STEP 3 결제 페이지 추적 계획하기

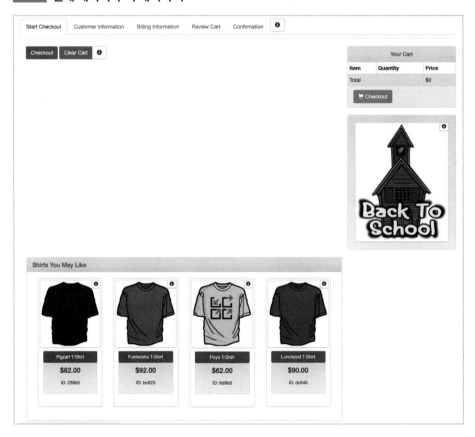

⚙ 본다

    1) 결제 단계들을 확인할 수 있습니다.

    2) 프로모션 배너가 보입니다. 프로모션 배너는 결제 페이지 오른쪽에 위치합니다.

    3) 추천 상품 목록이 보입니다. 추천 상품 목록에는 각종 티셔츠가 보입니다.

⚙ 행동한다

    1) 사용자는 장바구니 목록을 제거할 수 있습니다.

    2) 사용자는 ReviewCart 단계에서 구매를 완료할 수 있습니다.

'본다/행동한다'를 기준으로 각 페이지의 전자상거래 추적 계획을 수립하였습니다. 이번 절에서 수립한 전자상거래 추적 계획을 바탕으로 코드를 작성하는 방법을 알아보겠습니다.

24.5 목록 노출과 목록 내 선택 내용 수집하기

https://enhancedecommerce.appspot.com

'본다/행동한다'를 기준으로 수립된 계획을 바탕으로 전자상거래 데이터 수집 코드를 작성하면 전자상거래 추적이 완료됩니다. 이번 절에서는 추적 계획에 맞게 전자상거래 추적 코드의 작성 방법을 살펴보겠습니다.

앞 절에서 전자상거래 데모 페이지(https://enhancedecommerce.appspot.com/)의 첫 페이지를 바탕으로 수립한 전자상거래 데이터 수집 계획은 [표 24-1]과 같습니다.

표 24-1 무엇을 수집할까?

본다 → 수집	행동한다 → 수집
상품 목록이 보인다 → 목록 노출 수집	목록에서 상품을 선택한다 → 목록 내 선택 내용 수집
추천 상품 목록이 보인다 → 목록 노출 수집	목록에서 상품을 선택한다 → 목록 내 선택 내용 수집
프로모션 배너가 보인다 → 프로모션 노출 수집	프로모션 배너를 선택한다 → 프로모션 선택 내용 수집

수집 항목이 많아 보이지만 결국에는 '목록 노출을 수집한다, 목록 내 선택 내용을 수집한다'와 '프로모션 노출을 수집한다, 선택 프로모션 내용을 수집한다' 두 가지로 수렴합니다. 이번 절에서는 '목록 노출을 수집한다, 목록 내 선택 내용을 수집한다'를 살펴보겠습니다.

STEP 1 **목록 노출을 수집한다**

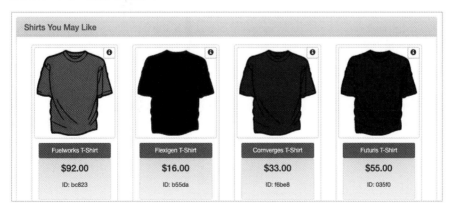

상품 목록에는 'Fuelworks T-shirt, Flexigen T-Shirt, Comverges T-Shirt, Futuris T-Shirt' 티셔츠들이 표시되어 있습니다. 이 정보를 정리하여 '상품 목록에 티셔츠 4종이 전시되었다'고 구글 애널리틱스에 알리는 것이 전자상거래 추적의 전부입니다.

그림 24-2 오른쪽 하단의 ⓘ 버튼을 클릭합니다.

그림 24-3 상품 목록 조회 전자상거래 추적 코드 무엇을 수집할까?

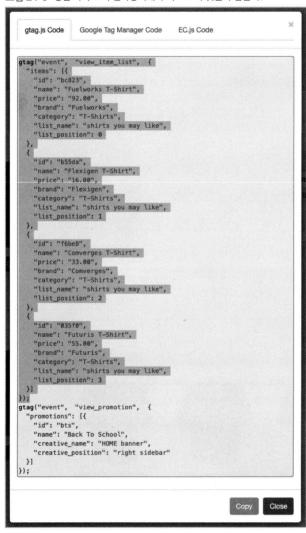

[그림 24-2]를 참고하여 Ibby's T-Shirt Shop 오른쪽 상단의 ① 버튼을 클릭하면 [그림 24-3]과 같이 view_item_list(아이템 목록을 봄) 이벤트 코드를 확인할 수 있습니다.

<23.2 기본 전자상거래 추적 코드 이해하기>에서 items 정보를 확인했던 것과 마찬가지로 해당 아이템 목록이 있습니다. 여기에서는 items 목록의 첫 번째 아이템만 살펴보겠습니다.

상품 목록 조회(view_item_list) 코드는 길이만 길어 보일 뿐 복잡하지 않습니다. items에 해당하는 내용을 살펴보면 [표 24-2]와 같은 형태로 아이템의 내용이 반복 표시된 것입니다.

표 24-2 Fuelworks T-Shirt의 상세 정보

용어	의미	데이터
id	상품 아이디	bc823
name	상품명	Fuelworks T-Shirt
price	가격	92.00
brand	브랜드	Fuelworks
category	카테고리	T-Shirts
list_name	목록 이름	shirts you may like 당신이 좋아할 수도 있는 셔츠
list_position	목록 내 상품 위치	0

주목해야 할 것은 상품 자체의 내용과 더불어 list_name(목록 이름)과 list_position(목록 내 상품 위치)을 수집한다는 것입니다.

쇼핑몰에는 추천 상품 목록이나 연관 상품 목록 또는 특가 상품 목록이 있을 수도 있습니다. 데이터를 수집할 때 list_name으로 상품 목록의 이름을 구분하면 전자상거래 보고서를 통해 추천 상품 목록의 데이터, 연관 상품 목록의 데이터 혹은 특가 상품 목록의 데이터를 구분하여 확인할 수 있습니다.

list_position(목록 내 상품 위치)은 해당 상품이 목록 내에서 몇 번째에 위치하는가를 나타냅니다. 우리가 살펴본 'Fuelworks T-Shirt'는 'shirts you may like' 목록의 첫 번째 아이템이기 때문에 'list_position'으로 0을 수집합니다.

STEP 2 **목록 내 선택 내용을 수집한다**

사용자는 목록에 표시된 상품을 선택할 수 있습니다. 'Shirts You May Like' 목록의 첫 번째 아이템인 Fuelworks T-Shirt 오른쪽 위 ⓘ 버튼을 클릭합니다.

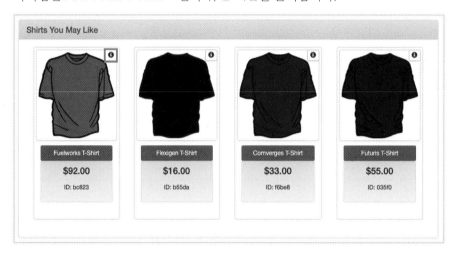

상품을 선택했을 때는 select_content(콘텐츠를 선택함) 이벤트 코드를 통해 데이터를 수집합니다. 이때 콘텐츠는 상품 목록의 콘텐츠 혹은 쇼핑몰의 콘텐츠이므로 '상품'을 말합니다.

items 영역을 살펴보면 id, name, price, brand, category 등을 통해 상품의 내용을 수집합니다. 상품 목록의 수집, 선택 상품 내용의 수집 등 전자상거래 추적은 모두 이와 같이 콘텐츠의 내용을 정리하여 구글 애널리틱스에 전송하는 작업일 뿐입니다.

여기에서는 개발자의 실수로 보이는 부분이 있으니 주의해야 합니다. 'Shirts You May Like' 상품 목록에서는 해당 상품의 list_position을 0으로 표시했지만 여기에서는 1로 표시했습니다. 이와 같은 실수가 없도록 첫 번째를 0으로 할지 1로 할지 개발자와 논의해 확실히 정해야 할 것입니다. 또한 여기에서는 list_position(상품 목록 내 위치)을 수집하고 있지만 어떠한 상품 목록인지 list_name을 수집하고 있지 않습니다. 이를 보완하여 list_name으로 'shirts you may like'를 수집하면 목록 내 성과를 더 상세히 파악할 수 있습니다.

24.6 프로모션 노출과 프로모션 선택 내용 수집하기

📷 https://enhancedecommerce.appspot.com

쇼핑몰은 상품 구매를 유도하기 위해 여러 프로모션을 진행합니다. 개강이 가까워지면 학용품을 할인 판매하거나 방학이 가까워지면 여행 상품을 할인 판매하는 것을 생각할 수 있습니다. 이번 절에서는 프로모션 추적을 살펴보겠습니다.

STEP 1 프로모션 노출 추적하기

전자상거래 데모 페이지(https://enhancedecommerce.appspot.com/)에 접속하면 오른쪽 사이드바에 Back To School 프로모션 배너가 있습니다. 앞서 목록 내용을 수집할 때와 마찬가지로 해당 프로모션 정보를 정리하여 전자상거래 추적을 진행합니다. 오른쪽 상단의 ⓘ버튼을 클릭해 프로모션 추적 코드를 확인합니다.

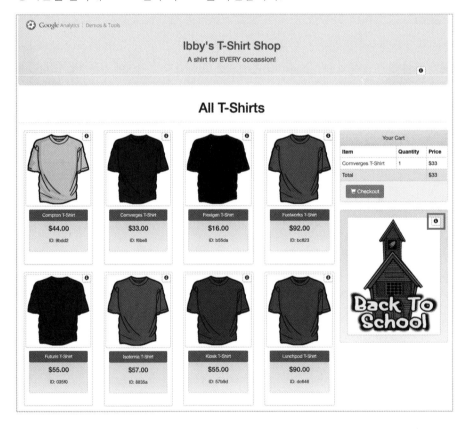

앞서 살펴보았던 view_item_list(아이템 목록을 봄, 여기에서는 코드 내용을 생략하였음)와 view_promotion(프로모션을 봄) 이벤트 코드를 확인할 수 있습니다.

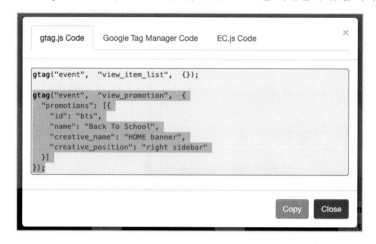

view_promotion 이벤트에는 [표 24-3]과 같이 프로모션 내용을 정리하여 전달합니다.

표 24-3 프로모션 내용

용어	의미	데이터
id	프로모션 아이디	bts
name	프로모션명	Back To School
creative_name	소재명	HOME Banner
creative_position	소재 위치	right sidebar

여기에서 creative_name과 creative_positon에 유의해야 합니다. Back To School은 첫 페이지뿐 아니라 상품 상세 페이지, 결제 페이지에서도 노출됩니다. 이를 모두 동일한 Back To School 프로모션으로 여겨 데이터를 수집한다면 각 소재의 위치별 실적을 제대로 분석할 수 없습니다.

따라서 Back To School이라는 이름(프로모션명, name)으로 노출되는 각 배너들을 Home Banner, Product Banner, Checkout Banner와 같이 노출 지면(소재명, creative_name)과 노출 위치(소재 위치, creative position)에 따라 구분해야 합니다.

프로모션 클릭 추적하기

사용자가 프로모션을 클릭하면 select_content(콘텐츠를 선택함) 이벤트가 발생합니다. 이 때도 마찬가지로 프로모션 내용을 전달합니다.

24.7 상품 세부 정보 노출과 장바구니 행동 추적하기

https://enhancedecommerce.appspot.com

사용자는 상품 상세 페이지에서 상품 정보를 확인한 후 상품이 마음에 들면 장바구니에 상품을 추가할 수 있습니다. 혹은 생각이 바뀌어 장바구니에서 상품을 제거할 수도 있습니다. 이번 절에서는 상품 상세 페이지에서의 전자상거래 추적을 살펴보겠습니다.

전자상거래 데모 페이지(https://enhancedecommerce.appspot.com/)의 상품 상세 페이지를 바탕으로 수립한 전자상거래 데이터 수집 계획은 [표 24-4]와 같습니다. 추천 상품 목록과 프로모션 배너의 클릭 수집은 앞에서 다루었기 때문에 제외하였습니다.

표 24-4 무엇을 수집할까?

본다 → 수집	행동한다 → 수집
상품 내용이 보인다 → 상품 내용 수집	장바구니에 상품을 담는다 → 장바구니 담은 내용 수집
	장바구니에서 상품을 제거한다 → 장바구니 삭제한 내용 수집

STEP 1 상품 내용을 수집한다

사용자가 실습 페이지(상품 상세 페이지)에 접속하면 상품 상세 내용이 표시됩니다. 사용자가 페이지에 접속하면 상품 내용을 구글 애널리틱스에 전송해야 합니다. 상품 상세 페이지의 티셔츠 이미지 오른쪽 ⓘ 버튼을 클릭합니다.

view_item(상품 상세 조회) 이벤트로 상품의 내용을 전달하는 것을 확인할 수 있습니다. 지금까지 살펴본 상품 내용을 전달하는 것과 동일합니다. 여기에서는 list_postion(목록 내 위치)로 0을 입력하고 있습니다만, 상품 상세 내용은 별도의 목록에 포함된 것이 아니므로 입력하지 않아도 괜찮습니다.

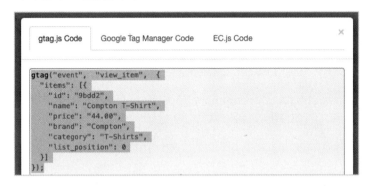

STEP 2 장바구니 행동을 수집한다

상품 상세 페이지에서 가장 중요한 것은 사용자가 해당 상품을 장바구니에 담았는지 혹은 상품을 장바구니에서 제거하였는지를 수집하는 것입니다. 사용자가 상품을 보았다는 정보(view_item)와 사용자가 상품을 장바구니에 담거나 제거했다는 것을 알 수 있다면 어떤 상품이 장바구니에 자주 담기는지 확인하는 데 큰 도움이 됩니다.

장바구니에 상품을 담을 때 상품 옵션으로 색상과 사이즈를 선택할 수 있습니다. 색상으로는 Red(빨간색)이 선택된 상태이고 사이즈로는 Medium(보통)이 선택된 상태입니다.

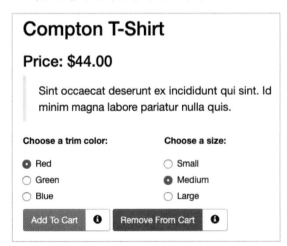

Add To Cart 오른쪽의 ⓘ 버튼을 클릭하면 add_to_cart(장바구니 담음) 이벤트를 확인할 수 있습니다.

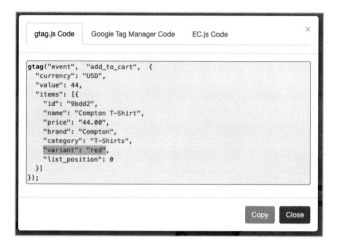

여기에서 주목해야 할 것은 variant 데이터입니다. 이는 상품의 옵션 정보를 의미합니다. 상품 색상으로 Red(빨간색)을 선택했기 variant 값으로 red를 입력하고 있습니다. 만일 상품 색상을 Green(녹색)으로 선택했다면 variant 값으로 green으로 입력되었을 것입니다. 아쉽게도 실습 페이지에는 사이즈 정보는 수집하고 있지 않습니다. 만일 사이즈 정보를 수집하고 싶다면 red-medium, green-large와 같이 색상-사이즈 형태로 정보를 가공하여 variant 값으로 수집할 수 있을 것입니다.

Remove From Cart 오른쪽의 ⓘ 버튼을 클릭하면 remove_from_cart(장바구니에서 제거함) 이벤트를 확인할 수 있습니다.

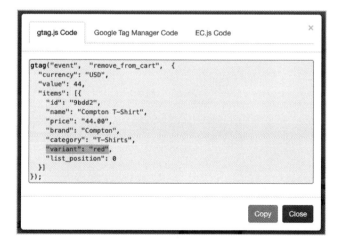

실습 페이지에서는 'add_to_cart'와 'remove_from_cart' 이벤트를 수집할 때는 variant의 값으로 선택한 티셔츠의 색상을 수집합니다. variant 값이 상품 옵션을 수집하는 데 유용한 것은 맞지만 반드시 수집해야 하는 것은 아닙니다. 옵션을 반드시 확인해야 하는 것이 아니라면 variant 값을 수집하지 않아도 좋습니다.

향상된 전자상거래 추적을 통해 옵션 내용을 수집하거나 결제 방식을 수집하는 것은 모두 개발자와 협업해야 하는 부분입니다. 상황에 따라 이러한 데이터를 수집기 힘들 수 있습니다. 개발자와 논의하여 옵션 데이터 수집이 단기간에 어렵다면 옵션 데이터 수집은 나중으로 미루고 상품이 장바구니에 담기거나 제거되었다는 것 자체에만 집중하는 것도 좋은 방법이 될 것입니다.

24.8 결제 추적하기

https://enhancedecommerce.appspot.com/item/9bdd2

쇼핑의 마지막 단계는 결제입니다. 사용자는 개인 정보, 주소 정보, 결제 정보를 입력해 구매를 완료할 것입니다. 결제 단계에서 사용자는 어떻게 행동할까요? 이번 절에서는 결제 추적을 살펴보겠습니다.

24.8.1 실습 페이지의 결제 단계 확인하기

실습 페이지의 결제는 [그림 24-4]와 같이 총 5단계로 이루어집니다. 각 단계가 무엇을 의미하는지 먼저 살펴보고 학습을 진행하겠습니다.

그림 24-4 다섯 단계로 이루어진 결제

단계	탭 이름	내용
1	Start Checkout	결제 시작
2	Customer Information	고객 정보 입력
3	Billing Information	결제 정보 입력
4	Review Cart	구매 예정 상품 확인
5	Confirmation	구매 완료 확인

24.8.2 결제 진행하기

전자상거래 데모 페이지(https://enhancedecommerce.appspot.com/item/9bdd2)에 접속합니다. Add To Cart 버튼을 눌러 상품을 장바구니에 추가합니다. 프로모션 배너 위의 Checkout을 클릭하면 결제의 첫 단계인 결제 시작(Start Checkout)이 진행됩니다.

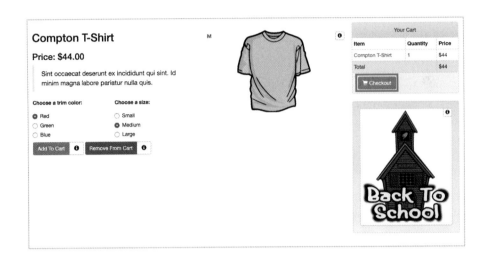

결제 시작

이제부터 사용자는 총 5단계에 걸쳐 결제를 진행합니다. 전자상거래 추적을 진행하는 입장에서 집중해야 하는 것은 결제 단계 그 자체입니다. 각 결제 단계마다 추적을 진행해야 하기 때문입니다.

각 단계가 진행될 때마다 Confirmation 탭 오른쪽의 ⓘ 버튼을 클릭하면 각 단계의 전자상거래 추적 코드를 확인할 수 있습니다.

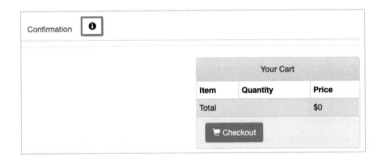

결제 시작 단계의 추적 코드를 살펴보면 checkout_progress(결제 진행) 이벤트를 확인할 수 있습니다. 여기에서 주목해야 할 것은 "checkout_step": 1입니다. 이는 현재 사용자가 결제의 1단계, 즉 결제 시작 단계에 있다는 것을 의미합니다. 사용자가 결제의 각 단계를 진행할 때마다 단계에 맞춰 chekcout_step 이벤트를 수집하는 것이 결제 추적의 핵심입니다.

```
gtag.js Code    Google Tag Manager Code    EC.js Code              ×

gtag("event", "checkout_progress", {
  "value": 44,
  "currency": "USD",
  "checkout_step": 1,
  "items": [{
    "id": "9bdd2",
    "name": "Compton T-Shirt",
    "price": "44.00",
    "brand": "Compton",
    "category": "T-Shirts",
    "variant": "red",
    "list_position": 0
  }]
});

                              Copy    Close
```

Checkout 버튼을 클릭하면 2단계, 고객 정보 입력(Customer Information)을 진행합니다.

STEP 2 고객 정보 입력

고객 정보 입력 단계의 추적 코드를 살펴보면 checkout_step의 단계를 1에서 2로 변경하여 "checkout_step": 2로 수집하는 것을 확인할 수 있습니다.

```
gtag.js Code    Google Tag Manager Code    EC.js Code              ×

gtag("event", "checkout_progress", {
  "value": 44,
  "currency": "USD",
  "checkout_step": 2,
  "items": [{
    "id": "9bdd2",
    "name": "Compton T-Shirt",
    "price": "44.00",
    "brand": "Compton",
    "category": "T-Shirts",
    "variant": "red",
    "list_position": 0
  }]
});

                              Copy    Close
```

Next 버튼을 클릭하면 3단계, 결제 정보 입력(Customer Information)을 진행합니다.

STEP 3 **결제 정보 입력**

결제 정보 입력 단계에서 추적 코드의 checkout_step은 몇 번으로 수집할까요? 맞습니다. "checkout_step": 3으로 수집합니다. 이는 남은 결제 단계에서도 마찬가지입니다. 결제 단계에서 중요하게 살펴볼 것은 무엇일까요? 바로 결제 방식입니다.

결제 정보 입력 단계에서 신용 카드 종류를 선택합니다. Visa, Mastercard, Amex를 선택할 수 있습니다. Mastercard를 선택하고 Next 오른쪽의 ⓘ 버튼을 클릭합니다.

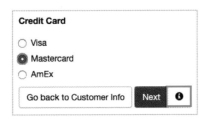

set_checkout_option(결제 방식 선택)이 checkout_step: 3단계에서 이루어졌고 checkout_option(결제 방식)으로 Mastercard를 선택했다는 데이터를 수집합니다. 이를 통해 쇼핑몰 이용자의 결제 방식이 어떤 것인지를 수집할 수 있습니다.

Next 버튼을 클릭하면 4단계, 구매 예정 상품 확인(Review Cart)을 진행합니다.

구매 예정 상품 확인

구매 예정 상품 확인에서는 "checkout_step": 4가 수집됩니다. 해당 단계에서 사용자는 구매하려는 상품을 확인한 뒤 결제, 구매를 완료하게 됩니다. 이 단계를 마치면 실질적으로 쇼핑이 완료됐다고 할 수 있습니다.

Purchase 버튼을 클릭하면 구매를 완료합니다. 실제 전자상거래였다면 카드 결제 등이 진행되었겠지만 실습 페이지이기 때문에 바로 구매를 완료한 것으로 처리합니다. Purchase 오른쪽의 ⓘ 버튼을 클릭하면 구매 완료 추적 코드를 확인할 수 있습니다.

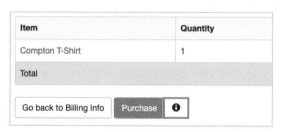

구매 완료 추적 코드를 살펴보면 purchase(구매 완료) 이벤트를 확인할 수 있습니다. 구매 완료 이벤트에는 주문 번호(transaction_id) 889a0b93⋯ 상세 내용을 담습니다. 여기에서는 Compton T-Shirt 44달러에 배송비 5달러, 세금 5달러를 더하여 54달러가 주문되었음을 확인할 수 있습니다.

Purchase 버튼을 클릭하면 5단계, 주문 완료 확인(Confirmation)을 진행합니다.

주문 완료 확인

주문 완료 확인 "checkout_step": 5를 수집합니다. 주문이 완료되었습니다.

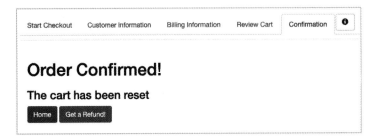

향상된 전자상거래 추적은 구매 완료 데이터만 수집하는 기본 전자상거래 추적을 보완합니다. 목록 조회, 상품 선택, 장바구니 담기, 결제 단계 진행, 결제 완료 등 쇼핑 행동을 아주 상세히 수집하고 보고합니다.

수집한 데이터는 어떻게 확인할 수 있을까요? 바로 다음 장에서 보고서를 사용하는 방법을 알아보겠습니다.

> **NOTE 향상된 전자상거래 추적 더 공부하기**
>
> 향상된 전자상거래 추적에서 데이터 수집 코드를 어떤 식으로 작성하는지 공부하면 지금까지 우리가 다룬 내용보다 더 자세한 데이터를 수집할 수 있습니다. 동료 개발자와 함께 구글 애널리틱스에서 제공하는 향상된 전자상거래 개발 문서를 살펴보면 큰 도움이 될 것입니다.
>
> https://developers.google.com/analytics/devguides/collection/gtagjs/enhanced-ecommerce

Chapter 25 향상된 전자상거래 보고서 살펴보기

담당자M의 이야기

그동안 담당자M은 향상된 전자상거래 추적을 어떻게 활용할지 계획하고 구현했습니다. 이제 전자상거래 추적 보고서에서 실적을 확인하고 쇼핑몰의 개선점을 찾아보려 합니다.

담당자M을 도와주세요

전자상거래 보고서를 활용하면 제품 실적(상품 실적), 제품 목록 실적(상품 목록 실적), 프로모션의 성과 등을 확인할 수 있습니다. 이번 장에서는 전자상거래 보고서를 살펴보고 실무에서 어떻게 활용할 수 있는지 배워보겠습니다.

25.1 제품 실적 확인하기

👤 구글 머천다이즈 스토어　　📊 전환 > 전자상거래 > 제품 실적

🕐 2019. 1. 1. ~ 2019. 6. 30.

전자상거래 추적을 진행하면 홈페이지에서 판매하는 제품(상품) 각각에 매출 실적과 사용자의 쇼핑 행동을 쉽게 확인할 수 있습니다. 이번 절에서는 제품 실적 보고서로 구글 머천다이즈 스토어 홈페이지의 제품 실적과 사용자의 쇼핑 행동을 살펴보겠습니다.

STEP 1 제품 실적 보고서 확인하기

보고서 및 도움말 검색에서 제품 실적을 입력한 뒤 전환 > 전자상거래 > 제품 실적을 클릭합니다.

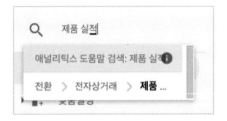

STEP 2 매출 실적 확인하기

보고서에서 1번과 8번 상품을 살펴보겠습니다.

상품	매출 실적						쇼핑 행동	구매
	상품 수익 ↓	순 구매수	수량	평균 가격	평균 수량	제품 환불 금액	장바구니·세부 정보 비율	
●	US$27,246.21 전체 대비 비율(%): 100.00% (US$27,246.21)	1,299 전체 대비 비율(%): 100.00% (1,299)	2,174 전체 대비 비율(%): 100.00% (2,174)	US$12.53 평균 조회: US$12.53 (0.00%)	1.67 평균 조회: 1.67 (0.00%)	US$0.00 전체 대비 비율(%): 0.00% (US$0.00)	21.50% 평균 조회: 21.50% (0.00%)	0.
1. Google Utility BackPack	US$1,199.90 (4.40%)	7 (0.54%)	10 (0.46%)	US$119.99	1.43	US$0.00 (0.00%)	4.58%	
2. Google Tee F/C Black	US$967.56 (3.55%)	43 (3.31%)	44 (2.02%)	US$21.99	1.02	US$0.00 (0.00%)	28.38%	
3. Google Zip Hoodie F/C	US$899.85 (3.30%)	15 (1.15%)	15 (0.69%)	US$59.99	1.00	US$0.00 (0.00%)	13.24%	
4. Google Tee White	US$886.14 (3.25%)	38 (2.93%)	46 (2.12%)	US$19.26	1.21	US$0.00 (0.00%)	25.25%	
5. Google Zip Hoodie Black	US$695.85 (2.55%)	15 (1.15%)	15 (0.69%)	US$46.39	1.00	US$0.00 (0.00%)	14.00%	
6. Google Pullover Hoodie Grey	US$569.87 (2.09%)	12 (0.92%)	13 (0.60%)	US$43.84	1.08	US$0.00 (0.00%)	26.59%	
7. Google Bike Tee Navy	US$527.73 (1.94%)	27 (2.08%)	27 (1.24%)	US$19.55	1.00	US$0.00 (0.00%)	28.15%	
8. Google Light Pen Green	US$508.30 (1.87%)	18 (1.39%)	170 (7.82%)	US$2.99	9.44	US$0.00 (0.00%)	36.54%	

기본 측정기준: **상품**　상품 SKU　제품 카테고리(향상된 전자상거래)　제품 브랜드

보조 측정기준 ▾

먼저, 1번 상품인 Google Utility Backpack은 해당 기간 동안 1,199.90(상품 수익, 이하 소수점은 생략함) 달러 판매되었습니다. 해당 기간 동안 전체 상품 수익은 총 27,246달러이니 약 4.40%에 해당하는 금액입니다. 가장 잘 팔리는 상품임을 알 수 있습니다.

해당 상품은 순 구매가 총 7번(순 구매수) 발생하였고 10개(수량)가 판매되었습니다. 구매 한 번에 약 1.43개(평균 수량) 판매되었다는 것을 알 수 있습니다. 자기가 사용하려는 목적 외에 선물용으로 구매하는 사람들도 있다고 추정할 수 있습니다.

8번 상품인 Google Light Pen Green 또한 흥미롭습니다. 순 구매 18번에 170개가 판매되었습니다. 한 번 구매할 때 약 9.44개가 판매된 셈입니다. 낱개 판매에서 벗어나 5개 세트, 10개 세트를 구성해보는 것은 어떨까 생각해볼 수 있습니다.

STEP 3 **쇼핑 행동 확인하기**

제품 실적 보고서 표의 오른쪽에는 쇼핑 행동이 있습니다. 이 영역을 통해 장바구니에 담은 행동과 구매 정보를 확인할 수 있습니다.

쇼핑 행동	
장바구니-세부 정보 비율 ?	구매-세부정보 비율 ?
21.50% 평균 조회: 21.50% (0.00%)	0.54% 평균 조회: 0.54% (0.00%)
4.58%	0.08%
28.38%	3.65%
13.24%	0.73%
25.25%	1.08%
14.00%	0.19%
26.59%	0.24%
28.15%	1.76%
36.54%	2.55%
20.31%	1.33%
10.83%	0.25%

쇼핑 행동에는 [표 25-1]과 같이 장바구니-세부정보 비율, 구매-세부정보 비율이 표시됩니다. 해당 정보들은 향상된 전자상거래 추적을 통해 수집된 '상품 세부정보 조회', '장바구니-담기', '구매' 정보로 계산되는 정보입니다. 이를 통해 해당 상품에 대한 사용자의 반응을 측정할 수 있습니다.

표 25-1 쇼핑 행동의 하위 항목

항목	설명
장바구니-세부정보 비율	장바구니에 추가된 상품 개수를 상품 세부정보 조회수로 나눈 값
구매-세부정보 비율	순 구매수를 상품 세부정보 조회수로 나눈 값

1번 Google Utility Backpack의 경우 쇼핑 행동까지 살펴보면 매출 실적만 보았을 때와는 다르게 생각해볼 수 있습니다. Google Utility Backpack의 '장바구니-세부정보 비율'이 4.58%이고 '구매-세부정보 비율'이 0.08%입니다. 상품 세부정보 조회에 비해 사용자가 장바구니에 담거나 구매를 완료하는 비율이 굉장히 적습니다.

반면에 8번 Google Light Pen Green은 '장바구니-세부정보 비율'이 36.54%이고 '구매-세부정보 비율'이 2.55%입니다. 상품 세부정보를 조회한 (상품 페이지에 접속한) 사용자의 36.54%가 장바구니에 담을 만큼 부담 없는 상품이라고 추정할 수 있습니다. '구매-세부 정보' 비율도 2.55%로 매우 좋습니다.

Google Light Pen Green과 2번 상품인 Google Tee F/C Black을 비교하면 이런 생각도 가능합니다. Google Tee F/C Black의 '장바구니-세부정보 비율'은 28.38%이고 '구매-세부정보 비율'은 3.65%입니다. Google Light Pen Green에 비해 장바구니에 담기는 비율이 적지만 구매 비율은 높습니다. 혹시 Google Light Pen Green은 장바구니에 담기도 쉽지만, 장바구니에서 제거하기도 쉬운 상품이지 않을까요?

25.2 제품 목록 실적 확인하기

👤 구글 머천다이즈 스토어   📋 전환 > 전자상거래 > 제품 목록 실적

🕐 2019. 1. 1. ~ 2019. 6. 30.

제품(상품) 목록 정보와 사용자가 선택한 상품의 정보는 특정 상품의 목록 내 실적을 확인하는 데 사용합니다. 이번 절에서는 제품 목록 실적 보고서를 살펴보겠습니다.

STEP 1 제품 목록 실적 보고서 확인하기

보고서 및 도움말 검색에서 제품 목록을 입력한 뒤 전환 > 전자상거래 > 제품 목록 실적을 클릭합니다.

STEP 2 노출과 클릭 확인하기

제품 목록 실적 보고서가 표시되면 기본 측정 기준을 상품으로 변경합니다.

5번 Google Utility BackPack을 살펴보겠습니다.

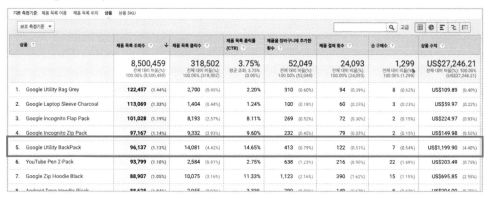

상품	제품 목록 조회수	제품 목록 클릭수	제품 목록 클릭률 (CTR)	제품을 장바구니에 추가한 횟수	제품 결제 횟수	순 구매수	상품 수익
	8,500,459 전체 대비 비율(%): 100.00% (8,500,459)	**318,502** 전체 대비 비율(%): 100.00% (318,502)	**3.75%** 평균 조회: 3.75% (0.00%)	**52,049** 전체 대비 비율(%): 100.00% (52,049)	**24,093** 전체 대비 비율(%): 100.00% (24,093)	**1,299** 전체 대비 비율(%): 100.00% (1,299)	**US$27,246.21** 전체 대비 비율(%): 100.00% (US$27,246.21)
1. Google Utility Bag Grey	122,457 (1.44%)	2,700 (0.85%)	2.20%	310 (0.60%)	94 (0.39%)	8 (0.62%)	US$109.89 (0.40%)
2. Google Laptop Sleeve Charcoal	113,069 (1.33%)	1,404 (0.44%)	1.24%	100 (0.19%)	60 (0.25%)	3 (0.23%)	US$59.97 (0.22%)
3. Google Incognito Flap Pack	101,028 (1.19%)	8,193 (2.57%)	8.11%	269 (0.52%)	72 (0.30%)	2 (0.15%)	US$224.97 (0.83%)
4. Google Incognito Zip Pack	97,167 (1.14%)	9,332 (2.93%)	9.60%	232 (0.45%)	79 (0.33%)	2 (0.15%)	US$149.98 (0.55%)
5. Google Utility BackPack	96,137 (1.13%)	14,081 (4.42%)	14.65%	413 (0.79%)	122 (0.51%)	7 (0.54%)	US$1,199.90 (4.40%)
6. YouTube Pen 2-Pack	93,799 (1.10%)	2,584 (0.81%)	2.75%	638 (1.23%)	216 (0.90%)	22 (1.69%)	US$203.49 (0.75%)
7. Google Zip Hoodie Black	88,907 (1.05%)	10,075 (3.16%)	11.33%	1,123 (2.16%)	390 (1.62%)	15 (1.15%)	US$695.85 (2.55%)
8. Android Tops Hoodie Black	88,638 (1.04%)	2,955 (0.93%)	3.33%	390 (0.66%)	149 (0.62%)	8 (0.62%)	US$204.00 (0.75%)

해당 상품은 96,137번 상품 목록으로 조회(제품 목록 조회수)되었습니다. 다시 말해, 사용자에게 96,137번 노출되었습니다. 사용자는 해당 상품을 14,081번 클릭(제품 목록 클릭수)하였습니다. 제품 목록 클릭률이 14.65%로 매우 높다는 것을 알 수 있습니다. 제품 목록 클릭률이 높은 만큼 장바구니에 담기거나 구매가 많이 일어났으면 좋았을 것입니다만 실제로는 그렇지 않았습니다. 제품을 장바구니에 추가한 횟수는 413번으로 제품 목록 클릭수가 14,081인 것에 반해 매우 적은 수치입니다.

STEP 3 **상품 목록 위치 확인하기**

향상된 전자상거래 추적은 목록 내 상품 선택 데이터를 수집할 때 list_position으로 상품의 목록 내 위치 정보를 나타냅니다.

만약 해당 상품이 나열된 상품 목록의 첫 번째 상품이었다면 list_position은 1(개발자의 구현에 따라 다를 수 있음)이고, 상품 목록의 세 번째 상품이었다면 list_position은 3이 될 것입니다. 이를 활용해 각 상품 목록의 전시 위치에 따른 정보(클릭수, 클릭률, 상품 수익 등)를 확인할 수 있습니다.

먼저 제품 목록 실적 보고서의 기간을 짧게 설정합니다. 기본 측정 기준을 제품 목록 이름으로 선택하고 보조 측정 기준을 제품 목록 위치로 설정합니다.

제품 목록 이름 'Category'의 제품 목록 위치 1, 2, 3, 4, 5… 에 대한 상세한 내용을 확인할 수 있습니다. 여기에서는 4번 상품의 수익이 1,170달러로 가장 높다는 것을 알 수 있습니다.

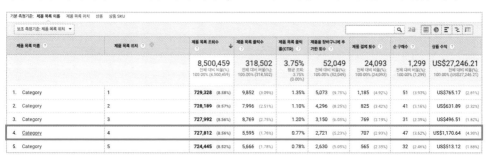

잘 팔릴 상품을 앞에 전시한다는 전제를 기반으로 생각한다면 제품 목록 위치 1번 상품이 4번 상품보다 더 많은 수익이 발생해야 합니다. 하지만 실제로는 1번 상품이 765달러 수익을, 4번 상품이 1,170달러 수익을 냈습니다. 전시 순서를 4번 상품을 더 앞으로, 1번 상품을 더 뒤로 변경하는 것을 고려해볼 수 있습니다.

> **NOTE 제품 목록 실적을 확인은 보고서 기간을 짧게 설정하는 이유**
>
> 쇼핑몰의 경우 신상품, 인기상품 등을 활발히 교체합니다. 그에 따라 제품 전시도 자주 변경될 것입니다. 제품 목록 실적을 확인할 때는 보고서의 기간을 전시 주기에 맞춰 설정해야 제품 목록의 변경에 대응하는 실적을 확인할 수 있습니다.

25.3 프로모션 실적 확인하기

👤 구글 머천다이즈 스토어　　📋 전환 > 전자상거래 > 마케팅 > 내부 프로모션
🕐 2019. 1. 1. ~ 2019. 6. 30.

할인 프로모션, 1+1 프로모션 등을 진행한다면 해당 프로모션이 얼마나 반응이 있는지, 조회수와 클릭수가 궁금할 것입니다. 이번 절에서는 프로모션 보고서를 바탕으로 프로모션 실적을 확인해보겠습니다.

STEP 1 프로모션 보고서 확인하기

보고서 및 도움말 검색에서 프로모션을 검색하고 전환 > 전자상거래 > 마케팅 > 내부 프로모션을 클릭합니다.

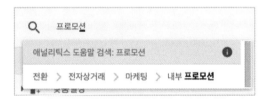

STEP 2 쇼핑 행동 확인하기

2019년 1월 1일 ~ 2019년 6월 30일에 진행하였던 프로모션의 실적 정보를 볼 수 있습니다. 보고서의 가운데 영역에 쇼핑 행동 데이터를 표시합니다. 내부 프로모션 조회수, 내부 프로모션 클릭수, 내부 프로모션 클릭률로 프로모션 실적을 판단할 수 있습니다.

1번 프로모션인 Drinkware는 260,586회 조회(노출)되었고 2,578번 클릭이 발생하였습니다. 클릭률은 0.99%입니다. 과거에 진행하였던 각 프로모션의 클릭률 데이터가 있을 경우 0.99%라는 클릭률이 평소보다 높은지 낮은지를 확인하여 프로모션 콘텐츠(텍스트나 이미지)를 변경하거나 프로모션 자체를 변경하는 등 조치를 취할 수 있습니다.

STEP 3 전환 확인하기

보고서의 오른쪽 영역에 전환 데이터를 표시합니다. 거래수, 수익, 내부 프로모션 클릭당 거래 정보를 바탕으로 프로모션 실적을 판단할 수 있습니다.

사용자는 1번 Drinkware 프로모션을 통해 거래(구매)를 완료한 횟수는 5번이고 해당 거래를 통해 수익이 569달러 발생하였습니다. 이는 2번 Office 프로모션보다는 좋은 실적이고 3번 Accessories 프로모션과는 비슷한 실적입니다.

> **NOTE 프로모션 데이터로 추정하기**
>
> Drinkware 프로모션을 총 26만 번 노출해 거래 5번, 수익 569달러를 발생시켰습니다. 만약 해당 프로모션으로 1,000달러 수익을 발생시키고자 했다면 프로모션을 몇 번 노출해야 할까요? 아주 단순하게 계산해, 약 50만 번 노출했으면 1,000 ~ 1,100달러의 수익을 발생시키지 않았을까요? 이러한 식으로도 프로모션 데이터를 활용할 수 있습니다.

STEP 4 프로모션 위치 추적 이해하기

'가방 특가 할인 프로모션'을 진행한다고 할 때, 해당 프로모션은 각 페이지에 반복적으로, 위치를 달리하여 표시할 수 있습니다. 첫 페이지에는 중앙에 커다란 배너로 관심을 집중시키고 이후에는 오른쪽 영역에 작게 표시하여 관심을 유지시키는 등을 예로 들 수 있습니다.

동일한 내용의 프로모션이라도 표시하는 위치에 따른 실적이 다를 수 있으므로 프로모션의 각 위치별 전환을 확인해야 합니다.

[그림 25-1]은 첫 페이지(https://enhancedecommerce.appspot.com/)의 오른쪽 사이드바에 표시된 Back to School 프로모션의 추적 코드입니다.

그림 25-1 첫 페이지 오른쪽 사이드바 Back To School 프로모션 추적 코드

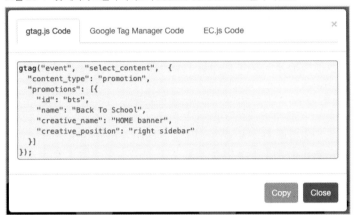

"creative_name": "HOME banner", "creative_position": "right sidebar"라고 표시되었습니다. 이는 해당 프로모션의 소재명(creative_name)이 홈에 표시되는 배너(HOME banner)이고 소재 위치(creatvei_position)가 오른쪽 사이드바(right sidebar)라는 것을 의미합니다.

[그림 25-2]는 상품 상세 페이지(https://enhancedecommerce.appspot.com/item/bc823)의 사이드바에 표시된 Back To School 프로모션의 추적 코드입니다.

그림 25-2 상품 상세 페이지 오른쪽 사이드바 Back To School 프로모션 추적 코드

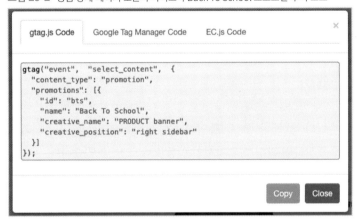

"creative_name": "PRODUCT banner", "creative_position": "right sidebar"라고 표시되었습니다.

이때, 첫 페이지와 상품 상세 페이지 프로모션의 추적 코드를 살펴보면 creative_name이 각 각 HOME banner와 PRODUCT banner로 다르게 표시된 것을 알 수 있습니다. 프로모션 이미지는 동일한데 왜 creative_name을 다르게 수집하는 것일까요? 프로모션의 위치별 전환을 확인하여 더 상세한 프로모션에 대한 정보를 얻기 위해서입니다.

STEP 5 프로모션 위치별 전환 확인하기

프로모션 보고서의 보조 측정기준을 '내부 프로모션 소재'로 선택하면 각 프로모션의 소재명 (creative_name)을 보조 기준으로 보고서를 확인할 수 있고 '내부 프로모션 위치'를 선택하면 각 프로모션의 소재 위치(creative_position)를 보조 기준으로 보고서를 확인할 수 있습니다.

보조 측정 기준으로 내부 프로모션을 입력하고 내부 프로모션 소재를 클릭합니다.

1번 항목을 살펴보겠습니다. 1번 Accessories(내부 프로모션 이름)의 경우 Category - Accessories(내부 프로모션 소재)에서 프로모션의 조회(노출)가 많이 발생하는 것을 알 수 있습니다.

기본 측정기준: 내부 프로모션 이름	기타 ▼						
보조 측정기준: 내부 프로모션 소재 ▼							Q 고급 ▦ ◐ ⧉ ⤧ ▥

내부 프로모션 이름 ?	내부 프로모션 소재 ? ◎	쇼핑 행동			전환 전자상거래 ▼		
		내부 프로모션 조회수 ? ↓	내부 프로모션 클릭수 ?	내부 프로모션 클릭률 ?	거래수 ?	수익 ?	내부 프로모션 클릭당 거래 ?
		4,682,637 전체 대비 비율(%): 99.83% (4,690,377)	43,164 전체 대비 비율(%): 99.79% (43,255)	0.92% 평균 조회: 0.92% (-0.05%)	112 전체 대비 비율(%): 100.00% (112)	US$6,862.20 전체 대비 비율(%): 100.00% (US$6,862.20)	0.26% 전체 대비 비율(%): 100.21% (0.26%)
1. Accessories	Category - Accessories	260,137 (5.56%)	0 (0.00%)	0.00%	0 (0.00%)	US$0.00 (0.00%)	0.00% (0.00%)
2. Android	Brand - Android	260,137 (5.56%)	0 (0.00%)	0.00%	0 (0.00%)	US$0.00 (0.00%)	0.00% (0.00%)
3. Bags	Category - Bags	260,137 (5.56%)	0 (0.00%)	0.00%	0 (0.00%)	US$0.00 (0.00%)	0.00% (0.00%)
4. Colorful Google Tees	Category - Men's Apparel	260,137 (5.56%)	0 (0.00%)	0.00%	0 (0.00%)	US$0.00 (0.00%)	0.00% (0.00%)
5. Drinkware	Category - Drinkware	260,137 (5.56%)	0 (0.00%)	0.00%	0 (0.00%)	US$0.00 (0.00%)	0.00% (0.00%)
6. Google	Brand - Google	260,137 (5.56%)	0 (0.00%)	0.00%	0 (0.00%)	US$0.00 (0.00%)	0.00% (0.00%)
7. Google Rolltop Backpack	Item - Google Rolltop Backpack Blue	260,137 (5.56%)	0 (0.00%)	0.00%	0 (0.00%)	US$0.00 (0.00%)	0.00% (0.00%)
8. Google Thermal Water Bottles	Category - Drinkware	260,137 (5.56%)	0 (0.00%)	0.00%	0 (0.00%)	US$0.00 (0.00%)	0.00% (0.00%)
9. Headgear	Category - Headgear	260,137 (5.56%)	0 (0.00%)	0.00%	0 (0.00%)	US$0.00 (0.00%)	0.00% (0.00%)
10. Kids Apparel	Category - Kids Apparel	260,137 (5.56%)	0 (0.00%)	0.00%	0 (0.00%)	US$0.00 (0.00%)	0.00% (0.00%)

구글 머천다이즈 스토어에서는 프로모션을 상세히 관리하지 않아 의미 있는 해석을 찾기 어렵습니다. '홈의 메인 배너', '홈의 하단 배너', '상품 상세 페이지의 오른쪽 사이드 배너', '상품 상세 페이지의 하단 배너'와 같이 다양한 소재 정보를 '원피스 판매 증대' 프로모션에 상세히 담는다면 어떤 위치의 배너가 성과가 좋은지 파악할 수 있을 것입니다.

25.4 쇼핑 행동 분석하기

👤 구글 머천다이즈 스토어   📊 전환 > 전자상거래 > 쇼핑 행동

🕐 2019. 1. 1. ~ 2019. 6. 30.

향상된 전자상거래 추적 코드를 활용하면 사용자가 상품을 조회했는지, 상품을 장바구니에 추가했는지, 결제를 진행했는지, 구매를 완료했는지 등의 행동을 파악할 수 있습니다. 쇼핑 행동 분석 보고서는 사용자의 쇼핑 행동을 조회/장바구니 추가/결제/구매와 같이 쇼핑 단계별 세그먼트로 쉽게 확인하고 활용할 수 있도록 돕는 보고서입니다. 이번 절에서는 쇼핑 행동 분석 보고서를 확인해보겠습니다.

STEP 1 **쇼핑 행동 분석 보고서 확인하기**

보고서 및 도움말 검색에서 쇼핑 행동을 입력한 뒤 전환 > 전자상거래 > 쇼핑 행동을 클릭합니다.

STEP 2 **쇼핑 행동 퍼널 확인하기**

쇼핑 행동 분석 보고서에서 단연 눈에 띄는 것은 파란색 막대 그래프(여기에서는 ❶)로 표시된 쇼핑 행동 퍼널입니다. 홈페이지에 접속한 전체 세션수를 시작으로 제품을 조회한 세션수, 장바구니 추가를 사용한 세션수, 결제한 세션수, 거래가 발생한 세션수를 확인할 수 있습니다.

홈페이지에 접속한 전체 세션수는 402,918입니다. 여기에서 308,861세션은 쇼핑과 관련된 행동을 하지 않고 홈페이지를 떠납니다. 이후 91,719세션이 제품을 조회합니다. 이러한 식으로 장바구니, 결제 등을 거쳐 총 502세션에서 거래를 발생시킵니다.

쇼핑 진행 퍼널의 이탈을 통해, 각 단계별 이탈을 줄이기 위한 개선이 필요함을 알 수 있습니다. 홈페이지에 접속한 세션의 76.66%는 아무런 행동도 하지 않고 홈페이지를 이탈합니다. 왜 그럴까요? 사용자가 접속하는 첫 페이지에 매력적인 상품이 부족한 것일까요? 그렇다면 첫 페이지의 전시에 더 신경을 써야 할 것입니다. 혹은 사용자가 장바구니 버튼이 어디에 있는지 못 찾는 것은 아닐까요? 그렇다면 장바구니 버튼의 디자인을 변경해야 할 것입니다. 이처럼 각 퍼널의 이탈을 줄이기 위해 예상되는 문제점을 개선하다 보면 각 퍼널의 이탈을 줄여갈 수 있습니다.

STEP 3 **신규 방문자와 재방문자 확인하기**

퍼널 아래의 표를 통해서는 신규 방문자(New Visitor)와 재방문자(Returning Visitor)의 세션수와 이탈수를 확인할 수 있습니다. 이를 통해 신규 방문자(신규 고객)와 재방문자(기존 고객)의 쇼핑 행동을 비교할 수 있습니다.

제품을 조회한 세션수를 비율(%)로 보면 신규 방문자의 경우 20.14%인데 재방문자의 경우 28.45%입니다. 장바구니 추가를 사용한 세션수(신규 4.47%, 재방문 10.43%)와 결제한 세션수(신규 1.75%, 재방문 5.17%) 또한 재방문자의 비율이 월등히 높습니다. 그러나 거래가 발생한 세션수(신규 0.11%, 재방문 0.15%)에서는 큰 차이가 나지 않습니다. 다른 항목의 비율대로라면 거래가 발생한 세션수도 재방문자의 비율이 신규 방문자의 비율보다 훨씬 높아야 합니다. 거래 과정을 개선한다면 거래가 발생한 세션수도 더 높일 수 있을 것입니다.

쇼핑 행동 세그먼트 확인하기

쇼핑 행동 분석 보고서는 각 쇼핑 단계에 맞는 세그먼트를 쉽게 만들 수 있는 기능을 제공합니다.

쇼핑 단계에 표시되는 파란 막대(여기에서는 ❶)에 마우스를 올리면 [그림 25-3]과 같은 말풍선이 표시됩니다. 클릭하여 해당 단계에 참여하는 사용자가 포함된 모든 세션에 대한 세그먼트를 생성할 수 있다는 설명을 확인할 수 있습니다.

제품을 조회한 세션수 영역의 파란 막대를 클릭합니다.

그림 25-3 파란 막대를 클릭해 진입 세그먼트를 만들 수 있다.

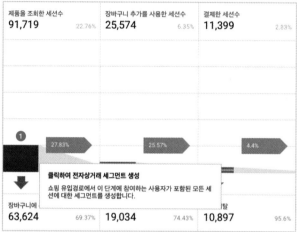

'제품을 조회한 세션수' 세그먼트 만들기 화면이 바로 표시됩니다.

쇼핑 단계에 표시되는 빨간 화살표(여기에서는 ❷) 역시 세그먼트를 만드는 데 활용할 수 있습니다.

제품을 조회한 세션수 영역의 빨간 화살표를 클릭합니다.

그림 25-4 빨간 화살표를 클릭해 이탈 세그먼트를 만들 수 있다.

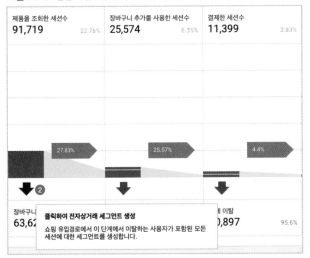

'장바구니에 추가 안 함' 세그먼트 만들기 화면이 바로 표시됩니다.

25.5 결제 행동 분석하기

👤 구글 머천다이즈 스토어   📋 전환 > 전자상거래 > 쇼핑 행동

🕐 2019. 1. 1. ~ 2019. 6. 30.

쇼핑 행동의 마지막 절차는 결제입니다. 쇼핑은 결제가 이루어져야 비로소 완료됩니다. 상품 목록 조회 실적이 좋더라도, 상품의 장바구니 실적이 좋더라도 결제 단계에서 이탈한다면 의미가 없습니다. 이번 절에서는 결제 행동 분석 보고서를 확인해보겠습니다.

STEP 1 결제 행동 단계 설정하기

결제 행동을 분석하기 위해서는 구글 애널리틱스가 쇼핑몰의 결제 행동 단계를 이해할 수 있도록 설정해야 합니다.

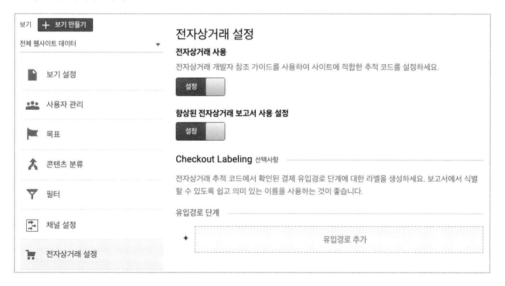

실습 계정의 관리 > 보기 > 전자상거래 설정에서 결제 행동 단계를 설정해보겠습니다.

Checkout Labeling 부분의 유입경로 추가를 클릭합니다. 1단계 라벨 이름으로 Start Checkout을 입력하고 완료를 클릭합니다.

유입경로 추가를 반복해 [그림 25-5]와 같이 설정합니다.

전자상거래 추적 코드에서 확인된 결제 유입경로 단계에 대한 라벨을 생성하세요. 보고서에서 식별할 수 있도록 쉽고 의미 있는 이름을 사용하는 것이 좋습니다.

유입경로 단계

1. **라벨 이름**

   Start Checkout

   완료

그림 25-5 결제 행동 단계 설정

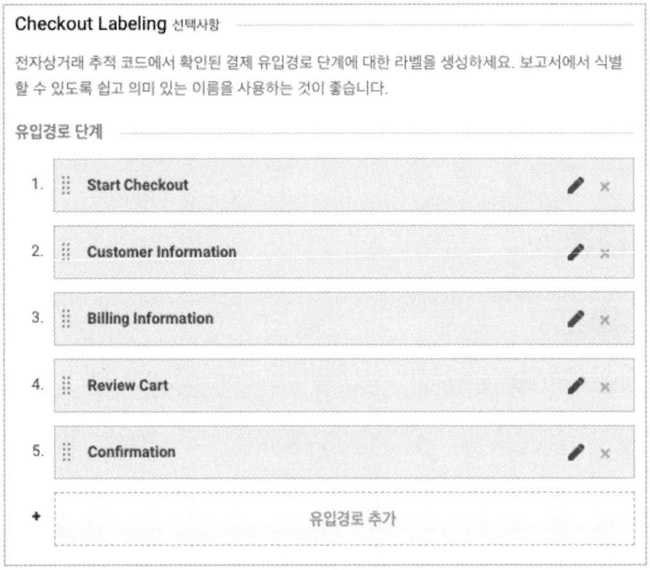

지금까지 입력한 결제 행동 단계(유입경로 단계)는 어떤 기준으로 1: Start Checkout, 2: Customer Information 등을 입력한 것일까요?

우리는 <24.8 결제 추적하기>에서 결제 추적은 checkout_progress 이벤트 수집으로 이루어지며, 이때 checkout_step으로 결제 단계를 기록한다는 것을 살펴보았습니다.

유입경로 추가를 반복하며 입력한 라벨 이름들은 실습 페이지의 checkout_step에 해당하는 이름입니다. 향상된 전자상거래로 결제 진행(checkout_progress) 정보의 각 단계(checkout_step) 이름을 직접 연결하여 구글 애널리틱스가 결제 행동 단계를 이해할 수 있도록 설정한 것입니다.

구글 머천다이즈 계정에서는 결제 행동 단계를 [그림 25-6]과 같이 설정했습니다. 바로 다음에서 해당 데이터를 확인해보겠습니다.

그림 25-6 구글 머천다이즈 계정에서 설정한 결제 행동 단계

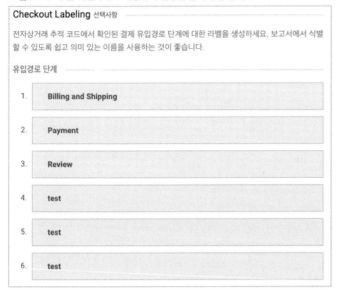

STEP 2 결제 행동 분석하기

보고서 및 도움말 검색에서 결제 행동을 입력, 전환 > 전자상거래 > 결제 행동을 클릭합니다.

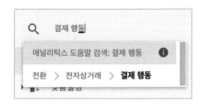

퍼널 각 상단의 라벨 이름을 살펴보면 Billing and Shipping > Payment > Review … 로 이루어진 것을 확인할 수 있습니다. 이는 앞서 살펴본 Checkout Labeling에 해당합니다. 결제 행동 분석을 위해서는 checkout_step의 단계와 Checkout Labeling의 라벨 이름을 일치시켜야 한다는 것을 다시 확인할 수 있는 부분입니다. 각자 자신이 분석하고자 하는 쇼핑몰의 결제 단계를 확인하여 적합한 이름을 생각해보시기 바랍니다.

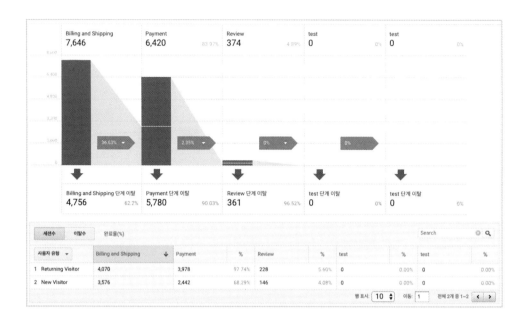

결제 행동 보고서는 <25.4 쇼핑 행동 분석하기>와 동일한 방식으로 사용합니다. 각 결제 단계의 이탈을 확인하여 이탈을 개선할 수 있고, 각 결제 단계를 그 자체로 세그먼트를 생성할수 있습니다.

> **NOTE 국내 쇼핑몰에서의 결제 행동 분석**
>
> 국내 쇼핑몰에서는 대부분 한 페이지 내에서 결제의 모든 과정이 이루어집니다. 구매 예정 상품 확인, 고객 정보 입력, 결제 정보 입력이 모두 한 페이지 내에서 완결되는 것입니다.
>
> 따라서 결제 행동 분석을 위해 한 페이지 내에서 사용자의 행동에 맞춰 데이터를 수집해야 합니다. 사용자가 고객 정보 입력을 시작할 때, 사용자가 결제 정보 입력을 시작할 때마다 적절하게 checkout_process 데이터를 수집해야 합니다. 개발자와 상의하여 사용자의 어떤 행동을 데이터 수집 시점으로 설정할지 논의해보시기 바랍니다.

25.6 전자상거래 세그먼트 만들기

👤 구글 머천다이즈 스토어   🗐 관리 > 보기 > 세그먼트

🕐 2019. 1. 1. ~ 2019. 6. 30.

향상된 전자상거래 추적 데이터를 바탕으로 세그먼트를 만들면 개별 사용자의 쇼핑 행동에
특화된 세그먼트를 만들 수 있습니다. 이번 절에서는 전자상거래 데이터를 활용해 세그먼트
를 만들어보겠습니다.

STEP 1 향상된 전자상거래 세그먼트 만들기

새 세그먼트를 만드는 화면에서 향상된 전자상거래를 클릭하면 쇼핑 행동을 설정할 수 있습
니다. 카트에 추가됨을 클릭하고 상품에 다음을 포함: backpack을 입력합니다. 세그먼트 이
름으로 장바구니에 백팩을 담음을 입력한 뒤 저장을 클릭합니다.

백팩을 구매하거나 조회한 사용자 세그먼트도 쉽게 만들 수 있습니다. 구매 세그먼트를 만들
고 싶다면 '항목을 구매함'을 선택하고 조회 세그먼트를 만들고 싶다면 '액션이 실행됨'을 선
택합니다.

고급 쇼핑 행동 세그먼트 만들기

고급 세그먼트를 사용하면 쇼핑 행동을 더 상세하게 설정할 수 있습니다. 고급 > 조건을 클릭합니다. 필터로 쇼핑 단계를 선택합니다. 입력 칸을 클릭하면 [표 25-2]과 같이 선택 가능한 쇼핑 행동이 표시됩니다. 각 항목이 어떤 내용인지 확인한 후 자신이 원하는 세그먼트를 만드는 데 활용하시기 바랍니다.

표 25-2 상세한 쇼핑 단계를 활용해 조건 세그먼트 만들기

항목	내용
ALL_VISITS	모든 사용자
PRODUCT_VIEW	상품을 조회한 사용자
NO_CART_ADDITION	상품은 조회하였으나 장바구니에 담지 않은 사용자
NO_SHOPPING_ACTIVIE	상품 조회, 장바구니, 구매 등의 행동을 하지 않은 사용자
ADD_TO_CART	장바구니에 상품을 담은 사용자 (상품을 조회하지 않고 장바구니에 상품을 담을 수도 있음을 주의)
ADD_TO_CART_WITH_VIEW	상품을 보고 장바구니에 상품을 담은 사용자
CART_ABANDONMENT	장바구니에 상품을 담았으나 결제를 진행하지 않은 사용자
CHECKOUT	결제를 진행한 사용자
CHECKOUT_ABANDONMENT	결제를 진행 중 완료하지 않은 사용자

NOTE 실전 예제로 다시 살펴보기

<18.3 실전! 장바구니 리마인드가 필요한 사용자 확인하기>에서 향상된 전자상거래를 활용한 실전 예제를 다루었습니다. 해당 실전 예제에서는 ADD_TO_CART 이벤트를 발생시켰지만 CHECKOUT 이벤트를 발생시키지 않은 사용자를 '장바구니 리마인드' 세그먼트로 설정하였습니다. 이와 같이 쇼핑 행동을 바탕으로 세그먼트를 생성하면 쇼핑의 특정 단계에 머무른 사용자를 구분할 수 있습니다.

NOTE 쇼핑 행동 리마케팅

만약 구글 애드(Google Ads)로 광고를 진행하거나 진행할 예정이라면 쇼핑 행동을 리마케팅 잠재고객으로 만들 수 있습니다. 이를 활용하면 장바구니에 상품을 넣었지만 구매하지 않은 사용자를 대상으로 장바구니에 넣은 상품에 할인 코드를 제공하는 광고를 진행할 수 있습니다. 해당 내용을 더 자세히 알고 싶으면 애널리틱스 리마케팅 잠재고객 정보 문서를 참고하세요.

https://support.google.com/analytics/answer/2611268?hl=ko

PART
05

구글 마케팅 플랫폼 활용하기

구글 마케팅 플랫폼은 구글 애널리틱스, 구글 옵티마이즈, 구글 태그매니저 등
마케팅에 도움되는 여러 도구를 제공합니다.
이번에는 구글 옵티마이즈를 사용해 사용자를 대상으로 여러 실험을
진행해보겠습니다. 또한, 구글 태그매니저를 사용해 개발자의 도움 없이 데이터를
수집하고 홈페이지 내용을 변경하는 방법을 알아보겠습니다.

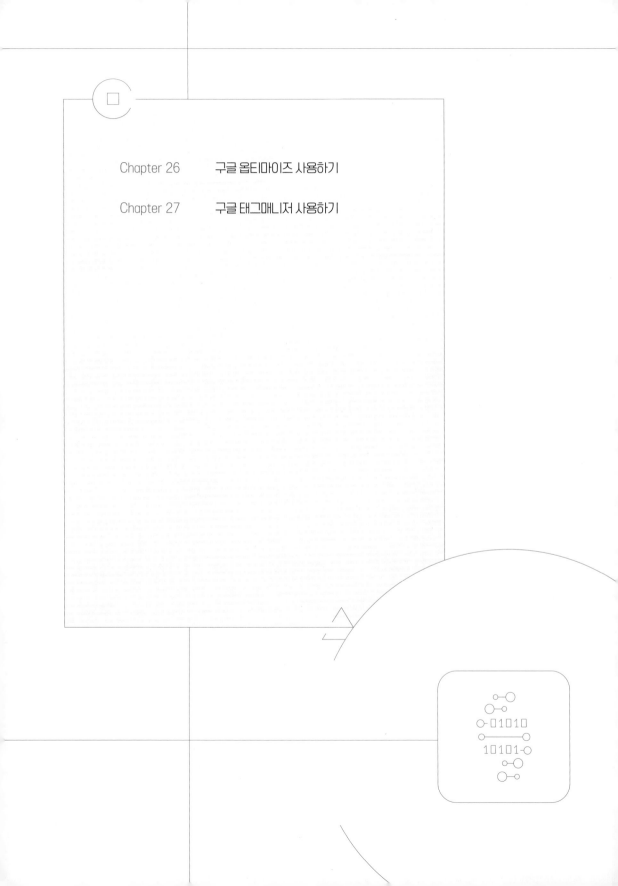

Chapter 26

구글 옵티마이즈 사용하기

담당자M의 이야기

담당자M은 데이터 분석을 통해 회원가입 버튼의 클릭률이 지나치게 낮다는 것을 알게 되었습니다. 어떻게 하면 회원가입 버튼 클릭률을 높일 수 있을까요? 혹시 회원가입 버튼의 문구를 '가입하기'에서 '무료 사용하기'로 변경하면 클릭률이 오를까요? 만약 변경했는데도 오르지 않는다면 어떡하죠? 변경하기 전에 어느 문구가 더 효과적인지 확인할 수 있는 방법은 없을까요?

담당자M을 도와주세요

구글 옵티마이즈를 사용하면 사용자를 대상으로 직접 실험을 진행할 수 있습니다. '가입하기'와 '무료 사용하기' 두 버튼을 동시에 운영하며 어떤 버튼의 클릭률이 높은지 테스트하는 것입니다. 이번 절에서는 구글 옵티마이즈의 대표적인 실험 두 가지, 리디렉션 테스트와 A/B 테스트를 살펴보겠습니다.

26.1 구글 옵티마이즈 살펴보기

https://www.turtlebooks.co.kr/ga/26/ab/preview

구글 옵티마이즈는 홈페이지에 실험 기능을 제공합니다. 홈페이지에 실험 기능을 제공한다니, 대체 무슨 의미일까요? 이번 절에서는 구글 옵티마이즈의 실험 기능을 간단히 살펴보겠습니다.

구글 옵티마이즈 동작 확인하기

실습 페이지(https://www.turtlebooks.co.kr/ga/26/ab/a/)에 접속하면 가입하기 버튼이 있습니다. 이 페이지를 실제 회원가입 페이지라고 가정해보겠습니다.

최근 가입하기 버튼의 클릭률이 점점 낮아지고 있습니다. 왜 버튼의 클릭률이 낮아질까요? 혹시 사용자가 '가입하기'를 '유료 가입하기'로 생각하는 것은 아닐까요? 그렇다면 사용자들에게 가입이 무료라는 점을 강조해야 하지 않을까요?

[그림 26-1]은 이러한 생각을 실험으로 옮긴 화면입니다. 접속자의 50%에게는 기존과 동일하게 '가입하기' 버튼(원본)을 보여주고 나머지 50%에게는 '무료 사용하기' 버튼을 보여주도록 실험을 설정했습니다.

그림 26-1 A/B 테스트로 무료 사용하기 버튼을 실험

실습 페이지(https://www.turtlebooks.co.kr/ga/26/ab/preview/)에 접속하면 [그림 26-1]의 실험을 직접 체험할 수 있습니다. 이 페이지에 접속한 사용자의 50%는 '가입하기' 버튼을, 나머지 50%는 '무료 사용하기' 버튼을 봅니다.

이제 '가입하기'와 '무료 사용하기' 버튼 중 어느 버튼이 더 많이 클릭되었는지 확인하면 어떤 문구가 사용자 획득에 더 효과적인지 측정할 수 있습니다.

NOTE 브라우저 시크릿 모드

구글 옵티마이즈는 사용자가 실험 페이지에 처음 접속할 때 브라우저에 해당 사용자가 A에 속하는지 B에 속하는지 기록합니다. 이에 따라 A에 속하는 사용자는 B를 확인할 수 없고, B에 속하는 사용자는 A를 확인할 수 없습니다.

만약 자신이 A에 속하는데 B를 확인하고 싶거나 자신이 B에 속하는데 A를 확인하고 싶다면 사용자 기록이 남지 않는 브라우저를 사용해야 합니다.

크롬 브라우저 오른쪽 상단의 더보기 메뉴(⋮)를 클릭하여 '새 시크릿 창'을 엽니다. 그 뒤 다시 실습 페이지에 접속하면 A 혹은 B를 확인할 수 있습니다. 이 과정을 반복하면 A와 B 모두를 확인할 수 있을 것입니다. 다만, 시크릿 모드를 너무 많이 사용하면 실험 결과에도 영향을 미칠 수 있다는 점 참고해주세요.

26.2 구글 옵티마이즈 사용 준비하기

🖥 https://optimize.google.com

구글 옵티마이즈를 사용하기 위해서는 가입을 비롯하여 여러 가지를 준비해야 합니다. 이번 절에서는 구글 옵티마이즈 사용에 필요한 것들을 살펴보겠습니다.

구글 옵티마이즈 홈페이지(https://optimize.google.com/)에 접속합니다. 시작하기 버튼을 눌러 구글 옵티마이즈 사용을 동의합니다.

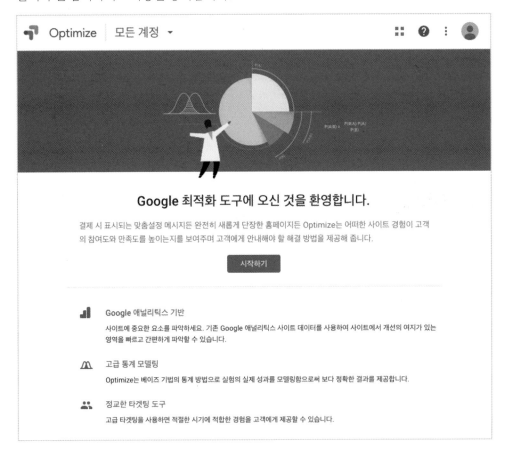

구글 옵티마이즈 사용 설정이 완료되었습니다. 모든 계정 > 내 계정 > 내 컨테이너를 클릭합니다.

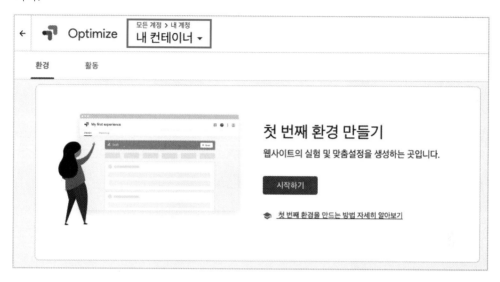

아래쪽의 계정 페이지를 클릭합니다.

계정 만들기를 클릭합니다.

계정 이름으로 고객이 보이는 구글 애널리틱스를 입력하고 가입 항목들에 동의한 뒤 다음을
클릭합니다.

컨테이너 이름으로 실습 컨테이너를 입력하고 만들기를 클릭합니다.

컨테이너 만들기가 완료되었습니다. 모든 계정 > 고객이 보이는 구글 애널리틱스 > 실습 컨테이너 왼쪽 끝의 뒤로가기 버튼(←)을 클릭합니다.

다음 절에서부터 진행할 구글 옵티마이즈 실험은 구글 애널리틱스 계정에서 진행할 예정이므로 내 계정은 삭제하도록 하겠습니다.

내 계정 오른쪽 상단의 옵션 더보기를 클릭한 뒤 계정 삭제를 클릭하여 삭제합니다.

'내 계정' 계정이 삭제되어 '고객이 보이는 구글 애널리틱스' 계정만 남았습니다.

계정과 컨테이너는 서비스 개선을 위한 여러 가지 실험들을 모아서 관리하는 역할을 합니다. 만약 '상품 상세 페이지 개선' 실험을 모아서 관리하고 싶다면 '구글 머천다이즈 스토어' 계정을 만들고 '상품 상세 페이지 개선' 컨테이너를 만들면 됩니다.

26.3 구글 옵티마이즈 추적 코드 삽입하기

https://www.turtlebooks.co.kr/ga/id/optimize

구글 옵티마이즈를 사용하기 위해서는 홈페이지에 구글 애널리틱스 추적 코드를 삽입해야
합니다. 구글 애널리틱스 추적 코드를 삽입할 때와 크게 다르지 않습니다. 이번 절에서는 구
글 옵티마이즈 추적 코드 삽입 방법을 알아보겠습니다.

STEP 1 구글 애널리틱스 연결하기

구글 옵티마이즈를 통해 진행하는 실험 데이터는 구글 애널리틱스에 저장됩니다. 따라
서 구글 옵티마이즈와 구글 애널리틱스를 연결해야 합니다. 화면 오른쪽 메뉴의 살펴보면
Google 애널리틱스에 연결 영역에서 속성 연결을 클릭합니다.

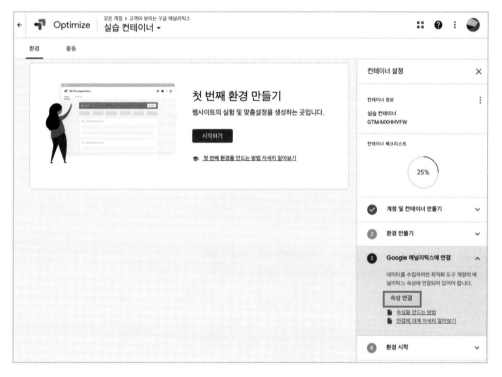

속성을 선택하세요.를 클릭합니다.

자신의 구글 계정에 연결된 구글 애널리틱스 속성이 모두 표시됩니다. 실습 계정 > 실습 웹사이트 속성을 클릭합니다.

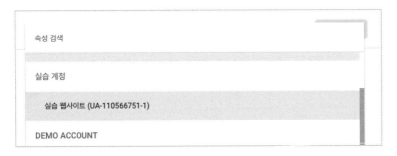

실습 계정 > 실습 웹사이트 속성을 클릭하면 지금까지 실습에서 생성한 '보기'가 표시됩니다. 전체 웹사이트 데이터를 체크하고 연결을 클릭합니다.

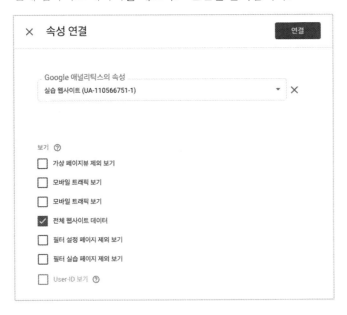

구글 옵티마이즈와 구글 애널리틱스 연결 작업이 완료되면 홈페이지에 삽입할 추적 코드를 확인할 수 있습니다.

화면 오른쪽 메뉴를 살펴보면 GOOGLE 애널리틱스 영역을 확인할 수 있습니다. 여기에는 구글 옵티마이즈와 연결된 구글 애널리틱스 정보가 표시됩니다. 웹사이트에 최적화 도구 추가하기에서 최적화 도구 설치를 클릭합니다.

구글 옵티마이즈 추적 코드가 표시되면 추적 코드를 복사합니다.

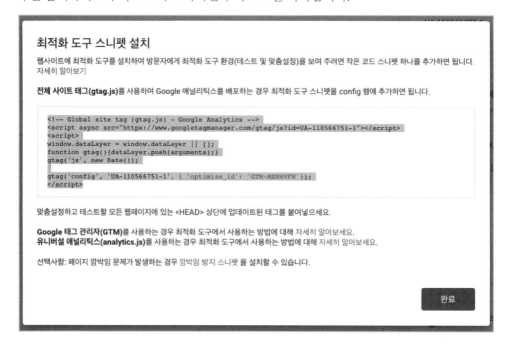

STEP 3 추적 코드 삽입하기

기존에 구글 애널리틱스 추적 코드를 사용했다면 [그림 26-2]와 같이 </head> 태그 앞 부분에 구글 애널리틱스 추적 코드가 삽입되었을 것입니다. 해당 추적 코드 부분을 구글 옵티마이즈가 사용 가능한 형태로 수정해야 합니다.

그림 26-2 기존의 애널리틱스 추적 코드

```
<!-- Global site tag (gtag.js) - Google Analytics -->
<script async src="https://www.googletagmanager.com/gtag/js?id=UA-121404182-1"></script>
<script>
    window.dataLayer = window.dataLayer || [];
    function gtag(){dataLayer.push(arguments);}
    gtag('js', new Date());

    gtag('config', 'UA-121404182-1');
</script>
</head>
```

복사한 구글 옵티마이즈 추적 코드로 구글 애널리틱스 추적 코드를 덮어 씌우면 [그림 26-3]과 같은 형태가 됩니다.

그림 26-3 구글 옵티마이즈 ID를 연결하기

```
<!-- Global site tag (gtag.js) - Google Analytics -->
<script async src="https://www.googletagmanager.com/gtag/js?id=UA-121404182-1"></script>
<script>
    window.dataLayer = window.dataLayer || [];
    function gtag(){dataLayer.push(arguments);}
    gtag('js', new Date());

    gtag('config', 'UA-121404182-1', { 'optimize_id': 'GTM-MXHHVFW'});
</script>
</head>
```

NOTE   구글 애널리틱스 추적 코드와 다르지 않은데요?

구글 옵티마이즈 추적 코드는 구글 애널리틱스 추적 코드에 optimize_id (구글 옵티마이즈 아이디)를 추가한 코드입니다. 바로 이 optimize_id를 통해 구글 애널리틱스와 구글 옵티마이즈가 연동하여 동작하는 것입니다.

STEP 4 **실습 사이트에 구글 옵티마이즈 ID 입력하기**

구글 옵티마이즈의 오른쪽 메뉴를 살펴보면 컨테이너 설정을 확인할 수 있습니다. '실습 컨테이너' 아래에 GTM-*******과 같이 구글 옵티마이즈 ID가 표시되는 것을 확인할 수 있습니다. 구글 옵티마이즈 ID를 복사합니다.

실습 페이지(https://www.turtlebooks.co.kr/ga/id/optimize/)에 접속합니다. 자신의 구글 옵티마이즈 ID를 입력하고 입력 완료를 클릭합니다.

이것으로 구글 옵티마이즈를 실습할 준비가 완료되었습니다. 바로 다음 절에서부터 구글 옵티마이즈 실습을 이어가보겠습니다.

26.4 리디렉션 테스트 진행하기

🔖 https://www.turtlebooks.co.kr/ga/26/redirection/long
🔖 https://www.turtlebooks.co.kr/ga/26/redirection/short

이제부터 본격적으로 구글 옵티마이즈를 활용한 여러 실험을 진행합니다. 이번 절에서는 리다이렉션 테스트를 실습해보겠습니다.

"A페이지에 접속했는데 실제 도착한 것은 B페이지"라는 것을 리디렉션(혹은 리다이렉션)이라고 합니다. 리디렉션 테스트는 A페이지와 B페이지에 도착한 접속자를 대상으로 특정 목표의 성과에 어떤 차이가 있는지 파악하는 테스트입니다.

STEP 1 실험 목표 설정하기

구글 옵티마이즈를 활용한 실험을 진행하는 데 가장 먼저 진행할 것은 '실험의 목표'를 설정하는 것입니다.

이번 절에서는 "서비스의 장점을 길게 설명하는 페이지보다 짧게 설명하는 페이지의 가입하기 버튼 클릭률이 더 높을 것이다."라는 아이디어를 실험해보겠습니다. 이 실험을 통해 사용자의 50%는 서비스의 장점을 길게 설명하는 페이지로, 나머지 사용자 50%는 서비스의 장점을 짧게 설명하는 페이지에 도착(리디렉션)하게 될 것입니다.

STEP 2 원본 페이지 확인하기

실습 페이지 https://www.turtlebooks.co.kr/ga/26/redirection/long/은 실험의 원본이 되는 페이지(이하 원본 페이지)입니다. 서비스의 장점을 길게 설명했습니다.

> **서비스 회원가입**
>
> 우리 서비스는 아래와 같은 훌륭한 서비스를 제공합니다.
> 1. 구글 옵티마이즈 살펴보기
> 2. 구글 옵티마이즈 사용 준비하기
> 3. 구글 옵티마이즈 추적 코드 삽입하기
> 4. 리디렉션 테스트 진행하기
> 5. 보고서 확인하기
> 6. A/B 테스트 진행하기
> 7. 실전! 캠페인 URL 맞춤 문구 표시하기
>
> [가입하기]

STEP 3 **대안 페이지 확인하기**

대안 페이지인 https://www.turtlebooks.co.kr/ga/26/redirection/short/은 원본 페이지와 비교할 페이지입니다. 서비스의 장점을 짧게 설명했습니다.

원본 페이지의 가입하기 버튼 클릭수와 대안 페이지의 가입하기 버튼 클릭수를 비교한다면 "서비스의 장점을 길게 설명하는 페이지보다 짧게 설명하는 페이지의 가입하기 버튼 클릭률이 더 높을 것이다."라는 아이디어를 증명할 수 있습니다.

STEP 4 **구글 애널리틱스 목표 만들기**

구글 옵티마이즈는 구글 애널리틱스의 '목표' 기능을 활용하여 실험 결과를 측정합니다. 가입하기 버튼을 클릭했을 때 구글 애널리틱스에서 목표가 전환되도록 설정해야 합니다.

다시 대안 페이지(https://www.turtlebooks.co.kr/ga/26/redirection/short/)에 접속해 가입하기 버튼을 클릭합니다.

실시간 > 전환수 보고서에서 회원가입 버튼 클릭 목표의 전환이 이루어지는 것을 확인할 수 있습니다. 만약 '회원가입 버튼 클릭' 목표가 설정되어 있지 않다면 <11.1 이벤트 목표 만들기>를 참고하시기 바랍니다.

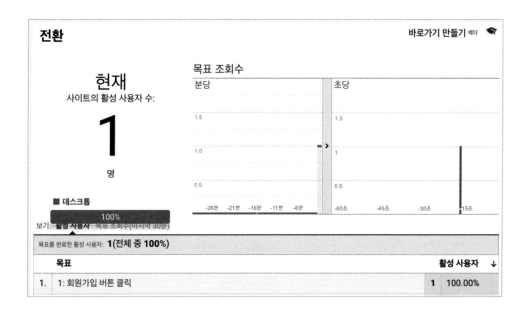

STEP 5 실험 환경 만들기

원본 페이지와 대안 페이지, 목표 설정이 완료되면 구글 옵티마이즈로 실험을 진행할 수 있습니다. 첫 번째 환경 만들기 > 시작하기를 클릭합니다.

이제 기존 페이지(원본 페이지)에 접속한 사용자의 50%를 서비스 장점을 짧게 설명하는 페이지(대안 페이지)로 리디렉션해보겠습니다.

이름으로 리디렉션 테스트를 입력합니다. 사용할 페이지 URL로 원본 페이지 주소인 https://
www.turtlebooks.co.kr/ga/26/redirection/long/을 입력합니다. 환경 유형으로 리디렉
션 테스트를 선택하고 만들기를 클릭합니다.

STEP 6 **실험 설정하기**

원본 설정이 완료되면 실험을 진행할 대안을 추가해야 합니다. 대안 추가를 클릭합니다.

대안은 실험을 진행할 페이지를 의미합니다. 대안 이름으로 짧은 설명을 입력하고 리디렉션 도착 페이지로 대안 페이지 주소인 https://www.turtlebooks.co.kr/ga/26/redirection/short/을 입력합니다. 완료를 클릭합니다.

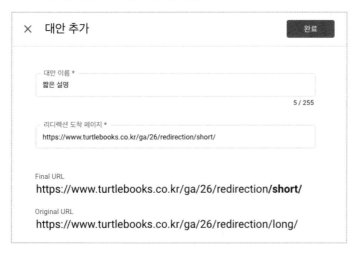

STEP 7 타겟팅 및 변형 설정하기

대안 설정이 완료되면 사용자의 50%는 원본 페이지로, 나머지 사용자의 50%는 대안 페이지로 이동하도록 자동 설정됩니다.

측정 및 목표 설정하기

전 단계인 '타겟팅 및 변형 설정하기'에서 A페이지에 접속했을 때 B페이지로 이동하도록 설정했습니다. 이제 각 페이지의 버튼 클릭에 목표 달성을 측정하도록 설정하면 실험을 진행할 수 있습니다.

목표 > 실험 목표 추가를 클릭합니다.

'목록에서 선택'을 선택하면 구글 애널리틱스에서 미리 설정한 목표를 바탕으로 실험을 진행할 수 있습니다. '사용자설정 만들기'를 선택하면 즉석에서 목표를 생성할 수 있습니다. 여기에서는 목록에서 선택을 클릭합니다.

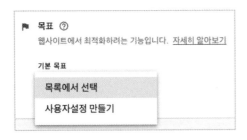

다음과 같이 우리가 학습을 진행하며 만들었던 목표 목록이 표시됩니다. 회원가입 버튼 클릭(목표 1 완료 수)를 선택합니다.

	가입 사용성 점검 (목표 6 완료 수)	Google 애널리틱스 목표
	로그인 클릭 (목표 7 완료 수)	Google 애널리틱스 목표
	세션 당 3페이지 조회 (목표 4 완료 수)	Google 애널리틱스 목표
	시간 목표 30초 (목표 3 완료 수)	Google 애널리틱스 목표
	회원가입 버튼 클릭 (목표 1 완료 수)	Google 애널리틱스 목표
	회원가입 완료 (목표 2 완료 수)	Google 애널리틱스 목표
	Purchase Completed(구매완료) (목표 5 완료 수)	Google 애널리틱스 목표

NOTE 목표 > 사용자 설정 만들기

'목표 > 사용자 설정 만들기'를 진행하면 다음과 같이 즉석에서 목표를 만들 수 있습니다. <11 목표 만들고 분석하기>를 학습했다면 쉽게 설정할 수 있습니다.

목표 구성

목표 유형

☐ **이벤트**
콘텐츠 상호작용이 페이지뷰와 별도로 추적됩니다. ✓

☐ **페이지뷰**
특정 웹페이지의 조회수입니다.

모든 규칙 일치(AND): +

이벤트 카... ▼	다음과 같... ▼	category
이벤트 액... ▼	다음과 같... ▼	action	⊖
이벤트 라... ▼	다음과 같... ▼	label	⊖

실험 설정이 완료되면 실험을 시작할 수 있습니다. 오른쪽 상단의 ▶ 시작을 클릭합니다.

최적화 도구 설치가 확인되지 않았다고 표시됩니다. 이는 곧 다룰 예정이니 안심하고 시작을
클릭합니다.

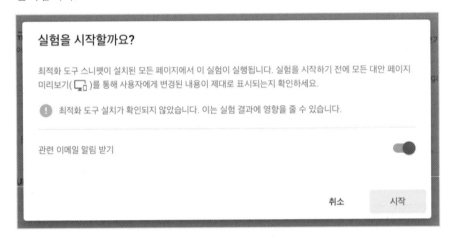

실험이 시작되었습니다. 해당 실험은 예정된 만기: 2020년 2월 29일 (토) 오후 10시 34분에
종료됩니다.

종료 버튼을 눌러 직접 종료할 수 있으며, 더보기 메뉴를 통해 일정 수정 등을 진행할 수 있습
니다.

STEP 10 실험 동작 확인하기

실습 페이지 https://www.turtlebooks.co.kr/ga/26/redirection/long/에 접속합니다. 이제 사용자는 50%의 확률로 /long 페이지와 /short 페이지에 접속하게 될 것입니다. 페이지에 접속하면 가입하기 버튼을 클릭합니다.

실시간 > 전환수 보고서에 접속하면 회원가입 버튼 클릭 목표 전환이 측정되는 것을 확인할 수 있습니다.

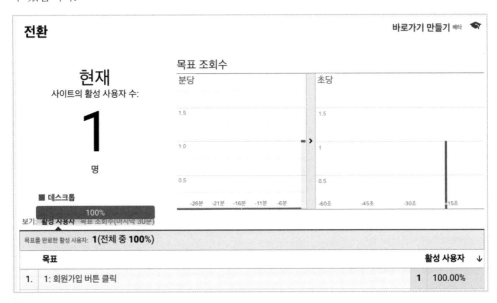

26.5 실험 보고서 확인하기

실험을 진행하거나 종료하면 원본과 대안의 목표 전환율을 비교하여 어떤 안이 더 효과적인 지 판단할 수 있습니다. 이번 절에서는 실험 보고서 확인 방법을 알아보겠습니다.

진행 중이거나 종료한 실험을 선택하면 보고를 클릭해 실험 보고서를 확인할 수 있습니다. 여기에서는 앞서 진행한 리디렉션 테스트의 보고서를 확인해보겠습니다. 실험을 시작하고 1~2일 뒤에 보고서를 확인할 수 있으니 참고하세요.

[그림 26-4]를 확인하면 리디렉션 테스트에서 설정한 원본과 대안(짧은 설명)의 회원가입 버튼 클릭 목표 전환율을 확인할 수 있습니다.

그림 26-4 리디렉션 테스트의 목표 전환

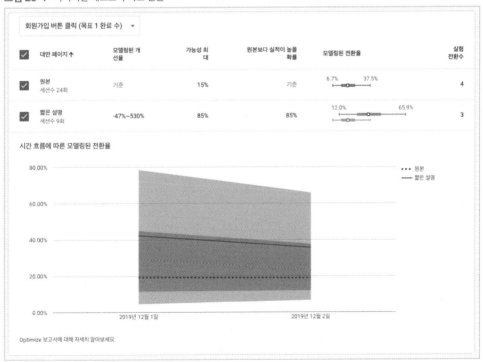

여기에서 살펴보아야 할 것은 원본보다 실적이 높을 확률 영역입니다. 구글 옵티마이즈는 대안(짧은 설명)이 원본보다 가입하기 버튼을 클릭할 확률이 85% 높다고 판단했습니다. 리디렉션 테스트의 실험 목표였던 "서비스의 장점을 길게 설명하는 페이지보다 짧게 설명하는 페이지의 가입하기 버튼 클릭률이 더 높을 것이다."라는 아이디어가 맞았다고 판단할 수 있습니다.

앞에서 언급했듯이 실험 보고서는 실험 진행 1~2일 뒤부터 확인할 수 있습니다. 만약 아주 짧게 진행한 실험이기 때문에 1일 이내로 확인해야 한다면 구글 옵티마이즈의 실험 보고서가 아닌 구글 애널리틱스 보고서를 확인해야 합니다.

실험 보고서 오른쪽 상단의 애널리틱스에서 보고서 보기를 클릭합니다.

리디렉션 테스트 보고서가 표시되면 원본과 대안(짧은 설명)의 전환율(gwoOutcomeRate)을 확인할 수 있습니다. 원본 전환율이 18.52%이고 대안(짧은 설명) 전환율이 33.33%입니다. 실험 보고서에서 확인한 바와 같이, 대안 페이지가 더 효과적임을 알 수 있습니다

기본 측정기준: 대안 페이지		실험 페이지 세션수	실험 전환수	gwoOutcomeRate ↓
☑ ● 원본		27	5	18.52%
☑ ● 짧은 설명		9	3	33.33%

26.6 A/B 테스트 진행하기

https://www.turtlebooks.co.kr/ga/26/ab

A/B 테스트는 'A안과 B안 중 어느 것이 더 효과가 좋은지' 확인하는 테스트를 말합니다. 이번 절에서는 A/B 테스트를 진행하며 앞에서 다루지 않은 구글 옵타마이즈 최적화 도구를 살펴보겠습니다.

구글 옵티마이즈 실험을 진행할 때는 실험 목표 설정, 원본 페이지 확인, 구글 애널리틱스 목표 만들기 등의 절차를 진행해야 합니다. 이는 앞에서 다루었으므로 간략하게 설명하겠습니다.

STEP 1 실험 목표 설정하기
이번 절에서는 "가입하기 버튼을 무료 사용하기 버튼으로 변경했을 때 클릭률이 높아질 것이다."라는 아이디어를 실험합니다. 사용자의 50%는 가입하기 버튼을, 나머지 사용자 50%는 무료 사용하기 버튼을 보게 될 것입니다.

STEP 2 원본 페이지 확인하기
실습 페이지 https://www.turtlebooks.co.kr/ga/26/ab/ 는 실험의 원본이 되는 페이지입니다. 회원가입 버튼이 가입하기로 표시되었습니다. 이번 실습에서는 가입하기 버튼을 무료 사용하기로 변경하여 클릭 전환을 확인하려 합니다.

STEP 3 **실험 환경 만들기**

먼저 A/B 테스트 실험 환경을 생성하겠습니다. 이름에 A/B 테스트를 입력합니다. 사용할 페이지 URL로 https://www.turtlebooks.co.kr/ga/26/ab/를 입력합니다. 만들려는 환경 유형으로 A/B 테스트를 선택하고 만들기를 클릭합니다.

STEP 4 **대안 추가하기**

대안 추가를 클릭합니다.

대안 이름으로 무료 가입하기를 입력하고 완료를 클릭합니다.

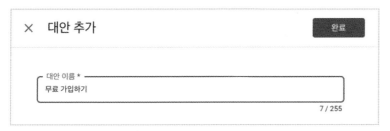

설정이 완료되었습니다.

STEP 5 **최적화 도구 확장 프로그램 설치하기**

A/B 테스트는 세부 요소에 A안과 B안을 생성하여 서로를 비교합니다. 만약 A안(원본)의 회원가입 버튼 텍스트가 '가입하기'라면 B안(대안)으로 '무료 사용하기'를 생성하여 비교하는 것입니다. 구글 옵티마이즈를 사용하지 않는다면 개발자와 협업하여 '가입하기' 버튼이 표시된 페이지, '무료 가입하기' 버튼이 표시된 페이지를 미리 만들어야 할 것입니다.

구글 옵티마이즈 A/B 테스트는 바로 이 지점에서 빛납니다. 구글 옵티마이즈를 활용하면 개발자의 도움 없이도 버튼 텍스트를 변경할 수 있습니다.

먼저 홈페이지에 '최적화 도구'가 제대로 설치되었는지 확인합니다. 설정 영역의 진단 실행을 클릭합니다. 최적화 도구가 정상 설치되었다면 오류 없이 최적화 도구 설치가 확인되었다는 메시지가 표시됩니다.

STEP 6 **구글 옵티마이즈로 페이지 직접 수정하기**

무료 가입하기 오른쪽의 수정 버튼을 클릭합니다.

크롬용 최적화 도구 확장 프로그램 다운로드가 표시되면 확장 프로그램 설치를 클릭합니다.

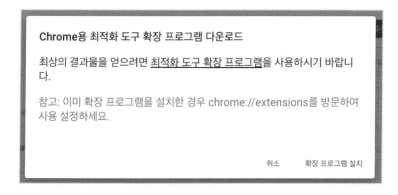

Chrome에 추가를 클릭해 구글 옵티마이즈 확장 프로그램 설치를 진행합니다.

구글 옵티마이즈로 돌아와 '무료 가입하기' 오른쪽의 수정 버튼을 클릭합니다.

수정을 클릭하면 [그림 26-5]와 같은 페이지로 이동합니다. 해당 페이지 상단 메뉴를 살펴보면 A/B 테스트 실험을 설정하는 페이지라는 것을 알 수 있습니다. 이곳에서 개발자의 도움 없이 직접 페이지를 수정할 수 있습니다.

그림 26-5 구글 옵티마이즈로 페이지 수정

이 페이지에서 각 요소에 마우스를 올리면 버튼 <button> #btnEvent와 같이 요소 정보가
표시됩니다. 요소 정보가 표시되는 부분은 구글 옵티마이즈로 수정할 수 있습니다. 가입하기
버튼을 마우스 오른쪽 버튼으로 클릭합니다. 텍스트 수정을 클릭합니다.

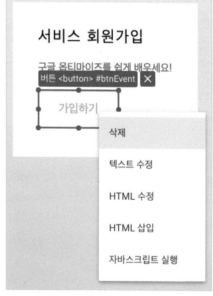

버튼의 '가입하기'가 수정 가능한 상태로 변경됩니다.

무료 사용하기를 입력합니다.

화면 오른쪽 하단의 완료를 클릭합니다.

수정이 완료되었습니다. 화면 오른쪽 상단의 저장을 클릭합니다.

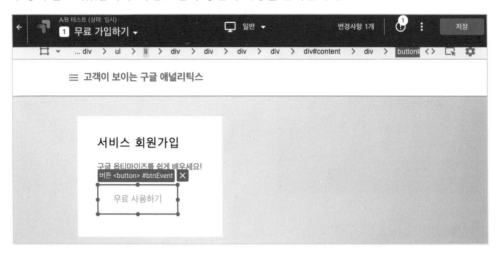

NOTE HTML 수정하기

버튼을 마우스 오른쪽 클릭하고 HTML 수정을 클릭하면 HTML 코드를 직접 수정할 수 있습니다. 프로그래밍에 익숙하다면 단순 텍스트 수정뿐 아니라 디자인 변경, 기능 변경도 직접 진행할 수 있습니다.

실험 확인하고 시작하기

적용된 수정 사항은 미리보기를 통해 직접 확인할 수 있습니다. 웹 미리보기를 클릭합니다.

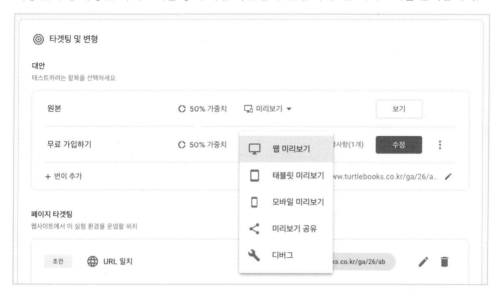

미리보기 화면을 통해 수정 사항이 제대로 적용된 것을 확인할 수 있습니다. 구글 옵티마이즈를 사용해 '가입하기' 버튼을 '무료 사용하기' 버튼으로 직접 수정한 것입니다.

확인이 완료되면 ▶ 시작을 클릭해 실험을 진행합니다.

이번 절에서는 구글 옵티마이즈 확장 프로그램으로 개발자의 도움 없이 가입하기 버튼을 무료 사용하기 버튼으로 변경하였습니다. 아주 간단한 수정이라고 생각할 수도 있습니다만, 이와 같은 방법으로도 굉장히 다양하게 응용할 수 있습니다. 회원 가입 설명문을 변경하여 회원 가입률을 증가시키거나 특정 버튼의 링크를 변경하여 사용자를 다른 페이지로 유도할 수도 있습니다. 바로 다음 학습을 진행하실 생각이었다면 잠시 멈추고, 다른 요소들의 수정도 시도해보시기 바랍니다.

> **NOTE 리디렉션 테스트와 A/B 테스트의 차이점**
>
> 리디렉션 테스트와 A/B 테스트의 가장 큰 차이는 실험의 규모입니다.
>
> 리디렉션 테스트는 페이지 규모의 실험에 적합합니다. 리디렉션 테스트는 실험을 위해 A 페이지와 B 페이지를 준비합니다. 각 페이지는 전혀 다른 디자인일 수 있고, 전혀 다른 내용일 수 있습니다. 리다이렉션 테스트는 회원 가입률을 높이기 위해 페이지를 어떻게 디자인해야 하는가, 어떻게 구성해야 하는가와 같은 '페이지' 단위 실험에 적합합니다.
>
> A/B 테스트는 '요소' 단위 실험에 적합합니다. A/B 테스트는 동일한 페이지에서 버튼의 텍스트를 '가입하기'로 하는 것이 좋을지 '무료 사용하기'로 하는 것이 좋을지와 같은 요소 단위 실험에 알맞습니다.
>
> 실험의 목적에 맞게 리디렉션 테스트와 A/B 테스트를 구분하여 사용하시기 바랍니다.

26.7 실전! 구글 옵티마이즈 가중치 100% 활용하기

https://www.turtlebooks.co.kr/ga/26/7

담당자M은 카메라 판매 이벤트로 1차 물량을 모두 판매했습니다. 그런데 아직도 카메라 판매 페이지에는 '카메라 절찬리 판매 중!' 메시지가 표시됩니다. 뒤늦게 이벤트 소식을 접한 사용자에게서 왜 카메라 구매가 안 되냐고 불만이 접수되는 상황입니다. 물량이 준비되는 동안에만 1차 판매가 끝났고 2차 판매가 곧 진행될 것이라는 안내 페이지를 보여줄 수 있을까요? 새 페이지를 만들고 링크를 새로 연결하는 것만이 방법일까요? 더 간단한 방법은 없을까요?

이번 절에서는 구글 옵티마이즈에서 가중치를 조절해, 임시로 사용할 안내 페이지를 적용하는 방법을 알려드리겠습니다. 새 페이지를 만들지 않아도 되는 몹시 간단한 방법입니다.

STEP 1 원본 페이지 확인하기

카메라 판매 페이지(https://www.turtlebooks.co.kr/ga/26/7/)에 접속합니다. 카메라가 판매 중이라는 메시지를 확인할 수 있습니다. 하지만 실제로는 준비한 카메라 물량이 모두 소진되어 판매가 불가능한 상황입니다.

STEP 2 **가중치 100% 설정하기**

카메라 판매 페이지(https://www.turtlebooks.co.kr/ga/26/7/)를 바탕으로 [그림 26-6]과 같이 A/B 테스트를 생성합니다. 대안으로 설정한 1차 완판 안내는 구글 옵티마이즈로 내용을 수정할 예정입니다. 수정한 페이지에서 1차 판매가 마감되었으며 2차 판매가 곧 진행됨을 알릴 것입니다.

기본적으로 A/B 테스트는 접속한 사용자의 절반은 A안을 나머지 절반은 B안을 확인할 수 있도록 가중치가 각각 50%로 설정됩니다. 우리가 원하는 것은 모든 사용자가 1차 완판 안내를 확인하도록 하는 것입니다. 따라서 원본의 가중치를 0%로 설정하고 대안(1차 완판 안내)의 가중치를 100%로 설정해야 합니다. 1차 완판 안내 오른쪽의 50% 가중치를 클릭합니다.

그림 26-6 A/B 테스트 생성

맞춤 비율을 선택하고 원본 가중치를 0%, 1차 완판 안내 가중치를 100%로 설정합니다. 완료를 클릭합니다.

1차 완판 안내의 가중치가 100%로 설정되었습니다. 이제 카메라 판매 페이지에 접속하는 모든 사용자가 1차 완판 안내 페이지를 확인하게 될 것입니다. 이제 1차 완판 안내 오른쪽의 수정 버튼을 클릭해 카메라 판매 페이지의 내용을 변경하겠습니다.

STEP 3 **내용 수정하기**

카메라 절찬리 판매 중!을 마우스 오른쪽 버튼으로 클릭하고 HTML 수정을 선택합니다.

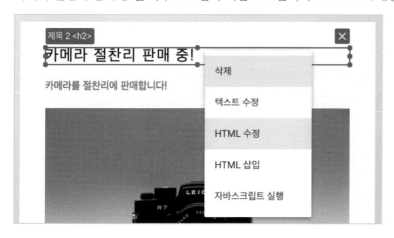

카메라 절찬리 판매 중!을 1차 완판! 감사합니다!로 수정하고 적용합니다.

마찬가지 방식으로 카메라를 절찬리에 판매합니다!를 2차 판매는 12월 24일 00시부터 시작합니다!로 변경합니다.

구매하기 버튼은 삭제합니다.

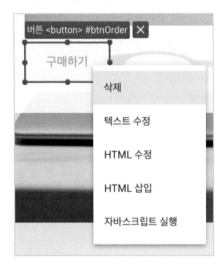

1차 완판과 2차 판매 일정을 안내하였습니다. 구매하기 버튼은 동작하지 않을 것이므로 삭제하였습니다. 수정을 완료합니다.

1차 완판! 감사합니다!

2차 판매는 12월 24일 00시입니다!

STEP 4 **목표 추가하기**

실험을 게시하기 위해서는 목표를 추가해야 합니다. 이번 절에서는 구글 옵티마이즈를 '실험'이 목적이 아닌 '운영' 목적으로 사용하기 때문에 목표 자체에 의미가 없습니다. 실험 목표 추가를 선택한 뒤 사용자설정 만들기를 클릭합니다.

목표 이름으로 1차 완판 안내 임시 목표를 입력합니다. 목표 유형으로 페이지뷰를 선택합니다. 규칙으로 페이지 이름이 ???와 일치하도록 합니다. 저장 버튼을 클릭합니다.

해당 목표는 실험을 게시하는 데만 사용됩니다. 실제로 동작하는 목표가 아니기 때문에 내용을 아무렇게나 입력해도 괜찮습니다.

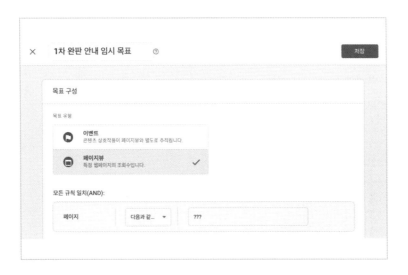

STEP 5 **미리보기 및 시작하기**

미리보기로 1차 완판 안내 페이지를 확인하고 이상이 없으면 실험을 ▶ 시작합니다.

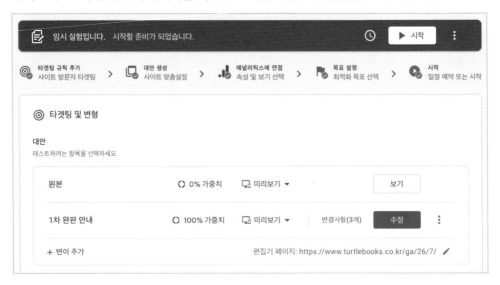

실험을 시작하고 카메라 판매 페이지(https://www.turtlebooks.co.kr/ga/26/7/)에 접속하면 모든 접속이 가중치 100% 대안으로 설정한 '1차 완판 안내'로 연결됩니다.

NOTE 가중치 100%를 활용한 꼼수 운영

원본 가중치를 50%로 설정하고 대안 가중치를 50%로 설정하면 접속자 50%는 원본을 접하고 나머지 50%는 대안을 접하게 됩니다. 원본 가중치를 0%, 대안 가중치를 100%로 설정하면 어떻게 될까요? 모든 접속자가 대안을 접하게 될 것입니다.

어떤 상품의 프로모션을 진행하고 있다고 가정합시다. 프로모션 성과가 너무 좋아서 상품 구매가 불가능한 상황이 되었습니다. 사용자에게 '프로모션이 종료되었다'고 알려야 하는 사항인데, 개발자가 자리를 비웠습니다. 이런 상황에서 대안에 가중치 100%를 설정하면 개발자의 도움 없이 프로모션 종료를 알릴 수 있습니다.

Chapter 27 구글 태그매니저 사용하기

담당자M의 이야기

담당자M은 고민입니다. 같이 일하는 개발자가 너무 바빠 수집 기획이 실제 구현으로 이루어지지 않았기 때문입니다. 담당자M은 개발을 배워서 직접 데이터를 수집하고 싶다는 생각도 하지만 쉽지 않습니다. 간단한 작업이라면 직접 할 수도 있을 것 같은데 무슨 해결책이 없을까요?

담당자M을 도와주세요

바로 구글 태그매니저를 활용하면 됩니다. 구글 태그매니저를 사용하면 기획자나 마케터도 개발자 도움 없이 간단한 데이터 수집을 구현할 수 있습니다. 클릭 몇 번만으로 페이지뷰나 이벤트를 수집하여 자신에게 필요한 데이터를 수집할 수 있습니다. 이번 절에서는 구글 태그매니저를 사용해 구글 애널리틱스를 작동시키는 방법을 알아보겠습니다.

27.1 구글 태그매니저 살펴보기

👤 실습 계정　　　　　　　　　　　　　🗔 실시간 > 이벤트

🖱 https://www.turtlebooks.co.kr/ga/27/camera/preview

구글 애널리틱스는 데이터를 수집하고, 구글 옵티마이즈는 실험을 제공한다고 명확하게 설명할 수 있습니다. 반면 구글 태그매니저는 '무엇이다'라고 딱 잘라 설명하기가 쉽지 않습니다. 이번 절에서 실습 페이지를 통해 구글 태그매니저가 무엇인지를 직접 체험해보겠습니다.

STEP 1 **구글 태그매니저 동작 확인하기**

실습 페이지(https://www.turtlebooks.co.kr/ga/27/camera/preview/)에 접속합니다. 구매하기 버튼을 클릭합니다.

실시간 > 이벤트 보고서에 접속하면 이벤트 카테고리(gtm_camera), 이벤트 액션(click)이 발생한 것을 확인할 수 있습니다.

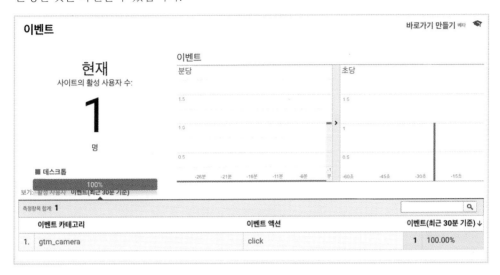

이벤트 수집을 위한 협업

위와 같은 이벤트를 수집하기 위해 실무에서는 어떠한 협업 과정이 필요할까요? 일반적으로 다음과 같은 협업으로 구현될 것입니다.

> 1) 기획자(혹은 마케터)가 수집할 데이터를 결정한다.
>
> 2) 기획을 바탕으로 개발자가 이벤트 수집 코드를 작성한다.
>
> 3) 개발자가 코드를 배포한다.
>
> 4) 배포가 완료되면 데이터 수집을 진행한다.

기획자나 마케터는 어떤 데이터가 필요한지 알지만 코드를 구현하는 방법과 배포하는 방법을 모릅니다. 개발자는 코드를 구현할 줄은 알지만 사업적으로 어떤 데이터를 수집해야 하는지 모릅니다. 협업으로 서로 부족한 부분을 채워줍니다.

STEP 3 **구글 태그매니저를 활용한 이벤트 수집**

[그림 27-1]은 '구매하기 버튼 클릭'이 발생했을 때 '구글 애널리틱스 이벤트를 수집'하도록 구글 태그매니저를 설정한 모습입니다. 이렇게 설정하는 것만으로 기획자나 마케터는 스스로 이벤트를 수집하고 분석할 수 있습니다.

그림 27-1 카메라 페이지에서 버튼 클릭이 발생하면 구글 애널리틱스 이벤트 수집

이외에도 '특정 페이지에 몇 초 머무를 경우 페이지뷰를 수집한다', '특정 이미지를 클릭할 경우 이벤트를 수집한다'와 같은 특정 상황(트리거)에서의 여러 동작(태그)을 쉽게 설정할 수 있습니다.

STEP 4 구글 태그매니저와 기획자와 마케터

데이터를 유용하게 사용하기 위해서는 필요한 데이터를 적절하게 선정하여, 알맞은 시점에 수집해야 합니다. 하지만 실무를 진행하다 보면 의외로 '알맞은 시점에 수집'하기가 쉽지 않습니다. 데이터 수집 기획이 완료되었다고 하더라도 해당 구현을 진행할 개발자의 사정에 따라 일정이 지연될 수 있습니다.

구글 태그매니저는 이벤트 수집 코드의 구현과 배포와 같은 프로그래밍 영역을 대신합니다. 기획자나 마케터는 클릭 몇 번만으로 '특정 상황에서 구글 애널리틱스의 특정 동작을 실행'시킬 수 있습니다. 구글 태그매니저를 활용해 마침내 데이터 수집 활동 그 자체에 집중할 수 있는 것입니다.

27.2 구글 태그매니저 사용 준비하기

- https://tagmanager.google.com
- https://www.turtlebooks.co.kr/ga/id/tagmanager

구글 태그매니저를 사용하기 위해서는 계정 설정을 비롯하여 여러 사소한 준비들이 필요합니다. 이번 절에서는 구글 태그매니저를 사용하도록 준비해보겠습니다.

STEP 1 구글 태그매니저 계정 만들기

구글 태그매니저 홈페이지(https://tagmanager.google.com/)에 접속합니다. 계정 만들기 버튼을 클릭합니다.

계정 이름으로 고객이 보이는 구글 애널리틱스를 입력하고 컨테이너 이름으로 실습 컨테이너를 입력합니다.

타겟 플랫폼으로 웹을 선택하고 만들기를 클릭합니다.

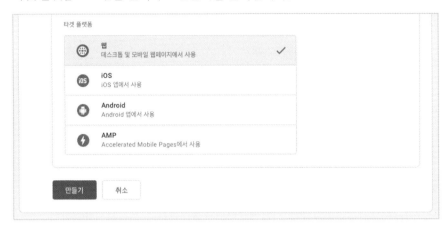

약관이 표시되면 살펴보고 동의합니다.

계정 만들기가 완료되었습니다. 모든 계정 > 고객이 보이는 구글 애널리틱스 > 실습 컨테이너 오른쪽의 홈으로 돌아가기(←)를 클릭합니다.

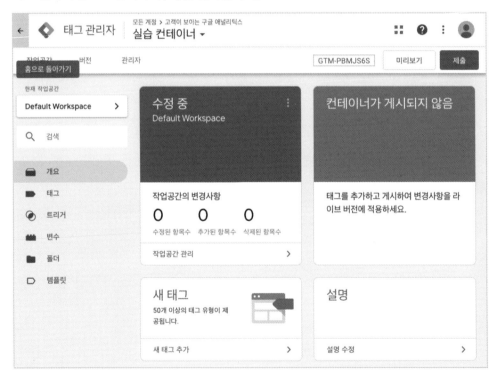

계정 페이지에는 '고객이 보이는 구글 애널리틱스' 계정과 '실습 컨테이너'가 표시됩니다. 계정과 컨테이너는 구글 옵티마이즈와 마찬가지로 여러 태그(동작)를 모아두는 보관소 역할을 합니다.

STEP 2 **추적 코드 복사하기**

실습 컨테이너 접속 화면의 상단에서 구글 태그매니저 추적 ID를 확인할 수 있습니다. 해당 ID를 클릭합니다.

구글 태그매니저 추적 코드가 표시되면 추적 코드를 복사합니다.

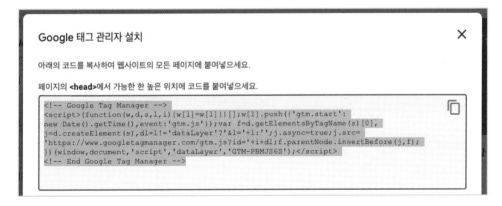

추적 코드 삽입하기

기존에 구글 애널리틱스와 구글 옵티마이즈 추적 코드를 사용했다면 [그림 27-2]와 같이 </
head> 태그 앞 부분에 구글 애널리틱스 추적 코드가 삽입되었을 것입니다. 구글 애널리틱스
추적 코드 아래에 구글 태그매니저 코드를 추가합니다.

그림 27-2 구글 애널리틱스(+ 구글 옵티마이즈) 추적 코드

```
<!-- Global site tag (gtag.js) - Google Analytics -->
<script async src="https://www.googletagmanager.com/gtag/js?id=UA-61535973-1"></script>
<script>
window.dataLayer = window.dataLayer || [];
function gtag(){dataLayer.push(arguments);}
gtag('js', new Date());

gtag('config', 'UA-61535973-1', { 'optimize_id': 'GTM-5ZBPTB4'});
</script>

<!-- /head 태그 윗 부분에 구글 태그매니저 코드를 삽입합니다 -->
</head>
```

구글 애널리틱스 추적 코드와 구글 태그매니저 추적 코드를 모두 추가하면 [그림 27-3]과 같
은 형태가 됩니다.

그림 27-3 구글 태그매니저 추적 코드를 삽입

```
<!-- Global site tag (gtag.js) - Google Analytics -->
<script async src="https://www.googletagmanager.com/gtag/js?id=UA-61535973-1"></script>
<script>
window.dataLayer = window.dataLayer || [];
function gtag(){dataLayer.push(arguments);}
gtag('js', new Date());

gtag('config', 'UA-61535973-1', { 'optimize_id': 'GTM-5ZBPTB4'});
</script>

<!-- Google Tag Manager -->
<script>(function(w,d,s,l,i){w[l]=w[l]||[];w[l].push({'gtm.start':
new Date().getTime(),event:'gtm.js'});var f=d.getElementsByTagName(s)[0],
j=d.createElement(s),dl=l!='dataLayer'?'&l='+l:'';j.async=true;j.src=
'https://www.googletagmanager.com/gtm.js?id='+i+dl;f.parentNode.insertBefore(j,f);
})(window,document,'script','dataLayer','GTM-TL6X798');</script>
<!-- End Google Tag Manager -->
</head>
```

STEP 4 **실습 사이트에 구글 태그매니저 ID 입력하기**

실습 컨테이너 접속 화면의 상단에서 구글 태그매니저 추적 ID를 확인할 수 있습니다. 구글 태그매니저 추적 ID를 복사합니다.

실습 페이지(https://www.turtlebooks.co.kr/ga/id/tagmanager/)에 접속합니다. 자신의 구글 태그매니저 ID를 입력하고 입력 완료를 클릭합니다.

이것으로 구글 태그매니저를 실습할 준비가 끝났습니다. 바로 다음 절에서부터 구글 태그매니저 실습을 진행해보겠습니다.

27.3 변수 만들기

구글 태그매니저를 통해 수집한 데이터가 구글 애널리틱스에 저장하려면 구글 애널리틱스 추적 ID를 연결해야 합니다. 이번 절에서는 구글 애널리틱스 추적 ID '변수'를 만들어보겠습니다.

왼쪽 메뉴에서 변수를 클릭합니다. 사용자 정의 변수 영역의 새로 만들기를 클릭합니다.

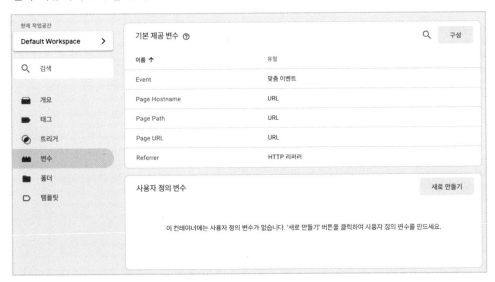

변수 이름으로 GA_ID를 입력합니다. 구글 애널리틱스(GA)의 ID를 의미하는 이름입니다. 꼭 GA_ID라고 입력하지 않아도 괜찮습니다. '구글 애널리틱스 추적 ID'와 같이 한글로 입력해도 좋습니다. 변수 구성 영역 자체를 클릭합니다.

변수 유형 선택이 표시되면 Google 애널리틱스 설정을 클릭합니다.

추적 ID에 자신의 구글 애널리틱스 추적 ID를 입력하고 저장을 클릭합니다. 구글 애널리틱스 추적 ID 확인은 <9.1 이벤트 살펴보기>에서 '실습 계정 사용하기'를 참고하세요.

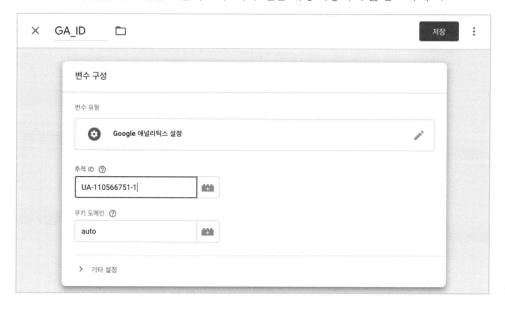

GA_ID 변수를 추가했습니다.

이제 구글 태그매니저로 구글 애널리틱스를 동작시킬 수 있습니다. 변수는 이후 실습에서 계속 살펴보겠습니다.

27.4 구글 태그매니저로 페이지뷰 발생시키기

👤 실습 계정 📖 실시간 > 개요

🖼 https://www.turtlebooks.co.kr/ga/27/camera/pageview

가장 먼저 배울 것은 구글 태그매니저로 구글 애널리틱스 페이지뷰를 발생시키는 방법입니다. 이를 실습하며 구글 태그매니저의 트리거(조건)와 태그(동작)를 알아보겠습니다.

STEP 1 실습 페이지 확인하기

실습 페이지(https://www.turtlebooks.co.kr/ga/27/camera/pageview/)에 접속한 뒤 실시간 > 개요 보고서에 접속합니다.

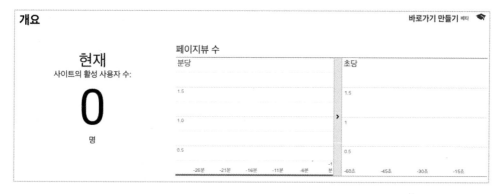

해당 페이지는 구글 태그매니저 학습을 위해 구글 애널리틱스와 관련된 동작을 모두 멈춘 상태이므로 구글 애널리틱스에서 아무것도 확인할 수 없습니다. 이제부터 구글 태그매니저를 통해 해당 실습 페이지에서 구글 애널리틱스 페이지뷰가 발생하도록 설정해보겠습니다.

STEP 2 트리거와 태그

이번 실습에서 구글 태그매니저로 설정하려는 동작은 다음과 같습니다.

1) 실습 페이지에 접속하면

2) 구글 애널리틱스 페이지뷰를 발생시킨다.

'실습 페이지에 접속하면 페이지뷰를 발생시킨다'는 간단한 동작입니다. 여기에서 '실습 페이지에 접속하면'은 조건에 해당하고 '페이지뷰를 발생시킨다'는 행동에 해당합니다.

구글 태그매니저에서는 조건을 트리거, 행동을 태그라고 부릅니다. 이번 실습을 정리하면 [표 27-1]과 같습니다.

표 27-1 실습 페이지에 접속하면(트리거, 조건) 페이지뷰를 발생시킨다(태그, 행동)

용어	의미	내용
트리거	조건	실습 페이지에 접속하면
태그	행동	구글 애널리틱스 페이지뷰를 발생시킨다

구글 태그매니저의 핵심은 동작을 '태그'와 '트리거'로 구분하는 것입니다. 그런 다음 구글 태그매니저로 트리거와 태그를 설정하면 마침내 우리가 원하는 대로 동작하는 것입니다.

STEP 3 트리거 설정하기

먼저 트리거로 '조건'을 설정하겠습니다. 설정해야 할 조건은 '실습 페이지에 접속'입니다. 왼쪽 메뉴에서 트리거를 선택하고 새로 만들기를 클릭합니다.

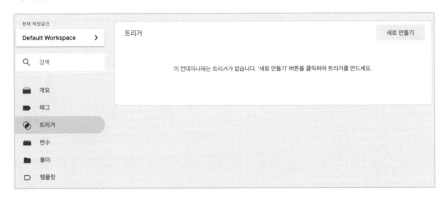

트리거 이름으로 실습 페이지 접속을 입력하고 트리거 구성 영역을 클릭합니다.

트리거 유형으로 페이지뷰(DOM 사용 가능, 창 로드, 페이지뷰), 클릭(링크만, 모든 요소) 등을 확인할 수 있습니다.

여기에서 선택 가능한 유형을 바탕으로 구글 태그매니저의 트리거(조건)를 만드는 것이 핵심입니다. '실습 페이지에 접속하면'이라는 조건은 페이지뷰를 선택하여 생성할 수 있습니다.

NOTE   트리거 유형 더 살펴보기

간단한 데이터 분석은 페이지뷰와 클릭(모든 요소)만으로도 진행할 수 있습니다. 나머지 트리거 유형은 개발자와의 협업이 필요하거나 사용 빈도가 낮습니다. 해당 내용을 더 자세히 알고 싶으면 구글 태그매니저 트리거 유형 문서를 확인하세요.

https://support.google.com/tagmanager/topic/7679108

이제 본격적인 트리거 생성이 이어집니다. 우리가 선택한 트리거 유형은 페이지뷰입니다. 실습 페이지에 접속하면이라는 조건을 맞추기 위해 일부 페이지뷰를 선택합니다. 만약 여기에서 모든 페이지뷰를 선택하면 '실습 페이지에 접속하면'이라는 조건이 '모든 페이지에 접속하면'이 될 것입니다. '실습 페이지'에서만 페이지뷰를 발생시킬 원하므로 '일부 페이지뷰'를 선택하는 것입니다.

다음 진행을 위해 GA_ID를 클릭합니다.

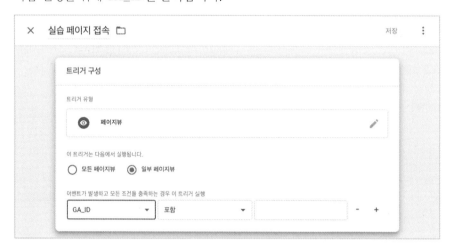

선택한 GA_ID 윗부분에는 '이벤트가 발생하고 모든 조건을 충족하는 경우 이 트리거 실행'
이라는 문구가 있습니다. Page Hostname, Page Path, Page URL 등 상세한 조건을 설정할
수 있다는 의미입니다.

브라우저는 '실습 페이지에 접속하면'이라는 조건을 어떻게 확인할 수 있을까요? 브라우저는
페이지 주소를 알고 있으므로 페이지 주소를 조사하면 됩니다. Page URL을 선택합니다.

실습 페이지 주소는 https://www.turtlebooks.co.kr/ga/27/camera/pageview/입니다. 주
소(Page URL)에 pageview가 포함되었다면 실습 페이지라고 판단할 수 있을 것입니다.

Page URL의 상세 설정으로 포함을 선택하고 pageview를 입력합니다. 저장을 클릭합니다.

트리거 생성이 끝나면 Page URL에 pageview가 포함된 접속에 맞춰 동작하는 '실습 페이지 접속' 트리거를 확인할 수 있습니다.

STEP 4 **태그 설정하기**

트리거로 '조건'을 생성하였습니다. 이제 태그로 '동작'을 생성하겠습니다. 설정해야 할 동작은 '구글 애널리틱스 페이지뷰를 발생시킨다'입니다. 왼쪽 메뉴에서 태그를 선택하고 새로 만들기를 클릭합니다.

태그 이름으로 구글 애널리틱스 페이지뷰 발생을 입력합니다. 태그를 생성할 때는 '트리거'를 먼저 선택하고 태그를 생성합니다. 구글 애널리틱스의 페이지뷰가 발생하는 조건(트리거)이 무엇인지를 먼저 설정하는 것입니다. 트리거 영역을 클릭합니다.

앞에서 생성한 '실습 페이지 접속' 트리거가 표시되는 것을 확인할 수 있습니다. 실습 페이지 접속을 클릭합니다.

'구글 애널리틱스 페이지뷰 발생'이 동작하는 조건(트리거)이 설정되었습니다. 이제 태그(동작)를 설정해야 합니다. 태그 구성 영역을 클릭합니다.

태그 유형을 선택하면 구글 애널리틱스, 구글 애드 등 여러 서비스의 아이콘이 표시됩니다.
Google 애널리틱스: 유니버설 애널리틱스를 선택합니다.

지금까지 '실습 페이지에 접속하면', '구글애널리틱스 페이지뷰를 발생시킨다'는 조건을 충
실히 설정했습니다. 이제 구글 애널리틱스로 발생시킨 페이지뷰를 어디에 저장해야 할지, 어
떤 구글 애널리틱스 추적 ID에 저장할지 설정해야 합니다.

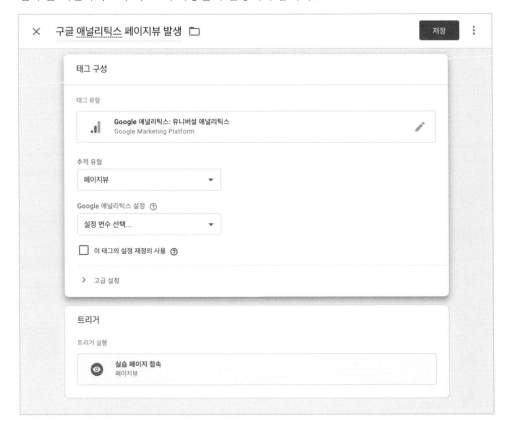

Google 애널리틱스 설정 영역 아래 설정 변수 선택을 클릭합니다. Google 애널리틱스 설정 변수로 {{ GA_ID }}가 표시된 것을 확인할 수 있습니다. 이는 앞서 <27.3 변수 만들기>에서 생성한 구글 애널리틱스 추적 ID입니다. {{ GA_ID }}를 클릭합니다.

변수란 미리 저장해놓은 데이터 조각이라고 생각할 수 있습니다. 태그를 생성할 때마다 구글 애널리틱스 추적 ID를 직접 입력한다면 얼마나 귀찮을까요? 변수를 사용하여 이러한 번거로움을 덜 수 있습니다.

설정이 완료되면 저장을 클릭합니다.

트리거와 태그를 통해 '실습 페이지에 접속하면, 구글 애널리틱스 페이지뷰를 발생시킨다'는 조건과 동작을 모두 설정하였습니다. 이제 트리거와 태그가 홈페이지에서 사용 가능하도록 배포를 진행해야 합니다. 화면 오른쪽의 제출을 클릭합니다.

제출을 클릭하면 변경사항 제출이 표시됩니다. 해당 제출(배포)의 내용을 입력합니다.

버전 이름으로 첫 구글 태그매니저 동작 추가를 입력하고 버전 설명으로 트리거 - 실습 페이지 접속 추가, 태그 - 구글 애널리틱스 페이지뷰 발생 추가를 입력합니다. 게시를 클릭합니다.

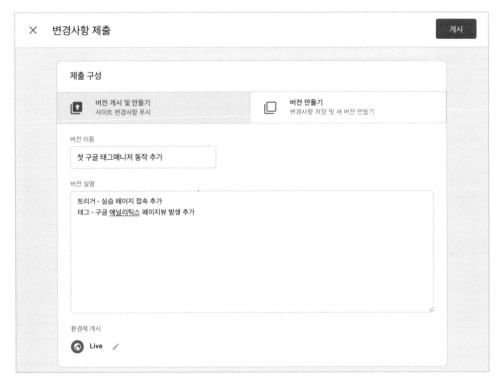

게시가 완료되면 [그림 27-4]와 같이 버전 1 - 첫 구글 태그매니저 동작 추가 내용을 확인할 수 있습니다.

그림 27-4 첫 구글 태그매니저 동작 추가

버전 1 - 첫 구글 태그매니저 동작 추가

버전 요약

게시됨
11/27/19 6:38 PM

생성됨
11/27/19 6:38 PM

버전 항목

1	1	1
태그	트리거	변수

설명
트리거 - 실습 페이지에 접속 추가
태그 - 구글 애널리틱스 페이지뷰 발생 추가

버전 변경사항

이름 ↑	유형	변경사항
GA_ID	변수	추가됨
구글 애널리틱스 페이지뷰 발생	태그	추가됨
실습 페이지 접속	트리거	추가됨

STEP 6 동작 확인하기

제출이 완료되면 실습 페이지에서 구글 태그매니저에서 설정한 동작을 확인할 수 있습니다.

다시 실습 페이지(https://www.turtlebooks.co.kr/ga/27/camera/pageview/)에 접속합니다. 실시간 > 개요 보고서에 접속하면 구글 태그매니저에 의한 페이지뷰가 발생하는 것을 확인할 수 있습니다.

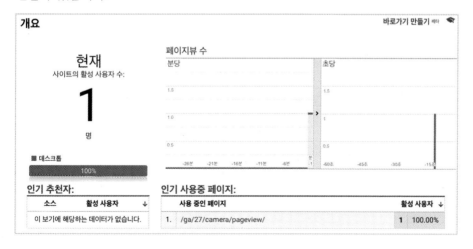

27.5 구글 태그매니저로 타이머 이벤트 발생시키기

👤 실습 계정   📖 실시간 > 이벤트

🖱 https://www.turtlebooks.co.kr/ga/27/camera/event/timer

앞에서 살펴본 '페이지뷰 발생시키기'는 실무보다는 학습을 위한 예제였습니다. 이미 구글 애널리틱스를 설치해 페이지뷰가 자동으로 수집되기 때문입니다. 이번 절에서는 실무와 더 가까운 기능으로, 구글 태그매니저로 이벤트를 발생시키는 방법을 알아보겠습니다.

STEP 1 실습 페이지 확인하기

실습 페이지(https://www.turtlebooks.co.kr/ga/27/camera/event/timer/)에 접속합니다. 카메라를 판매하는 페이지라고 가정하겠습니다.

앞에서 말했듯이 구글 애널리틱스가 페이지뷰를 자동으로 수집하기 때문에 구글 태그매니 저로 페이지뷰를 수집하는 것은 의미가 없습니다. 여기에서는 카메라에 관심 있는 사용자를 구분해낼 수 있도록 카메라 페이지에 10초 이상 머무를 경우 이벤트가 발생하도록 설정해보 겠습니다.

이를 구글 태그매니저의 트리거/태그로 옮기면 다음과 같습니다.

'카메라 페이지에 접속하여 10초가 지나면(트리거) 구글 애널리틱스로 이벤트를 발생시킨다(태그).'

STEP 2 **트리거 설정하기**

트리거 > 새로 만들기에서 새로운 트리거를 생성합니다. 트리거 이름으로 카메라 페이지에서 10초가 지남을 입력합니다. 트리거 구성 영역을 클릭합니다.

트리거 유형으로 타이머를 선택합니다.

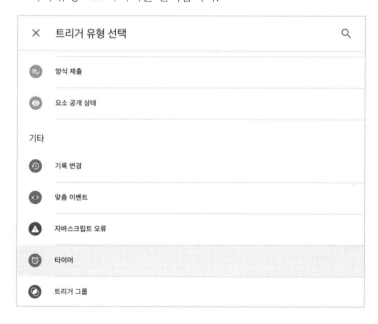

이벤트 이름으로 show_camera_10을 입력합니다. 간격으로 10000(10초)을 입력합니다. 제한으로 1을 입력합니다. 이는 구글 태그매니저의 타이머 이벤트가 1번만 동작하도록 제한합니다. 만약 3을 입력할 경우 10초, 20초, 30초마다 이벤트가 발생합니다. 카메라 페이지에서만 동작해야 하므로 Page URL, 포함, timer로 설정합니다. 저장을 클릭해 트리거 설정을 완료합니다.

STEP 3 **태그 설정하기**

태그 > 새로 만들기에서 새로운 태그를 생성합니다. 태그 이름으로 카메라 페이지 10초 이상 조회 시 이벤트 발생을 입력합니다. 트리거로 카메라 페이지에서 10초가 지남을 선택합니다.

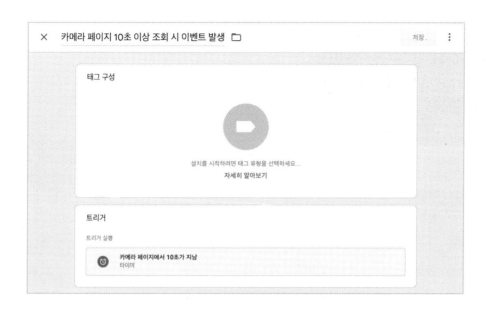

태그 구성을 클릭해 Google 애널리틱스: 유니버설 애널리틱스 유형의 태그 설정을 시작합니다. 페이지뷰를 클릭합니다.

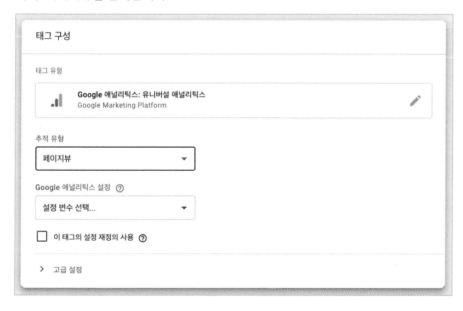

페이지뷰를 클릭하면 구글 태그매니저가 지원하는 구글 애널리틱스 추적 기능들이 표시됩니다. 이벤트를 클릭합니다.

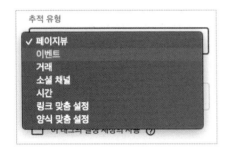

추적 유형을 이벤트로 설정하면 그림과 같이 이벤트 카테고리, 작업(액션), 라벨을 입력할 수 있습니다. 이벤트 작성 방법은 <9 이벤트 보고서 분석하기>를 참고하시기 바랍니다.

카테고리에 gtm_camera, 작업(액션)에 engage, 라벨에 10을 입력합니다. 비상호작용 조회를 참으로 변경합니다. Google 애널리틱스 설정을 {{ GA_ID }} 변수로 설정하고 저장을 클릭합니다.

STEP 4 제출하기

트리거와 태그 설정이 완료되었습니다. 제출을 클릭합니다.

버전 이름으로 카메라 페이지 이벤트 추가를, 버전 설명으로 트리거 - 카메라 페이지 10초 이
상 조회, 태그 - 카메라 페이지 10초 이상 조회 시 구글 애널리틱스 이벤트 발생을 입력합니
다. 모두 입력했다면 게시를 클릭합니다.

게시가 완료되었습니다.

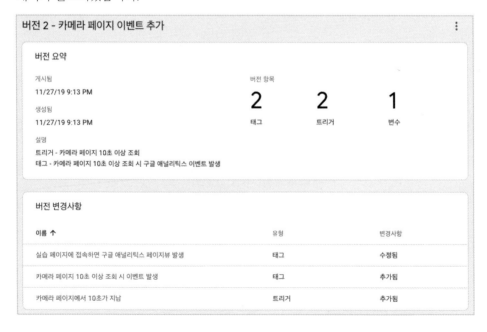

동작 확인하기

실습 페이지(https://www.turtlebooks.co.kr/ga/27/camera/event/timer/)에 접속하고 10초 뒤 실시간 > 이벤트 보고서에 접속하면 이벤트 카테고리(gtm_camera), 액션(engage) 데이터를 확인할 수 있습니다.

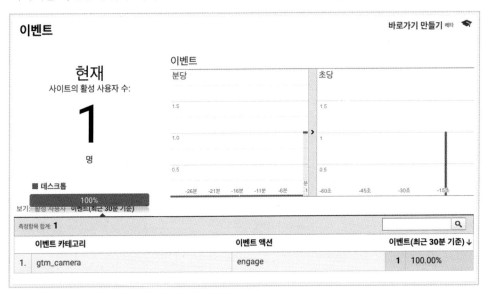

27.6 구글 태그매니저 미리보기 사용하기

👤 실습 계정

🖼 https://www.turtlebooks.co.kr/ga/27/camera/event/timer

지금까지는 트리거와 태그가 정상 동작할 것을 가정하고 설정과 동시에 제출을 진행했습니다. 실무에서는 이와 같이 진행해서는 안 됩니다. 반드시 트리거와 태그가 정상 동작하는지 확인하고 제출해야 합니다. 구글 태그매니저는 작성한 태그가 잘 작동하는지 확인할 수 있도록 미리보기를 제공합니다.

이번 절에서는 구글 태그매니저 미리보기를 사용해보겠습니다.

STEP 1 미리보기 활성화하기

상단 메뉴의 미리보기를 클릭합니다.

미리보기가 시작되면 다음과 같이 미리보기가 진행 중임을 알 수 있습니다.

설명을 자세히 살펴보면 "이 웹브라우저에서 사이트를 방문하여 작업 공간을 미리 보고 디버깅할 수 있습니다."라는 문구를 확인할 수 있습니다. 쉽게 말해 현재 사용하는 웹 브라우저에서만 미리보기가 동작한다는 것입니다. 미리보기를 진행해도 실제 홈페이지 이용자에게는 아무런 영향이 없으니 안심하고 사용하시기 바랍니다.

미리보기가 활성화된 상태에서 실습 페이지(https://www.turtlebooks.co.kr/ga/)에 접속하면 화면 아래에 구글 태그매니저 미리보기가 표시됩니다.

Summary(요약) 부분을 자세히 살펴보면 Tags Not Fired On This Page(해당 페이지에서 실행되지 않은 태그) 부분에 구글 애널리틱스 페이지뷰 발생, 카메라 페이지 10초 이상 조회 시 이벤트 발생이 표시됩니다. 해당 태그들은 우리가 앞선 실습에서 만든 태그입니다. 바로 다음에서 해당 태그를 동작시켜 보겠습니다.

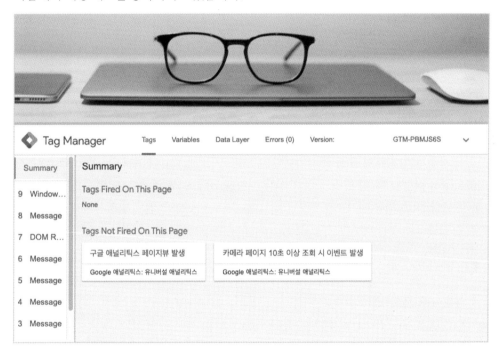

STEP 2 태그 동작 확인하기

'카메라 페이지 10초 이상 조회 시 이벤트 발생' 태그는 사용자가 카메라 페이지를 10초 이상 조회하면 구글 애널리틱스 이벤트가 발생하도록 설정되었습니다. 해당 태그가 정상 동작하는지 미리보기로 확인해보겠습니다.

실습 페이지(https://www.turtlebooks.co.kr/ga/27/camera/event/timer/)에 접속합니다. Tags Not Fired On This Page(해당 페이지에서 실행되지 않은 태그) 영역에 '카메라 페이지 10초 이상 조회 시 이벤트 발생' 태그가 표시됩니다.

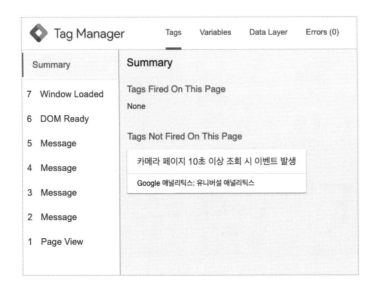

조건을 충족하기 위해 10초를 기다립니다. 10초가 지나면 Tags Fired On This Page(해당 페이지에서 실행된 태그) 영역으로 '카메라 페이지 10초 이상 조회 시 이벤트 발생' 태그가 이동합니다. 이는 해당 태그 <27.5 구글 태그매니저로 타이머 이벤트 발생시키기>의 설정에 따라 동작했다는 것을 의미합니다.

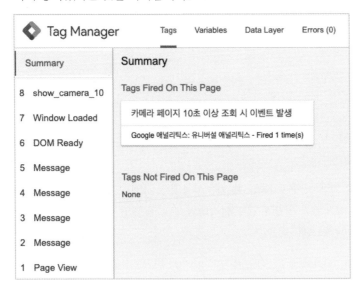

미리보기 공유하기

미리보기는 기본적으로 자신의 웹 브라우저, 자신의 컴퓨터에서만 확인할 수 있습니다. 만약 태그를 개발자와 같이 살펴봐야 한다면 미리보기 공유 기능을 사용합니다.

미리보기 공유 링크를 개발자에게 전달하면 개발자의 브라우저에서도 구글 태그매니저 미리보기가 표시될 것입니다.

STEP 4 **미리보기 종료**

미리보기로 태그가 잘 동작하는지 확인한 뒤에는 미리보기 모드 종료를 클릭해 미리보기를 종료합니다.

다시 실습 페이지에 접속하면 구글 태그매니저 미리보기 영역이 표시되지 않는 것을 확인할 수 있습니다.

27.7 구글 태그매니저 텍스트 클릭 이벤트 발생시키기

👤 실습 계정   📖 실시간 > 이벤트

🎞 https://www.turtlebooks.co.kr/ga/27/camera/event/click

구글 태그매니저가 가장 유용하게 사용되는 상황은 단연 클릭 이벤트 수집입니다. 구글 태그매니저를 사용하면 '구매하기' 버튼 클릭을 정말 쉽게 추적할 수 있습니다. 이번 절에서는 구글 태그매니저로 클릭 이벤트를 발생시키는 방법을 알아보겠습니다.

STEP 1 실습 페이지 확인하기

실습 페이지(https://www.turtlebooks.co.kr/ga/27/camera/event/click/)에 접속합니다. 구매하기 버튼이 표시된 것을 확인할 수 있습니다. 이번 절에서는 '구매하기' 버튼의 클릭을 추적하는 트리거와 태그를 설정하는 것을 목표로 하겠습니다.

트리거 > 새로 만들기에서 새로운 트리거를 생성합니다. 트리거 이름으로 구매하기 버튼 클릭을 입력합니다. 클릭 > 모든 요소를 선택합니다.

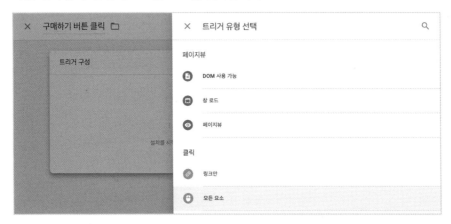

클릭 트리거로 '구매하기' 버튼에만 동작하도록 일부 클릭을 선택합니다.

클릭 조건을 상세 설정합니다. GA_ID 변수는 구글 애널리틱스 추적 ID를 담고 있으므로 클릭 조건과 관련이 없습니다. GA_ID를 클릭하면 Page Hostname, Page Path, Page URL, Referrer가 표시됩니다. 이들도 클릭 조건과는 관련이 없습니다. 기본 제공 변수 선택을 클릭합니다.

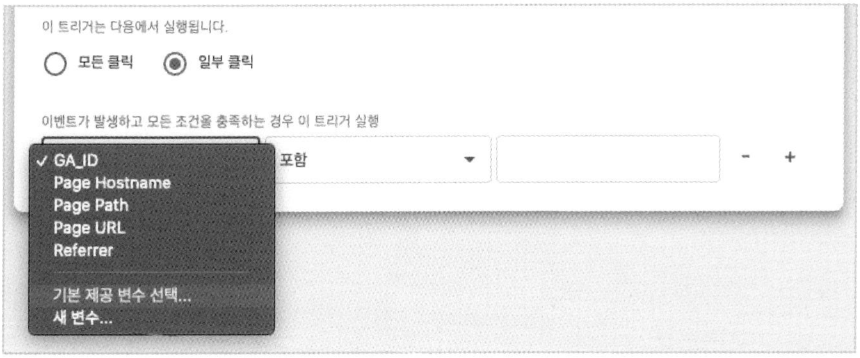

'기본 제공 변수 선택'을 클릭하면 구글 태그매니저에서 트리거를 생성하는 데 사용할 수 있는 여러 변수가 표시됩니다. Page URL이 페이지 주소에 반응하는 트리거를 만드는 데 사용했던 것을 생각하면 Click Text는 클릭 요소의 텍스트에 반응하는 트리거를 만드는 데 사용할 것이라고 추정할 수 있습니다. Click Text를 클릭합니다.

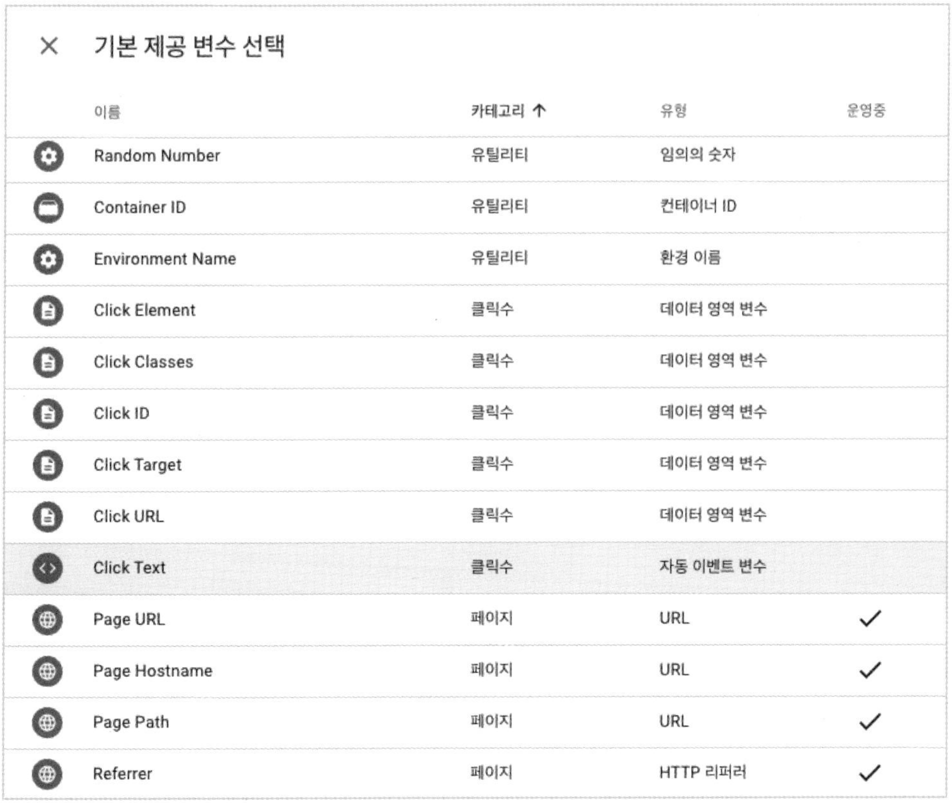

× 기본 제공 변수 선택

이름	카테고리 ↑	유형	운영중
Random Number	유틸리티	임의의 숫자	
Container ID	유틸리티	컨테이너 ID	
Environment Name	유틸리티	환경 이름	
Click Element	클릭수	데이터 영역 변수	
Click Classes	클릭수	데이터 영역 변수	
Click ID	클릭수	데이터 영역 변수	
Click Target	클릭수	데이터 영역 변수	
Click URL	클릭수	데이터 영역 변수	
Click Text	클릭수	자동 이벤트 변수	
Page URL	페이지	URL	✓
Page Hostname	페이지	URL	✓
Page Path	페이지	URL	✓
Referrer	페이지	HTTP 리퍼러	✓

Click Text(클릭 요소의 텍스트)는 클릭이 발생한 요소의 텍스트를 기준으로 동작합니다. 실습 페이지(https://www.turtlebooks.co.kr/ga/27/camera/event/click/)에서 '구매하기'라고 쓰인 버튼의 클릭 이벤트를 수집할 것이므로 구매하기를 입력하고 저장을 클릭합니다.

태그 > 새로 만들기에서 새로운 태그를 생성합니다. 태그 이름으로 구매하기 버튼 클릭 이벤트를 입력하고 트리거로 구매하기 버튼 클릭을 선택합니다.

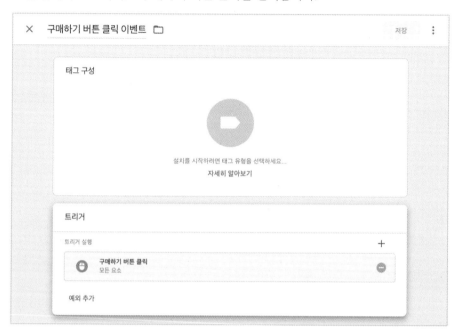

'구매하기' 버튼을 클릭했을 때 수집될 구글 애널리틱스 이벤트를 설정합니다. 추적 유형으로 이벤트를 설정하고 카테고리, 작업(액션), 라벨을 각각 gtm_camera, click, gtm_camera_click_order로 입력합니다. 값으로 10000을 입력합니다. 값 10000은 카메라의 가격을 의미합니다만, 입력하지 않아도 괜찮습니다. Google 애널리틱스 설정을 {{GA_ID}}로 설정하여 이벤트가 수집될 구글 애널리틱스를 연결합니다.

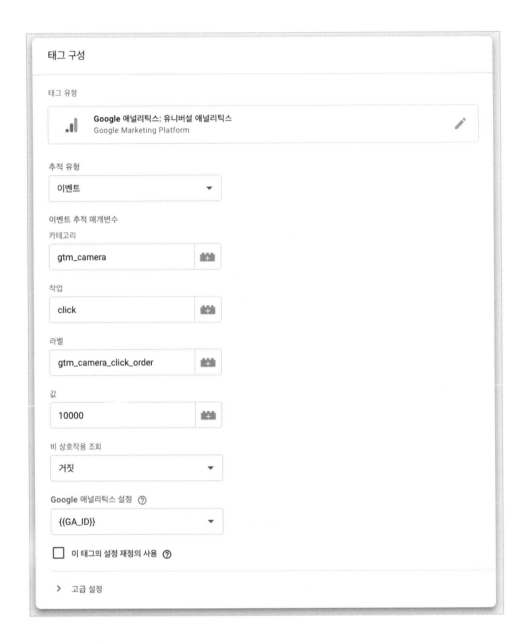

설정이 완료되면 태그를 저장합니다.

STEP 4 미리보기

미리보기를 활성화하고 실습 페이지(https://www.turtlebooks.co.kr/ga/27/camera/event/click/)에 접속합니다. 실습 페이지에서 '구매하기' 버튼을 클릭하면 '구매하기 버튼 클릭 이벤트' 태그가 동작하는 것을 확인할 수 있습니다.

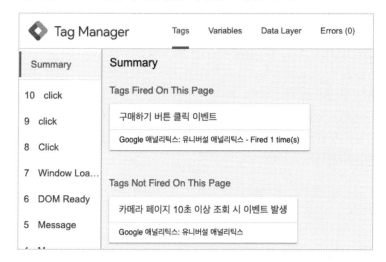

STEP 5 **제출하기**

트리거와 태그를 생성하고 미리보기로 확인이 끝나면 배포를 진행합니다. 버전 이름으로 구매하기 버튼 클릭 이벤트 수집을 입력하고 버전 설명으로 트리거 - 구매하기 버튼 클릭 추가, 태그 - 구매하기 버튼 클릭 이벤트 추가를 입력하고 게시를 진행합니다.

게시가 완료되면 실습 페이지에서 다시 한번 동작을 확인하고 실시간 > 이벤트 보고서를 통해 이벤트가 정상적으로 수집되는지 확인하시기 바랍니다.

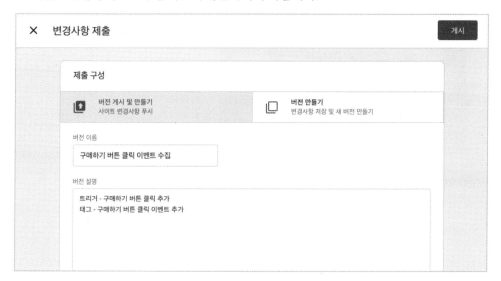

27.8 구글 태그매니저 클래스 클릭 이벤트 발생시키기

🖼 https://www.turtlebooks.co.kr/ga/27/camera/event/click

앞에서 살펴본 텍스트 클릭 이벤트는 버튼의 텍스트가 '구매하기'일 경우에만 동작합니다. 만약 버튼의 텍스트가 '구매하기'에서 '주문하기'로 변경된다면 동작하지 않습니다. 또한 실무에서는 추적해야 하는 요소가 텍스트를 사용하지 않고 이미지를 사용하는 경우도 많습니다. 클릭하는 요소의 텍스트가 아니라면 어떤 것을 변수로 삼을 수 있을까요?

이번 절에서는 클릭하는 요소의 '클래스'를 바탕으로 이벤트를 수집하는 방법을 알아보겠습니다.

STEP 1 실습 페이지 확인하기

실습 페이지(https://www.turtlebooks.co.kr/ga/27/camera/event/click/)에 접속합니다. 앞에서는 구매하기 버튼을 클릭했을 때 이벤트가 수집되도록 설정하였습니다. 이번 절에서는 '카메라 이미지'가 클릭되면 이벤트가 수집되도록 설정하겠습니다.

트리거 설정하기

트리거 > 새로 만들기에서 새로운 트리거를 생성합니다. 트리거 유형으로 클릭 - 모든 요소를
선택하고 트리거 이름으로 카메라 이미지 클릭을 입력합니다. 일부 클릭을 선택해 클릭 상세
조건을 설정합니다. 기본 제공 변수 선택을 클릭합니다.

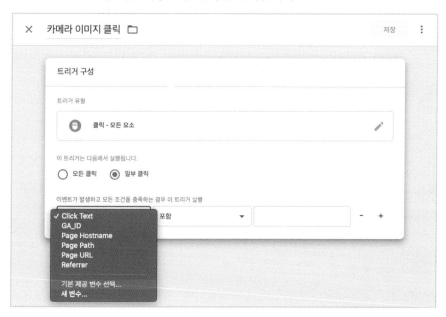

Click Classes를 클릭합니다.

	이름	카테고리 ↑	유형	운영중
	Random Number	유틸리티	컨테이너 구성	
	Container ID	유틸리티	컨테이너 ID	
	Environment Name	유틸리티	환경 이름	
	Click Element	클릭수	데이터 영역 변수	
	Click Classes	클릭수	데이터 영역 변수	
	Click ID	클릭수	데이터 영역 변수	
	Click Target	클릭수	데이터 영역 변수	
	Click URL	클릭수	데이터 영역 변수	
	Click Text	클릭수	자동 이벤트 변수	✓

Click Classes 값으로 img-product를 입력하고 저장을 클릭합니다. Click Classes는 바로 다음에서 살펴보겠습니다.

그림 27-5 클래스를 입력합니다

HTML 클래스 확인하기

웹 페이지는 HTML이라는 프로그래밍 언어로 작성합니다. 버튼은 <button>이라는 HTML 태그(언어)로 이미지는 <img>라는 HTML 태그로 이루어져 있으며 웹 페이지는 수많은 HTML의 조합이라고 할 수 있습니다.

이때, HTML을 작성하는 개발자는 각각의 이미지나 버튼을 구별하는 데 클래스(Class)를 사용합니다. 예를 들어 해당 이미지가 로고로 사용되는 이미지임을 구분하기 위해 img-logo라는 클래스 이름을 지정할 수 있습니다. 마찬가지로 해당 이미지가 상품 대표이미지임을 구분하기 위해 img-product라는 클래스 이름을 지정할 수 있습니다.

클릭 트리거로 Click Classes를 사용하면 개발자가 지정한 클래스 이름을 바탕으로 요소의 클릭을 수집할 수 있습니다. 클래스는 이미지, 버튼뿐만 아니라 모든 HTML 태그에서 사용할 수 있으므로 이를 익혀두면 더 자유롭게 구글 태그매니저를 활용할 수 있습니다.

이제 클래스를 확인해봅시다. 먼저 자신이 확인하고 싶은 요소(여기에서는 카메라 이미지)를 마우스 오른쪽 버튼으로 클릭하고 검사를 클릭합니다.

검사를 클릭하면 브라우저의 개발자 도구가 표시되며 마우스 오른쪽 버튼으로 클릭했던 요소가 파랗게 표시됩니다. 해당 부분이 이미지를 이루고 있는 HTML 태그입니다.

해당 이미지 HTML 태그(img)를 자세히 살펴보면 class(클래스)라고 표시된 부분을 확인할 수 있습니다. class="img img-product"를 보면 해당 이미지의 클래스, 이미지를 구분하는 이름이 img-product라는 것을 확인할 수 있습니다. 이렇게 확인한 클래스를 바로 앞쪽에서 언급한 [그림 27-5]와 같이 Click Classes 설정에 사용합니다.

```
▼<div id="content">
    <h2>카메라 절찬리 판매중!</h2>
    <p>
        카메라를 절찬리에 판매합니다!
    </p>
    <img src="/ga/_static/images/23/sale/camera.jpg" alt="https://
    unsplash.com/photos/r6ESlabQbYU" class="img img-product"
    draggable="false"> == $0
  ▶<div class="wrap-btn">…</div>
  </div>
</div>
```

STEP 3 태그 설정하기

태그 > 새로 만들기에서 새로운 트리거를 생성합니다. 트리거 이름으로 카메라 이미지 클
릭 이벤트를 입력하고 트리거로 카메라 이미지 클릭을 선택합니다. 태그 유형으로 Google
애널리틱스: 유니버설 애널리틱스를 선택합니다. 카테고리, 작업(액션), 라벨 값으로 각각
gtm_camera_image, click, gtm_camera_image_click을 입력합니다. Google 애널리틱
스 설정을 {{GA_ID}}로 설정하여 이벤트가 수집될 구글 애널리틱스를 연결합니다. 설정이
완료되면 태그를 저장합니다.

STEP 4 **미리보기 및 제출**

미리보기를 활성화하고 실습 페이지(https://www.turtlebooks.co.kr/ga/27/camera/event/click/)에 접속합니다.

실습 페이지에서 카메라 이미지를 클릭하면 '카메라 이미지 클릭 이벤트' 태그가 동작하는 것을 확인할 수 있습니다.

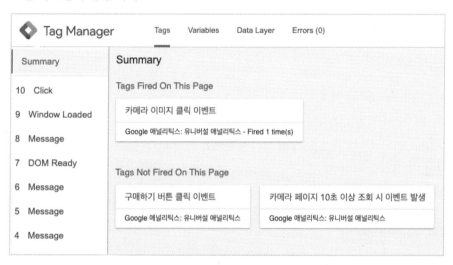

미리보기를 종료하고 제출 및 게시를 진행합니다. 게시가 완료되면 실습 페이지에서 다시 한 번 동작을 확인하고 실시간 > 이벤트 보고서를 통해 이벤트가 정상적으로 수집되는지 확인하시기 바랍니다.

27.9 실전! 구글 태그매니저로 코드 실행시키기

https://www.turtlebooks.co.kr/ga/27/camera/preorder

이제 담당자M은 구글 태그매니저를 편하게 사용할 수 있습니다. 트리거로 환경을, 태그로 동작을 설정하는 것만으로 구글 애널리틱스를 실행시킬 수 있다니 구글 태그매니저는 정말 편리한 도구입니다. 문득 담당자M은 이런 생각이 들었습니다.

'구글 태그매니저로 프로그래밍 코드를 실행시킬 수는 없을까? 프로그래밍 코드 자체를 실행할 수 있다면 더 많은 것을 할 수 있을 텐데…'

구글 태그매니저가 실행시킬 수 있는 것은 구글 애널리틱스만이 아닙니다. 구글 애드 (Google Ads), 핀터레스트 태그 등 구글 태그매니저와 연계된 서비스라면 무엇이든 실행시킬 수 있습니다. 그리고 무엇보다도 구글 태그매니저는 프로그래밍 코드를 직접 실행시킬 수 있습니다.

STEP 1 실습 페이지 확인하기

실습 페이지(https://www.turtlebooks.co.kr/ga/27/camera/preorder/)에 접속합니다. 카메라가 1차 판매를 완판했고 2차 판매는 12월 24일 00시부터 진행되며 예약을 진행 중임을 알 수 있습니다. 예약하기 버튼을 클릭합니다. 아무런 동작도 발생하지 않습니다.

이번 절에서는 '예약하기' 버튼을 눌렀을 때 '예약이 완료되었습니다!'라는 프로그래밍 코드를 실행해보겠습니다.

STEP 2 **트리거 설정하기**

트리거 > 새로 만들기에서 새로운 트리거를 생성합니다. 트리거 유형으로 클릭 - 모든 요소를 선택하고 트리거 이름으로 예약하기 버튼 클릭을 입력합니다. 일부 클릭을 선택해 클릭의 상세 조건을 설정합니다. Click Text의 값으로 예약하기를 입력합니다.

STEP 3 **태그 설정하기**

태그 > 새로 만들기에서 새로운 태그를 생성합니다. 태그 이름으로 예약하기 버튼 클릭 코드를 입력하고 트리거로 예약하기 버튼 클릭을 선택합니다.

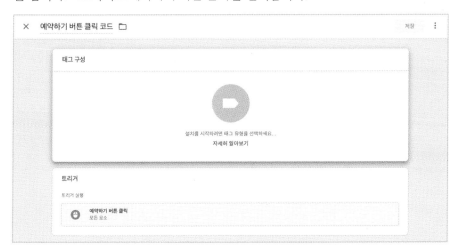

태그 유형으로 맞춤 HTML을 선택합니다.

<27.8 구글 태그매니저 클래스 클릭 이벤트 발생시키기>에서 웹페이지가 HTML로 구성된다는 것을 살펴보았습니다. 구글 태그매니저 태그 유형으로 맞춤 HTML을 선택하면 우리가 직접 HTML을 입력할 수 있습니다. 우리가 직접 프로그래밍 코드를 입력해 기능을 구현할 수 있는 것입니다.

여기에서는 프로그래밍 코드를 배우는 것이 아니므로 [그림 27-6]과 같이 입력합니다. 해당 코드는 '예약이 완료되었습니다!'라는 팝업을 띄우는 코드입니다.

그림 27-6 맞춤 HTML에 자바스크립트 코드 입력

설정이 완료되면 태그를 저장합니다.

미리보기 및 제출

미리보기를 활성화하고 실습 페이지(https://www.turtlebooks.co.kr/ga/27/camera/
preorder/)에 접속합니다. 실습 페이지에서 예약하기 버튼을 클릭하면 '예약이 완료되었습
니다!' 팝업이 표시됩니다.

구글 태그매니저에 등록한 예약하기 버튼 클릭 코드 태그에 의해 팝업이 표시되는 것입니다.

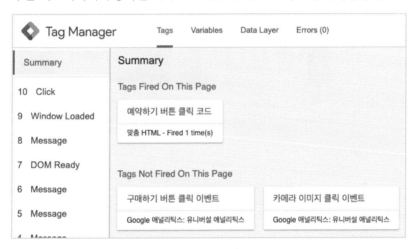

미리보기를 종료하고 제출 및 게시를 진행합니다. 게시가 완료되면 실습 페이지에서 다시 한
번 동작을 확인합니다.

NOTE   구글 태그매니저로 코드 실행시키기

맞춤 HTML 태그를 사용하면 구글 태그매니저로 프로그래밍 코드를 실행시킬 수 있습니다. 이를 활용하
면 구글 애널리틱스 데이터 수집과 페이스북 픽셀 데이터 수집을 동시에 진행할 수 있습니다.

구글 태그매니저로 프로그래밍 코드를 직접 실행시키는 방법을 알았다고 무턱대고 아무 코드나 실행시켜
서는 안 됩니다. 섣부른 코드는 버그의 원인이 됩니다. 반드시 개발자와 코드를 확인하고 진행하시기 바랍
니다.

부록 더 공부하기

지금까지 구글 애널리틱스의 기본 조작 방법과 활용 방법을 살펴봤습니다. 여기까지 살펴본 것만으로도 기본적인 분석과 활용은 진행할 수 있겠지만, 분명히 여기에서 한 걸음 더 나아가고 싶은 독자분도 있을 것입니다. 여기에서는 구글 애널리틱스를 더 공부하는 방법을 살펴보겠습니다.

1. 애널리틱스 아카데미

구글 애널리틱스의 탐색 메뉴에는 구글 애널리틱스를 배우고 활용하는 여러 방법이 있습니다.

그 중 애널리틱스 아카데미는 한글 자막이 포함된 구글 애널리틱스 강의 영상을 제공합니다. 초보자용 Google 애널리틱스와 고급 Google 애널리틱스 과정으로 이 책의 내용을 정리하고 이 책에서 깊게 다루지 않은 내용을 살펴보시면 큰 도움이 될 것입니다.

2. 애널리틱스 도움말 활용하기

이 책에서 우리는 '세션'을 '사용자의 홈페이지 사용을 나타내는 단위'라고 간단하게 정의했습니다. 입문 단계에서는 이 정도의 설명과 이해만으로도 충분하지만 한걸음 더 나아가기 위해서는 더 깊이 이해해야 합니다. 이럴 때 애널리틱스 도움말을 활용하면 구글 애널리틱스에서 사용하는 여러 용어를 깊이 있게 이해할 수 있습니다. 또한, 자주 묻는 질문과 답변을 살펴볼 수 있습니다.

만약 '세션'에 대해 더 자세히 알고 싶다면 보고서 및 도움말 검색에 세션을 입력하고 애널리틱스 도움말 검색: 세션을 클릭합니다.

다음과 같이 세션에 대한 여러 설명을 확인할 수 있습니다.

3. GAIQ(구글 애널리틱스 인증 시험) 응시하기

구글 애널리틱스는 사용자의 구글 애널리틱스 활용 능력을 공인하는 GAIQ(Google Analytics Individual Qualification, 구글 애널리틱스 인증 시험)라는 무료 온라인 시험 (https://www.turtlebooks.co.kr/gaiq/)을 제공합니다.

Google 애널리틱스 Individual Qualification

기준 Academy for Ads 게시 날짜: 2017년 9월 14일 3.5시간 중급 ★ ★ ★ ★ ★ (9)

Google 애널리틱스

Google 애널리틱스 Individual Qualification은 Google 애널리틱스의 기초 및 고급 개념에 대한 지식을 평가합니다. 여기에는 계획 및 개념, 구현 및 데이터 수집, 구성 및 관리, 전환 및 기여, 보고서, 측정항목, 측정 기준과 같은 주제가 포함됩니다. Google 애널리틱스 Individual Qualification은 18개월 동안 유효합니다.

GAIQ는 구글 애널리틱스의 심화 지식을 묻기 때문에 구글 애널리틱스의 원론적인 부분을 깊이 공부해야 합니다. 시험 문제는 애널리틱스 아카데미와 애널리틱스 도움말을 바탕으로 출제되니 이를 중심으로 열심히 공부한다면 무난히 합격할 수 있을 것입니다.

자, 여기까지가 제가 여러분을 위해 준비한 구글 애널리틱스의 기본입니다. 이제 이를 바탕으로 더 깊고, 더 넓은 애널리틱스의 세계로 향하는 것만이 남아있습니다. 처음 이 책을 접할 때의 설렘을 잊지 마시고 꾸준히 나아가시길 바랍니다.